南大智库文丛

李刚主编

国会的理念

智库和美国外交政策

［加］唐纳德·E. 埃布尔森 著

李刚 黄松菲 丁炫凯 马逸凡 等译

马逸凡 黄松菲 校译

Donald E. Abelson

A Capitol Idea:

Think Tanks and US Foreign Policy

南京大学出版社

"大学与智库"

——"南大智库文丛"总序

中世纪的大学是学者的行会，传道授业是最基本的使命，也是教授们谋生的手段。柏林大学开创了科学研究的先河，成为现代大学的原型，但是由于曲高和寡，它被人们称为不食人间烟火的"象牙塔"。"二战"以来，美国大学的人才培养和科学研究都着眼于科技、经济和社会发展的需要，把服务社会列为大学的第三个基本功能。

智库作为现代社会从事战略和政策研究、咨询的专业机构，是现代政治运作、行政管理和社会治理综合需求的产物，是知识社会分工进一步细化的产物。大学不等同于智库，这是一个常识。一般而言，大学的历史要比智库悠久得多，大学的体量要比智库大得多，大学的结构和功能要比智库复杂得多。大学和智库的关系本来并不复杂，但是在中国特色新型智库建设中，有学者惊呼"高校就是高校，不能把高校建成智库"，一时间大学和智库的关系变得复杂起来。因此，很有必要对大学和智库的关系做系统的讨论。

一

在现代社会中，大学和智库是两类性质完全不同的社会机构。虽然大学不是智库，但是大学和智库之间关系非常密切，甚至有时密切到难以分割。学科是大学的基本单元，学科建设是大学的重中之重。对于智库而言，政策问题是基本单元。当然学科取向和智库的问题导向研究本不应该对立。学科是基础，智库是学科体系的应用。有人认为，没有长期的知识积累，高校智库就对现实的国计民生问题指手画脚，这种行为不仅是不负责任的，而且是一种知识的不诚实。这种观点无疑是正确的。对于当下的许多智库而言，这是非常及时的提醒。中国古代"士"阶层有强烈的济世情怀，有指点江山的豪情壮志。出谋划策、运筹帷幄、决胜千里被看成最风流潇洒的事业。这种古代智囊的遗风很容易被当代智库继承，所以当代中国智库需要警惕的是浸染古代智囊不调查不研究、信口开河的不良风气。现代智库强调循证分析是现代科学精神的体现，是某一领域长期知识积累后的发现，提出的政策建议出于"知识的诚实"。

学科发展促进智库研究的一个经典案例出现在美国。1957 年苏联率先成功发射卫星，这对美国而言是一次沉重的打击，也让美国全面反思自己的教育体系。1958 年美国颁布了《国防教育法》，该法案要求大力推动科学、工程和外国地区研究，并为这些学科提供巨额经费支持。此后美国的地区研究蓬勃发展起来。对中国的研究也得益于《国防教育法》。在费正清的倡导下，美国的"中国学"学科渐成气候，西方传统汉学没落，着力于当代中国政治、经济和文化的"中国学"学科成为主流。在"中国学"学科范式的熏陶下，一代又一代学人不仅占据了美国研究型大学中国研究院系的教席，而且"中国学"也成为智库中"中国问题政策分析"的主流范式。2007 年，美国著名学者沈大伟(David Shambaugh)指出："几乎所有华盛顿区域的智库都有一人或者多人全职或者半职专门研究中国外交和安全政策。"他列举了 30 位工作于智库的"中国学"研究专家，这些专家在他看来都是可以和大学教授平起平坐的专家。他说："正是这些在学术机构和智库的研究人员共同催生并推动了中国对外政策研究这一领域的形成和发展。"

美国智库史专家詹姆斯·史密斯在《思想的掮客》里把智库专家分为六类，第二类专家就是在某一个特定的政策领域进行长期研究的人。他认为，"这些人可以称作'政策专家'，这个领域的学者通常将更多的时间花在政策研究或者教学而不是政策制定和担任全职顾问上。无论是通过融入政策的理论洞见，还是培养继续在政府部门任职的学生，他们的工作或许具有极其深远的影响。这些人一般工作于大学的研究中心"。我们认为，这类政策专家从事的是"学科"层面的工作，他们的使命是为智库的实务生产概念，准备理论，锻造分析范式和分析工具。哈佛大学肯尼迪学院的约瑟夫·奈提出的"软实力"概念及其分析范式就是很好的例子，这个概念为智库分析国家综合国力提供了崭新的超越经济学的分析范式。哈佛大学商学院的波特提出的竞争战略分析框架被许多战略研究智库用来分析国家竞争力。这都是学科突破促进政策分析的经典案例。这也解释了为何一流智库专家大多出身一流大学的社会科学学科。因此，越是一流的政策学科，越是一流的政策专家，越是能够促进智库的分析和咨询能力。

大学也是智库人才的摇篮。智库的人才从哪里来？全部靠自己培养吗？世界上的智库除了兰德公司有自己专门培养政策分析师的研究生院外，恐怕没有其他智库自己培养智库人才。当然中国社科院、上海社科院、中共中央党校等中国智库也培养研究生，但是他们的研究生大部分都不是针对公共政策研究需要的，和兰德还是有区别。那么，智库的人才显然主要来自大学。据调查，美国著名大学社会科学类的研究生中45％首选到咨询公司和智库工作，特别是政治学（美国的公共管理学科属于政治学，这和中国不一样）研究生把到华盛顿著名智库实习和工作当作未来从政的南山捷径。

中外许多著名大学的社会科学学科都很强，到智库中从事政策分析工作显然是大学社会科学专业研究生毕业后的一个重要出路。问题是中国大学的社会科学学科发展一直是所谓的"学科建设取向"，对大学而言，衡量一流学科的指标是核心期刊论文、专著、项目、博士点的数量。至于培养出来的学生能不能为智库所用，是不是智库所需要的，这并不是他们所关心的事情。如果我们仔细分析一下中国大学政治学和公共管理学科的教学大纲，不难发现，没有多少课程是专门为智库等政策分析部门服务的。令人忧思的是当代中国大学严重忽视了为智库提供优秀的战略研究和政策分析人才的任务。

二

2013 年 4 月 15 日，习近平总书记对智库建设做出重要批示，明确提出了建设"中国特色新型智库"的新目标。2014 年 10 月 27 日，《关于加强中国特色新型智库建设的意见》提交"深改组"第六次会议审议，习近平总书记就智库建设再次发表重要讲话，强调要从推动科学决策、民主决策，推进国家治理体系和治理能力现代化、增强国家软实力的战略高度，把中国特色新型智库建设作为一项重大而紧迫的任务切实抓好。2015

年1月20日，中央"两办"正式印发《意见》，揭开了新型智库发展的历史新阶段。

大学不会也不可能置身于这场新型智库建设的浪潮之外。的确，大学不是智库，但是大学可以培育智库，而且能够培育出很好的智库。发挥智库作用是哲学社会科学几大功能定位之一，而新型智库则是以战略问题和公共政策为主要研究对象的机构。大学既不能混淆学科与智库的区别，也不能割裂二者之间的有机联系，必须形成学科建设和新型智库建设螺旋发展、良性互动的新格局。学科是大学教学、研究和知识分类的基本建制，迄今为止仍是世界高等教育的基本格局。西方大学里培育优秀智库的案例并不少见。哈佛大学肯尼迪政府学院本身就是培养战略研究和政策研究的著名机构，该学院下属的贝尔夫中心等机构都是美国顶级的智库。普林斯顿大学的国际事务研究中心也是顶级的智库。近几年我国大学里也培育出了若干个著名智库，例如中国人民大学的重阳研究院、复旦大学的发展研究院、中山大学的粤港澳研究院等。

但是大学办智库也面临很多问题。首先，大学对培育学术型研究中心的经验和模式有路径依赖，因此很容易用建设学术型研究中心的思路来培育智库。大学学术型研究中心与智库的最大区别是研究中心关心的是教学和研究，研究成果的主要去向是学术刊物、学术会议和学术出版社；而智库关心的是通过研究、咨询和传播活动影响政策共同体或者影响公众舆论，对于智库而言，大部分研究项目从启动之日就明确目标受众。当然自由研究在智库中不是没有。据华盛顿发展绩效研究所前董事长大卫介绍，他们研究所鼓励员工用三分之一的时间做不带任务的自由探究。布鲁金斯学会也给予资深研究员自主选择课题的自由。但是智库的自由研究不可能离开智库的"大盘子"，如丸走坂，自由选择是受限制的。

大学培育智库时，往往受建设研究中心的惯性思维影响。因此，虽然当下我国许多大学的研究中心和研究基地在向智库转型，但是转型成功者不多。重中之重是观念认识不到位：对智库本质认识不到位，对智库运行模式认识不到位，对智库产品设计的重要性认识不到位，对智库传播的重要性认识不到位。

大学研究中心产出相对单一，而智库的产品（productions）则包含研究报告（表现为各种出版物)、咨询服务、活动(智库主办的各种会议、论坛、听证、调研等,本质上是智库利用自己的专家、场地和品牌提供的服务)。据盘古智库易鹏理事长介绍,盘古一年的活动是 150 场。2015 年布鲁金斯学会举办了 292 场活动,2 万多人参加;举办了 110 场在线讨论,有 5.9 万人参加。恐怕我们任何一家大学的研究中心都不可能办这么多活动。如果智库局限于研究工作,以研究报告为主要产品,那么,这种智库和大学研究中心本质上没有任何区别。我们现在大学里的大部分智库都是此类性质,因此很难称其为"智库",这是典型的"智有余而库不足"。

大学研究中心、研究基地向智库转型的困难之二是缺乏熟悉智库业务的营运人才,尤其缺乏"政策企业家"。大学的大部分研究人员长期从事教学研究工作,长于思考与写作,但是运营能力严重不足,办事、办文、办会都非其所长。一旦让教授们运营智库,如何处理好与政府、媒体、客户之间的关系,如何从事智库内部的管理,这些对他们而言都不是那么简单的事情。教授运营智库会存在很长的不适应期。

例如,电视普及后,智库专家主要承担"政策解读"角色。而现代媒体已经从狭隘的政治报道转向更广泛的社会、政治和经济分析,这种趋势之上不仅需要更专业、拥有更好教育背景的记者,同时也更倚重专家的力量。现在这些公共专家与记者、编辑已经是一种共生的关系,他们在报纸专栏、广播新闻项目以及从电视衍生出来的访谈节目中找到了机会。报纸和电视新闻记者依靠这些专家来使每天的新闻报道更具深度,体现多样性并实现观点上的平衡。实际上,寻求争论本身就已经扩大了讨论的范围,将这些专家带到了聚光灯之下,他们作为权威人士对各种社会热点做出评论。这种角色对于习惯于象牙塔的教授们而言并非易事。

一个成功的智库领袖往往都是"政策企业家"。他们的主要工作是机构建设。他们调用资源来推进一个特定议程的实现,或者是促成不同研究者和行动者之间的联合,提高他们的职业能力,或是将可造之材送入政策精英团队之中。他们往往领导一个强大高效的营运团队,把智库的一切都安排得有条有理。据复旦大学发展研究院张怡副院长介绍,复旦发展研究院有一支由 20 余名国内外知名大学硕士组成的营运团队,正是团队的高效运作才使得复旦发展研究院能够整合整个复旦的社会科学专家资源。南京大学的紫金传媒智库虽然成立时间不长,但是他们已经有了包括秘书长闵学勤教授在内的 5 人专职、10 余位硕士生兼职的营运团队,这个营运团队一年中完成的活动已经有 30 余场,其中包括很多大型活动。

大学培育智库的第三个障碍是人才评价体系。为了满足学科建设取向的需要,尤其是当下"双一流"的建设热潮,大学对事关学科发展的指标非常重视,甚至不惜推倒对教授的长聘制度,全部教员纳入合同制管理,三年一个周期进行考核。对于许多还没有晋升到教授岗的教师而言,高层次的项目、一流期刊论文、高级别奖项和各种人才奖励才是他们孜孜以求的目标。大部分智库性成果并不是晋升教授的依据。

总而言之,大学想培育出优秀,甚至世界一流智库的道路是曲折迂回、遍布荆棘的。但是大学是不是就应该放弃培育智库?非也。大学发挥智库功能是大学服务社会、服务政治的需要,尤其是著名大学,人文社会科学学科很强,是国之重器,培育优秀智库是大学的义务,也是大学的责任。大学教授从象牙塔旋转到智库,经过智库的洗礼再回到研究机构,视角和体会都会不同,教学和研究都会变得更接地气。

三

八十四年前,罗家伦在出任国立中央大学(南京大学前身之一)校长的就职演说中,以"为中国建立有机体的民族文化""成为复兴民族大业的参谋本部"来定位学校的使命。时光荏苒,南京大学虽几经变革,但与时代、与民族同命运共呼吸的追求始终未变,站在国家战略的高度,瞄准世界一流、追求卓越的思维始终未变。

南京大学在中国智库史上曾留下浓墨重彩的一笔。1978 年 5 月 11 日,《光明日报》发表了南京大学胡福明同志的《实践是检验真理的唯一标准》,引发了一场关于真理标准问题的大讨论,为改革开放扫清了思想障碍。今天看来,这也是大学和媒体发挥智库功能的一个经典案例。十余年前南京大学提出了研究型大学"顶天立地"的发展战略:一方面确立重点学科发展战略,着力打造世界一流科研成果;一方面融入国家地方创新体系,着力提升一流社会服务水平。在"顶天立地"战略的指引下,南京大学哲学与社会科学通过战略规划和顶层设计,在不断提升研究层次和质量的同时,充分发挥哲学与社会科学在认识世界、传承文明、创新理论、咨政育人、服务社会等方面的重要作用。南京大学哲学社会科学学科大多位于我国前列,实力雄厚,南大认为这种优势地位不仅不应该削弱,反而应该进一步加强。离开学科发展,高校智库建设往往成了无源之水,无本之木。实践也证明,南大在国内外有良好声誉的智库都以强大的母体学科为依托。

南京大学在哲学社会科学领域拥有国家级 2011 协同创新中心 1 个,省级协同创新中心 2 个,教育部重点研究基地 4 个,其他省部级研究机构 25 个,校级研究机构 99 个。研究机构众多也意味着存在专业领域细分化、决策研究"散兵游勇"化的现象,这影响了南京大学智库的国际竞争力和整体发展水平。南京大学根据教育部"并非所有的高校科研机构都要变成智库,也不是所有的高校重点研究基地都变成智库。而是重点研究基地可能有一批要转型升级发展为专业化的智库,还有一批基地要发挥好智库功能,但并不要求向专业化的智库发展"的指示精神,提出重点建设江苏发展高层论坛、中国南海研究协同创新中心、风险危机管理研究中心、南京大屠杀与和平学研究中心、长江产经研究院、江苏紫金传媒智库等国家急需、学科雄厚、团队力量强的研究机构,并促使它们向专业化智库转型。南京大学要求智库化建设的基地彰显现代智库的专业化:一是准确的功能定位,智库就是智库,不要过多承载其他非智库职能;二是明确的专业领域和方向,南大重点建设的智库都不是综合智库,都有明确的领域和方向,综合智库职能由南京大学整体承担;三是逐步形成的专业化的资政研究队伍;四是符合现代智库建设要求的治理结构、管理方式和运营模式。

陈骏校长指出在新型智库建设的时代课题中,"南京大学要以回答新的历史条件下国家发展面临的一系列重大理论和现实问题为己任,不断增强问题意识,坚持问题导向,大力推进原创科研,为早日实现中华民族伟大复兴的'中国梦'做出新的更大贡献"。南京大学以满足国家重大战略需求为目标,开展校内外协同创新,结出了丰硕成果。

2015 年 4 月,南京大学在江苏省委宣传部的支持下,正式组建了南京大学中国智库研究与评价中心。该中心以信息管理学院人文社会科学评价研究创新团队为核心,积极开展智库研究和平台建设工作,并为江苏省有关部门推进新型智库建设提供了一系列咨询服务工作。"中心"联合光明日报智库研究与发布中心的专家,集中力量攻关,开发的"中国智库索引"(CTTI)已经于 2016 年 9 月 28 日正式上线。除了系统开发外,南京大学中国智库研究与评价中心还积极开展人才培养和研究工作。中心已经培养出一名智库研究方向的博士,另有在校的四名博士生都以智库研究和评价为博士论文的选题。对西方智库研究成果的译介是中心的重要工作,"南大智库文丛"首批三本图书就是我们团队的成果。

四

"南大智库文丛"是南京大学整个智库建设的有机组成部分,是一个战略性的安排。它将是一个开放的平台,坚持高品位、高质量、前瞻性、实践性的遴选标准,不仅汇聚南京大学的智库类出版物,而且面向全国、面向国际接纳一流的智库成果,聚沙成塔,集腋成裘,打造一个新的智库出版名牌。

"南大智库文丛"首批推出三本图书《完善智库管理:智库、"研究与倡导型"非政府组织及其资助者的实践指南》《思想的掮客:智库与新政策精英的崛起》和《国会的理念:智库和美国外交政策》。其中《完善智库管理:智库、"研究与倡导型"非政府组织及其资助者的实践指南》是我们课题组去年推出的《经营智库》的 2015 年修订版,作者几乎改写了三分之二以上的内容。雷蒙德博士是美国卡特政府时期的高官,也是世界著名智库华盛顿城市研究所的资深研究员。雷蒙德博士近 20 年来一直从事智库管理的研究与咨询,是智库管理方面真正的权威。对于刚刚起步的新型智库建设,这种操作性实务性的书最为需要。引进现代智库管理经验,夯实中国新型智库建设的基础是我们翻译的初衷。我们也要衷心感谢雷蒙德博士,他极力劝说了该书的版权所有者——"华盛顿发展绩效研究所"无偿把版权授予了南京大学中国智库研究与评价中心。

　　另外两本书都是美国智库研究方面的经典著作,《国会的理念》作者埃布尔森是北美智库研究的权威,是高产的智库研究专家,在这本书中,他选择了美国国家导弹防御系统和布什政府打击恐怖主义两个政策案例,考察了几个精英智库是如何影响美国的外交政策的。他认为这种案例考察法是评估智库影响力的最审慎的研究方法。也许本书会启发我们进行智库评价评估的新思路。《思想的掮客》更多采用了政治史的研究方法,系统考察了华盛顿政策精英的崛起过程及其影响。该书对美国智库专家的六类划分已经被智库界广泛接受。这两本书必将加深我们对美国智库及其影响力的认知,对美国智库愈加了解,我们愈加知道美国政治运行的本质,我们愈知道如何建设中国特色新型智库,所谓他山之石,可以攻玉矣。

　　最后,我要感谢南京大学朱庆葆副书记、王月清教授,要感谢南京大学出版社金鑫荣社长、薛志红副总编,没有他们的高瞻远瞩,"南大智库文丛"就不可能有诞生的这一天。我也要感谢江苏省哲学社会科学规划办的尚庆飞主任、汪桥红副主任,他们以历史的责任感推动了南京大学中国智库研究与评价中心CTTI项目的进程。我也衷心感谢光明日报的杜飞进总编、李春林副总编、李向军主任、王斯敏主编和她的智库团队。南京大学中国智库研究与评价中心得到了光明日报的鼎力支持,光明日报和南京大学就CTTI项目再一次开展了真诚的战略合作。当然,我要衷心感谢三本书的三个翻译团队,他们是来自南京大学中国智库研究与评价中心和南京大学外国语学院笔译硕士班朝气蓬勃的研究生。他们的勤奋、责任感和工作效率都让我惊奇,让我感动,让我自豪。

　　我不仅策划了文丛的选题,组织了翻译团队,而且通读、推敲了全部书稿,甚至重新翻译了个别章节。因此,成绩是团队的,不过书稿的错漏我难辞其咎。也请专家和业界同行多提宝贵意见,以便新版修改。

　　是为序!

李刚

2016 年 11 月 16 日

《国会的理念》各章节译者

章节	姓名
序言、鸣谢、导论	马逸凡
第1章,附录1、2、4、5	黄松菲
第2章	丁炫凯
第3章、附录3	高琪娜
第4章	尉艳华、肖燕霞
第5章	孔祥越
第6章、结论	李坚
第7章	赖雅兰
第8、9章	丁炫凯、马逸凡
附表1、2	黄松菲、高琪娜、李坚

目　录

序　言

十多年以来，我一直专注（我的同事和学生们称之为"痴迷"）于研究美国智库及其在政策过程中发挥的作用。经过潜心研究，我在 1996 年出版了《美国智库及其在外交政策中的作用》(*American Think Tanks and Their Role in US Foreign Policy*) 一书。该书记录了美国智库发展变迁的过程，并重点强调了它们提升自身知名度的种种策略。在对 19 世纪晚期和 20 世纪早期美国智库演变和行为的考察中，本书选取了两个观察视角：首先，许多现代智库致力于通过协调一致的行动来影响公众意见和公共政策——这不同于此前的主流观点，即智库应当是保持客观、公正和党派中立，并且超脱于现实政治之外的学术机构。智库（尤其是宣传导向的智库）更加倾向于成为政治过程中活跃的参与者，而非仅仅在自己舒适的、堆满书籍的办公室里讨论政策的利弊得失。简而言之，智库已经成为政治改革对话中有力的发声者。

其次，虽然所有智库都有着塑造公众和决策者思维方式的共同愿望，但是他们在何时何地以何种方式影响公共政策却受制于可供自身支配的资源。与企业一样，智库竭尽全力采纳最好的方法来推销自己的产品。历史学家詹姆斯·史密斯曾经略带遗憾地指出，智库在市场化的道路上走得太远了。各类智库就像在纽约证券交易所交易股票一样交易着理念。史密斯评论道，它们在很大程度上已经牺牲了自己诚实正直的操守。这是许多传统的政策研究机构不愿意付出的代价。①

在本书中，我将论点建立在对选定的几个美国精英智库如何影响美国对外政策的细致考察上。我选取的是两个重要但极具争议的案例：其一是国家导弹防御系统的发展和未来可能的走向，其二是布什政府为了打击恐怖分子和支持恐怖主义的国

---

① Smith，*The Idea Brokers*.（本书未标明译注的脚注，皆为原注。）

家而发动的两场战争。这也是我们将在第 8 章和第 9 章中分别讨论的内容。后者反映了在 2001 年 9·11 事件前后的国土安全问题、阿富汗战争和萨达姆政权倒台等一系列重大事件中，智库如何影响公众的态度和政府的政策。这两个当代的案例为我们提供了一个研究智库的视角，即智库在新兴政策议题上是以何种方式，在何种条件下影响公众态度和信念的。这也向我们阐释了智库如何参加政策制定的过程，以及它们发挥影响力的本质和限度。

然而，无论从哪个角度来看，目前有关智库和公共政策关系的研究都遇到了瓶颈。虽然为数众多的学者对美国和其他发达国家、发展中国家上百个智库的繁荣和发展历程进行了溯源，但是鲜有人去评估它们的影响力。[①] 目前关于政策制定的过程中的利益集团、工会、跨国公司、国际组织、宗教团体等不计其数的非政府组织的研究文献可谓汗牛充栋。尽管这些研究成果非常有趣，但却无助于确切解释智库的政策影响力。关于智库在塑造公共政策的过程中拥有何种（如果确实有的话）影响力，学界的研究进展寥寥无几。

无论是专注于研究智库的学者，还是在智库中工作的学者都承认，对智库的影响力进行评估是极为困难的。正如希伯来大学的政治学者大卫·里奇在他的著作《美国政治的转变：新华盛顿和智库的崛起》（*Transformation of American Politics：The New Washington and the Rise of Think Tanks*）一书中所说："我认真审视了智库的行为——从学术专著到研讨会，从情况简报到早餐会。我还询问了在智库从事研究和管理的人员，了解他们如何评价自身行为的影响。我的所见所闻越多，就越深刻体会到没有人能精确地知道舞台上究竟上演着一出什么戏。"[②]里奇的经验来自他在布鲁金斯学会长达数年的研究经历。不过，对于大部分从事智库管理的研究者来说，这些其实是不言自明的。但是，即便是对于那些在智库消磨了大半个职业生涯的学者而言，精确估算出自己所在机构的政策影响力也是近乎徒劳无功的尝试。包括美国

[①] See Abelson, *Do Tnink Tanks Matter*? and Rich, *Tnink Tanks, Public Policy and the Politics of Expertise.*

[②] Ricci, *The Transformation of American Politics.*

企业研究所的大卫·弗洛姆在内的许多学者曾经直截了当地表示学者不应该在评估智库(短期、中期或者长期的)影响力上浪费时间。当被问及哪些有形的或者无形的指标有助于评估智库的影响力时,弗洛姆断言:"没有,你永远无法评估你的影响力。"①

与弗洛姆的观点相反,各大智库继续对自己的政策影响力大加渲染。例如,在2003年的年度报告中,美国企业研究所称"虽然有一些曾经供职于美国企业研究所的学者于2001年加入了布什政府,但是更多的人选择留在这里。他们的研究所赢得的社会认可度和影响力令研究所的创办者们惊喜交加"②。当论及知名度时,报告继续写道:"美国企业研究所在媒体界的地位是无可匹敌的。本研究所著作引用率以及在美国顶尖报刊和公共事务杂志上的发表量和曝光率遥遥领先于其他美国智库。"③报告的执笔人甚至没有附上证明自身曝光率高于其他智库的数据(这很容易与其他媒体提供的数据相矛盾),也不愿花费篇幅来解释其影响力如何作用于华盛顿的联邦政府。

毫无疑问,智库都倾向于选择在最为耀眼的灯光下展示自己。但令人困惑的是,大多数研究智库的学者都未做到以批判性的眼光来审视他们声称自己拥有的政策影响力。除了评估常常遇到的方法论瓶颈之外,学者还习惯于对一家智库的影响力仅仅做一个笼统的评估。这些缺乏根据的观察往往局限于研究机构的规模和预算开支、意识形态倾向性、与高层的关系和为之慷慨捐助的企业或者慈善机构。学界和新闻界一般都设想:如果一家智库拥数百万美元的预算开支和数以百计的研究人员,并在其研究领域立场较为保守,那么它就一定拥有较大的影响力;反之,若不具备以上属性,就注定会在默默无闻中走向衰落。

这种观念能够在主流媒体和相当部分学术著作中大行其道是不足为奇的。更为常见的是,类似的论断也会来自智库自己发布的宣传材料。毕竟,人们通常的理解

①　Interview with David Frum, 20 May 2004.

②　American Enterprise Institute, *Annual Report*, 2003, 5; italics added.

③　Ibid, 35.

是：一家智库只有拥有雄厚的财力，才能雇佣庞大的研究团队；有了庞大的研究团队，才能投入更多的时间和精力去影响公众和决策者。而且，由于大多数美国企业和慈善机构倾向于支持保守主义而非自由主义，持保守立场的智库更容易拥有较大的政治影响力。在看待美国政治时，将金钱与政治截然分开的做法是幼稚可笑的。难道不是吗？

如果上述想法能够反映政策制定的本质，并能解释哪些智库能够发挥关键作用的话，那么我们的研究就没有必要再继续下去了。我们可以简单地通过研读几百家美国智库的年度报告，找出那些具有最高预算和人力资源的智库，并汇总其中的信息之后，就可以宣布哪些智库拥有最大的影响力了。由于在 2 000 家甚至更多的智库中，只有极少数可以支配数百万美元的预算，我们的工作就变得非常简单。不幸的是，无论是年度报告中的收支状况的表格和饼图，还是报纸上讨论智库圈的热点文章，都很难为我们提供研究智库与不同的目标受众之间互动的新视角。发现哪些智库有最为充裕的资金很容易；但是，正如里奇、弗洛姆和其他学者所说，识别出谁更有政策影响力却困难重重。追踪资金链的办法很容易帮助卡尔·伯恩斯坦和鲍勃·伍德沃德追查出水门事件的幕后黑手，但是却对政治学家评估智库没有帮助。在分析智库在何种场合以何种方式影响政策时，区分政策影响力和获得政策影响力的方法就显得非常重要。在本科阶段的政治学课程中，我们都会学到一个基本概念——施加影响是一个过程。在这一过程中，个人或者组织有机会去说服决策者出台他原本不会制定的政策或者放弃原本可能会做出的决策。正如学者强调必须区分权力和影响力一样，我们同样必须对不同类型的影响力进行区分。唯有如此，我们才能更好地评估智库的成就，并明确他们能够在政策周期的哪一个环节施加影响力。

xiii   本书的目的在于影响那些关心一般意义上的非政府组织或者特别关注智库研究的人。我们不能再因为对智库这一美国政治舞台上的常客缺乏了解而付出代价。一家智库无论是位居华盛顿的马萨诸塞大道以内，还是像兰德公司一样坐落在太平洋海滨，都拥有自己独特的目标和利益取向。至少，我们可以更为详细地观察智库的行为，以及他们是如何影响核心外交政策辩论的。

如果各个机构所拥有的影响力可以准确核实的话，那么学者对智库和其他参与政策制定过程的非政府组织的研究就可以大大简化。然而，智库和决策所处的世界难以直接观察。这使得我们对于他们实际影响力的考察陷于困难之中。正如一位学者所说，政策过程很少遵循一个逻辑化的、线性的路径。决策者与试图影响决策的非政府组织必须跨越许多障碍——这类似于新兵驾驶训练中的障碍跨越科目。有时候，智库可以成功地融入决策过程中并发挥预期的影响力；但也有时候，尽管智库已经竭尽全力却仍然无法使政策制定者听从他们的建议——而这正是一些智库管理者在试图提升自身地位和影响力时经受的一个惨痛的教训。

在研究美国政策制定时得有一个基本常识，那就是美国奉行多元主义的、非中心化的、权力分散的政治制度。在这一体制下，成百上千的政府机构和非政府组织都试图去影响国家的政治议程。正如阿瑟·本特利、戴维·杜鲁门、西奥多·洛威和其他多元主义者提出的那样，[1]我们不能指望或者假设所有在政治领域参与角逐的集团都能实现自己的目的。虽然多元主义向我们宣称，公共政策的最终结果就是对政治竞争的反映。由于种种原因，一些利益集团、联盟或者其他非政府组织享有比竞争者更为强势的话语权。对于在政策共同体中寻求更加稳固地位的智库而言，事情并无二致。有时，只有少数智库（甚至只有一家）在政策过程中扮演关键角色。这些智库 xiv 的政策影响力在内政外交的诸多领域久负盛名，而且实至名归，例如布鲁金斯学会、胡佛研究所和传统基金会。而有时候，智库无法向当局施加影响，那么那些试图深入政府高层却力有不逮的机构只能承认失败。由于身处白宫的决策者们有时并不倾向于依赖智库的建议和专业知识（只有在被要求的时候才这样做），大部分智库开始将注意力转向其他目标受众，例如国会、官僚集团和媒体。事实上，向国会议员提供引导和咨询，包括有些时候进行游说（只有极少数出于合法原因的会被承认）是大部分智库的优先选项。

---

① Bentley, *The Process of Government*; Truman, *The Governmental Process*; and Lowi, *The End of Liberalism*.

　　如果我们能认识到有为数众多的国内外因素会对智库评估政策影响力带来积极或者消极的影响，那么我们在选择最恰当的评估方式之前就应该对它们进行详细考察。首先，我们必须明白没有两个智库是一模一样的。在团队规模、预算、资金来源、研究课题、研究专长和意识形态倾向上，不同的智库之间千差万别。有些智库对于华盛顿决策圈内外都有巨大的影响，因而可以得到数以千万计的资助，坐拥出版项目，并且有能够组织无数学术会议和研讨的庞大研究团队。这些智库包括传统基金会、布鲁金斯学会、卡内基和平基金会、卡托研究所、美国企业研究所、兰德公司、胡佛研究所以及其他一些精英智库。而且，基于它们的知名度以及在政策共同体中的地位，它们与新闻媒体和重量级的决策者之间也有着紧密的联系。

　　不过，这些报纸头条的常客并不代表大多数美国智库的情况。绝大多数美国智库与布鲁金斯学会或者传统基金会截然不同。它们不可能像后两者一样在 2003 年就已经拥有 5 000 万美元的经费支持；更不可能像坐落在圣莫妮卡的，以防务和安全领域的研究的专业性著称的兰德公司一样在这一领域独占鳌头。兰德公司拥有 2 亿美元的年度经费、1 000 人以上规模的研究团队以及与五角大楼的长期紧密合作。像《智库指南》(*The Think Tank Directory*)这样的概括性著作也承认大部分美国智库的经费在 100 万美元以下，人数为十几个人，根本无法与精英智库相匹敌。①

　　在认识到数量庞大的智库之间存在的千差万别之后，学者们在定义这一类组织的问题上困难重重。除了接受传统的看法——即智库是独立的、非营利性的、免税的和非党派化的（此处不能与非意识形态化相混淆）之外，学界只能专注于它们与众不同的机构特性。而且，当前众多利益集团和非政府组织开始花费更多的时间和资源进行政策研究，并向决策者提供更多的政策建议。这就使得对智库进行定义更加困难。费城对外政策研究所中对智库有着敏锐洞察力的麦甘说："我只相信眼见

xv

---

　　① Hellebust, *Think Tank Directory*.

为实。"①

麦甘的方法虽然不同于以往严谨的科学标准,却真实地反映了学者在研究久负盛名的美国公共政策智库时遭遇的现实困境。学界、政界和媒体可能无法就如何定义智库达成共识,但是他们都能理解决策者或者政策研究机构之间的紧密关系,而公共政策研究机构常常被认为是智库的同义词。研究智库的学者所面临的困难是如何界定智库介入政策过程的方式和它们在多大程度上塑造了公众和各政府部门决策者的观念和态度。

既然不是所有的美国智库都享有同样的资源,那么我们可以判断他们也不可能处于同样的地位。虽然所有智库的共同目标是影响公众观点和公共政策,但是智库不同于其他处于政策共同体内部的组织,它们必须就如何最有效地利用手中的资源来实现目标做出策略性的规划。例如,有些智库认为在紧急事态发生时吸引媒体曝光是影响公众的有效手段,比如国土安全问题和伊拉克战争。那么,在这一前提下,它们就会投入更多的时间和资源在报纸上发表政策评论或者进行采访,而非撰写篇幅相当于一部专著的研究报告——因为没有人会去读。相比较而言,也会有另外一批智库更加倾向于和政府部门保持密切的关系,并借助政策网络来将自己的思想和 xvi 理念植入决策者和专家的头脑中。这样的话,媒体曝光率就不那么重要了。一言以蔽之,面对有限的资源和激烈的竞争,所有智库都会竭尽全力保证自己能够在激烈的竞争中占据一席之地。

有别于身居高位的政府决策者们,智库需要几个月甚至几年的时间将自己的理念转化为政策。在这一过程中,不计其数的个人和组织会寻求机会对政府的政策施加自己的影响。如果智库的最终目的仅仅是简单地提出某些想法,然后把决策权留给决策者,那么政策过程究竟包括什么就不重要了。但是,本书的研究将会证明:智库是塑造政策过程的利益攸关者,而不是旁观者。简而言之,无论是短期的、中期的还是长期的政策过程,它们都试图在其中发挥其影响。

---

① McGann, The Competition for Dollars, Scholars and Influence 9.

接下来，本书将会阐述为什么要更进一步地描绘这些复杂而有趣的组织。在我的期望中，本书至少开启了关于美国智库在对外政策制定中扮演的角色以及如何更好地理解其影响力的讨论。正如许多历史学家、政治学家和哲学家所说，理念的确非常重要。对于那些试图影响国家政策的组织来说也是如此。

鸣　谢

1947 年打破职业壁垒的布鲁克林道奇棒球队传奇内场手杰基·罗宾森曾经说过:"除了给予他人生命的影响之外,我们的生活毫无意义。"在研究和撰写本书的时候,我沉浸在对罗宾森深刻洞见的回味之中,并且在反思我们是如何将那些使我们受益匪浅的事物视为稀松平常的。在个人生活和学术生涯中,我非常幸运地与那些丰富了我生活的人共处共事。我希望能够借此机会表达我的谢意。他们都以自己独特的方式,使我得以实现自己的目标。

首先,我最为感谢的是我的父母艾伦·埃布尔森和埃斯特尔·埃布尔森夫妇。他们在自己的一生中不断给予我鼓励、关爱和支持。在我撰写本书期间,我的母亲去世了。在有生之年,她一直关心我的个人幸福和学术事业。我对她的回忆是我内心最大的宽慰和动力。她不仅是我的母亲,更是我的知己、盟友、最重要的朋友,我深切缅怀我的母亲。我的父亲和我一样坚信上帝在创世的第七天发明了篮球。他一直是我最好的老师。他充满智慧的箴言与对历史、政治和体育的独到眼光将永远是我的精神养料。

我还要感谢的是我的三个姐姐。无论她们自己是否意识到,她们都为本书的成书做出了重大的贡献。她们以身作则,为自己的弟弟传授了人生最重要的必修课。在琳恩身上,我学到了坚韧不拔的品质;在琼身上,我表达并坚守自己立场的勇气;从 卡伦身上,我学会了保持幽默感,我将永远对她们心怀感恩。

究其本质而言,写作是一项专属于个人的体验。在这一过程中,有一些娱乐消遣将对人大有裨益。值得庆幸的是,我的孩子瑞贝卡和塞思总能够找到一些乐子吸引我离开书桌。无论他们在什么时候闯入我的书斋世界,我总能够感觉到他们的所思所想。当你可以享受玩手球、户外奔跑或者观看史酷比①的乐趣时，为何还要为了研究智库这样枯燥的问题而伏案写作呢？问得好！

每当我回到书桌前，我总能回想起蒙达·哈尔彭充满智慧的建议和忠告。她不仅是西安大略大学②的历史系教授，更是我一生的伴侣。自从说服我撰写一本有关智库和美国对外政策的著作之后，她就投入大量的时间和精力帮助我改进本书的结构和内容。她的奉献让我受益匪浅。不过，我更为感谢的是她给予我的爱情、友谊和善意。有她陪伴在身边是我最大的幸事。

还有许多人值得我感谢。蒙达的孪生姐妹索尼娅是一位艺术史专家。她的贡献在于为本书提出了一个很好的标题。她的建议使得我头脑中原有的东西得到了升华。我对她的创意非常感激。此外，我还发自内心地感谢我之前的学生和研究助理。他们不知疲倦地帮助我汇编本书需要的关键信息。肖娜·凯德、伊萨姆·埃尔-奥莱尼、丹尼尔·汉布尔、瑞安·金、安德鲁·昆兰和布赖恩·怀特莫尔都尽心竭力地为本书的出版面世做准备工作。不仅是他们，我对韦仕敦美国研究中心的克里斯蒂娜·华尔的感激也溢于言表。其中，克里斯蒂娜用她精湛的计算机技术为我编辑处理了本书中的许多表格。

自1983年以来，我有幸在西安大略大学政治学系执教。在此期间，我从我的同事们身上学到了许多专业知识。正是他们的帮助使我走上正途。我要感谢卡罗尔·阿格克斯、伊恩·布罗迪、亚当斯·哈尔莫斯、查尔斯·琼斯、基拉·拉德纳、尼格曼德拉·纳拉因、安德烈·佩雷斯、伊丽莎白·里德尔-迪克逊、安德鲁·桑克顿、维罗妮卡·施尔德、劳拉·史蒂芬孙、理查德·弗农、马蒂·韦斯特马科特和鲍勃·杨。他们不仅向我提出了许多宝贵的建议，而且还允许我向他们宣讲自己的观点。

---

① 2002年罗杰·高斯理执导的冒险科幻喜剧电影，编自20世纪60年代美国热门卡通系列剧，故事的主角是一只会说话的大丹狗——史酷比。——译注

② 西安大略大学(University of Western Ontario，简称为UWO或Western)，现已更名韦仕敦大学(Western University，音译)。——译注

　　我还要感谢伊丽莎白·赫斯担任本书的审稿人，是她过人的才华使得我的书稿得以面世。最后，我还要感谢麦吉尔女王大学出版社（McGill-Queen's University Press）的菲利普·塞尔康对我的智库研究给予的支持和为本书撰写争取　　xix
的时间。我对他和他的团队为《国会的理念》一书的出版所付出的每一分努力表示感谢。

导　论

　　自从世上有统治者开始,那些试图影响他们的人也随之相伴而生。由于受到个人野心、政治权力或者名垂青史的愿望所激励,政治顾问和政策专家们有着天然的接近权力的意愿。政治领袖和他们特定时期的亲信顾问之间的关系是历史学家、政治学家、哲学家、心理学家,当然还有剧作家一直以来津津乐道的话题。学者们喜欢关注掌权者和那些试图影响他们的人之间的复杂关系。在这一方面,莎士比亚笔下的那些政治事件和政治领袖悲剧性的败亡常常使他们获益良多,例如《麦克白》、《李尔王》、《尤利乌斯·恺撒》。许多学者,包括文艺复兴的著名政治学家尼可洛·马基雅维利都曾经凭借自身的经验,以政治顾问的身份为未来的执政者奠定执政基础。

　　在美国,领导人与政治顾问之间的关系尽管有时并不尽如人意,但是对于理解公共政策的制定和执行却十分重要。政治顾问们通过向国会议员、行政当局和官僚集团提供专业知识,而在政策制定中的规划和投入环节扮演了关键角色。美国的决策者们一贯重视来自(大学、利益集团、专业性和商业性的协会、市政研究委员会、法律公司以及其他组织等)政策研究机构的意见。然而,除了依靠自己核心圈内的顾问之外,他们越来越多地在政策制定、开发、塑造、强化和执行等环节向智库寻求建议。

　　第1章和第2章向读者介绍了近百年来,美国智库在华盛顿的政策共同体中保持了相当可观的影响力。无论是在国会,还是在总统和白宫高官的私人聚会上,或者官僚组织的内部讨论中,决策者和智库常常就国家最重要的焦点问题交换意见。近年来,学者和媒体特别关注政策制定者和政策顾问之间的互动,尤其是在总统大选期间竞选者和谋求连任者都会适时地就一些重要问题向智库寻求建议。①

与智库建立密切联系的总统和总统候选人数量不断增长。许多历史学家都对伍德罗·威尔逊身边的政治顾问印象很深刻。作为一名学者，威尔逊对于未经筛选的政治顾问既缺乏耐心，也缺乏信任。还有许多研究关注富兰克林·罗斯福和他所谓的"智囊团"②之间的关系。罗斯福的智囊团是一个人员精简，但富有活力的团队，其中包括理查德·诺伊施塔特和阿瑟·施莱辛格，后者同时也是肯尼迪政府的智囊。时至今日，鲜有学者透过相邻两届政府的变迁来对智库的政治参与进行追溯。例如，在不同的时间节点和不同程度上，吉米·卡特和罗纳德·里根都在一些对国家至关重要的问题上倚重智库。

老布什不同于伍德罗·威尔逊，他声称自己对政策咨询的需求和兴趣都不大。尽管如此，十多年以来智库的表现依然相当引人注目。其后，克林顿政府与一批民主党智库的密切关系使得我们不得不进一步深思智库在美国政坛日益增长的影响力。这一批跻身民主党政府"圈内人"的智库包括美国进步政策研究所、经济政策研究所，同时还有通过众议院议长纽特·金里奇的个人关系和工作关系拉入圈内的传统基金会、胡佛研究所、美国企业研究所。

当1998年德克萨斯州州长小布什宣布参选美国总统时，他身边环绕着一批持保守立场的智库。这些智库在有关对外政策的一系列重要问题上积极向他建言献策。然而，直到最近，政治学界和历史学界才开始在更加广阔的范围内考察智库在总统选举和政策制定的过程中扮演的复杂角色。此前，数以百计的研究关注各种利益集团、外国政府、倡议联盟以及其他非政府组织对政府的游说行为。与此相反，几乎没有研究关注智库在美国政治中谋求政治影响力的方式。现有的一些研究作品描述了美国几家精英智库的制度演进史，但是却没有全面细致地研究这些智库在华盛顿内部的

①　关于总统候选人和智库两者关系的更多信息，见 Abelson and Carberry, "Policy Experts in Presidential Campaigns".

②　Smith, *The Idea Brokers*.

政策网络中巩固自身地位的过程。

在详细考察了智库与政府部门之间的紧密关系以及其中成员受命出任高级职务的频率后,我们就应该对它们参与政策制定的方式有一个更加准确而全面的理解。多元主义认为,智库是在思想市场中角逐权力和威望的行为体——这通常是被那些笼统、概括性评估所忽略的问题。本书的研究将会证明,尽管上文中的说法有其合理性,但是智库(尤其是与某一届政府关联密切的智库)在特定时期拥有很大的政治影响力。智库已经成为一类政策制定中的常客。它们影响政策的渠道包括就广泛的政策议题发布研究报告或者简报、邀请决策者参加会议或者研讨活动、在广播网络上发表政策评论、通过建立联络办公室来缔结并维系与国会议员或者政府高官的关系,以及在直属于总统的委员会、竞选组织、过渡团队或者国会及其下属的专门委员会面前进行演讲论证。虽然智库不能被认为是美国政治中正式制度的一部分,但是几十年来在各种限制性因素的作用下,它们运行得也非常有效。

麦甘、韦弗、①斯通和德纳姆②对智库的比较研究表明,智库在许多国家的政治架构中地位非常牢固。事实上,它们存在于几乎每一个发达国家或者发展中国家,并且在新兴民主国家的数量增长尤为明显,尤其是东欧国家。③ 最近的一项研究显示,全球有超过 4 000 家智库,其中 2 000 家在美国。④

当我们环顾整个西方世界的智库圈时,就会发现美国智库在许多方面尤为独特。使得美国智库表现出众的原因除了庞大的经费预算之外,就是它们几乎与每一层级的政府和每一个部门都建立了密切的关系。与议会民主制国家的高级事务官在担任公职之外几乎没有其他职业选项不同,美国的“旋转门”机制促使智库研究人员在政府部门和研究机构之间不断地变换身份。每一届新政府上台伊始,新任总统不仅要

6

---

① McGann and Weaver, *Think Tanks and Civil Societies*.
② Stone and Denham, *Think Tank Traditions*.
③ Struyk, *Reconstructive Critics*.
④ McGann, *Think Tanks: Catalysts for Ideas*.

把自己的核心智囊纳入决策圈，而且还要在官僚机构之中任命上千名官员。其中有许多人就来自智库，并希望用政府部门的任职经历来充实自己的履历。正如一些政策行业的从业者所说，智库已经成为一种"人才库"。它将那些有望出任政府高官的人聚集起来。① 当这些人在国务院、五角大楼、国家安全委员会等政府机构工作了几年之后，大多会回到智库，并就政策事务或者自己的任职经历开展研究。布鲁金斯学会的约·达尔德曾经说过，政策专家们在政府机构待满一年之后，就会想要回到智库就自己所在领域的问题和圈里人以及其他专家进行讨论。这给了他们一个机会，来写一写自己做了些什么，同时学到了什么。②

除了将在第 4 章讨论的"旋转门机制"之外，强有力的政党组织的缺位也为智库和民选官员理念的交流提供了巨大的便利。在此重申一遍，不同于英国和加拿大这样的议会民主制国家，美国的国会议员可以相对自由地评价和吸收来自智库和其他非政府组织的意见，并且无需担心他们的选择违背所在政党的命令。③ 而且，美国的国会议员不像德国联邦议会议员那样享受着政党智库和基金为他们提供的政策建议，那么他们就只能向其他的政策研究机构寻求专业知识。④ 由于国会议员的工作有明显的时间限制，而且只有极少数人对自己即将参与投票的政策议程有深入细致的了解，他们自然有动机去聆听那些乐于分享自己知识的智库的意见。美国政治体制这样或者那样的特点给我们带来了一个宽松的政治环境。在这样的环境里，为数众多的所谓"非党派"智库云集首都华盛顿以推介自己的政策理念——它们认为自己的思想应当成为"国会的理念"。从导弹防御系统到反恐战争，智库在提升自身知名度的问题上坚定不移。它们在角逐决策者和公众的注意力的理念战争中进行激烈竞争。

---

① Observation made by several officials in the Canadian embassy in Washington, DC, during a roundtable discussion on think tanks, 17 May 2004.

② Interview with Ivo Daalder, 20 May 2004.

③ On think tanks in parliamentary democracies, see Abelson, *Do Think Tanks Matter*? 58–73.

④ On the role of German think tanks, see Thunert, "Think Tanks in Germany."

　　罗伯特·布鲁金斯、安德鲁·卡内基等一批在20世纪早期创办智库的先驱都将旗下的研究机构和党派政治分离开来。而与该传统不同的是，一些现代智库由于其意识形态而被称为政策倡导型智库，它们会避免在政策研究和政策倡议之间搭建壁垒。进步主义时代的智库将学术研究视为更好地服务于公共利益的手段。诸如传统基金会和政策研究中心这样的倡议型智库也与利益集团或者政治行动委员会类似，通过反复而又复杂的渠道来游说决策者以助推符合自身意识形态信念和金主利益的政策。即便是布鲁金斯学会这样以学术性、客观性和学术影响力而享有盛名的组织，也越来越关心自己产品的推销。据布鲁金斯学会安全问题专家迈克尔·奥汉隆所说，"布鲁金斯学会的黄金时代终结于80年代中期"。当时管理层和委托人"发现我们已经被传统基金会彻底击败"。因此，奥汉隆补充说："我们开始削减对长篇著作的投入，转而强调把我们的理念及时传播出去。"①在出版更为简短的论著之外，布鲁金斯学会更加关注吸引媒体关注。三年之前，它竭尽全力通过建立自己的电视频道来使得自己的学者能够在短时间内获得出镜的机会。

　　正如序言中所说，本书的目的在于鼓励美国政治学和公共政策学领域的学者带着一种更加批判性的思维去看待智库，以及它们对重大政策问题的塑造作用。理解美国智库为何以及如何如雨后春笋般兴起的问题是相对直接的。更艰巨的任务是界定它们影响关键政策内容和结果的程度。为此，正如前人所说，我们有必要去研究智库参与的具体政策领域。在不同理论流派的基础上，学者能够对那些与某些具体的政策最为相关的智库进行分析，然后考察它们的建树。

　　我在新作《智库能发挥作用吗？》一书中认为，无论是直接还是间接地衡量智库的影响力，学者们都面临方法论上的困境。追踪某一具体的个人或者组织的思想理念非常困难，评估智库塑造决策者、新闻界和学术界所谓的"热心公众"的行为更是难上加难。媒体引用率、国会出镜率、公开出版物等一些指标有助于帮助学者界定哪些智

① Interview with Michael O'Hanlon, 19 May 2004.

库最为活跃。然而，这些手段在研究上述投入对于具体的政策制定有什么（如果有的话）影响时却无济于事。因此，我认为在没有对具体的案例进行分析之前，我们不能得出任何结论。智库能发挥作用吗？这一问题的答案依旧在云雾之中。

为了考察几家精英智库如何提示、引导并最终影响决策者和公众时，我们选取了两个政策议题。其一是国家导弹防御系统和战区导弹防御系统的开发和应用——安全政策研究中心主任弗兰克·盖夫尼将其简称为"导弹防御"；其二是时下正在进行的反恐战争。本书通过这两个案例对智库的影响力做了更加细致的考察。其实，在这两个案例中，我们可以观察到那一批专攻外交和防务问题的精英智库在既有政策框架下扮演了重要角色，同时也有明确的证据显示它们对于国家政治议程的影响是可观测的。虽然其他组织在这个不断扩大的思想市场中也能发声，但是少数在政策网络中地位优越的智库仍旧处于舞台的中央。

通过细致的案例分析来研究智库的政治参与是极为重要的，这一点无论如何强调也不为过。如果不对智库连接其目标受众的策略进行考察，学术界和新闻界就会陷入对智库行为本质的投机性猜测之中。这样的理论探索会不可避免地导致在研究智库是否已经实现其目标这一问题上做出一些未经证实的，甚至是毫无根据的论断。同时，研究者还应该避免形成单纯对智库及其目标受众做笼统概括的风气。本书的研究将会证明，智库能够成功影响公共政策，得益于一系列国内外因素。其中有许多因素是超出它们自身控制范围的。甚至有些时候，它们的成功与管理方式和建议的质量毫无关系。与此相反，有些智库拥有的可观的影响力来自某些特定的政治事件（例如 9.11 事件）。正是这些因素使得它们的意识形态能够为公众所接受。

智库塑造政策环境和具体政策的能力很大程度上在于当它们以一种及时和恰当的方式向决策者提供信息和专业知识时，决策者是否愿意接受其智力支援。决策者如何"利用"信息的问题已经成为学界热议的焦点。在这一问题上，学界就决策者利用智库的意愿和能力提出了许多理论。正如一位学者所说，众所周知，决策者和政策研究者处于两个不同的世界。那么政策研究者对政策制定的影响有限就不足为奇了。决策者和研究者在不同的世界里各自发挥着自己的功能,但是它们的工作是有交集的。事实上,正是因为智库深谙这两个世界的本质与功能,才使得它们能够回应政策制定者提出的要求。智库向决策者提供信息的策略以及决策者能否接受其理念的原因将在第 5 章详细讨论。

对智库、决策者和对外政策做出进一步探讨之前,我们有必要先关注美国智库在政策共同体中高度分化的现状。了解智库之间的异同有利于学者构建一个更加实用的政策框架。这将有助于跟踪研究智库的行为,并观察它们的异同。

一、研究智库

当我们在谷歌上检索"智库"一词时,系统会呈现出 450 余万条结果。大多数搜索结果聚焦于那些最广为人知的智库,例如布鲁金斯学会和兰德公司。通过各种搜索引擎,我们可以进入这些顶尖智库中的任何一家。然而,通过同样的搜索结果,我们还可以发现"智库"一词的其他众多含义。有趣的是,一项关于摇滚乐队的研究也赫然被列在"智库"之中。另一条搜索结果将在华盛顿国家动物园内的用于观察猩猩行为的观察点称为"智库"。

第二次世界大战期间,"智库"在美国被用于指代供军事参谋和决策者讨论军事战略的密室或安全区域。这与观察猩猩或者摇滚乐存在根本上的差异。就像其他最初被用于指代一个具体的地点、时间或现象的词语一样,"智库"一词的含义常常是因人而异的,也是见仁见智的。在不同的情境之中,"智库"一词可以用于描述那些国际知名智库、网络空间中的场域、政府机构的展览、个人兴趣偏好以及那些已经进入或者尚未进入实践领域的概念。因此,目前几乎没有人关注"智库如何构成"或者"定义智库的标准是什么"这样的问题。这不足为奇。传统意义上,当我们讨论智库时,我们已经习惯于将它们视为独立的、非营利性的、免税的组织。但是学界已经无法就"什么是智库"和"智库的活动领域是什么"这些问题形成共识。当我们充分了解美国智库的现状之后,就会理解为"智库"下一个定义何其艰难。

　　智库在机构规模、资金来源、人员构成、意识形态倾向、研究专长和研究规划上千差万别。有些精英智库雇用了 150～300 人以上的研究人员，并拥有 3 000 万美元以上的年度预算，例如布鲁金斯学会、胡佛研究所和传统基金会。在美国联邦政府的支持下，兰德公司每年的经费甚至超过 2 亿美元。与此不同的是，绝大多数美国智库在自身规模与资金预算上都远远逊色于这些顶尖智库。例如国家政策研究中心和经济政策研究中心，它们的人员只有一二十人，经费也在 200 万美元以下。① "新美国世纪计划"因为和布什政府的盟友关系而大受媒体关注，但是其实际运作的经费比前两者更少，它的基本运营经费只有 60 万美元，全职工作人员只有 4 人。②

11　　不同的智库还在其他各个方面大相径庭，其中最为重要的是它们研究偏好的不同。虽然智库都会把自己宣传成在内政外交等一系列议题上提供专业知识的机构，但实际上它们在研究活动中奉行的行为准则却截然不同。例如，布鲁金斯学会 2003 年 70％的投入集中在三个领域——本国政治、对外政策和经济问题。③ 2002 年，传统基金会将 40％的投入用在学术研究上，这与 1989 年相比已经有了显著的增长，因为当年它在研究上的投入只有 15.3％。④ 许多其他智库在公共政策研究上投入时间和资源也相对较少。如今，一些智库依然将自己定位为学术机构，而另一些则已经在政策共同体中扮演了截然不同的角色。正如人们所说，专注于政策倡议而非从事长时段的学术研究已经成为当代智库的常态。然而，抛开它们的偏好不论，参与政策研究的组织通常都可以被视为智库。

　　既然美国智库如此千差万别，美国学界自然也就无法在如何定义智库的问题上达成共识了。不过，我们可以通过划分 20 世纪以来美国智库的不同类别来得出它们的典型特性。在这一方面，许多模式、概念和分类方法都已经被提出，并用于帮助我

① Information obtained from their 2004 annual reports.
② Figures provided by Gary Schmitt, executive director of PNAC, in interview, 19 May 2004.
③ Brookings Institution, *Annual Report 2003*, 42.
④ Heritage Foundation, *Annual Report 2002*.

们认识嵌入政策共同体内部形形色色的智库。其中,由肯特·韦佛和詹姆斯·麦甘提出的两个分类方法在学界的使用最为广泛。韦佛认为,美国智库大体上可以分为三类:"没有学生的大学"、契约型研究机构和倡议型智库。[①] 麦甘则将智库分为 7 个类别:学术多元型、学术专业型、契约/顾问型、政策倡导型、政策研究型、作品代理型(出版公司)和国家智库。[②] 韦佛和麦根承认他们的分类方法无法适用于所有美国智库。而且在最近的合作研究中,他们也修正了最初的观点。[③] 包括戴安娜·斯通在内的另一批学者则主张用"老近卫军"和"新兴力量"两个类别来划分智库。我和其他学者则认为应该更多关注那些名不见经传的、传统的或者是围绕着公职候选人而建立起来的智库。对于这些智库和其他智库的区别的讨论将贯穿本书的研究。

智库在参与内政、外交各个领域的政策研究时,通常宣称自己不是党派政治的利益相关者。20 世纪早期的美国智库(例如布鲁金斯学会、塞奇基金会和卡内基国际和平基金会等等)都致力于通过学术研究向决策者提供专业知识,并且很少卷入党派政治。但是本书的研究将会证明,"二战"结束以后美国智库经历了一个历史性的变化,从政治中立的、为增进公共利益而建言献策的机构变成了谋求在内政外交等一系列议题上成为政策倡议者的机构,为此它们投入了大量时间和资源。它们所坚守的一系列原则和观念(例如更少的政府干预、自由市场经济和强大的国防体系)已经成为它们使命的一部分。

在学界和政坛的部分人眼中,智库和大学系科、研究中心一样依旧被很多人视为"象牙塔"。学者在一个相对封闭的、精英化的,有时甚至是与世隔绝的环境中进行学术研究,与公共事务少有关切。但是事实与此完全不同。智库并非有意与公众拉开距离。相反,虽然它们发表的研究作品常常远离现实,但是圈内人对它们在政策共同体中扮演的角色了如指掌。有些远离首都的智库,例如胡佛研究所倾向于疏远华盛

① Weaver, "The Changing World of Think Tanks."

② McGann, "Academics to Ideologues."

③ McGann and Weaver, *Think Tanks and Civil Societies*.

顿政局的起伏，但是更多的智库下定决心要接近国家的核心决策者。

正当智库大举进军政策制定和政策过程的时候，美国的政治观察家们发现了这种趋势：将智库与其他非政府组织进行区分正变得越来越困难，例如为了游说官员而创立的利益集团和政治行动委员会。更进一步说，当利益集团和产业联盟为提升自己在决策者眼中的信誉，而在政策研究领域投入越来越多的资源时，智库和其他非政府组织之间原本清晰的界限就模糊了。不过，智库和利益集团之间依然有许多显著的区别。

13　　　　利益集团是由一批利益相同、致力于影响公共政策的人组成的，但是智库很少关注像枪支管控、森林保护这样具体的政策问题。它们的建立是为了在一系列的政策领域提供建议，而不会局限于某一个具体的政策议题。而且，在智库中工作的人思想也存在不同。尽管两者在意识形态上意见相似，但在政策观点上常常相去甚远。不仅如此，利益集团常常试图扩大自己的群体规模，但是智库与公众之间的联系却是间接的：智库的成员通常会通过公开出版物和新闻曝光率，向公众告知各种政府政策的潜在影响。同时，出于筹措资金的考虑，智库常常会向自己能够直接联系上的客户募集支持，从而确定哪些群体最有可能向自己提供支持。不同于利益集团和政党试图让自己的候选人赢得公职选举（政治学称之为"复合体"或者"功能性组织"），智库并不试图充当政府和公众之间的联系机制。与之相反，它们不是取悦公众，而是通过自己的观念和建议来影响决策者和公众。

智库与利益集团之间还有另一个不同点，就是它们与选举的关系。各种利益集团和政治行动委员会最常见的策略是向国会议员和总统的竞选人捐款。通过在联邦选举委员会的管理下向竞选者和谋求连任者捐款，利益集团和政治行动委员会就可以强化它们同当选官员之间的联系。利益集团希望通过对竞选人的经济支持来获取更多的政治支持。但是，智库是被禁止向政治活动捐款的。根据《美国国内收入法》第 501 条 c(3) 款的规定，智库是非营利性的免税组织，必须在党派政治中保持中立。简而言之，利益集团和政治行动委员会可以为自己的事业谋求支持。我们可以毫不避讳地说，它们就是运用自己的影响力去帮助与自己政见一致的候选人拉票。但是

智库与它们不同。智库是通过募集资金来实现自己的使命。它们既不拉选票,也不 14
试图影响选举。它们只是与不同的目标受众分享自己的政策观点。衡量一个智库是
否成功的标准不在于它与多少共和党籍、民主党籍或者独立阵营的国会议员维持着
关系,而在于国会、行政当局和媒体对其思想理念的重视程度。

　　十多年前,约瑟夫·佩谢克发表了一项颇具争议,但十分必要的研究。他将自己
的观点概括为"政策规划组织",并认为学界长期以来忽视了智库在政策过程中的影
响。[1] 他提出对于那些关注智库历史的人而言,很少有著作关注了外交关系协会、布
鲁金斯学会这类顶尖智库的制度演进。在由这些智库变迁的亲身经历者个人撰写的
著作中,对那些推动这些智库升级为精英智库的关键人物记述甚少。除了少数几本
书和一些冒充内行的文章之外,这一领域的文献寥寥无几。在论述了这一领域的研
究缺乏之后,佩谢克宣称,除非政治学家着手关注政策制定的微观领域——因为只有
那里才是界定问题、塑造公众观点和决定政策议程的地方,否则智库在政策过程中的
影响就会永远被忽视。[2] 他的意见得到了学术界的重视。在他于 1987 年出版了自己的
著作后,许多论著和文章都开始回溯美国和其他发达国家智库的历史演进。詹姆斯·史
密斯得到广泛赞誉的《思想的掮客》(The Idea Brokers)就出版于佩谢克的著作之后四年。
该书向学者们介绍了美国智库所处的复杂环境和影响其历史发展的重要因素。

　　在美国智库的数量急剧增长的同时,学者也开始关注它们内部的工作内容以及
与政策共同体的关系,[3]其中的焦点是智库与小布什政府的关系。在"9·11"惨剧之

---

[1]　Peschek, *Policy Planning Organizations*.

[2]　Ibid, 6.

[3]　虽然这项研究主要利用了美国和加拿大那些已经研究过美国智库作用的学者的研究成果,但
是我们仍然要注意,欧洲的好几位学者热忱于研究这些机构是如何渗透到决策过程的。而且,目前有
好几项研究提供了关于美国智库和其他工业国家于发展中国家智库的对比分析。其中非北美学者的
研究成果有 Stone et al., *Think Tanks across Nations*;Stone and Denham, *Think Tank Traditions*;
Denham, *Think Tanks of the New Rignt*;Struyk, *Reconstructive Critics*;Telgarsky and Ueno, *Think
Tanks in a Democratic Society*;Thunert, "Think Tanks in Germany";Faupin, "How Thought Serves
Action";Braml, *U.S. and German Policy Research Institutes*;Beland and Waddan, "From Thatcher
(and Pinochet) to Clinton?";and Boston, "American Right-Wing Libertarians"。

后，许多学者和媒体都开始猜测小布什政府会采取何种措施来打击国际恐怖主义。

15 为了寻求研究的参考，大家都不约而同地把目光转向一本76页的研究报告——《重塑美国国防》(*Rebuilding America's Defense*)。这本书出版于2000年，正好在大选之前两个月，由参与"新美国世纪计划"的学者撰写，主要讨论了美国如何通过一系列重大举措来保证国家安全方面的战略利益。在该书提出的十多条政策建议中，最受布什政府对外政策的研究者关注的有两条，其一是"同时打赢多场区域性战争"，其二是"建立能够保护美国本土和盟友安全的防御体系"。①

这些建议之所以能够得以实践，不仅仅是因为强硬派的努力。实际上，数十年以来，智库、大学和政府机构的专家们都在倡导建立导弹防御系统。在1991年海湾战争之后，许多民主党人和共和党人一道，主张同时对伊拉克、朝鲜以及其他所谓的"无赖国家"实行更加严厉的制裁措施。克林顿政府毫不掩饰对伊拉克的敌意。在克林顿执掌白宫期间，美军对伊拉克境内实施了数千次轰炸。② 对于政治观察者（包括外国媒体）而言，最重要的是谁在传递这些政策建议。③ 参与"新美国世纪计划"的人包括布什政府的副总统、前国防部长迪克·切尼、时任国防部长唐纳德·拉姆斯菲尔德、国防部副部长保罗·沃尔福威茨。沃尔福威茨也是《重塑美国国防》的主要执笔人之一。

当布什的对外政策目标逐渐展开时，即便是那些从不相信阴谋论的学者和媒体都明白了这一事实：在政府高层任职的"新美国世纪计划"成员将这一组织的政策建议落实到了政策之中。这个故事的线索远没有丹·布朗的畅销书《达·芬奇密码》中，搜寻圣杯的哈佛大学符号学教授罗伯特·兰登所面对的那样复杂。一旦人们明白了"新美国世纪计划"与布什政府之间的密切关系，剩下的就一目了然了。一位缺乏经验和备受质疑的总统在美国国土面临前所未有的恐怖袭击，必须做出重大决策

---

① Project for the New American Century, Rebuilding America's Defenses, iv - v.

② Woodward, *Plan of Attack*, 10.

③ See, for instance, Meacher, "This War on Terrorism Is Bogus."

之时,做了大部分领导人都会做的事情。他倚重自己亲近的决策圈内经验丰富的顾问们,这些人恰好也来自同一家智库。切尼、拉姆斯菲尔德和保罗·沃尔福威茨等人都被安排在最适于影响总统的位置上。这就为他们对布什政府发挥持久的影响提供了可能。许多媒体人进一步发问,布什政府为何在伊拉克和阿富汗同时进行两场区域性战争?再进一步说,为什么小布什执意投资数十亿美元发展国家导弹防御系统,尽管它没有成功地防御恐怖分子的袭击?

从表面上看,“新美国世纪计划”对总统的思想是有影响的。这一论断似乎无懈可击。这一组织的关键执行政策建议都处于已被采纳,或者是正在被采纳的过程中,而且拉姆斯菲尔德等该计划的成员们尽管受到伊拉克的动荡局势影响,却依旧在政府中身居高位。而且,布什历来重视倾听自己“圈内人”的意见,尤其是那些帮助他赢得反恐战争胜利的人。毕竟,对于一位缺乏在联邦政府任职经验的总统而言,邀请智库的政策专家帮助他们应对纷繁复杂的华盛顿政局是常有之事。对于那些有明确的意识形态目标的候选人来说,找到一批志同道合,并能帮助宣传其政治理念的人,意义非同一般。[1]

然而,正如研究政策过程的专家们所说,与总统个人的亲密关系并不一定能够保证智库的政策影响力。即便是几位来自同一智库的专家建议布什发动了阿富汗战争和伊拉克战争并得到了采纳,也不意味着他们对布什总统的思想有真正的影响力。这几位来自“新美国世纪计划”的专家有可能只是坚定了布什总统的信念,使他相信通过自己的政策努力,美国正走在正确的道路上。但是布什总统心中这些思想的种子可能是由其他的人或者实践播撒下的。例如,有迹象表明在角逐总统宝座之前,小布什就认为只有推翻萨达姆·侯赛因才能更好地保障美国的国家利益——这也是其父在 1991 年海湾战争中未竟的目标。[2] 另外,小布什对战区导弹防御计划(TMD)的

---

[1]　See Abelson and Carberry, "Policy Experts in Presidential Campaigns."

[2]　See Governor Bush's speech, "A Period of Consequences." For more on Bush's politics before he assumed the presidency, see Mitchell, W; *Revenge of the Bush Dynasty*.

支持很有可能是来源于里根-布什时代对外政策的成功和他的父亲对战略防御计划

17 的执着信念。在第一任期的多个场合，小布什都表示他有意建立导弹防御系统。①

　　简单地说，尽管总统们充分信任他们的核心智囊，但归根结底他们只是遵循与自己的价值和理念相一致的路径。"新美国世纪计划"和其他与布什政府关系密切的智库的确扮演了重要的角色，但问题是它们究竟扮演了什么样的角色，拥有什么样的影响力。我们将在接下来的章节和案例中对此进行详细探讨。

　　戴维·弗鲁姆曾是布什总统的演讲撰稿人，后在美国企业研究所任职。他在《正确的人》(*The Right Man*)一书中表示，布什在"9·11"事件之后的对外政策处理中，以他的机敏震撼了美国人民。据弗鲁姆所言，布什总统在入主白宫之时有着坚定的信念。虽然缺乏实际政治的经验，但是在"9·11"事件后全国陷入恐惧和焦虑的情绪之时，他却证明了自己是一个有能力领导全国的总统。这位饱受质疑的领导人经受住了在许多人看来非常困难的一道考验——个人品质。带有反讽意味的是，阿富汗战争以来小布什的个人品质一直饱受争议。石油行业平庸的业绩、竞选国会议员失败的经历和在新成立的德州骑警队短暂的合伙人经历使得大家都认为小布什似乎不适合从政。但是他通过坚持不懈的努力把个人资质上的欠缺加倍补了回来。1994年，在相当大的胜率下，小布什击败了民主党籍州长安妮·理查德，成为德克萨斯州历史上第46位州长。理查德在面对第41任美国总统的儿子时，认为自己即将迎来一场唾手可得的胜利，并给小布什起了一个"灌木丛"的绰号。在接下来的四年中，小布什不断积累支持率，并在1998年以70%的支持率成为德克萨斯州历史上第一位赢得连任的州长。

　　作为一个州长，小布什在教育、控制犯罪、打击毒品等领域政绩斐然。最受媒体关注的是，他善于通过分权、授权的方式来管理自己的下属。他对卡尔·罗夫和卡伦·休斯这些能够理解和帮助他实现政治抱负的核心智囊用人不疑。罗夫和休斯二

①　Bush, "A Period of Consequences."

人都在布什政府履任高位。正如布什发现的那样,成为一个成功的领导者不需要拥有

百科全书式的知识或者成为所谓的"政策学究"——这是一个专门用于形容那些深陷

于复杂的政策事务的官僚。① 这个 1975 年毕业于哈佛大学并获得工商管理学硕士的

州长曾经说过:一个成功的领导人,只要在不同的政策领域合理地选贤任能就可以应

对各种问题。一旦政策选项已经确定,接下来就由各部门负责人来负责执行。

　　正如他的前任吉米·卡特、罗纳德·里根和克林顿(也是从州长成为总统)一样,

小布什发现如果想要践行他的"温情保守主义"哲学,就需要擢用一批能够塑造、强化

并推行其政策理念的专家。本书在接下来将会论述,启用美国最杰出智囊对布什入

主白宫甚有裨益。启用智库精英是从卡特到里根以来美国政治的主基调。这四位美

国总统与智库的关系是本书接下来要讨论的问题。

二、更完美的联盟: 总统候选人和他们的顾问智库

　　1998 年 4 月,共和党总统候选人乔治·W. 布什(小布什)以德克萨斯州州长的

身份前往北加州进行筹款活动,同时访问了胡佛研究所。此次造访的地点在前国家

安全事务秘书、胡佛研究所研究员乔治·舒尔茨家中,目的在于使这位德州州长与美

国最为顶尖的政策专家建立联系。尽管在接受舒尔茨的邀请之前,布什对胡佛研究

所的研究知之甚少,但是与经济学家迈克尔·博斯金的亲密友谊促使他前往胡佛研

究所。② 经过 4 个小时的会晤,布什决定邀请约 12 位胡佛研究所研究人员作为他的

竞选顾问,涵盖税收、福利、外交等许多领域。③ 除了在一系列复杂的内政外交事务

上深度倚重胡佛研究所之外,他还吸纳了其他一些著名政策专家的才智,例如他的重

要经济智囊劳伦斯·琳赛和罗伯特·佐利克。前者曾是美国货币储备委员会成员,

---

① For Bush's behaviour as governor of Texas, see Mitchell, W; *Revenge of the Bush Dynasty*;
Ivins and Dubose, *Sbrub*; and Minutaglio, *First Son*; and Lind, *Made in Texas*.

② Van Slambrouck, "California Think Tank."

③ Swanson, "Brain Power."

现任职于美国企业研究所；后者在成为布什顾问 4 个月后就成为了战略与国际问题研究中心主席。①

19   布什在政策制定上青睐这几家顶尖智库不足为奇。事实上，对于那些缺乏联邦政府工作经验的总统候选人来说，与智库建立密切的合作关系已经司空见惯。智库对于那些有可能推动其理念成为政策的候选人非常热心。它们习惯于向那些总统宝座的角逐者提供智力资源以帮助其影响选民。胡佛研究所的马丁·安德森指出"当今的总统候选人无一不是为了在一系列内政外交问题上明确自己的政策思路而集思广益、博采众长。总统候选人通过与政策专家交换意见来对他们进行筛选。这就好比是一场全国性的市场竞争"②。在接下来的几章里，本书将分析四位总统候选人及其顾问团队之间的关系。这是为了向读者揭示近年来十分常见的一种现象：总统候选人和智库交换的政策意见往往会成为他们执政期间核心政策的基础。本书通过美国智库的历史变迁，来说明如今的美国智库可以通过对选举周期的准确预见来影响国家的政策话语。一旦我们认识到智库在政治领域赢得了举足轻重的影响力，就要探究它们是如何取得了目前的地位，以及它们成功的助推因素有哪些。

第 2 章将对美国智库历史进行概述。通过对历史的回溯，我们可以发现美国智库的历史变迁可以概括为四波浪潮或者四个时期。研究智库的历史不仅有助于我们认识政策共同体各方面的性质，而且有助于我们了解这些智库是如何通过规范自己的行为来满足决策者和公众的需求。据统计，美国有超过 2 000 家智库，大部分在高校内部。不过，本书的研究对象主要是那些独立于政府机构和高等院校的智库——换言之，就是在很多方面像私营企业一样运营的智库。尽管之前有关智库的研究非常丰富，但是关于美国到底存在多少家"私人"智库，学界仍未形成共识。据有些学者（例如肯特·韦佛）估算，属于"私人"性质的智库大约 500 家。其他人认为这个数字

---

① Judis, "Taking Care of Business."

② Interview with Martin Anderson, 19 March 1990.

应该更大。当然,重要的不是这些智库的数量,而是它们获得目前影响力的方式。通 20
过研究 20 世纪以来美国智库的历史,我们可以更深刻地解释它们何以成为政策共同
体中强有力的发声者。

过去数十年智库在数量上的惊人增长是无可争议的。这也获得了学界的广泛认
可。学界的争议在于何种理论(或者理论群)可以解释这一变化。在第 3 章里,我们
将各种被用于阐释智库行为的理论范式进行讨论,并评述其得失。本书认为没有任
何一种理论范式可以完全解释智库在政策共同体中的作用。不同的理论(无论是多
元主义理论,还是国家理论)都只是为学者提供了一个不同的观察视角。因此,必须
兼顾不同的理论视角,才能深入解释那些方便或者阻碍智库融入政策共同体的原因。
在解读这些案例时,多角度的理论视野尤其重要。

在理论视角确定之后,我们就可以检验美国智库为何在多方面与众不同。为此,
第 4 章聚焦于为智库成长提供坚实基础的政策环境。这一章会花费相当大的篇幅来
关注美国政策共同体的本质及其重要特性——正是这些特性为美国智库在政府的各
个层级、各个部门施加影响提供了条件。同时,本书还将美国智库与英国、加拿大、德
国的同行进行比较,并说明美国智库是如何利用其他国家的同行无法利用的优势机
会扩大影响力。除了美国政治舞台上日益增长的知名度之外,智库在决策领域的影
响力也日益受到学界的关注。第 5 章将会论述如何运用当代的各种理论和模型来解
释它们的现状。

美国政治体制分权化和日益增长的碎片化趋势为智库的发展成长提供了肥沃土
壤。我们承认这一点,同时必须认真观察这一类组织如何赢得并运用其影响力。在 21
第 6 章,我们将会讨论智库向目标受众传播思想理念的途径(此处既包括公开途径,
也包括隐蔽途径)。这些渠道包括为各大主要新闻媒体撰写新闻评论,也包括就热点
问题向参众两院议员提供简报。本书将会详细讨论智库为何以及如何选择既有
策略。

界定智库影响公众观点和公共政策的方式是相对直接的。但是,正如前人所言,

难点在于评价这些策略的有效性和影响力。第 7 章将会从数量和质量两个方面来衡量智库的影响力。根据多名智库负责人所说，衡量智库影响力最常见也是最简单的标准是媒体曝光率。简而言之，对于某些智库来说曝光率就是影响力。这一章认为媒体曝光率、国会出境率、出版物的数量和网站点击率能有助于学者观察哪些智库在政策辩论中最为活跃。然而，这些指标只是部分地反映了复杂政策环境和影响决策者的诸多因素。因此，我们不能忽略智库施加影响的更多隐蔽方式。同时，这一章还将阐述为什么必须在影响力和如何获取影响力之间做出细致的区分。第 7 章的目的在于为接下来两个案例的讨论搭建一个平台。一旦读者对于评估智库影响力在方法论上面临的困境有了一个更好的认识，我们就可以开始考察一批精英智库如何塑造、协调和强化公众和决策者的观念和态度。在第 8 章和第 9 章中，本书将会着重讨论两个案例。第一个案例是智库如何在导弹防御的议题上影响政策辩论。这一政策议题在里根时代曾经激起过重大的争论，至今两派依旧分歧巨大。其中，一派认为美国的国家安全利益必须得到最好的保障，因此必须通过建立一套防御体系来使美国免于核打击。另一派认为，单方面建立导弹防御系统会和其他因素一道，成为新一轮军备竞赛的导火索之一。第二个案例是关于布什政府为打击恐怖分子和支持恐怖主义的国家而发动的战争——这更具争议性。

在对这两个案例的分析中，我们可以从不同的视角出发来观察智库在政策制定的过程中扮演的角色。显然，没有任何一种单一因素能够解释智库影响决策者和公众意见的成败。在其他场合，例如导弹防御问题上，少数几个精英智库至关重要，例如"高边疆"、传统基金会和安全政策研究中心。但是，我们也发现智库不是支持导弹防御计划的唯一一方。防务承包商、国会议员、学术界和部分新闻媒体也参与了政策辩论。我们在更进一步的研究中会发现，智库能够在导弹防御问题上拥有强大的影响力主要是因为它们发现里根深切地关注一个事实——美国在面临核打击时能够为公民提供的保护少之又少。当我们转而讨论反恐战争时，事情与里根时代截然不同，因为布什总统不太愿意倾听自己核心决策圈以外的意见。这也就在某些方面限制了智库对美国对外政策的影响力。不过,这并不影响它们向其他目标受众传递自己的政策理念。

我在最近的新作《智库能发挥作用吗?》一书中提出,要更深入地了解智库的行为及其对政策制定的影响,就必须关注具体的政策领域。然后,我又提问说:在科学评价智库行为的未竟之路上,我们还能做一些什么? 在《国会的理念》一书中,我开始钻研这个更加困难的问题。借此,我希望勉励之后的研究能够用一种更加批判性的态度从内部开始观察这些复杂的组织。这一旅程值得我们为之付出!

1. 灯光、摄像、行动：政策专家和总统竞选

　　要在总统竞选中胜出，候选人不仅要有充足的资金，还要有能与美国民众共享的一系列可靠的政策理念。总统候选人经常会缺乏资金（特别是在总统初选时期，这时他们必须筹集资金①），但他们很少会缺乏政策理念。他们总是被各种政治策略家、民意调查人、媒体顾问、党派信徒和目标各异的说客提出的海量建议淹没。即便如此，几个总统候选人还是转向了智库寻求帮助，以发展、巩固和宣传他们的竞选平台。候选人为什么极力和智库保持密切的联系？智库又为什么愿意为他们提供服务？

　　首先，候选人，尤其是那些缺乏联邦政府工作经验的候选人，②可以利用美国一流智库拥有的宝贵财富——专业知识。吉米·卡特、罗纳德·里根和其他总统候选人在就任总统前就很少在华盛顿活动，但他们都意识到了智库能给他们带来巨大的利益。因为这些智库的成员很多都是顶尖的政策专家，或者前任政府的重量级决策者。通过利用这些机构的专家，候选人不仅可以深入华盛顿的核心决策圈，还可以更深入地理解政策议题。此外，候选人出席一些（如外交关系协会等）智库的会议时，可以加强自身与公共部门和私营部门的联系。因为这些智库的成员中许多人是前任政府的重量级决策者和顶尖商界领袖，这些关系在他们全国巡回演说拉票时可能会发挥很大的作用。然而，比智库带来的关系网络更重要的是，智库能使候选人的理念更具公信力。获得像胡佛研究所的首席经济学家米尔顿·弗里德曼这类学者的认可，

---

　　① 当总统候选人在大选初期必须要筹集资金时，每个党派推选的候选人可以为了大选使用公共资金。如果他们接受了公共资金资助，将不能再接受任何私人赞助。

　　② 埃布尔森和卡伯里认为总统候选人的两个特征解释了他们招募智库人才的模式：一、他们是华盛顿圈内人还是圈外人；二、他们意识形态上的观点。见他们的文章 "Policy Experts in Presidential Campaigns"。

甚至是得到这些"大腕"的建议,会使得候选人的选情水涨船高。如果合作的智库能够巩固候选人政策理念的意识形态基础,对候选人来说更是大有裨益。

　　为来自智库的学者提供支持和帮助,候选人几乎不需要花费什么成本。一般来说智库专家都是免费提供服务的,除非他们要离开原本的智库专门为总统竞选工作,虽然候选人常常鼓励他们这么做。[①] 总而言之,对候选人来说,和能够激起选民共鸣的智库合作,成本极小,潜在效益却极大;而对智库来说,与胜选一方站在同一战线上会获益匪浅。一次胜选给智库的学者带来的不只是声望,有时还有工作机会。更重要的是智库的知名度会得到提高。这意味着它们能够得到捐赠者更多的资助。虽然候选人对智库的依赖程度不同,但这都表明了一个规律:当候选人需要专家意见时,他们乐于向智库寻求帮助。让很多智库喜闻乐见的是,候选人在通往白宫这条漫长艰险的路上都非常乐意得到智库的支持。

一、吉米·卡特的集思广益之道

　　当杰拉德·福特总统在水门事件后承诺"完全、无条件地赦免"理查德·尼克松"所有的罪行"时,民主党人看起来更有希望接任下届总统。肆虐横行的腐败、久拖不决的越南战争使得共和党失去了民心。民众不相信他们能够做出有效率、负责任的领导。在 1976 年的大选中,好几位民主党大佬都参与了总统竞选,包括亨利·杰克逊和乔治·华莱士。但当美国人民投出手中的选票后,获胜者竟然是名不见经传的佐治亚州州长吉米·卡特,随后他在 1977 年 1 月宣誓就职。

　　卡特迅速的崛起仍然使一些政治分析家困惑不已。但他和纽约、华盛顿一些知名政策研究机构保持的紧密联系,或许就是他为什么能够得全国关注的部分原因。

25

---

　　① Swanson, "Brain Power." 关于如何为总统候选人提供建议,不同的智库对职员有不同的政策。有些智库,例如卡托研究所,就极力反对职员与某个特定的候选人保持过于紧密的联系,它们更倾向于提出建议,而后提供给有需要的候选人。而其他智库,如牵制国税局的"国家政策中心",规定如果它们的研究员要为某个竞选团队工作就必须离职。国税局则明令禁止非营利性机构参与政治竞选活动。更多细节见 Morin and Deane, "The Ideas Industry"。

他很依赖智库提出的政策建议。由此我们可以断定，这些机构在他竞选和担任总统时发挥了非常关键的作用。而他与东北部一些著名智库合作的过程，也体现了研究机构是如何在整个政策共同体中扩大影响力的。

1970 年卡特上任佐治亚州州长后不久，他就把目标瞄准了美国总统的位置。卡特和他在政治与财经领域的盟友们很快就发现，如果想成功地从总统竞选中胜出，他必须获得几位民主党巨头的关注。虽然获得亚特兰大商界和政界的支持令卡特非常高兴，但他梦寐以求的还是顶尖学者、金融家和媒体的支持。根据劳伦斯·舒普所说，卡特希望能够通过接近"东部权势集团"，成为美国"国家权力结构"的一部分。[①]

早在 1971 年，卡特就已经开始一心筹谋提高在全国的知名度。通过他的几个私人顾问（如前国务卿迪安·腊斯克），卡特见到了很多能够帮助他稳固政治根基的人。其中最有影响力的应属大通曼哈顿银行（简称大通银行）的董事长戴维·洛克菲勒和《时代》周刊的总编赫德利·多诺万。1971 年 5 月《时代》周刊对卡特及其"新南方"做了一期封面故事之后，卡特见到了多诺万。[②] 多诺万又把卡特引见给了洛克菲勒家族的姻亲，同时也是外交关系协会执行董事的乔治·S."班吉"·富兰克林。经过了很多层这样的关系，卡特最终被戴维·洛克菲勒所知。1971 年洛克菲勒在大通银行邀请了这位州长共进午餐。

卡特的南方性格和肯尼迪式的政治风格定然给洛克菲勒留下了极为深刻的印象，否则洛克菲勒不会在 1973 年决定成立三边委员会的时候就邀请卡特入伙。[③] 兹比格涅·布热津斯基为洛克菲勒挑选了很多三边委员会的成员。他认为卡特之所以能够入选，是因为他看起来和这个机构有着一样的目标——希望能够改善国际经济

---

① Shoup, *The Carter Presidency and Beyond*, 39.

② 同上。

③ 关于三边委员会更多的详细介绍，见 Gill, *American Hegemony and the Trilateral Commission*, and Sklar, *Trilateralism*。关于卡特如何变成三边委员会的成员。见"Memorandum from George Franklin to Gerard Smith on the circumstances of Carter coming with the Commission," box 4, 1/1/76—6/3/77, Gerard Smith's Personal Files, Jimmy Carter Library。

关系。他说："我们对卡特的印象非常深刻。他竟然已经在布鲁塞尔和东京设置了佐治亚国际贸易办公室。这似乎完美地契合了三边委员会的设想。"①

卡特在国际经济上的积极性似乎与三边委员会的要求一致。但是根据巴里·戈德华特所说，洛克菲勒和布热津斯基同时也希望招纳一个有望入主白宫的成员——这也是他们邀请卡特的原因之一。正如戈德华特所说，卡特受邀进入三边委员会是受政治和机构利益所驱。"戴维·洛克菲勒和兹比格涅·布热津斯基发现，吉米·卡特正是他们理想的总统候选人，因此他们要帮他取得候选人提名权乃至总统的宝座。为了达到这个目的，他们调动了华尔街银行家的经济力量、学术界的影响力——来自大量免税基金会的财富——以及代表对外关系协会和三边委员会的传媒大亨"②。

戴维·洛克菲勒对于选择卡特作为三边委员会成员的原因给出了一个非常特别的解释，在他的回忆录中，他说道：

> 我们选择会员的时候广泛撒网，招募了工会领导人、企业 CEO、民主党和共和党精英，同时还有知名学者、大学校长和非营利跨国机构的领导。我们聚集了美国最优秀的大脑，欧洲和日本也聚集了类似的代表团。我们在第一届成员中招募了一位默默无闻的民主党籍州长詹姆斯·厄尔·卡特，却导致了一个无心插柳的结果。一周后，也就是 1975 年的 12 月，三边委员会的首届执行委员会在华盛顿碰面。在会上卡特州长说他将会争取拿到民主党总统候选人提名。我必须承认那时我觉得他毫无胜算。③

戈德华特和其他共和党人意识到卡特的胜利会给三边委员会带来丰厚的回报，

---

① Quoted in Perloff, *The Shadows of Power*, 156.
② 同上。
③ Rockefeller, *Memoirs*, 417.

据委员会所发布的结论就是"有望能够影响个别政府的行为"①；而对卡特来说，加入三边委员会也给他带来了很多利益。根据舒普所说："加入三边委员会后，卡特结交了很多有权势的上层阶级人士。这些人在各界有着很大的影响力，包括商界、大众传媒、国内外的政府、大学以及各种学会和基金会。吉米·卡特……1973年的时候除了在佐治亚州外几乎无人知晓，而后一跃加入了这个能帮助他夺得总统宝座的团体之中。"②

20世纪70年代早期，几乎没有政治评论家发现卡特和三边委员会的密切联系。但是到了1976年，卡特越来越明显地依赖三边委员会其他成员提供的建议。例如，1976年6月，《洛杉矶时报》称卡特的第一场外交政策演讲就是一个"工作小组"为他准备的，讲稿是这样开头的："现在已经到了我们向北美、西欧和日本寻求合作的时代。"③场下三边委员会的成员带头鼓掌。而后卡特接着强调了要鼓励美国和发达的工业国家建立更密切的合作。接下来几个月这位民主党候选人连续采纳了三边委员会提出的一些其他外交政策建议。卡特日益倚重三边委员会的精英顾问，其中包括兹比格涅·布热津斯基和赛勒斯·万斯。这一现象让有些竞选观察员确信"卡特的整套外交政策、大部分的竞选策略以及至少一部分的对内政策都直接来源于三边委员会及其领导成员"④。

我们很难判断三边委员会对卡特关于内外政策的观点具体产生了多少影响，但毋庸置疑的是这个机构给他留下了终生难以磨灭的印象。正如卡特后来所说："要想深刻敏锐地分析当下复杂且重要的外交政策议题，就找三边委员会。来自世界上三个发达民主之地的领袖们每半年聚集在一起讨论日本、北美和欧洲的时事……在这

---

① Rockefeller, *Memoirs*, 417.
② Shoup, *The Carter Presidency and Beyond*, 50.
③ Perloff, *The Shadows of Power*, 157.
④ Shoup, *The Carter Presidency and Beyond*, 51.

里我得到了非常宝贵的学习机会。很多成员在外交事务的研究上给予了我很多帮助。"①

兹比格涅·布热津斯基是三边委员会的第一位董事，也是卡特在任总统时的国家安全顾问。他承认委员会给卡特提供了非常宝贵的学习经验，但他否认委员会在内外政策上给卡特提供过建议。② 布热津斯基说：

> 委员会没有给卡特提供过任何建议。但是我认为三边委员会对他产生了两个重要的影响：第一，它让卡特第一次对国际事务有了一个总体和广泛的接触和认识。在加入三边委员会之前，他对国际事务一无所知。通过三边委员会他才真正逐渐地接触到外交事务。第二，他在委员会里遇到了很多热衷于外交事务的人，后来他在组建自己的政府时把一部分人招到了麾下。有人曾经算过，确切数字我已记不清，但依稀记得他麾下来自三边委员会的高级官员就多达 18 个。③

布热津斯基虽然想不起卡特总统在政府部门中任命了多少位三边委员会的成员，但是他指出："卡特政府中所有核心的外交决策者都曾在三边委员会任职。"④另一方面，洛克菲勒说得更加明确：卡特"招募了 15 个三边委员会的成员，大部分都是历届的官员"⑤。这进一步证明"旋转门"机制很早就存在了。除了布热津斯基之外，还有好几个三边委员会的成员接受了卡特白宫的任命，包括副总统沃尔特·蒙代尔、国务卿赛勒斯·万斯、国防部长哈罗德·布朗以及财政部长迈克尔·布卢门

28

---

① Carter, *Why Not the Best*? 164. 尽管卡特在他的自传中承认加入三边委员会使他从中受益，但是在他的回忆录 *Keeping Faith* 中关于三边委员会他只字未言。

② 与布热津斯基所说的三边委员会没有给卡特提供过建议这一说法相反，事实上，作为三边委员会的董事，他和卡特讨论过好几个外交政策议题。

③ Interview with Zbigniew Brzezinski, 30 May 1991.

④ Quoted in Perloff, *The Shadows of Power*, 158.

⑤ Rockefeller, *Memoirs*, 417.

撒尔。

卡特政府的大部分关键职位明显都是三边委员会的成员，但他集思广益的道路并没有就此打住。他还采纳了包括对外关系协会在内的其他智库专家的意见，且绝不仅限于此。他至少邀请了 54 位对外关系协会的成员加入他的新政府，其中包括住房和城市发展部部长兼卫生教育和福利部部长 P. R. 哈里斯、副国务卿菲利普·哈比卜、中情局局长斯坦斯菲尔德·特纳、副国家安全顾问 D. 阿伦以及美国驻联合国大使唐纳德·麦克亨利。从三边委员会和外交关系协会召集了阵容如此强大的政策顾问团队之后，卡特最后还转向了布鲁金斯学会，意欲充实其"智囊团"。如前文所述，这个词曾用来指代给富兰克林·罗斯福总统出谋划策的专家小团队。

由于布鲁金斯学会在不同的政策领域对前几任民主党政府的重要贡献，卡特在 1975 年 7 月首次接触了该机构并开始向其寻求建议。在短暂的到访中，他出席了布鲁金斯学会两个关于外交政策与经济的非正式午餐会，并开始和布鲁金斯学会很多优秀的常任研究员建立联系。胜选之后，卡特邀请了几位布鲁金斯学会的专家加入他的团队。除了向他建议重构白宫班子的斯蒂芬·赫斯，卡特还任命了超过 12 位布鲁金斯学会的成员到政府任职，其中包括经济顾问委员会主席查尔斯·L. 舒尔茨、国际经济事务局财务助理弗雷德·C. 伯格斯滕、卫生教育和福利部助理部长亨利·阿伦（负责规划评估工作）和卡伦·戴维斯、财政部副助理部长小埃米尔·森利、军备控制与裁军署助理署长巴里·布莱克曼、工资物价稳定委员会主席巴里·博斯沃思、经济峰会总统特别代表亨利·D. 欧文、白宫律师 L. N. 卡特勒、副国务卿 L. W. 本森、无任所大使杰勒德·C. 史密斯以及美联储董事会的南希·H. 蒂特斯。

有了美国三个最负盛名的智库及其一百多位政策分析师的支持和建议，卡特这个原本籍籍无名的州长一跃占据了美国总统的宝座。虽然他的胜利也有其他因素，但是智库在他竞选时发挥的重要作用不容忽视。入主白宫后，这位初出茅庐的总统对智库专家的依赖没有停止，而是后来的五年中更加密切。卡特在向他的高级经济顾问征求提高美国国际经济地位的建议时，他的当务之急——解决美国和中东紧张的关系——让政府内外的众多外交政策专家有机会获取他的关注。事实上，卡特在这些领域的好几条政策看上去就是由华盛顿的那群优秀的智库专家一手策划的。①

二、罗纳德·里根的顾问智库

当卡特在东北部几家著名智库的扶持下得到全国的关注时，他的接班人罗纳德·里根却转向了其他的政策研究机构（包括其家乡加利福尼亚州的胡佛研究所），让它们将他一系列保守派的理念转变为他赢得竞选的筹码。里根在任加利福尼亚州州长期间，偶然得到过一些知名智库和大学的政策分析师提供的建议，②但直到1980年才开始他的总统竞选之路。从那时开始他身边开始凝聚着一群美国最负盛名的保守派政策知识分子。

虽然在1976年密苏里州堪萨斯城的共和党全国代表大会上，里根以微弱的劣势落后于杰拉尔德·福特而败北，但是他没有浪费一点时间，紧锣密鼓地就开始准备1980年的总统竞选。他的一位竞选顾问观察到，在回加利福尼亚的返程飞机上，里根望了望窗外，几秒钟之后他在前往出席全国代表大会的飞机票背面写下了这样的一句话："我们梦想过，奋斗过！ 如今梦想仍在。"③这句短短的话语饱含了他得到总统候选人提名的愿望，也是他将会再次参与竞选的承诺。四年后，1980年7月17日

30

---

① 国家安全委员会成员，卡特政府的拉丁美洲专家罗伯特·帕斯特声称，卡特关于拉丁美洲的外交政策明显受到"美国——拉美关系委员会"发布的两份报告影响，这两份报告分别是：《变化世界中的美国》(The Americas in a Changing World)、《美国与拉丁美洲》(The US and Latin America)。这个委员会是一个两党合作的组织，由索尔·利诺维茨任主席，其成员大约有25人，都是大学、智库和企业的领导人。帕斯特在加入国家安全委员会前曾是美国——拉美关系委员会的执行董事，他说："这两份报告帮助政府重新定义了美国与拉美国家的关系，而且第二份报告的二十八条建议就有二十七条变成了美国的政策。"要了解更多关于利诺维茨这一委员会的更多信息和背景，及其对美国对拉美外交政策的贡献，见Pastor, "The Carter Administration and Latin America," 62-65。

② 里根从1967年到1975年任加利福尼亚州州长。

③ Anderson, *Revolution*, 47.

里根在密歇根州的底特律以压倒性的优势赢得了共和党总统候选人的提名权。在
111 个日夜后他又赢得了大选。1981 年 1 月 20 日罗纳德·威尔逊·里根正式成为
第 40 届美国总统。

里根能够以摧枯拉朽之势碾压当时日愈消沉和失败的在任者卡特，人们经常将
其归因为卡特政府没能维护美国的国际政治和经济利益。卡特没能阻止伊朗国王的
倒台，再加上尼加拉瓜建立了桑地诺政府，驻德黑兰美国大使馆被占领以及苏联对阿
富汗的侵略。这些因素都使选民的信心日渐消减。尽管如此，单单是卡特外交政策
的失败并不足以保证一个共和党人的胜选。事实上，是里根的顾问把保守派一系列
的理念转化为对美国民众极具吸引力的政治议程，才造就了里根 1980 年大选的
胜利。

在底特律结束提名演讲飞往南加州前，里根的竞选顾问就已经开始在规划一个
新战略来推销里根的各项内外政策。当里根受 1960 年肯尼迪险胜尼克松的影响，从
民主党转向共和党时，①他的竞选团队必须决定如何让美国选民的政治倾向转向保
守主义。

马丁·安德森是胡佛研究所的高级研究员，也是里根的核心政策顾问之一。他
认为向美国公众宣传里根的政治议程，最有效的办法是得到美国顶尖知识分子的支
持。他相信"理念推动国家"②，而理念主要来源于大学和智库。③ 因此他召集了一个
强大的专家团队帮助里根推销其愿景。安德森在关于里根执政时期的一段回忆录中
指出："早在 1975 年我同意加入他的总统竞选团队后，就开始有计划地向里根引荐美
国最优秀的经济学家。他们当中大部分是我从一大群经济专家的人事档案中挑选

---

① 影响里根决定离开民主党的因素在其自传中有提到，即 *An American Life*，132 - 136。
② "理念推动国家"这个标语是伊斯特布鲁克提出的，并且被他用作他的一篇关于保守派智库崛
起的文章题目，这篇文章 1986 年被发表在《大西洋月刊》(*Atlantic Monthly*)的一月刊上。
③ Anderson, *Revolution*, 8. 安德森已经明显改变了对大学是政策理念的来源地这一观点的看
法。在其著作 *Impostors in the Temple* 中，他认为很多大学都充斥了很多无法坚守学术底线的学界骗
子。

的。这些人事档案我从 1967 年尼克松竞选时就开始整理了。这是一种更常规的招募方式,用来招募知识分子团队为里根提供专业的建议和咨询,解决各种政策问题。"①

在招纳了米尔顿·弗里德曼、威廉·尼斯卡宁和默里·韦登鲍姆等著名的经济学家加入里根阵营后,安德森开始放眼组建政策工作小组,为里根提供内政外交政策方面的建议。② 他在 1968 年为尼克松进行政策研究时,第一次意识到为总统候选人组建政策工作小组的重要性。他写道:"我发现对一个竞选团队来说,身为知识分子的政策顾问是一笔巨大的财富……一群优秀的知识分子可以极大地增强一个候选人的公信力。实际上,这些知识分子相当于联名担保了里根的政治理念。"③

安德森负责内政和经济小组的组建。④ 理查德·艾伦负责监管外交和国防政策工作小组,而他本人与胡佛研究所也有联系。在谈到他的政策小组如何向里根传达信息时,艾伦写道:"我总共有 120 个人,其中 80 个外交政策顾问,40 个国防和国家安全顾问。这些人都是各个领域中的佼佼者,不是学术专家就是从政府退休或离职的专家。他们有的曾供职于五角大楼和国务院,有的曾任过外交官或是类似的职业。(他们)提供了各种信息和观点,写的演讲稿有些还会收录为候选人的演讲稿……这个体系的某些部分就是这么运转的。(政策小组)在提供背景信息和公共数据的时候

31

---

① Anderson, *Revolution*, 165.

② 在总统竞选期间成立政策工作小组为候选人提供信息和建议的现象并不常见。包括肯尼迪在内,有几个总统就非常依赖政策工作小组的建议。关于这个话题的更多信息,见 Campbell, *Managing the Presidency*,以及 Hess, *Organizing the Presidency*。

③ Anderson, *Revolution*, 166.

④ 74 位经济学家加入了政策工作小组,主持工作的有 6 位:阿瑟·F. 伯恩斯(国际货币政策工作小组)、艾伦·格林斯潘(预算政策工作小组)、经济顾问委员会前主席 Paul McCracken(通货膨胀工作小组)、前财政部副部长查尔斯·E. 沃克(税收政策工作小组)、默里·L. 韦登鲍姆(管制改革工作小组),以及卡斯珀·温伯格(支出控制小组)。其他委员会的成员有米尔顿·弗里德曼、前美国石油地质学家协会主席和能源政策工作小组主席米歇尔·T. 霍尔布蒂、杰克·肯普、前行政管理和预算局局长詹姆斯·T. 林恩、前财政部长威廉·E. 西蒙、花旗银行主席沃尔特·里斯顿。

发挥了特别大的作用。"①里根执政时期的美国驻联合国大使珍妮·柯克帕特里克非常认同安德森的想法，他们都认为成立专门工作小组是召集政策专家讨论各种问题的有效方式。而柯克帕特里克也曾是其中一个外交政策小组的一员。据她所说，小组成员不会收集一大堆的文件交给里根，而是大家"有时会在午餐的时候聚在一起讨论不同的议题"，而这无疑是大有裨益的。②

里根在 1980 年 10 月 23 日发布了一个新闻稿，其中记录了各个专门性的政策工作小组的构成和职能："今天里根州长宣布，由 329 个顾问组成的 23 个内政和经济领域的政策工作小组正式成立。这些小组的工作是解决新政府即将面临的各种重要问题的重任……同时由 132 个顾问组成的 25 个外交和国防领域的工作小组也正式成立。这些小组的任务是详尽地研究这两个领域的问题。"③

评论里根竞选时期这些活跃的政策工作小组时，过渡团队的负责人埃德温·米斯这样说道："里根 1980 年的竞选团队就从这些政策小组而来。这些小组包含了'因美国大选而被聚集起来的、最大最优秀的知识分子团体'。将近 50 个小组，450 多个顾问，这些人对外交、国防、经济和对内政策等领域都进行了研究，提出了成百上千份政策建议。"④政策工作小组通过撰写从福利改革到导弹防御等领域一系列细致的研究报告，提出相应的政策建议。它们实际上已经为即将上任的政府画好了蓝图。正如马丁·安德森所说："等到 1981 年里根掌权的时候，他如何利用这个权力施展拳脚的大部分战略规划都已经制定完毕。"⑤

里根宣誓就职前两周的一个晚餐会上，为了向胡佛研究所的监事会表示敬意，米斯详尽阐述了政策研究团队为新政府收集信息的重要贡献。他说道："作为里根政府

---

①　Interview with Richard V. Allen, 29 May 1991. 关于 1980 年竞选中政策工作小组的作用和职能的详细讨论见 Wood, *Whatever Possessed the President？* 140－143。

②　Interview with Jeane Kirkpatrick, 20 May 2004.

③　Quoted in Anderson, *Revolution*, 167.

④　Meese, *With Reagan*, 59.

⑤　Anderson, *Revolution*, 167.

的一分子,我们有责任并且已经与传统(基金会)等机构召开了一系列的会议,为新总统制定了一些政策建议。初步的行动计划将会在 1 月 20 日到来之前做好,它会引领新政府度过上任的第一年,也将会为新政府设立长远目标和中期目标,如此一来新政府要实现的蓝图便一目了然。"①

为了回报竞选时有突出贡献的顾问,里根可谓不遗余力。在里根的政策工作小组成员当中,受到高级政府官员职位任命的有美联储委员会主席艾伦·格林斯潘、最高法院的安东宁·斯卡利亚、国务卿乔治·舒尔茨、国防部长卡斯珀·温伯格、国防部副部长威廉·霍华德·塔夫脱、国家安全顾问理查德·艾伦、联邦贸易委员会主席和后来的行政管理和预算局局长詹姆斯·米勒、行政管理和预算局副局长埃德温·哈珀、白宫经济顾问委员会(CEA)主席默里·韦登鲍姆和贝丽尔·斯普林克尔、CEA 的威廉·尼斯卡宁和托马斯·穆尔、财政部副部长诺曼·图雷(负责经济政策)和助理部长克雷格·罗伯茨、驻德大使阿瑟·F.伯恩斯、交通运输部副部长达雷尔·特伦特、国会运算办公室主任鲁道夫·彭纳和内政经济首席顾问马丁·安德森。②

这些人当中超过一半的人来自智库。他们与各个智库的所属关系如下:理查德·艾伦——战略与国际问题研究中心、传统基金会以及胡佛研究所;马丁·安德森、托马斯·穆尔和达雷尔·特伦特——胡佛研究所;诺曼·图雷——传统基金会;卡斯珀·温伯格——当代研究学会;③默里·韦登鲍姆、詹姆斯·米勒和阿瑟·伯恩斯——美国企业研究所;威廉·尼斯卡宁——兰德公司和美国国防分析研究所。④

加入里根改革运动的智库专家就更多了。从 1981 年到 1988 年,美国顶尖的保

33

---

① Meese, *The Transition to a New Administration*, 11.

② Anderson, *Revolution*, 170.

③ 圣佛朗西斯科的当代研究所是卡斯珀·温伯格和埃德温·米斯在 1972 年成立的一个非营利性机构,它以及它的附属机构的主要研究内容是经济、社会和外交政策等议题。关于它的成立有一个很有意思的分析,见 Beers, "Buttoned-Down Bohemians".

④ 关于里根政府成员的背景信息可见 Brownstein and Easton, *Reagan's Ruling Class*.

守派智库就有将近两百人全职加入了里根政府的咨询或顾问团队。① 在里根执政期间有五家智库特别突出：55 位学者来自胡佛研究所，66 位来自传统基金会，34 位来自美国企业研究所，32 位来自美国当前危机委员会，②18 位来自战略与国际问题研究中心。③

等到里根总统图书馆中关于 1980 年竞选的所有档案都对外开放时，我们就可以更详细地了解里根政府和智库之间的关系。不过目前可用的资料已经表明，有些智库在里根 1980 年大选之后的过渡期发挥了至关重要的作用。虽然有几家智库在里根大选时也非常活跃，但是在此期间传统基金会是无可匹敌的。

1979 年秋天，传统基金会主席埃德温·福伊尔纳就预测共和党会取得大选胜利，并考虑传统基金会如何能在保守派政府上台的过渡期提供帮助。咨询了几个政策研究界的同事后，他决定启动一个大项目，希望通过组织撰写一份研究报告来为保守派的内政外交提供指南。福伊尔纳说："我们强烈希望加入这个政府的人能有新的智力资源和行动原则，而不只是单纯地取代自己的前任。"④

超过 300 位学者、咨询顾问、律师以及前政府官员组成了 20 个项目团队，在他们的帮助下，传统基金会出炉了一份 1100 页的"构建一个保守派政府的蓝图"⑤。其中在《领袖的使命：保守派政府的政策管理》(*Mandate for Leadership*：*Policy*

---

① 有些专家在加入里根政府前就属于智库成员的情况，我只提供了一个大概的数据。
② 从当前危机委员会到里根政府任职的人员名单可见 Sanders, *Peddlers of Crisis*, 287 - 288。据 Eric Alterman 所说，当前危机委员会总共有 59 个成员到里根的国家安全小组工作，见他的著作 *Sound and Fury*, 80。关于当前危机委员会的更多信息见 Dalby, *Creating the Second Cold War*。
③ AEI、CSIS 和传统基金会的数据引自 Blumenthal, *The Rise of the Counter-Establishment*, 35 - 38。
④ Quoted in Weinraub, "Conservative Group's Blueprint for Reagan."
⑤ Omang, "The Heritage Report."

Management in a Conservative Administration）这份报告中，①传统基金会就精简政

府机构和加强美国国家安全等众多议题提供了 2 000 条政策建议。传统基金会一整

年的研究成果就已经足以令福伊尔纳喜笑颜开，更不用说 1980 年大选的结果正如他

所料。1980 年 11 月中旬，他在亚当斯甘草酒店向埃德温·米斯递交了这份蓝图，而

且还是以手稿的形式。② 在浏览了这份鸿篇巨制的报告之后，米斯说《领袖的使命》

令人眼前一亮，而且里根团队会"非常需要它"③。"往后的几年里根总统和他的伙伴

肯定会按着其中的规划走，这是最有意义的一件事情。"④据米斯说："里根总统给他

的每一位内阁成员都送了这份报告，并引导他们去阅读它。"⑤

    里根执政期间，米斯是当时传统基金会中里根公共政策团队中的一员。他认为

传统基金会日益增长的影响力很大程度上要归功于《领袖的使命》。他在关于那段时

间的回忆录中指出："这一重大成果把传统基金会推到了华盛顿决策者的'视野'中

心。而且，很多传统基金会的职员和这份报告的功臣都受到了出任联邦政府官员的

---

    ①   Heatherly, *Mandate for Leadership*. 在准备 1984 年和 1988 年的总统竞选时，传统基金会也 发布过类似的文件，分析了一系列内政外交政策议题。见 See Butler et al., *Mandate for Leadership* II 和 Heatherly, *Mandate for Leadership* III。在里根政府组建第一个团队期间，传统基金会还发布了 一份临时报告；见 Holwill, *Agenda '83*。传统基金会不是第一个为行政机构和国会制作详细"蓝图"的 智库，从 1971 年开始，布鲁金斯学会每年都发布一份《确立国家优先事项》(*Setting National Priorities*)，为决策者和专家们深入分析内政外交政策议题。而且，在 1992 年的竞选之后，进步政策研 究所的威尔·马歇尔和马丁·施拉姆为克林顿做了一份名为《改革的使命》(*Mandate for Change*)的蓝 图，这个标题明显是借鉴了传统基金会的系列报告《领袖的使命》(*Mandate for Leadership*)。

    ②   在 1991 年 5 月 29 日的一个采访中，里根的第一位国家安全顾问理查德·艾伦证实了福伊尔 纳在十一月中旬的时候向米斯和艾伦提交过一份《领袖的使命》(*Mandate for Leadership*)。艾伦还说 那份报告"当即就被复印和分发到我们整个过渡团队"。他愿意接受并印制福伊尔纳的研究并不令人 意外，这两人早在 1965 年通过美国的第一个国家保守派学生组织 Intercollegiate Studies Institute 建立 了紧密的联系。最终通过艾伦，福伊尔纳成为胡佛研究所的研究员。关于这两人的关系，可见 Blumenthal, *The Rise of the Counter-Establishment*, 46 – 48。

    ③   Omang, "The Heritage Report."

    ④   Knickerbocker, "Heritage Foundation's Ideas."米斯还承认接受了 National Academy of Public Administration 和哈佛大学肯尼迪政府学院的研究报告。被问及是否接受了胡佛研究所的研究报告 时，他强调："没有，我们没有人在那里，我们所有的人都在华盛顿这边和我们一起工作，一起走出困 境。"见 Meese, *The Transition to a New Administration*, 7。

    ⑤   Meese, *With Reagan*, 60.

邀请。（同样，）埃德温·米斯在各个领域的人才构建上也给新政府提供了专业的建议。"①米斯对传统基金会这份报告的高度评价，或许能解释在 1981 年初期它为什么能够连续三个星期上榜《华盛顿邮报》的畅销书目录，也能解释为什么华盛顿的政治观察者开始把这份报告看作里根政府的圣经。甚至在它发布一年之后，媒体和政策分析师仍在推测里根总统有哪些内政外交政策受了这份报告的影响。

最关注政府对传统基金会政策建议的采纳率当属埃德温·福伊尔纳了。1982年初期，他估算当时传统基金会已经有超过 60％的提案被里根政府采纳。② 为了夸耀这个数据，福伊尔纳刻意忽略了一个事实，那就是传统基金会研究报告中的很多政策建议并非原创，而是那几年间其他政策研究机构提出和完善的。根据胡佛研究所前董事格伦·坎贝尔所说，传统基金会的很多政策建议是从胡佛研究所早期的出版物《20 世纪 80 年代的美国》(*The United States in the 1980s*) 中提取的。③ 甚至连前苏联总统米哈伊尔·戈尔巴乔夫都坚信，里根政府的有些政策就是从胡佛研究所的研究成果中"借"的。当着国务卿乔治·舒尔茨和里根的第三国家安全顾问罗伯特·麦克法兰的面，④戈尔巴乔夫手里晃着一本《20 世纪 80 年代的美国》高喊道："这本书我们已经看过了，并且看着里根政府采纳了里面所有的计划。"⑤

尽管人们不承认传统基金会大部分政策建议的原创性，但是却很难否认这个机构在里根上台前的过渡期发挥了不可或缺的作用。新闻记者伯纳德·温劳布指出：

① 同上。有两个时间段埃德温·福伊尔纳离开传统基金会到白宫的具体战略规划项目中做特别顾问，在这两个期间的整段时间他都是里根总统的非正式顾问及其内阁成员。

② 同上。关于 20 世纪 80 年代初期传统基金会这份报告中哪些政策建议被里根政府采纳，见 Horwill, *Agenda '83*。

③ Duignan and Rabushka, *The US in the 1980s*. Interview with Glenn Campbell, 2 May 1990. Campbell 还说埃德温·福伊尔纳是胡佛研究所的一个公共事务研究员，福伊尔纳本人还向他承认"他不是理念的批发商而是零售商"。Campbell 还开玩笑地说他会"随时从福伊尔纳那儿买个二手理念"。

④ 理查德·艾伦在 1981 年早期被指控有不法行为时辞去了国家安全顾问一职并由法官威廉·克拉克代替了他的位置。克拉克在 1983 年离开国家安全委员会(NSC)，任职内政部长。随后他的位置由国家安全事务副助理罗伯特·麦克法兰代替。关于 NSC 更多的职务转换信息，见 Menges, *Inside the National Security Council*。

⑤ Anderson, *Revolution*, 3.

"曾经在华盛顿东北部弯曲的公路上那些白色砖房(有些还曾是韩国的杂货铺或者瘾君子的中途之家)里工作的一群鲜为人知的学者和国会助理……成了帮助里根完成政府交接的中坚力量。"①

传统基金会因《领袖的使命》被推到了整个国家的聚光灯下,里根总统将这个机构称为"保守派阵营中充满活力的新生儿"②。其新总部搬到离国会大厦只有两条街区的地方后,仍继续影响着美国的政治议程。到 1984 年,传统基金会在华盛顿政策共同体中的影响力已经发展到了顶峰——以至于《新共和》(New Republic)的专栏作家詹姆斯·罗森塔尔在评价《领袖的使命 II》时说道:"传统基金会影响了华盛顿的人们在读完早报后的聊天内容。它影响了国家的议程。"③

乘着保守主义在美国所向披靡的东风,传统基金会迅速在华盛顿政坛站稳脚跟。里根执政期间,当几个自由派政策研究机构将目光局限于自身的生存时,传统基金会已经在越来越多个人和企业的经济支持下,摇身一变跻身华盛顿的顶尖智库之一。其中捐助人包括约瑟夫·库尔斯、理查德·斯凯夫和爱德华·诺布尔。尽管传统基金会要影响美国政治议程的野心日益明显,但它并没能独占决策者们的关注。通过解决华盛顿决策者的诸多难题,战略与国际问题研究中心、当前危机委员会、胡佛研究所和美国企业研究所在很多内政外交的议题上也向政府要员提供了很多建议。

与前任总统卡特一样,里根身边也凝聚着一群美国最优秀的专家学者。通过这样的方式,他不仅在学术界延揽了更多智力资源,更重要的是吸引了很多能够把他的保守主义信念转化为实际政策选项的优秀人才。在里根推进政治进程时,有些以前只能从政府的边缘观察政府行为的智库抓住了这次机遇,将自己牢牢地嵌入了政府决策网络之中;很多活跃在政治舞台上的智库也没有放过这个影响政府各项决策的

36

---

① Weinraub, "Conservative Group's Blueprint for Reagan."

② Quoted in Knickerbocker, "Heritage Foundation's Ideas."

③ Quoted in Wheeler, "Heritage Chiefs Recall Decade of Growth."

时机。要衡量每个智库在里根执政时期对美国外交政策的影响（如果能做到的话）是极其困难的。但是毋庸置疑，正如导弹防御的案例表明的那样，包括传统基金会在内的一些智库让里根政府首次意识到了保护美国领土免受弹道导弹威胁的重要性。

但是非常有趣的是，尽管里根执政时智库的数量一直在增长，但它们的作用（尤其是在行政机构中的作用）在乔治·布什担任总统的时候却开始削弱。与里根不同，乔治·布什（老布什）没有邀请大量的智库专家加入他 1988 年或 1992 年的总统竞选团队，在授予高官职位时也没有过多地考虑他们。恰恰相反，他一直努力将自己和与里根保持紧密联系的智库划清界限。胡佛研究所的高级研究员和布什的前顾问安纳莉丝·安德森指出："布什总统想走出里根的阴影，（因此）刻意让自己和大部分依附里根的共和党专家保持距离。他对待新保守主义的做法也和卡特总统非常相似，他们都不看重这些知识分子的分量……为此，他们排挤了一大群的知识精英，如珍妮·柯克帕特里克、诺曼·波德霍雷茨和欧文·克里斯托这些鼓舞和缔造了里根政府的人。"①

三、比尔·克林顿和进步政策研究所

老布什执政时期，智库在华盛顿的存在感和价值可能暂时削弱了，但是等到 1991 年阿肯色州州长比尔·克林顿宣布参加总统竞选时，智库再次回到了人们的关注焦点中。当克林顿的竞选势头正盛时，新闻媒体开始留意克林顿的私人和团体顾问。他们发现，与卡特和里根一样，克林顿和几家智库保持了紧密的联系。

37   在 1991 年冬天，国会里的民主党人甚至整个美国没有几个能想到，共和党在白宫 10 年的统治会那么快就走到尽头。由于美国民众对以美国领导的多国部队的大

---

① Interview with Annelise Anderson, 19 August 1996. 理查德·艾伦认可布什总统竭尽全力远离里根主义者这一说法，布什的这些做法使自己断绝了与美国最重要最有影响力的一群政策专家的往来。Interview with Richard Allen, 6 September 1996.

力支持，老布什在民调中享受着前所未有的人气。他似乎注定要再次入主白宫。[①]
当时有长期供职于智库的华盛顿政坛圈内人自信地评论道："即使耶稣可以操纵民主
党的选票，他也无法打败乔治·布什。"[②]尽管如此，随着美国选民对日益恶化的经济
形势越来越失望，他们当初对"沙漠风暴"行动的热情也在逐渐消退，老布什的政治前
景也不再是一片光明。事实上，在接下来的几个月中，除非他能说服美国民众相信他
所描绘的"新世界秩序"愿景中的美国经济复苏计划，否则白宫很快就会易主。

　　焦急地盼望着民主党在大选之日的胜利，几家智库开始着手为下一任政府准备
蓝图。模仿传统基金会《领袖的使命》中雄心勃勃的研究计划，[③]它们为下届总统提
供了一系列的政策建议，其中的议题包括医疗保健、教育改革、国际贸易协定和国防
采购程序等等。[④] 到 1992 年春天，克林顿积累的支持率已经足以赢得总统候选人提
名。此时，智库如果想要对克林顿竞选班子的整合产生实质性影响，就必须获得他的
关注。

　　身为阿肯色州的五届州长，1992 年 7 月克林顿在纽约的麦迪逊广场花园轻而易
举地拿到了党内提名权。对他来说，在大选和过渡时期选择哪家智库作为顾问只是
小事一桩。[⑤] 大量的学者、利益集团、商界领袖和各个非政府机构的代表在 11 月的
大选前几个月就已经迫不及待向克林顿抛出了橄榄枝。但是许多媒体都认为在大选
中克林顿将会主要依靠华盛顿的民主党领袖委员会及其左膀右臂——进步政策研究

　　① 关于海湾战争期间布什总统对公众民意调查的反映有一个很有意思的分析，见 Brace and
Hinckley, *Follow the Leader*。

　　② Interview with Martin Anderson, Hoover Institution, 19 March 1990.

　　③ Heatherly, *Mandate for Leadership*.

　　④ 包括卡内基国际和平基金会、Citizens Transition Project 和美国企业研究所在内，很多机构对
一系列的内政外交政策都提出了建议。见 Rosenbaum, "Torrent of Free Advice"。

　　⑤ David Osborne 是 PPI 的研究员，同时也是 *Reinventing Government* 的合著者之一，他曾帮忙
把克林顿介绍给智库界，见 Fineman, "Clinton's Team"。

所来完善他的竞选班子。① 与卡特和里根不同的是，克林顿似乎没有花多少时间来发展他和智库圈的联系。尽管如此，他仍然明确表示智库发现了很多新问题，也确保自己能够利用与他志同道合的智库。对克林顿来说，他不需要在智库界中做巡回演说。他知道自己需要什么，并且把精力集中在他了解的机构上。

　　1984 年的大选时，克林顿只能在其出生地明尼苏达州勉强获胜，结果惨败给了沃尔特·蒙代尔。民主党领袖委员会就在次年成立，作为 40 个创始人之一的克林顿意识到改革民主党势在必行。在 1991—1992 年的主席任期内，②也就是他在民主党领袖委员会的整个期间，克林顿与大约 3 000 名其他成员一道，投入了大量的时间和精力将民主党从左翼拉回政治光谱的中间地带。③ 而这也是民主党领袖委员会的主要目标。克林顿试图通过争取选民，尤其是美国南部和西部的选民的支持来增加民主党的支持率。他在 1989 年加入了进步政策研究所的创始团队，想借此说服美国人民，民主党和共和党一样在政治理念的市场上也非常有竞争力。到了 1992 年的大选，进步政策研究所准备在全国扩大知名度，幸运的是它找到了合适的代言人。根据乔尔·阿肯巴克所说："在创立民主党领袖委员会之后，他们下一步要做的是创立一个理念上的助力机构，即进步政策研究所……解决之道就是提出新的理念，并找到合适的代言人——这些都在克林顿成为民主党领袖委员会的主席后得到了实现，他把这个团体的议程带到了总统竞选当中。"④

　　① 关于 1992 年的总统竞选有几本著作，包括：Allen and Portis, *The Comeback Kid*；Brummett, *High Wire*；Germond and Witcover, *Mad as Hell*；Goldman et al. , *Quest for the Presidency 1992*；Hohenberg, *The Bill Clinton Story*；and Moore and Ihde, *Clinton*.

　　② 克林顿在宣布参加总统竞选前不久就辞掉了民主党领袖委员会主席一职，民主党领袖委员会的现任主席由爱荷华州州长汤姆·维尔萨克担任，总裁和常务董事由阿尔·弗罗姆担任，现在员工超过 20 人，年度预算大约 250 万美元，这些钱主要向私人慈善家、企业赞助商和基层组织筹集而来。

　　③ 民主党领袖委员会大约有 3 000 位成员，包括 750 位全国各地的当先官员，32 位参议员和 142 位现任或前任众议员。它还在 28 个州内设有分部。更多关于民主党领袖委员会成员的信息，见 Barnes, "Will DLC Be a Lobbying Heavyweight?"；Grove, "Steering His Party toward the Center"；and Towell, "DLC Moves into Driver's Seat".

　　④ Achenbach, "Wonk if You Love Clinton. "

事实上,克林顿不仅把进步政策研究所的政策理念带到了竞选中。入主白宫后,他经常与其政府中来自民主党领袖委员会和进步政策研究所的官员一起,尝试把进步政策研究所的建议转化为具体的公共政策。① 有几条政策(包括改革美国的卫生医疗系统、将助学金纳入国家服务、帮助社区更有效地处理犯罪、要求福利享受者承担一系列的社区服务以及将企业家精神引入联邦政府等)都明显与进步政策研究所《改革的使命》(*Mandate for Change*)中的倡议非常相似。② 虽然其他专家和机构也提出过与该报告相类似的政策构想,但是在1992年的大选时进步政策研究所撰写的关于政府改革问题的报告是最全面的。

　　除了充分利用民主党领袖委员会和进步政策研究所的提案之外,克林顿还以正式或非正式的方式向另一些专家征求政策建议。例如,1992年12月14至15日在阿肯色州的小石城举办的"克林顿——戈尔经济会议"上,克林顿邀请了一些美国顶尖的经济学家、企业高层和工会领导一起讨论美国当前经济问题的解决之道。③ 那年的新年在南卡罗莱纳州希尔顿黑德岛的一个非正式场合,即如今闻名遐迩的文艺

39

------

　　① 虽然克林顿好像很重视进步政策研究所的研究报告《改革的使命》(*Mandate for Change*),但是只有几个进步政策研究所和民主党领袖委员会的成员收到了克林顿政府的任命。布鲁斯·里德和比尔·高尔斯顿被授以对内政策办公室的职位,里德是竞选期间专门负责竞选议题的主任以及换届期间的对内政策副主任,之后又被任命为白宫对内政策顾问。威尔·马歇尔、阿尔·弗罗姆和进步政策研究所的副主席罗伯特·夏皮罗(后来为水门丑闻辞职)这三人是克林顿的竞选顾问,弗罗姆在换届期间也有任命。更多关于克林顿的政策顾问核心团队,见 Fineman, "Clinton's Team"; Weisberg, "Clincest"; and Bandow, "New Democrats Lose Think-Tank War"。

　　② Marshall and Schram, *Mandate for Change*. 除了在竞选期间为克林顿提过几项政策理念之外,民主党领袖委员会还积极去游说,以支持总统的政策,例如,它投入了相当多的资源来说服国会成员批准《北美自由贸易协定》(North American Free Trade Agreement)。更多信息见 Barnes, "Will DLC Be a Lobbying Heavyweight?"。

　　③ 关于"克林顿——戈尔经济会议"的全部内容,包括与会者,见 Clinton and Gore, *President Clinton's New Beginning*。

复兴周末，他把几百个美国精英聚集到了一起。① 克林顿对专家的依赖程度也许比我们想象的更深。这就要等到克林顿 1992 年总统竞选的档案完全开放时，学者们去钻研他与华盛顿内外的智库之间的联系来证实了。无论如何，他对智库并不陌生，而且密切关注那些有能力的专家。这些都是毋庸置疑的。

四、培育新理念：小布什的总统之路

　　总统竞选期间，在智库的助力下，卡特、里根和克林顿成功入主白宫。这表明参与总统竞选活动是智库借以影响下一任政府最直接的办法之一。这也揭示了总统候选人如何从美国智库身上获益，而智库通过与胜选阵营保持紧密的联系又可以获得哪些潜在回报。这种互惠互利的关系或许能够解释初入联邦政府的乔治·W. 布什（小布什）为何没有像他在华盛顿经营多年的父亲一样与智库专家划清界限，反而向它们寻求支持来塑造自己的政策理念。

　　老布什可以说是一个彻底的华盛顿局内人。他担任过美国国会议员、中央情报局局长、驻联合国大使、副总统和总统；与之相反的是，他的长子小布什作为现任美国总统，却对如今必须处理的各种问题缺乏经验。在奥斯汀市的德克萨斯州议会时，小布什确实已经熟悉了当地大量的焦点问题，包括教育、医疗保健、环境和交通运输。② 但是作为一个总统，他还需要更深刻地理解内政外交领域的问题，但他上任前对这些问题几乎一无所知。像卡特、里根和克林顿一样，小布什在宣布参加竞选总统前对外交事务的了解十分有限。这个把柄并没有被媒体和他的竞争对手放过。1999 年 11

---

　　① 文艺复兴周末始于 1980 年，而后每年都会举办一次，它的发起人是南卡罗来纳州的商人 Philip Lader。这个活动的目的是为了让不同领域的领导人有机会在一个非正式的场合下分享彼此的理念。结束的时候会有研讨会，并禁止媒体评论会议内容。比尔和希拉里·克林顿共同出席了 20 世纪 80 年代中期的一次文艺复兴周末。关于克林顿的更多活动，见两篇文章：Maraniss，"Letter from Never-Never Land" and "A Weekend with Bill & Friends." Also see Jehl，"Clinton, Others Begin 5-Day 'Thinking Party,'" and Baer，"A Network for the Nineties"。

　　② 关于小布什任德州州长的更多信息见 Ivins and Dubose，*Shrub*；Mitchell，W；*Revenge of the Bush Dynasty*；and Minutaglio，*First Son*。

月有媒体突然向他提了有关外交政策的问题,而这个问题把他问住了。这一事件在当时引起了极大的关注,人们纷纷怀疑他是否清楚哪些才是美国的对外政策的优先事项。①

为了减轻人们对他是否有能力领导这个超级大国以及能否在 21 世纪提升美国经济的怀疑,他成立了一支由 100 多位政策专家组成的队伍为他提供经济、外交和国防政策上的建议。这些专家大部分来自胡佛研究所。② 大选期间,他还针对教育和科技等领域的问题设置了一个政策咨询委员会,帮助他深入理解各种政策议题。布什的经济顾问团队负责人是美国企业研究所的劳伦斯·琳赛,同时她也是国家经济委员会的主席。③ 1993 年有几个非常优秀的经济学家回到美国企业研究所加入了琳赛的团队,其中包括胡佛研究所的约翰·泰勒,他也曾在老布什的白宫经济顾问委员会任职,哈佛大学经济学教授马丁·费尔德斯坦,华盛顿税务基金会的常务董事 J. D. 福斯特和哥伦比亚大学商学院的格伦·R. 哈伯德。④

小布什的教育政策咨询委员会有 13 位成员,其中多数来自美国的顶尖智库。这些人包括迪克·切尼的妻子、美国企业研究所的高级研究员琳恩·切尼和她的同事林恩·芒森,胡佛研究所高级研究员威廉森·埃弗斯和戴安娜·拉维奇。拉维奇同时也在布鲁金斯学会和纽约的曼哈顿政策研究所兼职。⑤

小布什组建的外交政策和国防政策团队阵容更加强大。詹姆斯·基特菲尔德形容这个团队"就像里根与老布什外交政策机构的名人录"⑥。领衔这个外交政策智囊

40

---

① Russo, "Bush Battling Questions of Brain Power. " Also see Daalder and Lindsay, "Bush: Still Needs Work. "

② 关于小布什与胡佛研究所关系的更多信息,见 Hager, "Bush Shops for Advice"; and Healy and Hebel, "Academics Start to Line Up".

③ 琳赛还曾经是老布什的顾问,关于琳赛的更多背景信息见 Kessler, "Economic Adviser Has Knack".

④ Maggs, "Tax Cuts, Big and Small. "

⑤ Gorman, "Bush's Lesson Plan. "

⑥ Kitfield, "Periphery Is Out. " Also see Kitfield, *War and Destiny*.

团的有：胡佛研究所研究员康多莉扎·赖斯，她曾在老布什任期内履职于国家安全委员会，后成为小布什的国家安全顾问①，赖斯的同事、前国务卿乔治·舒尔茨，前国防部长、副总统迪克·切尼。其他知名的国防和外交问题专家包括：曾在五角大楼和国务院任职的保罗·沃尔福威茨，霍普金斯大学高级国际研究学院院长理查德·珀尔，前助理国防部长和美国企业研究所的未来防御委员会主任，战略与国际问题研究中心前主席和美国贸易代表办公室前代表罗伯特·佐利克。② 他们和另外几个外交政策专家被称为"火神团队"，一个很小但是紧密团结的小组。这些小组成员都是久负盛名的决策者，也是小布什的核心团队。③

41　　从各方面来看，小布什的外交政策议题受到了火神团队极大的影响，例如他发动阿富汗战争和伊拉克战争的决定。确实，根据几位智库专家所说，小布什的外交政策制定过程是"一个非常、非常、非常封闭的体系"④。这些专家包括：布鲁金斯学会的伊沃·达尔德，他超越其前任成为了一个顶级顾问，国防部长唐纳德·拉姆斯菲尔德、副部长保罗·沃尔福威茨、国务卿科林·鲍威尔、副国务卿理查德·阿米蒂奇、国家安全顾问康多莉扎·赖斯、副总统迪克·切尼等。因此对包括"新美国世纪计划"在内的智库来说，它们很难说服政府听取它们的意见，但是它们并没有放弃，而是更努力。就像鲍勃·伍德沃德在他的著作《攻击计划》(*Plan of Attack*)中披露的那样，毋庸置疑，小布什的核心顾问团队在他做出各种决策时发挥了至关重要的作用。而且很明显的是，他在第一次竞选总统时非常依赖经验丰富的专家们提出的建议，尤其是外交这个他还需要学习的领域。小布什的外交政策专家们都身居高位，以便于向小布什这个新手提供急需的建议。小布什在竞选期间接受《纽约时报》的采访时说："我可能没办法确切地告诉你东帝汶这些年发生了什么具体的变化，但我要问在这些

---

① 关于赖斯的更多信息，见 Mufson, "For Rice, a Daunting Challenge"。

② 关于佐利克任命的更多信息，见 Babington, "Bush Names Zoellickas Trade Representative"。

③ Mann, *Rise of the Vulcans*.

④ Interview with Ivo Daalder, 20 May 2004.

事情上还能有谁能比赖斯、保罗·沃尔福威茨或者迪克·切尼更有发言权呢？我有足够的智慧去了解我不熟悉的领域，也能敏锐地判断别人说的话是否属实、制订的议程表是否合适。"①

作为小布什政府的资深官员，蒂姆·亚当斯在小布什任德州州长时为其组织过一次关于科技的简报会。他说小布什的管理风格和里根总统有很多相似之处。他更愿意将权力下放给他的核心顾问团，而不是让自己成为一个精通各种政策问题的专家。他评论道："（小布什）相信一个总统要做的事情应该是制定原则、规划宏观愿景，然后与聪明人为伍、听取他们的意见、与他们一起工作。"②对于州长小布什和之后的总统小布什来说，发展一个庞大的政策专家网络是百利无一害的事情。虽然他没有义务要接受任何人的政策建议，但是他成功地领导了一大批经济学家、政治学家和一些前任政府的决策者。这些人能够给他具体的建议，告诉他应该以何种方式管理美国，而这也恰好是这些专家志愿之所在。

总统候选人和智库之间的关系不仅仅揭示了政府官员和试图影响他们的机构之间存在利益交汇点，还表明了智库不仅热衷于影响公共政策和公众舆论，并且已经能够接触到政府的最高层。但是也正如本章所述，了解智库如何将总统竞选作为一个发挥影响力的渠道，只能让读者管窥到智库活动的小部分。想更全面地了解智库的演变过程以及它们是怎样在美国外交政策领域上越发活跃的，必须深入地掌握智库的历史和理论背景。这些内容在接下来的两章会具体展开阐述。

42

---

① 　Quoted in Kitfield，"Periphery Is Out."
② 　同上。

2. 代代相传：美国智库的起源与演变

在帕绍大学的一堂公开课上，研究智库的专家及顾问，詹姆斯·麦甘教授指出：目前，世界各地的智库总量超过四千家。同时，麦甘教授强调，智库的发展极其迅速，其数量即将突破五千。① 而在这些智库之中，有将近一半位于美国。另外，麦甘教授注意到一个非常有趣的现象：绝大多数的美国智库都集中诞生于过去的二十年里。这一点则完全不同于 20 世纪初期，那一时期只有少数的智库得以崭露头角。

本章旨在阐明自 20 世纪初期以来美国数百个智库的演变历程，而非简单记录其历史渊源。显而易见的是，随着美国智库不断更新换代，政策共同体的性质也会相应发生改变。事实上，智库的发展壮大使其得以更有力地推销自己的想法与理念，导致了政策专家与决策者之间的关系开始出现巨大的变化。智库的专家学者以及雇佣他们的组织机构开始自谋生路，他们不再满足于被动地等待决策者赏识他们发表的学术报告和研究成果。一段时间后，决策者们也逐渐意识到了这一转变。

本章着眼于智库发展的四个主要时期——1900—1945、1946—1970、1971—1994以及 1980—2004，并以此重点阐述位于政策共同体内部的智库的不同种类。同时，
着重探讨影响智库发展的多种因素。在本章中，笔者首先对本书援引的智库进行分类并简单介绍美国已有的智库，接着论述智库发展的四个主要时期，最后通过列举美国外交政策领域杰出的智库，突出强调智库种类的显著多样性。（同样参考图 2.1 及附录 I 中的表 A1.1、A2.1）

---

① McGann, "Why Political Science?" In addition, see McGann and Johnson, *Comparative Think Tanks, Politics and Public Policy*.

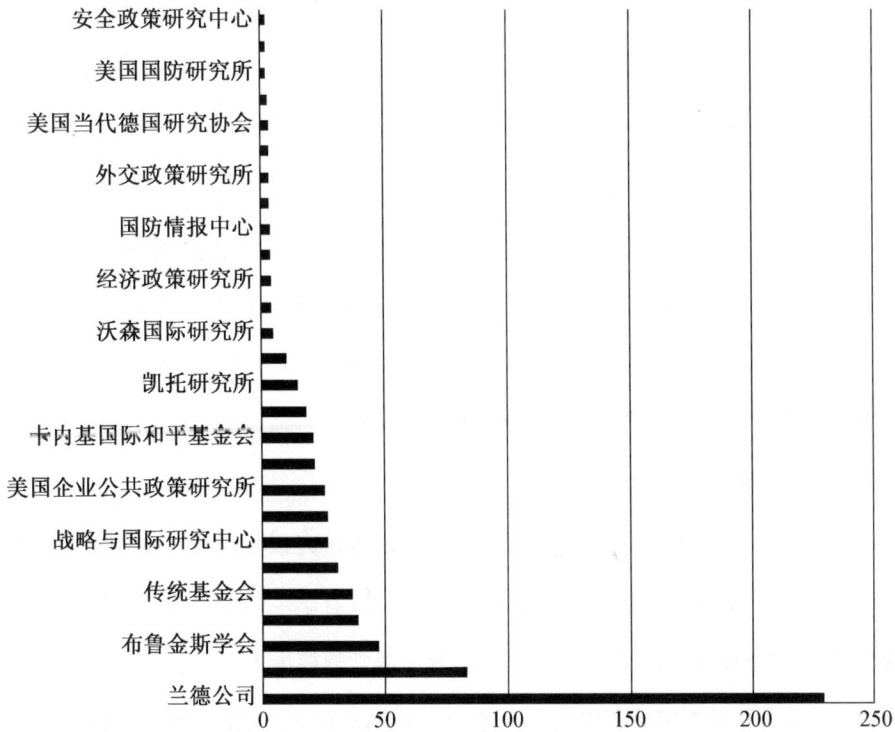

图 2.1　部分美国智库年度预算（单位：百万美元）

一、智库的分类

正如序言中所提及的，由于在智库的构成方面未能达成一致，肯特·韦弗、詹姆斯·麦甘及其他学者[①]采用了多种分类方法对不同种类的组织进行鉴别，这些组织通常属于"智库"的范畴。通过这样的方式，我们不仅能够区分不同种类的政策研究所，还可以了解不同时期智库建立的关键动机及其体制特点。参考这些适用于美国智库的分类方法，可以使我们了解到智库是如何逐渐转型的，同时还会发现这些智库以何种方法在政策制定中起到越来越积极的作用。尽管学者们采用了不同的分类法

45

---

① Weaver, "The Changing World of Think Tanks," and McGann, *The Competition for Dollars, Scholars and Influence.* 麦根和韦弗最近合作从独特的视角研究如何将智库分类。见他们编辑的书 *Think Tanks and Civil Societies*，尤其是引言部分。同时见 Wallace, "Between Two Worlds"。

研究智库，也常以不同的方式对智库进行归类，但他们均一致认为能够并且应该对以下两种智库进行区分：学术导向型智库和政治参与型智库。同时，学者们还赞成根据建立方式及客户群体对智库进行分类。

接下来笔者将着重讨论韦弗采用的分类方法。智库的研究通常十分混乱复杂，而韦弗的分类法则成为深入研究智库的有利开端。韦弗将美国的智库分为三大主要类型。他的分类方法虽然在方法论上存在一些问题，但是从总体上来看，该分类法十分有利于列举在政策研究领域内建立的智库。正因如此，韦弗的分类法得到了普遍认可。

（一）没有学生的大学

智库的第一种分类方法，即韦弗分类法，将政策研究领域内的智库分成三大类。韦弗把最高级别的，尤其是那些纯粹的智库称为"没有学生的大学"。以智库的标准规模（学者数量在 50 名以上）来看，这一类智库通常规模庞大，并且由进行学术研究和撰写学术著作的专家学者构成。在这些学者中，有许多人都曾在大学里任过职，但相比之下更向往智库与世隔绝的工作环境。不同于大学，在这里他们不用履行教学责任和行政责任。对于那些在研究领域相对"保守"的学者们来说，各种各样的智库为他们提供了庇护，在这里他们更受欢迎。美国企业研究所（美国最大的智库之一，以自由市场为导向）元老，大使吉恩·柯克帕特里克指出，由于美国绝大多数的大学都崇尚自由主义，许多保守的学者不得不寻求更加友好宽容的环境，可以让他们继续进行学术研究。[①] 这些智库能够满足他们的研究兴趣，支持他们的理念信仰，因此学者们纷纷转向智库也就不足为奇了。无论是相对自由的智库还是相对保守的智库，其主要任务都是促进人们对国家当前面临的重大社会、经济及政治事件的理解，就这一意义而言，智库的功能与大学极其相似。简单来说，它们的职责就是传播知识。然

46

---

　　① 吉恩·柯克帕特里克在 2004 年 5 月 20 日的采访中表明。同样的观点参考 Micklethwait and Wooldridge in *The Right Nation*，72 - 73。

而，与大学不同的是，智库的服务对象不是学生，而是决策者。它们召开的座谈会，成立的工作室以及研究出来的学术成果，通常都是为决策者准备的。然而讽刺的是，这些研究导向型智库发表的重大研究成果大多没有被决策者采纳，反而在大学课堂和图书馆找到了用武之地。这些智库的资金很大程度上来源于"私营成分（由基金会、企业及个人资金混合构成）"①，在这里工作的学者将出版大篇幅著作视为自己的首要研究成果。然而，正如布鲁金斯学会的迈克尔·欧·汉隆所说，致力于出版大篇幅著作的传统正在改变。布鲁金斯学会和胡佛研究所是美国两大私人研究机构，二者是美国为数不多的属于这一类的智库。②

（二）政府契约型智库或政府专家

政府契约型智库与第一种智库的区别不在于研究种类（尽管政府契约型智库从事的大部分研究均为国家机密），也不在于雇用的研究员的类型（大部分研究员均为博士学历），而在于服务对象和主要资金来源。美国两大顶级政府契约型智库，兰德公司与城市研究所的创办初衷就是服务于决策者的特殊需求。本章后面会对这两大智库进行探讨，二者均接受政府资助，并就国家的内政外交事务出谋划策。作为与政府签订契约的企业，这些智库享有访问联邦部门及机构的特权，但这并不意味着它们可以影响政府的决策。事实上，兰德公司等智库提出的建议与国会或者行政当局发生分歧的事情的确时有发生。一旦这种情况发生，政府契约型智库根本无法保证自己的建议能够被政府采纳。政府契约型智库的主要职责是为客户提供建议，而非左右客户对其建议的使用。但这并不意味着它们甘心自己的建议被弃如敝履。与其他类型的智库不同，政府契约型智库几乎完全依赖政府提供的资金，这就使得它们根本

---

① Weaver, "The Changing World of Think Tanks," 564.

② 布鲁金斯学会和胡佛研究所均标榜自己是学术型机构，但却有各自的党派倾向，因而常受到人们的指责。从某种意义上讲，这些指责主要是由于两所机构的成员对总统候选人的支持。关于这一问题，可以参考 Abelson and Carberry, "Policy Experts in Presidential Campaigns"。

47 无力提出自己的政治意图。它们必须尽其所能，确保自身体制合理，诚信经营。另
外，对以下两种智库的区分也十分重要，一种是类似于兰德公司与城市研究所的智
库，这类政府契约型智库每年可以从政府那里获得数百万美金的资助；另一种则是其
他智库。这些智库有成百上千家，它们只能从联邦或州政府对特殊项目的资助中获
取有限的利润。不同于前者拥有可靠稳定的资金来源，规模较小的政府专家机构必
须相互竞争以求自身发展。许多智库的管理者也承认，政府提供的资助是一把双刃
剑。因此，对于智库来说，多样化的资金来源至关重要。这一点我们在后面的章节中
还会继续讨论。

（三）倡议型智库

20 世纪 70 年代初，最常见的一类智库开始出现于美国和其他西方民主国家，包
括加拿大和英国。韦弗将这类智库称为倡议型智库。顾名思义，倡议型智库"结合了
以下几个因素：强有力的政策、党派或意识形态倾向、极具扩张性的推销行为以及左
右当前政策争论的企图"①。倡议型智库更重视为决策者提供简报，而非撰写大部头
的学术著作，也不会热衷于维系他们与国会、行政机构和官僚机构之间的纽带。此
外，为影响公众舆论与公共政策，包括传统基金会在内的倡议型智库都十分重视媒体
的作用。这些智库的成员们经常在网络新闻以及政治脱口秀上发表自己的看法。同
时，它们的学者也会定期在美国主流报纸上公开发表自己的学术文章。

（四）对韦弗分类法的补充

韦弗将智库分为三种，除此之外，笔者认为应该还有第四种，甚至第五种智库存
在，即以公职候选人为基础的智库和遗产型智库。以公职候选人为基础的智库通常
是由野心勃勃的政府官员创办的，以此为参与竞选的候选人出谋划策。以此种目的
成立的智库有一大优势，它可以帮助候选人避开联邦竞选财务法的限制。美国联邦
竞选财务法对个人及政治行动委员会捐助给国会议员与总统候选人的资金数量有着

---

① Weaver, "The Changing World of Think Tanks," 567.

严格的规定。这一类智库是根据《美国国内收入法》第 501 条(3)项条例规定成立的
非营利的、免税的、无党派的组织。依靠这样的组织，候选人可以取得一大笔竞选资
金。这些资金并不受联邦选举委员会的约束。坦白地说，在这种形式下，候选人及其
支持者是互利互惠的。那些乐于资助候选人智库的个人或组织将会获得一份慈善收
据。凭借这份慈善收据可以免缴收入所得税。与此同时，智库提供给候选人的专业
知识也能使候选人从中获益。这类以公职候选人为基础的智库的典型代表有：罗斯
·佩洛特的"团结就是力量"以及鲍勃·多尔的"更好的美国"。虽然后者成立没多久
就宣布破产了。

遗产型智库实质上是一种研究中心，通常由前任总统及内阁部长创办。这些昔
日的政客希望在卸任后依然能够影响公共政策。这一类智库的典型代表有：卡特中
心、尼克松和平自由中心以及休斯顿莱斯大学的詹姆斯·贝克三世公共政策研究所。
这些研究中心通常隶属于总统图书馆，但也并非全部如此。

二、慎行：对智库进行分类的局限

根据具体的制度规范对不同时期的智库进行归类有助于学者区分不同种类的智
库。然而，在进行归类的过程中，可能会出现许多问题。对于这些问题的思考也是十
分重要的。首先，有些组织具备许多不同种类智库所共有的特点，这样的组织完全可
以被归为任意一类。例如，很少有学者能够明确指出布鲁金斯学会和传统基金会之
间的区别。这两所机构从事的工作十分类似。针对国内外政策问题，二者均开展了
大量的研究，并且都十分注重推销自己的研究成果。主要的区别就是二者对纯粹的
学术研究和政策倡议的重视程度不同。进而可以说，布鲁金斯学会的功能与没有学
生的大学相差无几，传统基金会也标榜自己是倡议型智库。但是从表面上看，这种做
法会造成人们的误解。实际上，这两所机构既可以被划分为研究型机构，也可以被归
为倡议型智库。

我们不能过度强调这一潜在的问题。学者与记者的分类会严重影响到媒体和公

众对不同类型的智库的看法。以布鲁金斯学会为例，该组织是世界知名的政策研究中心，信誉度极高。且不管是对还是错，布鲁金斯学会开展的研究给人留下的印象始终是客观的、学术的、科学的并且公正的。相反，传统基金会和美国企业研究所是知名的倡议型智库。这就意味着，与开展学术研究相比，他们更注重宣传自己的意识形态。总之，言下之意，与"倡议型智库"相比，"研究机构"的观点与建议应受到更多的重视。

由于这些组织在传达自己的想法时的策略极其相似，对智库进行错误的归类所导致的问题可能会愈发显著。智库如同变色龙一样为了适应新的环境而不断改变自己的肤色。它们会经常改变自己的运作方式，以此保证自己在"理念的市场"中更具竞争力。为了改善自身形象，20 世纪早期成立的智库如今也开始借鉴新兴智库的策略；与此同时，新兴智库也会学习传统智库的运营管理理念。总而言之，随着美国智库的发展逐步走向多样化，区分不同智库独有的制度性特征却变得更加艰难了。

当前，对美国不同种类智库的区分可能会导致对某些机构的错误评述。不幸的是，划分智库种类的方法论困境，使得上述问题几乎不可避免。因此，在对几个特定时期的智库进行归类时，我们可以采用类型学知识。本章将会举例说明智库在四个发展时期中分别表现出来的显著特征。正是凭借着这些特征，学者们才能够准确判断出新兴智库是何时开始登上政治舞台的。

三、美国智库的起源：对研究机构的反思（1830—1945）

谈及美国政党和工会的起源，几乎所有的历史学家和政治学家的观点都是一致的。然而在第一个智库的成立时间上，大家却很难达成共识。一些人认为智库的原型诞生于 20 世纪初，其他人则认为当代智库的起源早于 19 世纪末。1970 年[1]，保罗·迪克森撰写了第一本研究智库的专业著作。他指出，有证据表明，早在 19 世纪

---

[1] Dickson, *Think Tanks*.

30 年代，就有研究机构开始为美国政府进言献策。迪克森认为，"智库与政府之间的
合作关系始于 1832 年。当时，美国财政部长因蒸汽轮船上的蒸汽锅炉持续爆炸而焦
头烂额。为研究并解决这一问题，财政部长与费城的富兰克林研究所签订了协议。
自此，美国政府每隔十年都会花钱聘请越来越多的外部智囊团"①。

为探讨政府在解决各种政治、经济、社会、技术和安全问题时对智库日益增长的
依赖性，迪克森选择 1832 年作为自己研究的起点。然而，他并没有解释自己为何会
选择这一特定的年份。另外，由于迪克森并没有提供任何文献资料证明自己理论的
合理性，所以富兰克林研究所是否是第一个为学者提供机会将自己的研究成果分享
给政府官员的组织，仍有待商榷。此外，早在 1832 年以前，美国就已经建立了几所专
业的教育机构，其中包括哈佛大学（1636）、耶鲁大学（1701）、普林斯顿大学（1746）、哥
伦比亚大学（1754）以及布朗大学（1764）。因此，政府官员极有可能寻求这些专家或
学院的帮助。换句话说，自配研究设备的自治性非营利研究机构在 1832 年前十分少
见，因此无法通过它们来衡量知识精英与政府之间的相互作用。无论是在名牌大学
和智库的神圣殿堂里还是在美国国会山迷宫一般的会议室里，学者与政府官员就公
共政策问题进行讨论和辩论已经有两百多年的历史了。17 世纪和 18 世纪的学者们
可能并没有把自己看作某个特定协会或研究所的成员，然而通过与同事和领导人分
享观点，他们已经在无意中奠定了当代智库的许多基本特点。因此，将智库的起源等
同于由一批学者组成的机构的成立，是十分不恰当的。

迪克森认为，理念的发展、完善和传播并非始于富兰克林研究所的创办，而是早
在美国独立之前就已经出现了。然而，迪克森和他的追随者都只注重研究智库的历
史演变，却忽略了对兰德公司和城市研究所等知名研究中心的详细分析。公平地说，
目前我们很难明确指出某一组织、协会或是政治运动有资格被称为历史上第一个智
库。但是能够确认的是，上述机构为布鲁金斯学会、卡内基国际和平基金会、外交关

---

① 同上，更多关于政府咨询会的资料，见 Guttman and Willner, *The Shadow Government*。

系协会等其他杰出政策研究机构提供了借鉴。

在迪克森关于美国智库的概述发表了二十年之后，杰姆斯·史密斯针对美国 20世纪涌现出的政策研究机构进行了大量的研究。这些研究信息量丰富，填补了前人留下的许多历史空白。尽管史密斯同意迪克森的观点，认为当代智库的起源的确可以追溯到 19 世纪，但他指出，直到美国内战结束六个月后，学者们才开始创办独立的研究组织。史密斯称，1865 年 10 月，近 100 名作家、记者、教育家、科学家和政府官员聚集在波士顿的马萨诸塞州议会大厦，讨论如何改善各州的经济和社会福利，进而从战争的创伤中慢慢恢复过来。通过该会议，知识精英开始意识到了分享各自的观点的好处。[1]

在美国社会科学推广协会（后简称为美国社会科学协会，或 ASSA）成立的喜悦中，州议员召开会议，效仿 1857 年成立的一个英国团体创办了一个旨在"调查、建议和推动社会改革"的组织。[2] 为履行美国社会科学协会规定的职责，大家不仅要努力推动社会改革，提升社会科学家的专业水平，还要将自己的影响力延伸到课堂之外。[3]

此后数十年里，美国社会科学协会始终为社会科学家和政府官员提供重要的平台，使其能够共同商讨公共政策问题。同时，它还致力于推动建立更加专业化的组织，如 1884 年成立的美国历史学会和 1885 年成立的美国经济学会。[4] 19 世纪下半叶，美国大学培养的专家不断增加，专业协会大量涌现。因此，政策分析人员与公职人员之间逐渐建立起了紧密的联系。

---

① Smith, *The Idea Brokers*, 24.
② 同上，第 26 页。
③ 同上，第 30 页。
④ 了解更多关于 AEA 以及 AHA 的背景信息见 Domhoff, *The Higher Circles*, 158 - 160, and Smith, *The Idea Brokers*, 24 - 37。从 ASSA 产生的两个其他的专业机构，一个是成立于 1903 年的美国政治科学研究会，另一个是 1905 年成立的美国社会学协会。

　　美国作家威廉·多姆霍夫曾出版过一系列关于政策精英的形成与组成的著作，①他认为，专业协会的成立对于加强社会科学家之间的联系至关重要。正是由于20世纪初成立了两个商业改革组织，研究机构才得以进入政策共同体。多姆霍夫称，1894年成立的芝加哥公民联盟及1900年成立的全国公民联盟是首批与地方、国家及联邦政府部门建立体制性联系的研究计划。

　　大规模腐败和市政管理不善引起的觉醒，以及芝加哥市长卡特·哈里森遭暗杀引发的恐慌，坚定了政策共同体的领袖们成立芝加哥公民联盟的决心。这些创办者是商人、工人和知识分子的代表。他们曾经是商业改革组织的成员，并在这一经验基础上成立了芝加哥公民联盟。该组织是"非营利、非政治性组织，旨在增加芝加哥的市政、慈善、工业以及道德利益"②。

　　在接下来的几年里，芝加哥公民联盟成功实现了许多既定目标。该组织成立了几个常务委员会来调查当地政府存在的各种问题（例如选举舞弊和选民登记问题），同时还推进了一系列有益的改革措施。然而到了19世纪90年代后期，一些成员明显不再满足于单一的市政治理。他们开始专注于在全国范围内扩大自己的影响力。到了1899年，芝加哥公民联盟已经组织了四场全国性会议，主题涵盖从1894年的劳工仲裁专题会议到1898年的对外政策会议等广泛领域。③一年后的一次会议上，芝加哥公民联盟宣布计划成立全国公民联盟。芝加哥公民联盟就此退出美国的历史舞台，取而代之的是新成立的全国公民联盟。

　　在芝加哥公民联盟秘书长拉尔夫·伊斯利的领导下，新成立的全国公民联盟吸引了一大批极具影响力的成员。这些成员大多是政府官员、工人代表、大学教授以及

---

　　①　See Domhoff, *Who Rules America? Who Rules America Now? The Higher Circles*, *The Powers That Be*, and *The Bohemian Grove and Other Retreats*.

　　②　Domhoff, *The Higher Circles*, 164.

　　③　同上，第165页。

支持改革的商人，例如，安德烈·卡内基、爱德华·A.费林①、杰勒德·斯沃普、V.埃弗里特·梅西以及乔治·铂金斯。杰姆斯·史密斯指出，全国公民联盟是"典型的商业研究和政策组织"，他们倡导"在社会党工人运动与商界守旧的自由放任主义之间保持中立，以此推动立法并协调商业发展与劳工问题之间的关系"，并把这一目标作为发展动力。②"一战"爆发前夕，全国公民联盟已经成为影响国内政治的重要力量。然而，到了20世纪20年代初，全国公民联盟已经沦落为商业和工人领袖的会议场所了。③ 至此，这一研究机构已经不具有影响力了，也无力影响劳动立法了。虽然全国公民联盟获得的显著成就有伊斯利很大的功劳，但也正是因为他"激进的反社会主义宣传"④导致了全国公民联盟的衰败。随着芝加哥公民联盟和全国公民联盟在国家政策领域的崛起与渐渐衰落，其他致力于促进国家政治、经济和社会发展的政策制定组织也摩拳擦掌，准备取而代之。

1904年，出生于美国、后在德国接受教育的经济学家理查德·埃利带头成立了美国历史学会和美国经济学会；威斯康星大学经济学教授，约翰·R.康芒斯结合自己的专业知识成立了工业研究局。在众多经济学家和统计学家的协助和安德烈·卡内基等商人的资助下，埃利和康芒斯针对劳工和工业问题开展了大量研究，最终发表了题为《美国工业社会的历史记录》⑤的研究报告。此外，1906年埃利与其他经济学家和商业改革者合作创立了美国劳工立法协会。该协会"致力于国家与地方法律的进一步统一，最终提议针对工人补偿、最低工资保障以及就业培训制定联邦法律"⑥。

尽管在20世纪头十年中出现了各种各样的研究机构，但这些机构均具备以下两

---

① 除了支持全国公民联盟，爱德华 A.费林还于1911年出资成立了一个公共政策研究的组织，即二十世纪基金。对该组织的简要描述参考 Smith, *The Idea Brokers*, 290 - 291。

② 同上，第35页。

③ 同上，第169页。

④ 同上。

⑤ 同上。

⑥ 同上。

个共同特点。首先,同许多当代智库一样,这些组织只有在资助者的慷慨资助下才能存活。其次,它们试图把自己的政策研究转变成政府的政策,有些则试图"模糊公正调查与政策倡议之间的界限"。① 这一特点是 20 世纪 60 年代后期出现的倡议型智库的显著特征。但对于像约翰·康芒斯这样的政策专家来说,研究机构要维持自己的学术信誉,就必须有意识地避免提供那些仅符合自己理念的政策建议。康芒斯曾因立场过于激进而被锡拉丘兹大学解雇,因此对学者试图扮演政客角色的后果深有体会。康芒斯说:"从伊斯利身上我学到了一个道理,在领导人有需求的时候,经济学家扮演的角色应该是领导人的顾问,而不是面向群众的宣传员。这个道理最早是我在同事身上学到的。"②正如史密斯所说,"康芒斯认为只有实际经验能够帮助政治家辨别顾问的建议。而且,政治家们可以按照他们认为合适的方式采纳或拒绝这些建议"③。康芒斯最后总结道:"他们是领导,而我只是一个知识分子。"④

　　康芒斯很快便意识到了提供公正的政策建议与参与政治倡议之间的界线。20 世纪初,卡内基公司、洛克菲勒基金会等慈善组织的成立及其对研究机构的捐助⑤使政策专家与政府之间的联系更加稳定持久。这些慈善基金会为研究机构提供数百万美元的捐助⑥,从而保证了研究机构长期的财政稳定,因此智库得以投入大量时间维持巩固同政府官员之间的联系。此外,不同于依赖商业公司和私人资助的研究机构,这些由慈善组织捐助的机构不易遭受党派的压迫。尽管慈善基金会有时会拒绝继续

54

---

① Smith, *The Idea Brokers*, 169.

② 同上。

③ 同上。

④ 同上。

⑤ 对于慈善组织与研究机构之间关系的考察,见 Berman, *The Influence of the Carnegie*, *Ford*, *and Rockefeller Foundations*。

⑥ 许多美国智库都是高额捐助的受益者。拉塞尔·赛奇基金会是凭借 10 万美元的捐赠创立的,卡内基国际和平基金会、布鲁金斯学会和胡佛研究所也都是捐赠受益者。

资助研究机构，①但一般情况下，财政捐助一旦捐出，就难以撤回了。据此，慈善基金会与各种研究机构之间重要且时有争议的关系也会相应得到验证。

全国公民联盟、芝加哥公民联盟及其他几个较小的研究机构理应列入美国智库的早期历史。但在20世纪的头20年里，政策研究机构作为智库的影响作用才开始显现，尤其体现在"一战"前后②对国内和国际政治产生的持久影响力上。这类研究机构具体包括：拉塞尔·赛奇基金会(1907)、卡内基国际和平基金会(1910)、政府研究所(1916)③、胡佛研究所(1919)及外交关系协会(1921)。

这些组织通常是在不同的、特定情况下建立起来的，但是目的却是相同的，即为学者提供良好的环境氛围，鼓励学者针对社会、经济和政治热点问题展开调查。虽然专家们的政治信仰不尽相同，但是这些机构并未打算在理念问题上争执不休。有时，个别学者会公开支持或反对政府的政策，其主要意图并非干涉政府决策，而是为政府提供专业的政策意见。此外，能否成功地将学术意见转化为具体的立法和行政提议案，不仅取决于自身学术研究的质量高低，同时也取决于与政府官员之间的联系是否广泛。简要分析上述组织的起源与演化，可以说明这一代智库是如何成为政策共同体的固定成员的。

（一）拉塞尔·赛奇基金会

尽管在讨论20世纪初期的智库时，人们往往会忽略纽约的拉塞尔·赛奇基金会。但不可否认的是，拉塞尔·赛奇基金会的确是致力于解决与缓和社会问题的研究机构的原型。1907年，玛格丽特·奥利维亚·赛奇为纪念其亡夫成立了拉塞尔·赛奇基金会。该组织"在进步时代走向衰落的几年里，规范了社会研究、政策评估及

---

① 例如，20世纪80年代中期，一些慈善基金会，如约翰奥林基金会和理查德森史密斯基金会，决定不再继续资助美国企业研究所，与其他政策制定组织如布鲁金斯学会和胡佛研究所不同，美国企业研究所并没有获得上百万美元的捐助。

② 麦根指出，智库发展可以分为四个阶段，这几个阶段可以由主要的国内或国际大事来标记，如"一战"、"二战"、向贫穷的宣战以及思想战。参见他的文章"Academics to Ideologues"。

③ 政府研究所、经济学研究所以及罗伯特·布鲁金斯经济政治学院于1927年合并成为布鲁金斯学会。

公共辩论，为政策讨论提供了一个新的全国性平台"①。拉塞尔·赛奇基金会成立后雇用了一批致力于解决社会问题的专家，其目标并非"为了实现自身利益或开展基本的社会科学研究，而是利用其研究成果整治社会弊病"②。该基金会的成员认为，为了实现这一既定目标，首先需正视本地的社会问题，继而才能将目光转向全国范围。

起初，拉塞尔·赛奇基金会将大量精力放在了改善当地私人慈善机构的管理上，以便更有效地帮助有需要的人。此外，为了普及公共健康知识，拉塞尔·赛奇基金会印制和分发了许多小册子、传单和文章。涵盖的问题十分广泛，从婴儿喂养到改善城市景观。除此之外，该基金会还针对许多重要的社会问题展开研究，如肺结核的抑制方法与女性的工作现状。有时，该基金会还会就各种问题草拟法例，如高利贷市场规范和少年法庭制度。③ 虽然基金会主要从事短期研究项目，但同时也会资助许多更加深入的研究工作。在基金会资助的众多长期项目中，长达六卷的匹兹堡工业状况研究极具代表性。这一研究项目也获得了保罗·U.凯洛格的高度赞扬。

由于在社会、经济和政治领域的研究越来越繁杂，基金会的分析人员开始转向其他受众。基金会的学者仍旧致力于公益事业。然而他们首要任务不再是简单地把自己的观点传达给普通民众，而是将自己的研究成果转变为政府政策。詹姆斯·史密斯指出，"随着社会科学家身上的束缚日益松懈，专家们也不再愿意尝试与一般公众进行交流了。相反，他们为自己找到了一个新的社会角色，不是预防和治疗社会弊病的医生，而是高效率的科学和制度管理方面的专家"④。

此外，基金会的研究人员开始重新定义他们作为社会科学家的角色和义务的同时，他们也意识到了同公职官员建立紧密联系的必要性。毕竟，如果他们想要变革政府部门制定的社会福利政策，就必须有机会接触到负责变更政策的政府官员。尽管

56

---

① 更多基金会的史料，见 Glenn, Brandt, and Andrews, *The Russell Sage Foundation*，1907—1946。

② Smith, *The Idea Brokers*, 39.

③ 同上，第40页。

④ 同上，第44页。

专家们在矫正社会问题时的态度发生了改变,拉塞尔·赛奇基金会却一如既往地力图保证自身体制的公正客观。20 世纪 60 年代末以来成立的智库大多不掩饰自己的政治倾向。与这些智库不同,拉塞尔·赛奇基金会在发展阶段并没有公开表明倾向于某一特定的意识形态,其研究人员也没有为某一阶级或政党谋利。相反,它们认为自己是独立的个体,依靠政府提供的渠道将自己的研究成果传达给决策者及公众。基金会的元老级成员玛丽·范·克里克指出,"我们的研究人员始终坚信,这个社会必须自己寻找前进的方向"[1]。更具体地说,范·克里克和她的同事"认为自己是中立的科学家,通过追求真理指导公众做出明智的行动"[2]。

拉塞尔·赛奇基金会拥有 12～15 名政策专家以及许多来自高校的学者,使其得以继续从事广泛的社会科学研究。该组织的创始人在基金会创办之初赠予了一千万美元,而后基金会又收到九千万美元的捐助。拉塞尔·赛奇基金会每年用于研究的费用约四百万到五百万美元。基金会的社会科学家在研究过程中采用的技术越来越精密,然而在一百多年的发展历史中,拉塞尔·赛奇基金会的目标从未改变过。拉塞尔·赛奇基金会是美国寿命最长的研究机构,然而到了 1910 年,该基金会已经不是美国唯一的全国性政策研究机构了。取而代之的是新成立的卡内基国际和平基金会。

（二）卡内基国际和平基金会

1910 年 11 月 25 日,美国杰出实业家、慈善家安德鲁·卡内基(1835—1919)在75 岁的生日宴会上宣布用一千万美元的信托基金成立卡内基基金会。在听取了众多同事的建议后,卡内基深信有必要成立一个组织,来"开展公众和平教育,在各国之间传递公正仲裁理念,增进国际友谊与贸易往来,使世界免于战争的威胁"[3]。这些

---

① 引用部分同上,第 43 页。
② 同上。
③ 卡内基国际和平基金会是 1908 年在米德、达顿以及霍特写给卡内基的信件中提议的。见Wall, *Andrew Carnegie*, 898。

同事大多是和平主义者，其中包括赛缪尔·达顿、埃德温·米德、哈密尔顿·霍特和
国务卿伊莱修·鲁特。① 同时卡内基宣称，每年来源于信托基金的收入将会用于"加
速废除战争"②的各项措施中。此外，他直接表明"在实现和平之后，……我们的收入
将会继续用于消灭下一个邪恶的事物。这些邪恶事物的消灭，将会推动实现人类的
进步、发展与幸福"③。卡内基指出，纽约议员、受托董事会主席鲁特是最后说服他成
立基金会的人。接下来的几年里，在鲁特等董事的领导下，卡内基基金会一步一步地
实现了自己崇高的目标。这些董事会成员包括：尼古拉斯·默里·巴特勒、亨利·
普利切特、约瑟夫·乔特、詹姆斯·布朗·斯科特、查尔斯·埃利奥特、约翰·沃森·
福斯特、安德鲁·怀特、雅各布·戈弗雷·施米德拉普、奥斯卡·斯特劳斯以及担任
名誉会长的威廉·塔夫脱总统。

　　到1919年，卡内基基金会已经成立了许多部门，包括国际法律、经济、政治以及
国际交流与教育部门。④ 这些部门负责研究战争爆发的原因，探索各种方式以缓解
区域冲突。这些部门聘请的专家大多是历史学家、政治学家及经济学家。然而他们
从事研究的目的并非为了吸引志同道合的同仁，也不是为了把自己的研究成果放在
图书馆的书架上等着落灰。相反，正如约翰·弗雷泽所说，卡内基基金会的员工们始
终没有忘记自己的职责，即向公众普及战争的恐怖。特别是国际交流与教育部门，该
部门将众多资源都贡献在与公众的直接交流上，"致力于探知与影响公众意见"。⑤
卡内基基金会还参与创办国际组织，公开战乱国家人民的不幸遭遇。人们并没有忽
视该基金会为向公众普及战争本质所做出的贡献与努力。在其成立后的几年里，来
自美国和欧洲的仰慕者们纷纷对卡内基及其研究机构所做的努力给予高度的赞扬。
威斯康星大学政治学教授、伍德·威尔逊政府驻华大使保罗·塞缪尔·芮恩施也曾

---

① 伊莱休·鲁特，于1905到1909年间担任罗斯福政府国务卿，1901到1904年间担任战争部长。
② Wall, *Andrew Carnegie*, 898.
③ 同上。
④ 同上，第899页。
⑤ 同上。

58　赞扬过卡内基组建的董事会，该董事会成员不仅有开明的和平主义者，还有"商业和政府实干家"。①

除了赞扬该组织创始人的管理以及它在促进世界和平方面做出的努力外，芮恩施还鼓励议会实行中立立法，尤其强调"有必要制定一套国际法律准则，使其符合最高意义上的公平与正义理念"②。然而，在卡内基基金会中，并不是所有的研究人员都愿意热情地为这一组织及其创始人奉献自我。1910 年，卡内基的老友约翰·毕格罗③在写给董事会成员雅各布·戈弗雷·施米德拉普的信中说道：

> 你的好兄弟，和平使者卡内基，让我想起了我小时候听过的一首童谣"从前有位老婆婆，她住在一只鞋子里面。她有很多的孩子，却不知道该如何安置他们"。与这位不知如何是好的老婆婆一样，卡内基似乎也不懂得如何使用自己的钱。他给了你一千万美元买下一份报纸的三个专栏，让你用来阻止战争，但是自始至终都没有告诉你如何完成这一使命……同时他在全国范围内从自己认识的人当中选择了四十个知名度非常高的人，这些人几乎每一个都是商业保护主义者和在每个商业国家（包括我们自己的国家）内热衷掀起党派战争的人士。为了实现和平，他给了他们数百万美元，却同样没有给过他们任何的指导意见。为什么他就不能直白地说"你们采取必要的措施废除关税后，就可以把剩下的钱收入自己囊中了"呢？因为废除关税也是实现和平的保障，而这也是你们基金会董事会的主要职责。④

---

① Wall, *Andrew Carnegie*，第 897 页。
② 同上。
③ 根据沃尔所说，约翰·毕格罗是卡内基的老朋友之一。但是，卡内基 1920 年写的自传里却一点也没有提到他。此外，有趣的是，除了约翰·查尔斯·范·戴克提供的一个编辑说明，卡内基的自传里没有其他的提及卡内基国际和平基金会的内容。见 Carnegie, *Autobiography*, 286。
④ Quoted in Wall, *Andrew Carnegie*, 900.

在毕格罗看来,卡内基为了促进和平投资了一千万美元的信托基金成立一个组织。这种投资是很不谨慎的,而且很有可能只是为了得到公众的赞美。[①] 然而无论卡内基的目的是什么,卡内基国际和平基金会已然是美国十分重要且备受尊重的政策研究机构。它的总部位于华盛顿杜邦圆环附近,毗邻布鲁金斯学会。这一地理位置使其能够掌握到针对国际关系和美国外交政策展开的各项研究计划。卡内基国际和平基金会拥有近四十名全职研究人员与六十名普通员工,发表出版过大量文章及著作,涵盖内容十分广泛,涉及第三世界国家核武器扩散问题以及美国非法移民引起的社会、经济和政治问题。此外,自 1970 年起,基金会每年的预算均超过 1 500 万美元。也是从这一年开始,基金会出版发行了一本名叫《外交政策》的季刊杂志,是国际关系领域的顶级权威期刊。

除了投入大量资源用于扩展研究计划,卡内基基金会还成立了几个特别的项目,为学者、中高级行政官员、国会议员、企业领导者以及新闻记者提供探讨各种全球和区域性问题的平台。这些项目中,直到今天依然存在的有:面对面、中大西洋俱乐部、东西欧关系、近东与南亚武器扩散计划、贸易公平与发展、后苏联经济、美国领导力。1993 年春天,卡内基基金会对前苏联的兴趣愈发明显并成立了卡内基莫斯科中心。这一机构为"外国和苏联研究人员同华盛顿总部员工共同合作,讨论各种时事问题与政策项目"提供了机会。[②]

通过这一系列项目,卡内基基金会不仅为个人探讨众多公共政策问题提供了平台,同时也为其成员提供了良好的机会,使其得以巩固与华盛顿决策网络的核心成员

59

---

① 约翰·毕格罗的儿子波尔特尼·毕格罗指出,"如果一件事不能给卡内基带来十倍的公众声誉的话,他是不会为这件事花费一分钱的"。在他的自传中,毕格罗说,"在美国历史上,从来没有人花过这么多的钱用于购买社会声誉和奉承。由于世俗和精神的领导者都认同并支持他的观点,他便以为自己永远都不会犯错误。他们想要他的钱,只有阿谀奉承才能拿到卡内基的钱。在一件小事上请求他的帮助,或者协助陷入困境的科学家,都是白费时间。除非标上自己的名字,否则卡内基对任何慈善事业都漠不关心……如果希腊人能够在帕特农神庙上刻上他的名字,花再多的钱他都愿意"。引自 Wall, *Andrew Carnegie*,第 822 页。

② 卡内基基金会网址:www. carnegieendowment. org。

之间的联系。通过与国会议员、行政官员及其他决策者之间的定期互动，卡内基基金会成功地将自己打造成为一个重要的研究机构。它的众多学者定期出现在网络脱口秀节目及新闻报道中。从这一点我们可以看出，卡内基基金会作为一个备受尊重的智库，已经成功地赢得了良好的声誉。

（三）政府研究所与布鲁金斯学会

与卡内基基金会致力于促进世界和平这一特殊目标不同，1916 年成立于华盛顿的政府研究所的主要任务是提高政府整体的管理水平。这一全国性研究机构由一批致力于提高政府工作效率、完善预算制度的政策专家组成。该机构的创始人不仅尝试将科学的理性主义引入政府的决策过程，而且为防止党派政治损害政府公众利益服务做出了众多努力。[①] 简而言之，政府研究所用中立的政策专家取代那些数量众多且通常有害的政党机器，力图改革并重构政府的行政管理。

1910 年，塔夫脱委员会的两位成员开始了为期两年的工作。1912 年，两人研究了塔夫脱委员会的年终报告。在此之后，他们决定继续努力推动委员会提出的多项建议的实施，包括一项针对国家预算体系的提议。这两位成员分别是哥伦比亚大学行政法学教授兰克·古德诺（后任约翰霍普金斯大学校长）与美国劳工部统计学家威廉·F.威洛比。古德诺和威洛比早于一批专业组织（如美国政治学会和美国商务学会），研究探讨了预算体系改革的益处，并对自己的讨论成果产生了兴趣。此外，两人还引起了众多商业改革支持者的注意。大家纷纷建议两人成立一个类似于纽约市市政研究局的全国性研究机构。[②]

为研究联邦政府管理而成立一个研究机构的建议最终传到了杰罗姆·格林尼（新成立的洛克菲勒基金会秘书长）的耳中。在认真考虑了这一建议后，格林尼给九名杰出的领导团成员寄去了一封机密信件，请求他们支持创办一所"研究行政管理问

[①] Critchlow, *The Brookings Institution*, 9. 关于政府研究所与布鲁金斯学会早期的资料，见 Smith, *Brookings at Seventy-Five*。

[②] Critchlow, *The Brookings Institution*, 32.

题并吸引公众参与解决问题"①的研究机构。这九人一致同意支持格林尼的请求，并组建了新机构的董事会。古德诺和威洛比为发起国家预算运动付出了巨大的努力。为表示对其的认可，大家一致同意任命古德诺为政府研究所董事会主席，威洛比为政府研究所第一任所长。到了 1915 年，董事会已经发展壮大到足以在自由派与保守派间寻找到一个完美的平衡点。为了继续维持自己无党派研究组织的形象，格林尼聘请了大量杰出的保守派人士坐镇董事会，包括耶鲁大学校长亚瑟·哈德利、菲尔普斯—道奇公司副主席克利夫兰·H. 道奇以及圣路易斯商人罗伯特·S. 布鲁金斯（曾担任塔夫脱委员会顾问）。

政府研究所于 1916 年 10 月 2 日成立。在威洛比的领导下，研究所着手实现自己的第一个目标，即"建立起一个真正的国家预算体系"②。1917 年 1 月，威洛比、古德诺及董事会新成员费利克斯·法兰克福拜访了伍德罗·威尔逊总统并讨论了关于建立国家预算体系的问题。笔者在前面曾提及威尔逊总统对政策专家的批判态度。会议期间，威尔逊总统要求威洛比提交一份文件，列举出政府研究所针对预算改革提出的建议。除此之外，众议院拨款委员会主席杰姆斯·N. 古德还请求威洛比为国家预算系统起草法案。这份法案则构成了 1919 年提议的《预算与会计法》的基础。

尽管这项法案以绝对的优势在国会两院通过，然而正处于第二任期的威尔逊总统却出人意料地否决了这一法案。他认为该法案的某些条例违反了宪法规定的三权分立原则，所以尽管一开始持支持态度，最终还是拒绝签署这一法案。③威洛比对这一结果十分失望，但仍然决定努力说服下一届政府通过《预算与会计法》并与新一任总统当选人沃伦·哈丁会面探讨这一法案。此外，为了争取到额外的支持，威洛比还聘请了一位公共关系专家在美国各大主流报纸上发表社论和文章，声援国家预算制

61

---

① Critchlow, *The Brookings Institution*, 32.

② 同上，第 36 页。关于提议的国家预算法案的具体细节，同样见 *The Brookings Institution*，第 36 - 40 页。

③ 同上，第 32 页。

度的实施。① 通过这样的方式，威洛比似乎已经打破了政府研究所政策专家的无党派形象。正如唐纳德·克里什洛在回顾布鲁金斯学会的历史时所指出的："在党派人士与无党派人士之间、政治活动和非政治活动之间有一条细细的界限。而对这一时期的政府研究所来说，这条界限经常变得模糊，甚至与其最初的承诺背道而驰。"②

1921 年 6 月 10 日，时任总统哈丁签署了《预算与会计法》，威洛比的不懈努力终于得到了回报。尽管政策研究所的专家们在塑造 20 世纪 20 年代初期国内立法上发挥了积极的作用，他们仍然坚称自己的首要目标是提高政府的工作效率，而非干涉政府的决策过程。然而有人对政府研究所提出了质疑，为了说服这些质疑者，使他们相信政府研究所并不是政治机构，而是致力于提高政府行政效率的研究机构，威洛比及其同事开展了一系列广泛的研究项目，详细考察研究了数个政府机构的组织结构。

然而，在政府研究所实现了第一个目标后的几年里，它似乎失去了确保其成功的前进方向与工作重心。实际上，越来越明显的是，"政府研究所已经成为一个没有目标、没有远见的组织"③。20 世纪 20 年代初期，整个组织越发死气沉沉。尽管如此，董事会的成员们仍然为研究所进行了重新的定位。由于政府研究所在提高政府工作效率方面的能力令人印象深刻，罗伯特·布鲁金斯建议政府研究所的政策专家们集中精力改善美国的经济政策。

布鲁金斯（1850—1932）是一个白手起家的百万富翁，曾在战时产业委员会任职。④ 在他看来，政府官员没有认识到重要的经济决策在战争时期的影响。这一点清楚地说明了经济学家为政治领袖提供专业建议的必要性。布鲁金斯及其同事均不信任党派政治，他坚信有必要成立一个无党派的经济研究机构和一个附属的研究院，用来收集客观数据，探讨经济问题，评估当前经济政策，并且培养一批经过科学训练

62

---

① Critchlow, *The Brookings Institution*, 38.
② 同上。
③ 同上，第 40 页。
④ 战时产业委员会是"一战"期间重要的经济协调机构。

的骨干人才进入政府部门。①

1922年1月13日，在卡内基公司为期五年，总计20万美元的资助下，布鲁金斯成立了经济研究所，并委任芝加哥大学经济学家哈罗德·G. 莫尔顿为第一任所长。在莫尔顿的领导下，近三十名经济学家和政治学家一起将"布鲁金斯成立研究机构的梦想变为可行的现实"②。1924年11月24日，在确保了额外的资金来源并与位于圣路易斯市的华盛顿大学联合创办了研究生项目后，布鲁金斯实现了罗伯特·布鲁金斯经济研究院与政府之间的合作。③

名义上，经济研究所、罗伯特·布鲁金斯研究院与政府研究所是三个独立存在的组织。然而实际上，它们就像兄弟组织一样。这三所机构经常参与联合研究项目，举办跨学科研讨会。通过这样的方式能够对三所机构的研究人员起到刺激作用，使他们能够更好地解决重要的公共政策问题。然而，考虑到研究院的管理问题和混乱交错的行政职责，布鲁金斯和董事会决定于1927年12月8日合并三所机构。

经合并后成立的布鲁金斯学会仍然强调作为独立的无党派研究机构的重要性。④ 实际上，为了维护政策专家的学术自主权，罗伯特·布鲁金斯明令禁止董事会成员干涉员工的研究项目。考虑到新成立的机构的成就和全新的角色，布鲁金斯将提供公正的政策专业知识放在了首要位置上。为了让布鲁金斯学会远离党派纷争，布鲁金斯做出了许多努力，这一点可以充分体现在该组织的章程中：

63

> （布鲁金斯学会的成立是为了）促进、参与、开展并鼓励经济、政府行政
> 管理以及政治和社会领域内的科学研究、教育项目和书籍出版（通常涉及与
> 当地、本国和国际重大问题相关的经济、政治和社会的研究、决定与阐释）；

---

① Critchlow, *The Brookings Institution*, 42.

② 同上，第26页。

③ 研究院成立的背景信息，见 Saunders, *The Brookings Institution*。

④ 布鲁金斯学会出版的文章中称，"为了保障员工的学术自主权，在公共政策问题上一定要坚持中立立场"。

不考虑任何政治群体特殊的政治、经济和社会利益，独立地促进与实施以上项目、目标及原则。①

在布鲁金斯学会辉煌的历史中，其理念与指导原则始终贯穿其中，至少从表面上看始终是完整的。通过经济研究、外交政策研究及政府研究等研究项目，超过一百名驻院和非驻院学者，以及多名客座学者一起分析、评价、讨论并发表了众多关于公共政策问题的研究。布鲁金斯学会会长、克林顿政府巡回大使斯特罗布·塔尔博特指出：

> 我们尽了最大的努力保证研究工作的独立性，同时努力营造一个真正的无党派的工作氛围。如果共和党、民主党和无党派人士都能在同一件事上达成一致的话，也就意味着没有哪一个政党能够垄断人类智慧了。以我们为例，坚持独立与无党派原则的必然结果就是为得体的演讲与辩论提供制度性保证，而这一点也是健康的民主社会所倡导的，布鲁金斯学会在一定程度上解决了这一问题。关键不在于我们做了什么，而在于我们是怎样做的。②

与美国的许多同行一样，布鲁金斯学会也宣称自己在政策上持中立态度。然而，同所有的智库一样，布鲁金斯学会的研究成果都具有特定的意识形态倾向。正如传统基金会以保守倾向著名，布鲁金斯学会以自由主义倾向著称，或者说以左倾闻名。这一结论并不是为了批判任何一个机构。实际上，这是一个不能也不应该忽略的问题。除此之外，我们还要认识到，布鲁金斯学会作为美国顶尖的智库，在很大程度上

---

① Saunders, *The Brookings Institution*.
② Brookings Institution, *Annual Report 2003*, 5.

始终忠于自己的章程并坚持章程中制定的目标，这是它与其他研究机构之间最显著
的区别。自成立以来，布鲁金斯学会经历许多结构性改革，然而其创始人制定的指导 64
性原则却从未改变过。

　　布鲁金斯学会等成立于20世纪初的政策研究机构不仅反映出了创始人们的憧
憬与愿望，而且体现出了20世纪头十年里，政策专家们改善政府决策的愿望。在玛
格丽特·奥利维亚·塞奇、安得烈·卡内基及其好友罗伯特·布鲁金斯看来，如果政
府官员没有听信基于党派利益提出的个人意见，而是依赖中立的政策专家提出的建
议，就能够制定并实施合理的社会、经济和外交政策。这样的话，政府官员就可以有
效地管理政府项目和政策。第一次世界大战前后，一些政治企业家为了改善政府行
政管理，成立了智库。其他人也为了同样高尚的目标创办了研究机构。1919年，在
目睹了战争造成的毁灭性破坏后，赫伯特·胡佛决定开始创办一所旨在向后代普及
国际战争与冲突的起因和后果的机构。

（四）胡佛战争、革命与和平研究所

　　胡佛战争、革命与和平研究所位于加利福尼亚州帕罗奥图市斯坦福大学的校园
里，起初是一个收集"一战"资料和文件的机构，如今是美国最著名的智库之一。它的
常驻学者因乐于协助共和党政府而被称为"保守派的忠诚卫士"，然而该组织在创立
之初并没有以政策制定为目标。相反，尽管胡佛研究所在为总统（及总统候选人）提
供建议方面起到了重要作用（其中包括理查德·尼克松、罗纳德·里根、鲍勃·多尔，
尤其是乔治·华盛顿·布什），但美国第三十一届总统赫伯特·胡佛（1874—1964）在
创办这一研究机构时，其首要目标并不是为了组建一个具有政治影响力的精英团体，
而是为了收集和保存历史资料。

　　胡佛想要成立一所致力于研究战争、革命与和平的机构，这一愿望源于他在"一
战"期间担任比利时救济委员会负责人时的经历。美国驻伦敦大使委任胡佛协调饱

受战乱破坏的比利时粮食救灾工作。作为一个"受人道主义驱使"①的虔诚贵格派教
徒，胡佛不仅亲眼看见了战争造成的毁灭性灾难，更重要的是，认识到有必要对子孙
后代进行教育，使他们了解全球战争给经济、社会和政治带来的重大影响。1914 年
12 月底（或 1915 年 1 月初）胡佛为处理比利时救济委员会的事务而横渡英吉利海
峡。在这过程中，他阅读了安德鲁·德·怀特的自传。怀特是一名杰出的历史学家
兼外交官，同时也是康奈尔大学的第一届校长。19 世纪 50 年代，怀特留学法国，在
这期间，他对积累法国大革命时期的历史文献表现出了极大的痴迷。对此，胡佛深受
启发，并意识到自己也同样可以"站在 个特殊的立场上收集散落在各地的有关另一
场革命的文学作品"②。胡佛三卷本传记的作者乔治·纳什③指出："毕生对藏书的渴
望、作为决策者的果断与魄力，以及充足的物质保障，使胡佛决定大胆地开展一个类
似于怀特那样的项目——在被历史的长河湮没之前，系统地收集有关第一次世界大
战的文件资料。"④

　　在认真考虑开展这一项目之前，胡佛需要先召集人马。这些人必须愿意横渡整
个欧洲收集大量文献。同时，他还需要确定一个能够安全存放这些资料的地方。对
于胡佛来说，确定存放文件的地点并不困难。1895 年，胡佛从斯坦福大学毕业后，迅
速成为母校最慷慨的捐助人之一。因此，胡佛自然而然地选择了自己的母校来存放
资料。在征得了校长雷·李曼·威尔伯及校董事会的同意后，胡佛给母校捐赠了五
万美元。1919 年，斯坦福大学开始接收这些有关"一战"的资料，并对资料进行登记
分类。在众多年轻有为的斯坦福毕业生的协助下，胡佛开始游历欧洲，收集与战争
有关的资料。胡佛收集到了大量的重要史料，威尔伯对此评价道："胡佛是有史以来
最伟大的收藏家，无论何时，他舍弃一吨食物的同时，也会重拾一磅历史。"⑤

---

① McPherson, *To the Best of My Ability*, 218.
② Nash, *Herbert Hoover and Stanford University*, 49.
③ 同上。
④ 同上，第 49 页。
⑤ Quoted in Feinsilber, "The Hoover-Reagan Campaign Resource."

到 1922 年,胡佛战争图书馆馆藏资料已经超过 80 000 册了。随着收藏资料的增加,胡佛提供给斯坦福大学的资助也越来越多。然而,随着战争图书馆规模的扩大,胡佛开始觉得他收集的资料不应只作为收藏品被保存起来。他的忧虑是有依据的。实际上,斯坦福大学图书馆的员工们曾多次建议胡佛将日益增多的资料纳入斯坦福大学的图书馆系统。除此之外,胡佛战争图书馆的员工与斯坦福大学图书馆馆长乔治·T.克拉克也多次因战争资料的维护问题发生冲突。这使胡佛下定决心为自己收集的资料建立一所独立的资料室。胡佛坚持自主地保护所藏历史资料也因为他渴望扩展历史档案馆的作用与功能。1922—1923 年间,胡佛获得了比利时救济委员会的支持,并首次表明他对图书馆功能的独到见解,“他认为,图书馆应是当代历史研究领域的领头羊,而不仅仅只是存放书目和手稿的仓库”①。

胡佛的目标不仅仅是扩大斯坦福大学胡佛战争图书馆的规模,使之成为独立的研究中心,而是要在全美范围内成立研究机构。为此,他发起成立了多家私人基金会。盖伊·奥尔康指出:“胡佛与卡内基公司、洛克菲勒·劳拉·斯贝尔曼纪念基金会以及国家经济研究局达成了一项技术协议,在全国范围内成立一所私人规划协会和反对集权主义的政策机构。”②

1927 年,在洛克菲勒·劳拉·斯贝尔曼纪念基金的支持下,胡佛还建立了许多区域性研究中心。其中包括由拉尔夫·卢兹负责的德国革命研究所和最初由弗兰克·戈尔德负责,后被哈罗德·费舍尔接管的俄国革命研究所。然而,直到“二战”后,随着美国在国际事务中的地位日益上升,区域性研究中心才得以发展起来。依靠胡佛的积极倡议和福特、洛克菲勒、卡内基公司的大力支持,成百上千所研究机构、国际事务委员会以及外交政策协会在战后的几十年里,如雨后春笋般涌现出来。③

———————————

① Nash, *Herbert Hoover and Stanford University*, 79.
② Duignan, *The Hoover Institution on War*, *Revolution and Peace*, 8.
③ 同上。在 20 世纪 20 年代成立的外交智库中,较为重要的是成立于 1921 年的纽约外交政策协会和 1925 年成立于檀香山的太平洋国际学会。关于这些组织的背景资料,见 Thomas, *The Institute of Pacific Relations*, and Raucher, “The First Foreign Affairs Think Tanks”。

胡佛在全美国建立一个政策研究网络的决心很少动摇过，但是维持胡佛战争图书馆仍然是首要任务。然而，到了20世纪20年代中后期，胡佛开始将重心从扩大胡佛图书馆的规模转移到了扩展自己在选区的政治支持基础上。这位毕业于斯坦福大学的采矿工程师，同时也是一名来自爱荷华州的白手起家的百万富翁，开始将目光转向了国家最高领导人的位置上。

胡佛在政治界并不是一个陌生的名字。他曾担任过哈丁总统和柯立芝总统的商务部长。1920年，胡佛在共和党总统候选人提名中落选。记录总统大选的历史学家罗伯特·达莱克指出，"八年后，胡佛的人气与知名度使他十分轻松地赢得了共和党提名，而他的竞争对手艾尔弗雷德·E.史密斯（历史上第一位获得主要政党提名的天主教徒），则遭遇了总统竞选史上最惨烈的滑铁卢"①。

67　　　不幸的是，对于胡佛和美国人民来说，胡佛在公共和私人领域获得的成功并没有延续到总统工作上。作为美国最不成功的总统，胡佛亲眼看见了1929年10月的股市崩盘和经济大萧条。胡佛在美国成立了众多的研究机构，并聘请了成百上千名专家学者。然而1930年，胡佛却对由上千名经济学家联名递交的请愿书置之不理。在这份请愿书中，经济学家们强烈要求胡佛总统否决斯姆特·霍利关税法案（美国历史上关税最高的法案）。（该法案）原本是为了保护竭力挣扎的美国企业，却反而引起了国际贸易战争，进而加剧了经济大萧条。②

直到1933年，胡佛被富兰克林·罗斯福和他提出的新政击败下台。在那之后，胡佛才重新把精力投入图书馆的扩张上。③ 在图书馆举办的各种活动项目中，由胡佛倡导并亲自参与的是胡佛战争图书馆系列出版物的发行。该活动始于1932年，即胡佛总统任期的最后一年。到1935年，该活动项目已出版了九卷纪实文件，并计划出版二十四卷文件，记录胡佛在1914年至1922年期间的欧洲援助工作。胡佛研究

①　McPherson, *To the Best of My Ability*, 220.
②　同上，第219页。
③　Duignan, *The Hoover Institution on War*, *Revolution and Peace*, 13.

所高级研究员彼得·杜伊格南指出："到了 20 世纪 30 年代中期，胡佛图书馆正在发展成为一个研究成果十分丰富的研究中心。"①

20 世纪 30 年代初，在胡佛图书馆的规模与功能发生改变的同时，世界的历史进程也发生了变化。1932 年，阿道夫·希特勒②与纳粹党在德国掌权，一场新的危机即将席卷全球。与之前一样，胡佛同样认为将这一历史时期记录下来十分重要。他和他的同事利用早前与欧洲建立的联系，收集并存储了有关第二次世界大战的重要资料。

为了更好地展示出图书馆日益增多的馆藏，胡佛图书馆于 1938 年更名为"胡佛战争、革命与和平研究所"。很多年前，胡佛就提出过想要将自己的资料存放在一栋独立的建筑中。这一愿望终于在 20 年后，随着胡佛塔的建立实现了。1941 年 6 月 20 日，在胡佛塔的落成仪式上，胡佛解释了他和他的同事们投入了如此多的时间和精力来建立这座历史档案馆的原因。"我知道有些人不理解我们为什么如此大费周章地保存这些历史资料……如果人类忘记了历史给我们的教训，那么所有的这些收藏除了供游客随意参观之外没有任何价值。然而有时，历史的声音会促使我们停下脚步，去观察，去聆听。有的时候，人们会对此做出回应的……成立研究所的目的是为了促进和平，而研究所内的资料对于那些发动战争的人来说，则是一个挑战。这些资料也会吸引那些致力于实现和平的人。以上就是我建立这所研究所的目的。"③

在接下来的几年里，胡佛继续坚持不懈地为研究所努力工作。到 1956 年，胡佛研究所已经成为众所周知的机构了。尽管研究所的工作人员与斯坦福大学校董事会偶尔会发生冲突，胡佛依然坚定地坚持着研究所的目标。对于胡佛来说，研究所的主要目标是"研究、培训外交事务人才以及发展学术与知识"④。胡佛曾多次强调"胡佛战争、革命与和平研究所并不是一个普通的图书馆，也不是一个简单的资料收集机

---

① Duignan, *The Hoover Institution on War, Revolution and Peace*, 13.
② 在美国驻德大使的请求下，胡佛勉强同意接受邀请，于 1938 年 3 月访问柏林并会见了希特勒。据传，二人的会面并不友好。
③ Nash, *Herbert Hoover and Stanford University*, 109.
④ 同上，第 20 页。

构,而是一个动态发展的机构,致力于为全国人民乃至全世界人民的未来提供有效的指导"①。

对于扩大该机构的目的,胡佛向一位潜在的资助者解释道:从战争的角度来说,"……是为了援助美国的国防";从革命的角度来说,"是为了利用研究成果与出版物,保护美国的生活方式免受异端意识形态的侵害,并重申美国体制的有效性";从和平的角度来说,"是为了利用研究成果和出版物,展现世界历史带给我们的经验教训"。胡佛还补充道,"通过出版发行未经评论或解释的文件,可以为指导官方行动,开展历史性研究提供最原始的资料"②。

胡佛坚信自己的组织能够在促进公众理解战争的前因后果方面发挥重要的作用,但他并未打算把胡佛研究所纳入华盛顿的政治体系中去。胡佛经常批判压力集团的消极影响。因而他选择理所当然地将胡佛研究所打造成一个为学者提供资料的研究中心,而不是一个在具体立法方面影响政府官员的组织。事实上,虽然在总统任期内,胡佛曾任命过研究所的同事担任政府要职,但除此之外,从 1933 年到 1960 年期间,几乎没有证据可以表明胡佛研究所与美国政府之间存在紧密的联系。③

除了拒绝参与党派政治以维护学术独立性,胡佛还希望从斯坦福大学校董事会手里拿回研究所的行政管理权。早在 1930 年,胡佛就意识到了,斯坦福大学董事会力图限制研究所的自主权,而这将导致双方关系陷入紧张的局面。正如之前提到的,早在胡佛战争图书馆成立之初,胡佛就十分担心斯坦福大学图书馆馆长觊觎自己收藏的战争史料。同时,斯坦福大学想要进一步掌控研究所的员工和研究项目,也使得胡佛越来越心灰意冷。1959 年,胡佛与斯坦福大学校长华莱士·斯特林进行了多次剑拔弩张的会议。期间,胡佛不止一次威胁要撤回对斯坦福大学巨额的财政资助,最终迫使斯特林同意签署协议,保证胡佛研究所的行政自主权。

69

---

① Nash, *Herbert Hoover and Stanford University*, 136.
② 同上,第 141 页。
③ 同上,第 124 页。

　　1959 年 5 月 21 日,斯坦福大学董事会签署了一个新的协议。为了该协议,胡佛努力奋斗了很多年。早期的协议自此失效,胡佛研究所不再是斯坦福大学的一个独立部门,而是"斯坦福大学框架内的一个独立机构"。[①] 讽刺的是,自 1960 年以来,斯坦福大学,而非胡佛研究所,一直限制员工"不道德地"加入联邦政治研究中心,以此保证自己的知识完备性。尽管这两所机构在波涛汹涌的合作中一起走过了八十多年的历史,详细地分析二者之间冲突的主要来源还是十分重要的。

　　1960 年,哈佛大学博士,35 岁的加拿大经济学家威·格伦·坎贝尔担任胡佛研究所所长,并采用了许多策略以提高胡佛研究所的知名度。这些营销策略是他担任美国企业协会(现名为美国企业研究院)会长时研究发展出来的。20 世纪 60 年代中期到 70 年代初,坎贝尔凭借着自己的学术能力和政策企业家的经验,将大部分时间都放在了筹集资金和拓展研究项目上。坎贝尔与时任加州州长罗纳德·里根等领导人私交甚好。凭借这一有利条件,坎贝尔加强了胡佛研究所与政策共同体之间的联系。正如引言中所说的,1976 年,里根成功赢得共和党总统候选人提名,也有赖于胡佛研究所的建议。[②]

　　尽管胡佛研究所的常驻学者乐于与决策者们分享自己的专业意见,然而在动荡的 19 世纪 60 年代,斯坦福大学并不接受他们的保守主义倾向。在越南战争最为激烈的时候,坎贝尔站在胡佛塔前面,只身面对一群愤怒的师生,不仅阻止了他们破窗砸毁胡佛塔,还要求他们尊重胡佛研究所的学术自由。然而不幸的是,斯坦福大学师生愤怒的行为和坎贝尔对胡佛研究所的保护不是一次孤立的事件。在接下来的几年里,斯坦福大学这所提倡自由的学府,与校内坚持保守主义的智库——胡佛研究所之间的矛盾逐渐激化,这一点越来越明显。同样明显的是,坎贝尔并不愿意将胡佛研究

70

---

① Duignan, *The Hoover Institution on War*, *Revolution and Peace*, 29. 胡佛研究所与斯坦福大学之间的关系的其他资料,见 Anderson, *Stanford and Hoover and Academic Freedom*。

② 关于罗纳德·里根与胡佛研究所之间的关系,见 Seifert and Tuthill, "Scholarship and Public Policy"。

所过多地曝光在公众面前。1968 年总统大选时，只有少数的胡佛学者为尼克松提供了政策建议，其中包括马丁·安德森。直到里根总统执政期间，胡佛研究所及其学者的曝光度才达到了最大化。也正是这一时期，胡佛研究所与斯坦福大学之间的关系更加紧张了。

　　1980 年，胡佛研究所的几名学者参与到了里根的竞选活动中，斯坦福大学的部分师生对这种明显的党派倾向提出了批评。胡佛研究所在校内成立后，批判者们便发动了一场运动，希望说服校董事会，使其相信在学校内部成立研究中心是不符合常理的。更何况一个非营利的"无党派"智库如今居然直接参与到政治进程当中，在批判者们看来，更是极其不合理的。正如之前提到的，国内税收法规条款明确规定，作为免税的、非营利的组织，智库是不得公开支持某一候选人的竞选活动的。然而胡佛研究所的工作人员指出，那些指责研究所与罗纳德·里根关系过密的人，其实根本不关心斯坦福大学及其附属院所的正直与否。毕竟，1960 年总统大选时，斯坦福大学的教职人员也曾为约翰·肯尼迪出谋划策过。说得直白一些，这些批判者们之所以如此愤怒，不过是因为胡佛研究所不遗余力地帮助共和党赢得了总统竞选。胡佛研究所的一位学者指出："斯坦福大学陷入了一个误区，胡佛研究所并没有倾向哪一派，反倒是他们自己有着明显的左倾倾向。"简而言之，针对学术自由展开的辩论很快演变成了政治意识形态上的对峙。①

---

　　①　当里根总统计划将他的总统文件存放在胡佛研究所时，胡佛研究所与斯坦福大学之间的关系变得愈发紧张。罗纳德·里根总统图书馆选址上引起的争议最终使里根决定将图书馆建立在加利福尼亚州的西米谷，尽管如此，胡佛研究所与斯坦福大学之间的紧张关系并没有得到缓解。其他几个事件，包括坎贝尔·格伦的提前退休，最终都导致了胡佛研究所与斯坦福大学断绝了关系。了解胡佛研究所与斯坦福大学之间的论战，见 Abouzeid, "Hoover Institute"; Bethell, "Liberalism, Stanford Style"; Bishop, "Stanford and Hoover Institute at Odds"; Harris, "Stanford-Hoover 'Divorce' Suggested"; Irving, "Stanford Faculty to Challenge Hoover Institution"; Otten, "On Stanford's Campus"; Otten, "Ronald Reagan's Presidential Papers May Come to the Hoover Institution"; Otten, "Campbell Comments on Hoover-Stanford Ties"; Otten, "Faculty Senate Postpones New Study of Stanford-Hoover Ties"; Turner, "Liberals at Stanford Protest Ties to Hoover Institute"; and Workman, "Stanford Faculty Wants Review of Hoover Institute".

面对斯坦福大学的持续的指责，胡佛研究所的同仁仍然毫不犹豫地协助罗纳德·里根成为美国第四十任总统。实际上，从胡佛研究所 20 世纪 80 年代初的几份年度报告中可以看出，在公开与里根之间的关系这件事上，胡佛研究所是十分自豪的。里根与胡佛研究所之间的关系十分紧密，甚至打算把自己的总统图书馆建在斯坦福大学里。然而，之前与校方的激烈冲突阻碍了里根图书馆的落成。罗纳德·里根不得不改变了计划，将图书馆建在了加利福尼亚州的西米谷。2004 年夏天，他的遗体也被葬于此。尽管在后面的章节中，我们会详细讨论胡佛研究所在里根政府中扮演的角色，当前，正确理解胡佛研究所的首要目标是十分重要的。众所周知，胡佛研究所作为一流的研究机构，是世界上最重要的历史档案馆之一。尽管众多批判者一直质疑胡佛研究所的党派倾向，但它在学术领域的贡献是毋庸置疑的。

（五）对外关系协会

当赫伯特·胡佛筹划着成立一个向后代传授战争本质的图书馆时，一批对国际关系具有浓厚兴趣的学者、律师、商人和政府领导人聚集在纽约，探讨美国在国际事务中角色的转变。在诺贝尔和平奖得主伊莱休·鲁特（1845—1937）的带领下，三十名参与者每个月都会在大都会俱乐部举行一次集会。鲁特曾担任过美国战争部长、国务卿、联邦参议员与卡内基国际和平基金会第一任主席。他创办了这个特别的晚宴俱乐部，并将之命名为外交关系协会。该俱乐部的起源记录在外交关系协会 1919年手册中，具体如下：

> 1918 年春末，一些有识之士出席了纽约大都会俱乐部举办的会议。会议中，大家共同探讨了一个有趣而且十分重要的问题，即美国与世界上其他国家之间的关系。在此之后，又举行了两到三次会议。通过这样的会议，大家学到了很多东西。参加会议的人都十分关心国际事务，由这些人组成的会议也可以完成让人意想不到的事情。外交关系协会成立的目的是为了长期承办外来会议，在每次会议上召集国际专家学者，以此确保每年都有数百

71

名经济、工业、教育、治国及科学领域的专业人才讨论并解决国际问题。这是一个新的起点，也是一个伟大的创造。该组织计划与政府和其他现有机构开展合作，并愿与它们签署建设性协议。①

　　尽管鲁特与他的同事们已经探讨过许多重要的国际问题，但直到大都会俱乐部会议召开后的第三年（即 1922 年），外交关系协会才从一个每月召开的晚宴会议正式变为一个致力于外交事务的研究机构。② 自此，外交关系协会逐渐发展成为一个杰出的政治论坛，吸引了众多在美国占据领导地位的企业和杰出政治领导人。

　　1919 年，由 21 名精英组成的"调查团"③应邀陪同伍德罗·威尔逊出席巴黎和会。"调查团"成员建议威尔逊成立一个致力于"推动理解美国外交政策和国际事务"④的非营利性、无党派的研究组织。然而威尔逊并没有同意这一建议，加上对凡尔赛条约不再抱有幻想，"调查团"成员十分受挫。因此，美国代表团成员开始考虑与英国合作，创建一个跨大西洋的研究组织。两国代表团均认为，目前针对国际事务的解释说明太过匮乏，并一致同意"那些在外交领域中具有重大影响力，并且拥有远见卓识的人足以影响公众舆论，因此有必要向大众提供这些人的观点与看法"⑤。英国《星期六评论》指出，新提议的研究机构将"代表和平主义者抗议巴黎和会。它会先说服居住在巴黎的见多识广的年轻人，其次才是认同《凡尔赛条约》的老顽固们"。⑥

　　尽管两国代表团同意创办一个私人研究机构，并在伦敦和纽约成立机构的分支，

　　① Shoup and Minter, *Imperial Brain Trust*, 15.
　　② 关于外交关系协会的早期历史，见 Council on Foreign Relations, *A Record of Fifteen Years*, and *A Record of Twenty-Five Years*。
　　③ 1917 年，威尔逊总统的心腹，爱德华·曼德尔·豪斯聘用了约一百名受过良好教育且具备一定外交知识的人才起草和平协议。这一精英团体就是十分著名的"调查团"。豪斯后在纽约的美国地理协会总部秘密工作。该组织机构的背景知识参见 Schulzinger, *The Wise Men of Foreign Affairs*。
　　④ *A Record of Fifteen Years*, and *A Record of Twenty-Five Years*.
　　⑤ Schulzinger, *The Wise Men of Foreign Affairs*, 3.
　　⑥ 同上，引自第 4 页。

然而在接下来的两年里,两国代表团并没有取得实质性的进展。1921 年 6 月,美国国内的反英情绪高涨。① 从政治角度上看,英美两国合作成立研究机构已不再可能。因此,美国告知莱昂内尔·柯蒂斯(英国成立研究机构的支持者),美国的公众舆论已经让他们无法继续实施这个方案了。在告诉柯蒂斯后,美国代表团的两名成员惠特尼·谢泼德森与以赛亚·鲍曼找到了伊莱休·鲁特,并询问他是否愿意将自己的外交关系协会与他们在巴黎和会上成立的组织进行合并。鲁特对此欣然同意。于是,1921 年的 7 月 29 日,两个组织合并成为外交关系协会股份有限公司。②

公司注册成立后,由十五人组成的董事会发表声明,重申该机构的目标是"召开会议,从国际角度出发,研究探讨美国的政治、经济和金融问题……简单来说,外交关系协会致力于传播国际关系领域的知识,尤其要为美国制定合理的外交政策"③。为促进美国外交政策合理化,协会定期讨论并发表有关国际关系领域的研究报告。除此之外,1922 年,协会决定发行季刊《外交事务》,在这本杂志上刊登杰出的政治领袖和学者的观点与评论。自此,外交关系协会逐渐发展壮大,从一个每月召开一次、每次只有几十人参加的俱乐部会议发展成一个拥有 3 500 多名会员的全国性机构。外交关系协会的会员包括众多杰出的企业家和政治领导人,④它的总部设在豪华的哈罗德普拉特酒店内部,共有五层,坐落在第 68 号大街与派克大街的角落。有些评论家对此表示不满,并戏谑地把外交关系协会称为"纽约最好的俱乐部"、"下放的美国政府"以及"为政治家量身打造的学府"⑤。通常,只有受到邀请才能成为外交关系协

73

---

① 20 世纪 20 年代初的美国,反英情绪持续高涨,很大程度上归因于 1919 年巴黎和会的结果。总之很多学者认为英国领导人借助他们在战后的影响力,利用威尔逊总统扩张大英帝国,见 Schulzinger, *The Wise Men of Foreign Affairs*。

② 同上,第 6 页。

③ Shoup and Minter, *Imperial Brain Trust*, 16.

④ 外交关系协会的会员名单,见年度报告。

⑤ Kraft, "School for Statesmen."

会及其附属机构的会员,①然而近几年里,该组织试图让自己更加平民化。外交关系协会 1898 年公开的年度报告指出,"美国外交政策领域的研究机构不断发展壮大,作为其中的佼佼者,外交关系协会应承担起自己的责任,在涉及重大的国际事务时,应与公众进行对话。外交关系协会的出版物及学术期刊均对广大人民群众开放"②。

外交关系协会为美国最具影响力的公民们提供了一个讨论国际事务的平台。因此,与其说它是一个致力于分析国际关系变化的研究机构,不如说它是精英群体召开会议的场所。虽然协会的许多成员都曾在美国政府或私营机构担任要职,这一点是难以忽视的,但是同样的,协会在学术文献领域做出的贡献也不应该被忽略。自成立以来,③除了出版国际关系领域的权威期刊,外交关系学会还开展数百个研究项目,其中的几个项目引起了学术界的持续热议。除此之外,协会开展的部分研究项目,包括著名的战争与和平研究(1939—1945)④和近期针对恐怖主义的研究,彰显了外交关系协会学者做出的重要贡献,同时也体现出了协会向政府官员长期提供政策专业知识的能力。

自成立之初,外交关系协会的首要目标之一就是为领导人提供外交政策方面的建议,与此同时,它还借鉴了其他 20 世纪初成立的研究机构的经验,坚持中立,不参与党派纷争。在 1989 年年度报告中,外交关系协会重申将保护自己的学术自主权,这也是该组织成立之初的承诺。报告称:"在外交政策问题上,外交关系协会不会倾向任何一个立场。同时,除协会成员外,任何人没有权力代表外交关系协会,针对这

---

① 在国家项目上,外交关系协会对美国几个城市的项目表示支持,这些城市包括芝加哥、波士顿、达拉斯与洛杉矶。

② The Council on Foreign Relations, 1989 *Annual Report*, 6.

③ 关于外交关系协会 1929—1983 年的发展情况,见 Schulzinger, *The Wise Men of Foreign Affairs*, 294 - 303. 外交关系协会 1983 年后的出版物可参见年度报告和网页:WWW. cfr. org. 。

④ 关于战争与和平研究项目的开展,参见 Schulzinger, *The Wise Men of Foreign Affairs*, 59 - 79, and in Santoro, *Diffidence and Ambition*。

些问题发表言论。"①尽管该声明可能只是为了保护国内法赋予的免税地位，②但它却揭示了诞生于 20 世纪头十年的智库的显著特点。许多倡议型智库也曾公开发表过类似的言论，然而却毫不掩饰自己的政治倾向。与这些倡议型智库不同，外交关系协会真正履行了作为一个无党派研究机构的承诺。批评者称外交关系协会为"共产主义的堡垒"③和"华尔街的守护者"。然而，该协会的会员包括众多杰出的共和、民主两党人士，使协会有足够多的机会表达不同的观点与看法。此外，为了确保作为独立的政策研究机构的地位，外交关系协会"不设分支，不接受资助，不与美国政府和各国政府开展合约性研究"④。

外交关系协会致力于为共和、民主党政府提供有关重要政策问题的知识，这也反映出诞生于 20 世纪初的研究机构的另一个共同点。目前我们所了解的智库均成立于不同的环境中，并在不同领域开展了众多研究项目，它们的首要目标是通过为政治领导人提供公共政策领域的专业建议，进而提高政府的决策能力。简而言之，在 20 世纪初的几十年里，激发研究机构创立的并非是将特定的意识形态立场灌输给政策制定者，而是为学者进行学术研究提供一个刺激性的环境。

四、政府契约型智库与政府专家的诞生（1946—1970）

在"一战"与"二战"结束后的几年里，对外关系协会同其他研究机构一直为决策者提供建议。与此同时，新一代的智库在 20 世纪 40 年代末开始出现。20 世纪前几十年里，慈善组织、企业及个人在创办与资助智库上起到了不可或缺的作用。第二次世界大战后，美国政府开始扮演资助者这一角色。在"二战"中，美国政府看到了国防科学家在战争中做出的贡献，并从中意识到通过成立私人及大学研发中心，可以获得

---

① Council on Foreign Relations, 1989 *Annual Report*, 175.

② 关于智库是否违背了它的精神或是法律条文，Linden, "Powerhouses of Policy," 99 - 106, 170, and 174 - 179.

③ Schulzinger, *The Wise Men of Foreign Affairs*, ix.

④ Council on Foreign Relations, 1989 *Annual Report*, 8.

巨大的利益。美国政府聘用了大量专业的工程师、医师、生物学家、统计学家和社会
学家，希望借助他们的力量，解决美国在称霸全球过程中遇到的一系列新挑战。

（一）兰德公司

领导新一代智库（或政府契约型智库）的是加利福尼亚州圣塔莫尼卡的兰德公司，或简称为兰德。[1] 1945年底，在道格拉斯飞机公司两名工程师，亚瑟雷·蒙特和弗兰克·博姆的提议下，美国陆军航空队（美国空军成立于1947年9月）亨利·阿诺德上将和罗斯福参谋长联席会议中一位知名人士[2]计划与道格拉斯签订一项1 000万美元的合同，用来资助兰德项目并展开"V-1、V-2火箭技术与其他洲际航空项目的未来研究"[3]。新的联合项目受到了热情的响应，然而在接下来的两年里陆军航空队与道格拉斯飞机公司之间的关系逐渐恶化。与增强美国国防水平相比，道格拉斯飞机公司更在乎营利。考虑到这一点，美国陆军航空队决定将道格拉斯公司踢出兰德项目。[4] 尽管从一开始就有许多难以逾越的障碍，陆军航空队仍旧希望成立一个致力于保卫美国国防安全的、独立的、非营利的公司。1948年5月，在兰德项目100万美元的初始资金和近500万美元的剩余资金的支持下，兰德公司成立了。新成立的兰德公司承诺将致力于"推动促进科学、教育与慈善事业，投入全部精力发展美国公共福利与国防安全"[5]。

弗兰克·科尔博姆离开了道格拉斯飞机公司，成为兰德公司的第一任主席。后来，在他的领导下，一批有才华的科学家，包括伯纳德·布罗迪与赫尔曼·卡恩（后来他离开兰德创立了哈德逊研究所），聚集在这一海边的智库，一起探讨在核时代如何保护并加强美国国防安全。通过采用系统分析、博弈论和其他各种模拟演练，兰德公

---

[1] 兰德公司在华盛顿设有办事处。
[2] Nelson, *The First Heroes*, 104.
[3] Orlans, *The Nonprofit Research Institute*, 19.
[4] 彻底将道格拉斯公司从兰德计划中踢出，参见 B. L. R. Smith, *The Rand Corporation*, 51-74。
[5] Orlans, *The Nonprofit Research Institute*, 21.

司的科学家们开始"研究难以想象的问题"。"二战"结束初期,在"核战争"即将爆发的环境下,兰德公司致力于为美国空军提供建议,帮助他们更好地保护美国免受敌人的攻击。[①]

兰德公司从美国空军、美国陆军与国防部长办公室那里陆陆续续获得了 2 亿美元的预算资助,[②]然而其研究兴趣不再局限于美国国防与国家安全问题上了。作为美国最大的智库,兰德公司拥有 1 600 名研究人员与工作人员,开展的研究涉及领域十分广泛,包括医疗保健、民事与刑事司法、科技、环境和基础设施。兰德公司大部分员工在圣莫尼卡总部或华盛顿办事处工作。其他员工则在纽约教育援助委员会、兰德公司欧洲分部(位于荷兰)或其他规模较小的分支机构工作。

除了开展大量研究项目,出版数以千计的图书、政策简报与学术期刊以外,兰德公司还于 1970 年创办了自己的研究生院,用于培养未来的政策分析师。兰德研究生院始终强调让学生以多学科的角度审视复杂的政策问题。除此之外,兰德公司还为其他研发机构提供范本,其中包括总部设在华盛顿的城市研究所。

(二) 城市研究所

保罗·迪克森指出,城市研究所的创立经历了一个"官僚主义的长期过程"[③]。其历史可追溯到肯尼迪政府时期,然而真正提议建立智库以解决 20 世纪 60 年代美国面临的国内问题的却是林登·约翰逊总统。其 1998 年年度报告指出"1968 年,在林登·约翰逊总统的指示下,城市研究所成立了。该研究所致力于监控并评估自

---

① 除了在国防与国家安全问题的专业领域外,兰德公司也针对国内政策问题进行了广泛的研究,包括民事及刑事司法、卫生、教育、经济发展、女性及移民问题。为了培养未来的研究员,兰德公司自己成立了研究院(与加州大学洛杉矶分校合作),并提供公共政策分析的博士学位及卫生政策分析和苏联国际行为的研究生学位。

② 兰德公司也从卫生与公众服务部、国立卫生研究院与其他联邦政府机构、私人公司、协会、国际机构、基金与个人处获取资金。同时,兰德公司也利用大量捐款开展研究。见兰德公司的《兰德公司简介》。

③ Dickson, *Think Tanks*, 222 - 223.

1964 年以来通过实施的 400 多条相关法律"①。约翰逊总统相信城市研究所"将在探寻真理的学者与追求进步的决策者之间架起一座桥梁"②。

面对"独立分析政府表现，以数据为基础，使美国城市及民众意识到城市动荡"的需求，早期的城市研究所致力于研究当前的国内问题，如贫困、教育财政、失业、城市住房短缺与衰退、城市交通差异及福利制度改革。③ 这一时期之后，研究所开始大力扩张自己的研究项目。城市研究所拥有 200 多名员工与 5 000 多万美元的预算，并在众多领域开展了研究，包括教育、人口、健康与人力资源领域。目前，城市研究所与超过 45 个州、20 多个国家进行合作，开展研究项目。城市研究所 85% 的研究项目均由公共机构和基金会提供资助，尽管如此，在过去的几年里，研究所也在努力拓展其资金来源。目前研究所拥有数十名私人捐助者。除此之外，城市研究所获得的 5 000 万美元捐助也保证了研究所的财政安全。

同成立于进步时代的众多智库一样，城市研究所也小心翼翼地维护着自己的独立性。虽然严重地依赖于政府的资助，但城市研究所一直努力避免外部干扰。前所长威廉·戈勒姆指出，政府已经尽可能地避免干涉研究所的工作了。④ 城市研究所每年都会发表几十项研究成果，其员工也经常在主流媒体上发表讲话。

智库对政府的依赖程度各不相同，⑤一些曝光度较高的智库始终依赖于与政府签订的合同。这些智库更容易承受政治和预算上的压力。因此，尽管政府契约型智库与第一代智库功能相同，由于依赖于政府提供的资助与协议，无论正确与否，人们总认为它们提出的政策意见带有倾向性。

20 世纪 40 年代末至 50 年代初，由联邦政府资助的研发项目日益增多，不仅改变了政策共同体的构成，而且再次证明了政府对政策专家的日益依赖。随着美国面

---

① Urban Institute, 30：*The Urban Institute*，1968—1998，7.
② 同上，第 9 页。
③ 同上，第 7 页。
④ 同上，第 3 页。
⑤ See McGann, *The Competition for Dollars*，*Scholars and Influence*.

临的内政外交问题愈发复杂,行政部门官员与国会议员也愈发依赖这些个人机构的指导与建议。詹姆斯·麦根指出:"我们以为国会与行政部门员工的数量以及政府内部智库都在不断增加。这会导致独立的政策研究机构数量的减少,然而情况却恰恰相反。"①

战后,美国著名大学或独立的研究中心聘请了大量杰出的经济学家和科学家,因此政府部门与机构可以通过资助这些机构,寻求专家的建议。"二战"后,尽管联邦政府与政府契约型智库间的联系日益紧密,政府资助的研究机构并没能掌控政策共同体。然而恰恰相反的是,20 世纪 50 年代至 60 年代,以兰德公司和城市研究所为代表的政府契约型智库取得了重要地位。但是到了 20 世纪 70 年代末,倡议型智库开始显露头角。这种政策研究机构虽然规模较小,但发展势头强劲,意识形态色彩较浓。

五、新一代智库：从政策研究到政治倡议（1971—1994）

78

在战后的数十年,布鲁金斯学会、外交关系协会与其他研究机构仍然投入大量精力研究公共政策问题。它们试图为政府官员提供专业的政策建议(如果可能的话),进而为公共利益服务,然而下一代智库却并没有继承这一意愿。事实上,许多新兴智库开展了众多信誉较高的研究项目,它们的首要目标并不是追求社会科学,而是扩大它们在政治领域的影响力。倡议型智库采用了各种游说策略推销自己的理念与想法,并开始在首都站稳脚跟。然而为何在"二战"之后会集中涌现出如此之多的智库呢? 更确切地说,为何会出现这么多专门研究外交政策的智库呢? 对于这一问题的解释值得我们认真探讨。②

首先,"二战"后美国成为世界霸主,因此承担着全球性的责任,不得不依赖政策

---

① McGann, "Academics to Ideologues," 736.

② 关于美国智库大量涌现的原因,见 Ricci, *The Transformation of American Politics*。

专家针对外交事务提出建议。除此之外，美国的官僚机构在"二战"后得到了显著壮大。为了应对日益突出的内政外交问题，政策专家也有更多的机会与政府官员分享自己的观点。胡佛研究所高级研究员丹尼斯·巴克博士指出，"在这些因素的综合作用下，（类似于兰德公司、外交关系协会与卡内基国际和平基金会的）众多智库在这一时期对美国的外交政策产生了极为重要的影响"①。

20世纪上半叶，智库与决策者之间成功建立起来的联系在很大程度上推动了一批新兴智库的成立。这些新成立的智库决心要在美国的外交政策上留下自己的印记。然而，"二战"后出现的杰出的外交政策顾问，如乔治·凯南、迪安·艾奇逊、亨利·基辛格、兹比格涅夫·布热津斯基、麦乔治·邦迪和迪安·腊斯克等人，早在大学或驻外事务处工作时，就已经享誉全国了。因此很难判断，是否是因为他们个人的成功推动了战后众多智库的成立。②

反战运动与民权运动一方面唤醒了公众对国内外政治与社会动荡的意识，另一方面也促进了智库的发展。不同于动员人民反对越南战争的利益集团，那些所谓的自由智库（包括但绝不仅限于政策研究所）使学者有机会质疑美国国内外政策的潜在动机。③

同样地，20世纪60年代末到20世纪70年代初，美国大学教职员工间盛行的自由主义偏见使部分保守学者丧失了信心。这些保守学者开始呼吁建立自主的研究机构。胡佛研究所高级研究员托马斯·亨利博士认为，当代研究学会（1972）、传统基金会（1973）和卡托研究所（1977）应为保守学者开展研究项目提供更舒适的环境。吉恩·柯克帕特里克大使早前也提出过同样的观点。④

非营利性组织可以享受公司慷慨的资助与政府免税政策。这一点吸引了众多政

---

① 引自1990年3月19日丹尼斯·巴克博士的采访记录。
② 其中一些学者，包括亨利·基辛格与布热津斯基，曾在著名的智库任职。然而，他们早年在美国常春藤大学任教时，就已经是全国范围内有名的外交政策专家了。
③ 关于政策研究所的简介，见 Muravchik，"The Think Tank of the Left"。
④ 引自1985年7月5日托马斯·亨利博士的采访记录。

策企业家、政治领导人与有抱负的高官建立自己的智库。① 通过成立非营利性的私立智库，同时采用复杂的直邮行销技术，政策研究机构的创始人通常能够获得杰出的政治领袖②、企业、慈善资金和公民个人的资助。他们会捐助成千上万美元支持政策研究机构在内政外交事务上的特定意识形态与政治理念。据一些资金筹集信指出，对智库的资助也会使这些公司与个人有更多的机会接触到决策者。③

除了各种税收漏洞以及政策专家日益增长的对良好环境的追求外，智库数量的迅速增长也可以归因于美国政党地位的不断下降。布鲁金斯学会高级研究员、乔治城大学公共政策专业教授肯特·韦弗指出："软弱的、相对非意识形态的政党在很多方面促进了智库的发展。美国政党制度最重要的影响是：由于他们没有建立自己的政策研究机构，使得他们没有办法在政策发展领域处于主导地位。而智库则恰好填补了政党留下的这一空缺。"④

与美国的情况不同，德国政党会成立自己的政治基金会开展政策研究。然而在美国，白宫和国会山的决策者无法指望自己成立的基金会提供专业知识，只能从不同的渠道获取政策建议。美国政党研究机构的缺乏与政党地位的下降，加上高度分散的政治体系，为智库创造了大量机会推销自己的理念与观点。笔者将会在第4章详细探讨美国政府的制度结构对智库扩大政策影响范围的作用。

20世纪70年代初倡议型智库的涌现不仅导致了政策建议的政治化，更重要的是还改变了智库与政府之间的关系。随着越来越多的智库参与到政策制定的过程

80

---

① 加里·哈特参议员、罗伯特·多尔参议员、杰西·杰克逊牧师、帕特·罗伯逊、前内政部长布鲁斯·巴比特、杰克·坎普以及帕特·布坎南等众多政府官员已经成立了自己的智库。关于这些个人是否违反了竞选资金改革法的精神（或条例），见 Chisolm, "Sinking the Think Tanks Upstream"。

② 曾有知名的政治领导人公开支持智库的筹款活动。20世纪80年代，纽特·金里奇、杰克·肯普与埃德温·米斯等曾写信为传统基金会募集资金。

③ 为扩大影响力，智库采用的策略详见第6章。

④ Weaver, "The Changing World of Think Tanks," 567. 加拿大和英国的议会原则为党内团结，因而没有类似于美国的智库出现。然而，高度的党内团结并没有解释没有智库产生的原因。可能最根本的区别在于，私人机构力量与对民事服务部门的依赖程度不同。见 Savoie, *Thatcher, Reagan, Mulroney and Breaking the Bargain*, 103 - 111。

中，它们开始采用各种策略提高自己的关注度。为了获得政策制定者与媒体的关注，智库之间展开了激烈的竞争，在这样的环境下，它们优先考虑的事情也发生了改变。新一代智库不再将工作重点放在长期的学术研究上，而是致力于及时地为政策制定者提供政策方面的建议。

最近，传统基金会举办了成立 30 周年庆祝会。传统基金会意图将自己转变为政治机构的一部分，并为此做出了无限的努力。因此人们认为传统基金会是极具潜力的倡议型智库。传统基金会新建的办公大楼与国会山只有几步之遥，从这一点可以看出，该基金会在政策共同体中具有举足轻重的地位。传统基金会曾极力提倡建立自由市场经济与导弹防御系统，在新一代智库中发挥了至关重要的作用。原本，传统智库在政策倡议中更具优势，然而对于某些政策制定者来说，传统基金会的政策建议更易接受，可取性更大。20 世纪下半叶，传统基金会在推销理念上取得的成功以及其他意识形态领域的倡议型智库的涌现，推动了美国企业研究所的成立。

（一）美国企业研究所

1943 年，约翰斯·曼维尔公司董事长刘易斯·布朗创立了美国企业协会，其目的是宣传"凯恩斯主义浪潮下的自由市场经济的优点"①。而后美国企业协会默默无闻地存在了十多年。虽然布朗希望美国企业协会能够与日益强大的布鲁金斯学会抗衡，然而直到 1954 年，该组织只有四个全职员工，而且每年的预算几乎不超过 80 000 美元。为了把自己的机构从一个为企业客户分析经济政策的小商业协会发展成为一个具有影响力的政策研究机构，布朗向美国企业协会的执行副会长威廉·巴鲁迪寻求帮助。

巴鲁迪曾在美国商会就职，他与布朗都认为研究机构应致力于推进自由市场经济。1962 年，巴鲁迪担任研究所所长后，第一步就是重组原来的美国企业协会，并更

---

① Peschek, *Policy-Planning Organizations*, 28. Also see Peschek's study "Free the Fortune 500!" 关于美国企业研究所的历史，见 Ford, "American Enterprise Institute for Public Policy Research," 29 - 33.

名为美国企业研究所（AEI）。"这个名字听起来更像是一个研究中心，而不是一个贸易机构。"①巴鲁迪致力于推行保守主义的"显性思维"。② 他为政策企业家创造了一个全新的角色——知识分子的经理人。③ 著名记者、克林顿总统前任顾问西德尼·布鲁门指出："美国企业研究所是他打造的舞台，保守的思想家将在那里阐述自己的理念并展示给政治领袖。"④

巴鲁迪综合运用了自己作为广告经理、资金筹集人与政治策略家的才能，成功地将美国企业研究所从一个名不见经传的商业协会变为"华盛顿智库界的米高梅"⑤。美国企业研究所聘请了美国最杰出的经济学家、政治科学家与前任政府官员，包括米尔顿·费里德曼、珍妮·柯克帕特里克和已故的赫伯特·斯坦，并为宣传保守主义理念打造了一个强大的平台。罗伯特·布鲁金斯与安德鲁·卡内基试图让自己的机构远离党派利益纷争；与他们不同，巴鲁迪十分乐于公开美国企业研究所的政治倾向。巴鲁迪坚信理念的竞争对于自由民主的社会来说是至关重要的，因此他采取了众多措施确保大众能听到美国企业研究所的保守主义理念。通过邀请政府领导人参加研讨会、出版书籍与期刊并鼓励学者强化与企业领袖和政府官员之间的关系，美国企业研究所逐渐成为政策共同体中的重要一员。

美国企业研究所的崛起很大程度上归功于巴鲁迪的远见与领导。然而 20 世纪 70 年代末美国政治风向的改变也起到了很大的促进作用。帕特丽夏·林登指出："美国企业研究所在正确时机提出了正确的理念。这一时期，新保守主义智库的声音持续不断地占领决策者的大脑，同时在争取研究经费上竞争力与日俱增。美国企业研究所的明星阵容不仅激发了组织的灵感，同时还保证了组织的传承、关注度、信誉度与资金来源。因此，它很快便脱颖而出，成为一个拥有多学科明星分析师的世界一

82

---

① Blumenthal，*The Rise of the Counter-Establishment*，39.

② 同上，第 38 页。

③ 同上，第 39 页。

④ 同上。

⑤ Linden，"Powerhouses of Policy，" 102.

流机构,使保守主义具备了强有力的智力支持。"①到了 1978 年,巴鲁迪为将美国企业研究所发展为华盛顿数一数二的智库已经付出了 20 年的努力了。在此之后,他辞去了所长一职,并将美国企业研究所交给了自己的儿子威廉·巴鲁迪。在威廉的领导下,美国企业研究所迈入了 20 世纪 80 年代。威廉·巴鲁迪曾担任过梅尔文·莱德尔的新闻秘书、尼克松政府的国防部长②以及福特政府公共联络办公室的首席架构师,因此他完全能够胜任所长一职,去宣传美国企业研究所的基本理念。在他的领导下,美国企业研究所的研究项目不断扩展,涵盖政府、社会及国际事务等领域。福特政府的众多官员,包括所长本人,在离职后都加入了美国企业研究所,进一步提升了研究所的声望与知名度。同自己的父亲一样,威廉·巴鲁迪也意识到,如果不能很好地推销研究所的理念,就无法对国会与白宫施加影响。因此,在接下来的几年里,威廉·巴鲁迪依靠自己在媒体行业中积累的经验与人脉,逐渐增加了美国企业研究所在华盛顿的曝光度。威廉·巴鲁迪如同一个面对手下败将的拳击手一样充满自信,对推销研究所的研究成果大加赞扬:

对于市场营销,我们毫无顾虑。我们尽可能多地关注研究结果的宣传与内容。我们可能是第一个利用电子媒介的智库。我们雇用了专业的写手创作专栏文章,每两周会有三篇文章发表在与我们合作的 101 家报纸上。每个月,我们会召开一次新闻午餐会,也会参与制作公共政策方面的电视节目供四百多家电视台播放。每个星期,我们会参与录制广播谈话节目供 180 多家电台播放。我们出版了四本杂志(《规则》[Regulation]、《公众意见》[Public Opinion]、《美国企业研究所经济学家》[The AEI Economist]以及《外交政策和国防评论》[Foreign Policy and Defense Review]),以及众

---

① Linden, "Powerhouses of Policy," 102.
② 威廉·巴鲁迪于 1969—1973 年间担任尼克松政府的国防部长。

多文章与书籍。对于他们（美国企业研究所的学者和政府官员）来说，参与

到涉及商业的公共事务是十分重要的。这一点显而易见。①

20 世纪 80 年代中期，威廉·巴鲁迪对于向决策者与公众推销研究成果的过度

热衷，引起了董事会的顾虑。一方面，里根政府时期，三十多名美国企业研究所的学

者被任命为政府官员，反映出了研究所日益增长的知名度；然而另一方面，巴鲁迪无

力妥善管理研究所的研究项目，导致研究所开始走下坡路。除了指责威廉·巴鲁迪

对资金的管理不善以外，②在保守的批评者看来，美国正一步步朝正确的方向走去，

然而美国企业研究所却逐渐偏离了政治中心。

83

20 世纪 80 年代中期，保守主义浪潮席卷美国。保守的基金会开始转向那些愿

意且有能力宣传其主张的智库。例如，1986 年，由于担心美国企业研究所在保守主

义革命中无法发挥主导作用，奥林基金会与读者文摘基金会便撤回了提供给美国企

业研究所的资金，转而提供给了传统基金会。它们认为美国企业研究所已经远远地

偏离了正确的道路。③ 董事会成员与赞助商的指责越来越多，威廉·巴鲁迪最终被

解雇，里根政府前任官员克里斯托夫·德穆斯成为新一任所长。④ 离开美国企业研

究所后，威廉·巴鲁迪承认"自己举办了一场过于丰盛的宴席，然而菜却上得过快

了"⑤。德穆斯吸取了前任的经验教训。在谈到美国企业研究所的主要目标时，他

说："美国企业研究所依然是一个研究机构，而不是营销机构。"⑥在美国企业研究所

① Quoted in Blumenthal, *The Rise of the Counter-Establishment*, 43 - 44.

② 威廉·巴鲁迪对美国企业研究所的管理不当，见以下文献：Blumenthal, "Think Tank Adrift in the Centre"; Emery, "New Troubles for an Old Think Tank"; and Goode and Hallow, "Struggling Institute Fights to Survive".

③ Linden, "Powerhouse of Policy," 102.

④ 关于威廉·布鲁迪的罢免与克里斯托夫·德穆斯的任命，见 Balzano, "The Sacking of a Centrist"; DeMuth, "President's Report," 2; Seabrook, "Capital Gain"; and Sussman, "Conservative Think Tank Comes Back from Brink".

⑤ Linden, "Powerhouse of Policy," 102.

⑥ Quoted in Matlack, "Marketing Ideas," 1553.

2013 年年度报告中,德穆斯和布鲁斯·柯夫纳董事长再次强调了美国企业研究所作为一个研究机构的重要性。他们指出:"这一年,我们在经济、医疗保健、贸易与监管政策领域经历了不同寻常的风险与挑战。"面对机遇与挑战,美国企业研究所用大量的研究、出版物以及高质量、高影响力的会议做出了回应,这也是它在政策领域奋斗了六十多年的成果。①

　　美国企业研究所的员工超过 100 人,年度预算超过 2 400 万美元,②主要在以下三个领域开展研究:经济政策研究、外交与国防政策研究及社会政治研究。每一个领域又会进一步细分为不同项目与政策领域,开展这些研究需要花费 70% 的预算。除此之外,美国企业研究所依然重视推销自己的理念。这一点我们会在第 4 章继续探讨。同时,它也重视提高自己的知名度。为此,研究所聘请了众多前政府官员及顾问,包括五角大楼国防政策委员会成员李察·伯尔、众议院前议长纽特·金里奇和劳伦斯·琳赛、美国国家经济委员会前主席弗莱德·汤普森议员以及原小布什政府演讲稿撰写人戴维·弗鲁姆。美国企业研究所前任研究员杰夫瑞·盖德明指出:"研究所位于两个世界的中间。"③这两个世界即隐秘的学术世界与现实存在的华盛顿政治世界。

84　　尽管美国企业研究所在其成立的 60 年历史中遇到了众多阻碍,但它在政策共同体中留下了永久的印记。起初,作为自由市场经济的倡导者,美国企业研究所为美国其他倡议型智库的成立开辟了道路。美国企业研究所将智库的角色从传统的无党派研究机构转变为传递政治信仰的媒介,在很大程度上为第三代智库的诞生奠定了基础。传统基金会前任副会长、研究部主任伯顿·耶尔·派因斯指出:"美国企业研究

---

① AEI, *Annual Report*, 2003, 2.

② 数据来源于 2004 年。

③ 1993 年 11 月 18—20 日,杰夫瑞·盖德明在宾夕法尼亚大学召开的会议上发表的讲话:《美国与德国的智库:民主进行中——公共政策者从何处获取知识?》("Think Tanks in the USA and Germany: Democracy at Work: How and Where Do Public Decision-Makers Obtain Their Knowledge?")。

所就像沿岸战舰上的大炮。我们是想要登陆的部队。如果没有办法攻克它，我们就永远都上不了岸。"①借鉴了美国企业研究所在推销成果方面的成就，传统基金会将政策倡议发展到了一个新的高度。事实上，华盛顿政策的许多研究人员认为，传统基金会是典型意义上的倡议型智库。

（二）传统基金会

1974年，保罗·维利奇与埃德温·福伊尔纳从科罗拉多酿酒商约瑟夫·库尔斯那里获得了25万美元的本金，成立了传统基金会。从20世纪70年代到80年代，新成立的传统基金会从一个默默无名的组织迅速发展成为华盛顿最著名的智库之一。传统基金会强调美国应重新确立军事目标，政府应减少对经济的干预。这些保守的主张与建议正合罗纳德·里根的心意。传统基金会继续成功地向决策者灌输保守观念，并在重要的政策问题上产生了深远的影响。在2003年年度报告中，传统基金会董事长大卫·布朗与会长埃德温指出："三十年前，美国从越南战争的战场上撤了回来……'水门事件'人尽皆知……石油出现严重短缺……就在这个时候，传统基金会诞生了。当时我们并没有引起大家的注意。一开始我们只有10名员工，但它却成为保守主义运动的开端。我们为华盛顿的决策者们提供建议。在我们的帮助下，大家一起塑造着美国的未来。"②

1977年，福伊尔纳担任传统基金会主席。他指出，智库就如同公司一样，必须学会适当地推销自己的成果，以此吸引主要目标受众的注意。这是每一个智库都应严格遵守的指导原则。"商场上有句老话：只有把东西卖出去了，才有存活下去的可能。在我们这个行业里，论卖东西，（自1974年以来）没有哪个机构能比得上传统基金会，我们把保守的政策意见卖给决策者们。当然，其他的华盛顿智库，还有成百上千个特殊的利益群体也是这么做的。而传统基金会之所以与众不同，是因为我们的'销售部

85

---

① Blumenthal, *The Rise of the Counter-Establishment*, 45. 1992年4月13日，派因斯辞去了自己在传统基金会的职务，见Hallow, "Pines Quits as Heritage Senior VP"。
② Heritage Foundation, 2003 *Annual Report*, 2.

门'（政府关系、交流与出售以及对外关系）是整个行业里最出色的。"①福伊尔纳是宾夕法尼亚大学沃顿商业与金融学院的工商管理学硕士，掌握了许多营销技巧。20世纪70年代初，福伊尔纳担任伊利诺伊斯州共和党人士菲利普·克兰的国会助理。也就是在这一时期，福伊尔纳提出要为决策者建立一个智库，提供大量及时的政策信息。福伊尔纳回忆道，当时保罗·维利奇跟他一起担任国会助理。在跟保罗商量后，两人决定一起成立传统基金会。

> "维利奇和我一起在参议院的办公室里吃了晚饭。他给我看了一个关于超音速飞机利弊的研究报告，分析得很不错。然而在投票结束的后一天这份报告才送到他手里。为此我们认真地讨论了一下，'如果有一个机构能提供及时且有用的政策分析，让我们这些在国会山工作的人能充分地利用起来，不是很好吗？'我当即决定让他担任这个机构的主席，因为他从这样一份研究报告中就想到了这么好的主意。然后我问了他，为什么我们在辩论和投票之后才收到这份文件。他的回答是：因为他们不想影响到投票结果。就在这一天，成立传统基金会的想法诞生了。"②

最开始福伊尔纳就意识到，如果他的组织想要在"意识形态斗争"③中取得胜利的话，就必须为决策者提供内政外交事务方面最新的、最易消化的信息。因此，传统基金会的特别之处就在于，它会为国会的每位成员提供一至两页纸的总结，然而这一至两页纸却涵盖了极其广泛的政策问题。传统基金会意识到，政治家们很少有时间、意愿或耐心阅读长达数百页的研究报告，并从中进行筛选。因此，基金会开展了自己的研究项目，致力于做出简要且及时的研究报告。福伊尔纳指出："开展反应迅速的

---

① Heritage Foundation, 2003 *Annual Report*, 22.
② Tyman, "A Decade-Long Heritage of Conservative Thought."
③ Feulner, "Ideas, Think-Tanks and Governments."

公共政策研究，为公共政策消费推销学术著作，这是我们首创的，也是我们与其他机构的不同之处。"①有些研究机构谨慎地发表着可能会影响国会辩论的研究成果；与这些机构不同，传统基金会则很高兴有机会针对公共政策发表言论。福伊尔纳指出："我们的任务是试图影响华盛顿的公共政策，确切来说是国会，其次是行政部门，最后是全国性新闻媒体。"②

传统基金会拥有六十位常驻政策专家以及众多助理学者，每年预算超过 3 000 万美元。③ 这有力地吸引了决策者的注意。除了通过维护综合网站的运营，出版发行图书、文章、新闻通讯与其他简单的出版物，向政府官员传递意见以外，传统基金会还通过其他渠道加强自己与政策共同体之间的联系。传统基金会邀请政府官员参与研讨会等活动，为他们提供众多研究中心的专业知识；通过维持与国会议员和行政部门官员的密切关系，用自己的员工填补政府部门的职位空缺；④有时也会聘请杰出的政治家参与资金募集活动。传统基金会采取了众多策略以影响公共政策，这些策略也时常会被其他华盛顿智库借鉴。然而，20 世纪 80 年代初，传统基金会利用政治领导人募集资金的行为，也引起了政策共同体的持续不满。

1982 年，在埃德温·福伊尔纳的请求下，里根总统的顾问，后来的司法部长埃德温·米斯（里根总统的顾问，后担任美国司法部长）给传统基金会的潜在捐助者写了一封信，告知他们可以用 1 000 美元⑤的免税捐款换取总统俱乐部的入场券。米斯指出，该俱乐部可以让他们有机会参与国会最高级别官员组织召开的众多会议。⑥ 在

① Feulner, "Ideas, Think-Tanks and Governments.", 5.

② McCombs, "Building a Heritage in the War of Ideas."

③ Heritage Foundation, 2003 *Annual Report*.

④ 里根政府时期，埃德温·福伊尔纳及其在传统基金会的同事经常把基金会的员工和与自己关系紧密的人介绍进政府部门。大部分介绍信都寄给了埃德温·米斯（里根总统的顾问，后担任司法部长）。许多智库，包括胡佛研究所，也都曾给米斯寄过推荐信。

⑤ 传统基金会 2003 年年度报告指出，2003 年，有 1 729 名总统俱乐部成员为传统基金会捐助过 1 000 美元及以上金额的资金，总计 210 万美元。另有 453 名执行委员会成员提供过资金，金额 2 500 美元至 10 000 美元不等，总计 170 万美元。

⑥ Kurtz, "Meese Helps Group to Raise Funds."

筹款信中,福伊尔纳补充道:"我们会提供与华盛顿决策者接触的机会,这是花多少钱也买不到的,由此获得的利益将远远多于您捐助的钱。"①米斯并没有太在意福伊尔纳这种相当于直接要钱的行为,他指出:"我很看好传统基金会依靠总统俱乐部成立基金……(这是)白宫与其支持者进行交流的重要渠道,政府也会全力与你们配合。"②

对此,米斯做出过解释。然而传统基金会的一些批评者认为,福伊尔纳与米斯发起的募捐活动违反了国内税收法规赋予传统基金会的免税权利。③ 然而这些指责并非是为了阻止总统俱乐部的成立。福伊尔纳表明,这种募资形式只是为了帮助传统基金会的支持者们表达他们对领导人的关切。对于这种募资方式是否会成功,福伊尔纳表示非常有信心。几年后,总统俱乐部执行委员会与新成立的总统俱乐部也加强了同捐助者和高级政策制定者之间的联系。传统基金会 2003 年年度报告指出,总统俱乐部在传统基金会的支持者中最受欢迎。④

传统基金会对自己传递信息的能力十分自豪,⑤然而却一口咬定自己从未参与过决策过程。负责公共关系的前副主管赫布·伯科威茨指出:"传统基金会禁止我们公开支持候选人,我们也确实没有这么做过。基金会还禁止我们建议国会议员如何投票,我们也没有这么做过。我们能做的只是探讨国会上讨论的问题。我们所做的事情与布鲁金斯学会是一样的。"⑥

传统基金会前董事长罗伯特·克里布尔博士认为,传统基金会并没有参与决策过程。尽管如此,在放宽市场管制、税收改革、政府各项目的成本效益分析机制(也是

---

① Kurtz, "Meese Helps Group to Raise Funds."
② 同上。
③ 同上。
④ Heritage Foundation, 2003 *Annual Report*.
⑤ 根据其 2003 年年度报告(第 24 页)指出,传统基金会的学者参与电视节目 1 100 次;广播节目 1 418 次,其言论刊登在主流纸媒与新闻摘要 907 次。此外,传统基金会官方网站 www. heritage. org. 浏览量为 360 万次。
⑥ *Oakland Tribune*, "Reagan Team Consults Heritage Foundation."

首要决策标准)、自由贸易区的成立、战略防御计划(星际大战)①等重要政策议题上，传统基金会已经产生了重要的影响。克里布尔博士承认，与20世纪初成立的中立的研究机构不同，倡议型智库成功与否的标准，不是学者发表的研究成果的数量，而是在于参与重大政策问题讨论的能力。②

传统基金会副会长斯图尔特·巴特勒与克里布尔的看法一致。在《国内与经济政策研究》中，巴特勒指出："在公共政策领域，认为大众不具有意识形态倾向，难免有些天真了。每一个经济学家都有自己所属的经济学派……与那些假装意识形态中立的机构不同，我们是保守主义者，没有什么好遮掩的。"③

谈到传统基金会在政治进程中的参与程度，支持者与批评者的意见不尽相同。然而他们却都认同，传统基金会为美国以及整个发达工业国家的智库树立了典范。的确，正如美国企业研究所为传统基金会提供了灵感，传统基金会也为其他智库发展与实施有效的策略推销理念提供了借鉴。20世纪80年代初，传统基金会利用政治环境的变化，积极推销自己的研究成果，不仅使自己成为美国最具影响力的智库之一，而且更重要的是为数百个倡议型智库的成立奠定了基础，其中包括卡托研究所、进步政策研究所以及"赋权美国"组织(前教育部部长比尔·贝内特与前共和党副总统候选人杰克·肯普均来自该组织)。倡议型智库在美国如雨后春笋般涌现出来。这些智库中在过去十年里较为著名的有：新美国世纪计划与美国进步中心。关于新美国世纪计划的内容，笔者将会在恐怖主义的案例分析中进行详细探讨。美国进步中心以克林顿总统前任办公厅主任约翰·波德斯塔为首，民主党派人士亲切地称之为"自由的传统基金会"。④

---

　　① 关于传统基金会在以上重要问题中发挥的作用，见 Peschek in *Policy Planning Organizations*。

　　② Heritage Foundation, 1990 *Annual Report*, 4 - 5.

　　③ Quoted in Fischer, "Country Report: American Think Tanks."

　　④ Micklethwait and Wooldridge, "For Conservatives, Mission Accomplished."

六、总统、总统候选人和他们的"遗产型"智库，1980—2004 年

20 世纪 70 年代末至 80 年代初，类似于传统基金会与卡托研究所的倡议型智库逐渐为人所知，其他类型的智库也开始参与到政策共同体当中。有一些规模较小，但是管理良好且资金充足的智库也开始在这个竞争愈演愈烈的领域里崭露头角。这些智库是前任总统卸任前成立的，可以说是他们留下来的永久性"遗产"。它们常常被贴上"虚荣心作祟"、"遗产"、"为候选人服务"的标签。顶着这些所谓的标签，很少有人会研究这些智库。然而它们日益增长的知名度也值得我们关注一下。

绝人多数的总统在为期四年或八年的任期内始终处于高强度的公共安全保护之下，因此 20 世纪下半叶的总统在卸任后大多会选择回归宁静的生活，渐渐淡出人们的视野。这些总统在位的时候，他们的每一句话以及每一个表情，都会被记者、学者甚至是精神病专家拿来剖析和解读。因此在退休后，这些总统就像数百万美国人一样，成天打打高尔夫球，也就不足为奇了。前任总统约翰·肯尼迪、理查德·尼克松、杰拉尔德·福特、比尔·克林顿、老布什以及小布什都已经证明了，对于他们而言，打高尔夫球要比解决那些争议性的政策问题容易得多。但是有些总统则认为（包括上述几位总统），享受这些休闲爱好固然重要，然而发挥余热，留下宝贵的"遗产"也是同等重要的。

当总统即将卸任的时候，人们常常会问他们这样一个问题：您希望以何种方式被大家记住？是某个特别的外交成就吗？比如成功说服苏联拆毁柏林墙；又或者是不那么戏剧化，但同样重要的事例？比如实行全面医疗保险制度。对于绝大多数的美国总统来说，他们的愿望都是美好的，但他们在任期内计划好的"遗产"，在卸任的时候，往往不能完全实现。因此，近几年里，几位总统成立了自己的智库，希望可以鼓励学者继续从事他们认为十分重要的领域的研究。这些智库常被称为名利型智库或遗产型智库。这一类智库中，比较具有代表性的是位于佐治亚州亚特兰大市的卡特中心和位于华盛顿的尼克松和平自由中心。

1982 年，前任总统，诺贝尔和平奖得主吉米·卡特及其妻子罗莎琳与埃默里大

学合作成立了卡特中心。该机构"致力于促进人权发展，减轻人类不必要的苦难"。①
卡特中心拥有 150 名全职与兼职员工，预算超过 3 600 万美元。卡特中心"力图阻止
并解决冲突，促进自由与民主，以及改善卫生状况"②。为此，卡特中心的研究人员始
终关注以下几个问题：选举监督、解决冲突的途径、难民的心理健康以及热带疾病。

卡特中心网站指出，卡特中心做出了很多成绩，其中包括"加强了亚洲、拉丁美洲
以及非洲的民主化程度；调节或阻止了民事或国际冲突；干预并阻止了拉丁美洲与非
洲疾病的爆发；尽力消除了公众对心理疾病的歧视"③。卡特中心的一系列工作反映
了它的创始人在总统任期内的目标与理想。尽管在任职期间很多目标没有实现，但
通过成立这样一个非营利的、无党派的研究中心，卡特在国内外事务上留下了不可磨
灭的印记。卡特总统卸任后，参与解决了众多国际和区域冲突。虽然一些批评者对
他的做法并不赞同（包括美国企业研究所的史蒂芬·海沃德），④但是他为实现战乱
冲突地区的和平所付出的努力，无疑是留给人们的宝贵遗产。

在吉米·卡特看来，美国外交政策的基础在于通过发展援助、教育、促进医疗卫
生以减轻人类的苦难。然而在理查德·尼克松总统看来，那些带领美国走出困境的
决策者们，应始终把美国的安防需求放在首位。1994 年 4 月，尼克松总统在去世前
的三个月，成立了尼克松和平自由中心。尽管尼克松因丑闻下台，他成立的尼克松和
平自由中心却引起了历史学家和政治学家的兴趣。尼克松和平自由中心致力于"将
头脑冷静的实用主义者与美国的基本价值观相结合"。⑤ 在尼克松总统的顾问，卡内
基国际和平基金会前任研究员米特里·塞姆斯的领导下，尼克松和平中心的十多名
工作人员监管着以下四个主要项目：国家安全研究、中国研究、美俄关系研究和区域
性政策研究（包括中东、里海盆地及南亚）。

---

① 见卡特中心网站 www. carter. center. org。
② 同上。
③ 同上。
④ Hayward, *The Real Jimmy Carter*.
⑤ 详见尼克松中心网站 www. nixoncenter. org。

90　　　　卡特中心与尼克松和平自由中心的功能在许多方面同其他当代智库相同,都将政策研究与政治倡议结合在一起。它们经常组织召开会议和研讨会,把自己的观点通过书面形式或广播媒体传播出去,并公开出版自己的研究成果。它们之间最主要的区别在于,卡特中心与尼克松和平自由中心的目标与前任政策制定者的利益和关注点一致;而其他当代智库则属于政策企业,致力于在公共政策领域内产生重大影响。还有一点十分重要,无论是遗产型智库还是名利型智库,它们通常隶属于总统图书馆。因此,这种类型的智库,尽管目前数量较少,但是在随后的几年中可能会迅速发展,数量激增。

正如本章开篇所提到的,总统候选人与国会成员们也纷纷成立或加入了智库。他们的目的不仅是为了利用专家的建议,也是为了避开《竞选财务法》的限制。1983年成立于华盛顿的非营利性政治团体政策响应中心就致力于"追踪政治领域的资金,调查它们对公共政策的影响"①。

由于竞选财务法只限制选举过程中使用的资金,对国会成员参与的非营利性组织并无限制。因此,公司、工会与个人为这些组织捐助的资金也没有任何限制。在某些情况下,他们有机会因慷慨资助而获得减税的权利。由此导致的问题是什么? 这些慷慨的捐助者同样可以不受《竞选财务法》的限制,接近那些通过选举产生的官员。此外,参与慈善组织的政治家们也会关注代表他们利益的候选人的竞选活动。候选人可以利用这些非营利性组织支持自己的竞选需求,准备用于竞选的政策资料,为自己的巡回演讲提供资金,或赞助各项会议,进而增加自己的曝光度。②

近几年里,有些政治家与智库间的关系受到了严格审查。例如,20世纪90年代初,参议员鲍勃·多尔成立了"改进美国基金会"。这是一个慈善性质的组织,然而显然它的用途只是为了"提高共和党的地位",也包括鲍勃·多尔本人的地位。政策响

---

①　详见政策响应中心网站 www. opensecrets. org。

②　同上,关于政治家与智库的关系的详细信息,见 Chisolm,"Sinking the Think Tanks Upstream"。

应中心指出："1994 年,该组织为多尔的电视宣传花费了 100 万美元。"①1996 年,鲍勃·多尔利用改进美国基金会支持自己的总统竞选,遭到了民主党派人士的强烈指责,于是鲍勃·多尔议员只好关闭了基金会。

多尔的改进美国基金会并不是唯一一个支持政治家参与总统竞选的组织。共和党行动委员会也因为众多原因受到严格的审查,其中包括公开支持前共和党发言人纽特·金里琦。尽管它的名字是共和党行动委员会,然而直到 1991 年 5 月它才以政治行动委员会的身份正式注册,在此之前它就已经开始为候选人提供资金了。"根据法律,如果某组织的主要任务是参与联邦竞选,那么该组织就应被视为政治行动委员会。"由于共和党行动委员会最初并没有以政治行动委员会的身份进行注册,联邦选举委员会对其提起了诉讼,指出该委员会"参与竞选活动;公开支持金里琦;帮助共和党赢得参议院多数席位。由于以上行为,该组织的性质应被定义为政治行动委员会"②。面对联邦选举委员的指控,共和党行动委员会最终成功地为自己进行了辩护。然而,这一争议性事件却引发了人们对智库与政治家之间关系的思考,同时也引发了人们对智库参与政策领域的方式的猜测。这一问题将会在第 5 章进行深入探讨。

在对历史进行回顾的过程中,我们重点强调了四代智库。除了其他方面,我们可以明显地看到,新一代智库的出现并没有取代传统智库,新旧两代智库在充足的空间里实现了共存。然而,这并不意味着传统智库没有受到新一代智库发展的影响。相反,新一代智库有足够的能力寻求自己的发展,脱颖而出。在本章的最后一节中,笔者将会更加完整地介绍美国外交智库的情况。其目的并非将外交与国防政策领域的每一个专业智库一一列举出来,而是为了鉴别在外交政策辩论中发挥重要作用的智库。到目前为止,我们已经详细讨论了致力于外交政策的几大智库,包括卡内基国际

91

---

① 同上。
② 同上。

和平基金会、布鲁金斯学会、胡佛研究所、外交关系协会、美国企业研究所、兰德公司以及传统基金会。此外，还应该加上以下几个机构：战略与国际问题研究中心、安全政策中心、新美国世纪计划以及政策研究所。在接下来的章节里，笔者也会引用其他几个关注世界特殊地区的智库，包括中东论坛以及华盛顿近东政策研究所。

七、关于外交政策的思考：部分外交政策智库的简介

92　　（一）战略与国际问题研究中心

战略与国际问题研究中心的学者名单几乎涵盖了华盛顿外交政策共同体。其成员大多是前任大使、国防部长和国家安全顾问，是最受尊敬的国防和外交政策智库之一。其高级研究专家包括卡特政府的国家安全顾问兹比格纽·布里斯辛基、国家安全顾问，尼克松与福特政府国务卿亨利·基辛格以及基辛格的同事，前国防部长詹姆斯·施莱辛格。1962年，前国会事务助理部长大卫·埃伯希尔与前海军司令阿里·伯克联合成立了战略与国际问题研究中心。战略与国际问题研究中心的主要任务是：针对众多政策事务，提供长期的、预测的、完整的解决措施，进而为政府与私人部门的政策决定提供建议。①

2005年，战略与国际问题研究中心有近200名政策专家、员工与实习生，预算高达2 500万美元。所有工作人员都努力将组织制定的任务付诸实际行动。战略与国际问题研究中心由克林顿政府前国防部副部长约翰·哈雷尔领导。该组织每年召开七百至八百次各式会议，包括一般会议、研讨会、大型会议等，邀请国内外政策制定者与专家学者参与会议，上百家媒体会对此进行报道。此外，战略与国际问题研究中心也会出版发行图书、期刊及会议文件，其中最著名的是《华盛顿季报》。战略与国际问题研究中心针对世界各区域均进行了研究，针对以下几个特殊领域也开展了研究项目：公共政策领域、国际贸易与金融领域，以及能源领域。

---

① 战略与国际问题研究中心的任务见 Smith, *Strategic Calling*。

（二）安全政策中心

安全政策中心成立于 1988 年，旨在"用美国的力量促进世界和平"，"专门从事信息的快速收集与实时分享，提供政策分析及建议"①。安全政策中心有七名全职与兼职员工，预算十分有限。其工作重点集中于特定的目标受众群，包括美国国家安全政策共同体（行政与立法机构、武装力量以及相关独立机构）、重要的外国政府的相应机构、媒体、全球商界以及公众人物。安全政策中心负责人，小弗兰克·加夫尼在里根政府时期曾担任负责核武器与军备控制的国防部助理部长。

安全政策中心并不承办或赞助大型会议与活动，也不出版大量的图书资料。它发行的报刊与通讯"非常简短，且具有很强的可读性"。② 安全政策中心最为著名的就是在导弹防御方面进行的研究。然而它并没有在其他防务外交上（包括军备控制、信息战与国土安全）开展过研究。安全政策中心还致力于为全球众多区域提供专业知识。由于资源有限，安全政策中心只能专注于最擅长的一件事，即"在人们与各团体（包括智库）之间，建立一个网络"③，利用这个网络，探讨重要的安全政策问题。在回顾安全政策中心的成就时，加夫尼指出："我认为，如果在同样的条件下，我们对安全政策产生的影响是无人能及的。"④

众多决策者都十分认可安全政策中心在安全政策领域做出的贡献，包括国防部长唐纳德·如穆斯德（安全政策中心曾授予他"火焰守护者"奖项）。⑤ 2001 年 3 月 4 日，唐纳德说道："近几年里，安全政策中心为我们提供了充满活力的国家安全辩论。由此，我们得以怀着热情、坚毅与爱国精神强化我们的国家安全。"一些坚定的批评者也承认了安全政策中心为美国安全利益做出的贡献。⑥ 然而这些批评者与唐纳德不

---

① 资料来源于安全政策中心网站 www.centerforsecuritypolicy.org。

② 引自 2004 年 5 月 18 日弗兰克·加夫尼的采访记录。

③ 同上。

④ 同上。

⑤ 该奖项的其他获得者包括里根政府时期前发言人纽特·金里奇。见 Caldicott, *The New Nuclear Danger*, 27。

⑥ 引自安全政策中心网站。

一样，他们详细论证了安全政策中心给世界和平与安全造成的威胁。这一点笔者将会在第8章进行阐述。

（三）新美国世纪计划

自2001年布什总统上台以来，新美国世纪计划获得的成功使人们相信，它也许会像传统基金会一样，在接近政治权力中心的黄金地段，占用上万平方英尺，为自己建一个豪华的办公区域。毕竟，新美国世纪计划曾为布什政府进军阿富汗和伊拉克绘制蓝图，这样一个智库的总部建在哪里更合适呢？同美国企业研究所和新美国世纪计划董事长威廉·克里斯托主编的保守刊物《旗帜周刊》一样，在市中心的一幢大楼里租一套办公室吗？尽管有60万美元的预算，新美国世纪计划还是买不起传统基金会所在街区的办公楼。

94

新美国世纪计划成立于1997年春天，致力于"推动实现美国全球领袖的地位"。新美国世纪计划雇用了四名全职员工和一批实习生。实习生们负责帮忙编写政策文件和简报（长度在两到四页），每隔六周发给近2 000名新闻工作者、学者、国会议员、社论作者和智库。新美国世纪计划最高负责人加里·施密特（芝加哥大学政治学博士）指出，这一策略使得"每一个研究项目都论述充分，简洁清晰。我们的影响力远远大于我们的规模，因为我们的愿景是极其明确清晰的"[①]。

新美国世纪计划愿景的形成受1996年威廉·克里斯托尔和罗伯特·卡根[②]（畅销书《天堂与权力》[*Of Paradise and Power*]的作者）发表在《外交事务》（*Foreign Affairs*）上的一篇文章的启发。1997年6月新美国世纪计划发表了《原则声明》，该声明对新美国世纪计划的愿景给出了以下阐述：

> 美国的外交与国防政策毫无定式。保守派常批评克林顿政府政策的不

---

① 引自2004年5月19日加里·施密特的采访记录。

② 见Kristol and Kagan，"Toward a Neo-Reaganite Foreign Policy"。除参加新美国世纪计划外，卡根还担任卡耐基国际和平基金会高级研究员。

连贯,同时还反对党内的孤立主义浪潮。然而保守派并没有为美国的世界地位提出战略性构想,也没有为美国的外交政策制定出指导性原则。他们在利用战术上的分歧,模糊战略目标上可能达成的一致,却并没有为维护新世纪美国的安全与利益争取国防预算。我们的目标是改变这种状况。我们的目标是利用我们的研究和我们的组织,帮助美国确立全球领袖地位。①

这份声明引其了众多媒体的关注,并不是因为该机构"增强里根政府的军事力量与道德明确性"的愿望,而是因为众多高级决策者对该声明的支持。正如引言中指出的,在新美国世纪计划准则书上签字的有:国防部长唐纳德·拉姆斯菲尔德、国防部副部长保罗·沃尔福威茨、副总统迪克·切尼的白宫助理路易斯·利比和切尼本人。②

9.11事件发生后几个月,美国总统开始实施促进并保护美国安全利益的战略。与此同时,新美国世纪计划这一与布什政府关系紧密的小型保守智库曝光在全国人民面前。2000年9月,新美国世纪计划发表的名为《重建美国防御系统》的报告提出的一系列政策建议与布什总统后来推行的政策十分相似。实际上,在众多记者,甚至是对阴谋论十分反感的人看来,新美国世纪计划为后来的布什主义奠定了基础。毫无疑问,新美国世纪计划在促进全球反对恐怖主义的进程中发挥了至关重要的作用,然而它对布什总统在"9·11事件"后的战略部署产生的影响,却被严重夸大了。这一点,新美国世纪计划自己也承认了。这一问题在第9章也会继续探讨。

（四）政策研究所

政策研究所(IPS)由肯尼迪政府前任官员马库斯·拉斯金及理查德·巴内特成立,常被视为华盛顿左翼智库。政策研究所坚信"应采取措施反对国内外政策过度军

---

① 见新美国世纪计划网站 www. newamericancentury. org。
② 同上。

事化的思维方式"①。1963 年 10 月，拉斯金与巴内特以 20 万美元为启动资金，正式
成立了政策研究所。②

政策研究所的根本目标是：为国家重要的社会运动提供所需的智力支持，进而
"将人民的道德激情转化为理智的公共政策"。政策研究所的网站指出，该机构是"连
接政府进步力量与草根激进分子之间的桥梁，也是连接美国运动与发展中国家运动
的桥梁"③。为此，政策研究所在以下几个领域开展了十多项研究项目：生态旅游领
域、可持续发展领域以及和平与发展领域。这些研究项目旨在激发公众辩论，帮助社
会运动取得成功。

与其他倡议型智库相同，政策研究所也通过众多渠道影响政治变革。除了通过
媒体向决策者和公众传达自己的观点外，政策研究所还与国会和行政部门的众多官
员建立了联系，同时也为众多总统候选人（包括乔治·麦戈文、杰西·杰克逊、鲍伯·
克里以及汤姆·哈金）提供建议。政策研究所还采用了其他策略。例如，为了帮助社
会运动领袖们更好地将自己的观点传达给决策者，政策研究所为积极分子成立了社
会行动与领导力学院。在这所学院里，社会运动的组织者们可以聚在一起讨论策略。
它还与其他国家和国际社会组织合作，一起反对各种与自身倡议不符的公共政策。
政策研究所的预算超过 200 万美元④（所有预算均非公司或政府机构出资），拥有近
三十名员工，其知名度远不如华盛顿规模更大、资金更多的智库。然而，由于出版物
质量较高，而且与其他非政府组织建立了良好的联系，政策研究所的观点也引起了人
们的广泛关注。

美国智库的发展历史表明，慈善家、政策制定者以及政策企业家已经成立了不同
类型的机构，这些机构有能力并愿意协助国家解决重要政策问题。智库与普通企业

---

① Abelson, *American Think Tanks and Their Role in US Foreign Policy*, 93.

② 众多关于政策研究所的文章，例如 Muravchik, "The Think Tank of the Left"; and Yoffe, "ips
Faces Life." Also see Powell, *Covert Cadre*。

③ 见 www.ips-dc.org。

④ Institute for Policy Studies, *Annual Report 2002*, 11.

相似,有时会将自己的利益置于国家利益之上,这一点毫无疑问。然而,在为决策者和公众提供专业知识上,智库也发挥了极为关键的作用。这一点,多数学者都一致认同。毋庸置疑,如果学者们没有看见智库在制定公共政策方面的贡献,智库也就不可能会吸引越来越多的学术关注了。学者的分歧在于,如何更好地研究智库、政策制定者以及智库领导者们试图影响的观点三者之间的关系。

在接下来的章节中,笔者将采用竞争理论方法研究智库。通过比较学者们使用的不同框架,更好地理解智库在政策制定过程中发挥的作用。值得庆幸的是,目前没有任何一种单独的理论可以更好地解释它们的诞生与崛起。相反,为了研究智库在政策制定中扮演的角色,必须采用多种不同的理论。通过这些不同的理论,我们可以了解到为何有些学者将智库视为"骑墙派"。毕竟,通过一个特定的流行概念来研究智库并不能令人信服。过多地依赖一种理论观点,既有所得,也有所失。认真分析这些得与失,有助于我们建立一个更加合适的框架,在这一框架下,我们可以更好地研究智库的行为,以及它们为影响国家话语所做的努力。

3. 智库理论的建构：竞争的观点和概念的方法

无论是在发达国家还是发展中国家,智库都成为一个越来越强势的存在。在这样的背景下,学者们运用了多种不同的理论流派来解释智库在政策共同体中所扮演的角色以及发挥的影响和作用。在本章中,我们将对这些理论流派进行介绍,同时探讨如何能够更加清晰有效地衡量智库塑造公众舆论和公共政策的成效。在这一过程中,我们将对每种理论流派的优劣得失进行说明,并且提出相应的改进意见。我们应当明确,建立一个评估智库及其政策影响力的概念框架是很有必要的,这个框架在超越现有文献的同时还必须兼具实用性和挑战性。同时我们也必须时刻警惕,避免只基于某一特定理论方法进行智库评估。因为正如我们所发现的那样,现存的单一理论无法充分解释智库及其在政策共同体中的行为。我们在了解学者们研究美国智库的过程以及他们对美国智库的行为做了何种假设时,必须时刻铭记这一要求。

智库研究者一般在四种相互竞争的观点中择其一来衡量智库的影响力。这四种观点分别是:(1) 智库被认为是一种精英组织。它们依赖自身的专业知识以及与决策者的紧密联系来维护企业或者慈善组织的政治经济利益。这种理论已经得到了军工复合体和铁三角理论的支持,成为国防和安全研究方向的学者所熟悉的概念。(2)

智库被认为是日益激烈的思想市场中的众多组织之一。智库与利益集团、贸易团体、人权组织、环境保护协会以及其他非政府组织一样,都在争取公众和决策者的注意力。持这一观点的学者没有将智库看作精英组织,而是认为智库与以上提及的其他机构一样,致力于对重大政策辩论施加影响。(3) 少数学者认同政策共同体中智库以及其他非政府组织的存在,但认为相比较政府的权威性和自主性,它们在公共政策的塑造上发挥的作用很有限。这种观点认为从智库中招募的个人并不能代表政府的立场，但是这种观点非常容易遭到质疑。一些学者认为公共政策受到精英组织和（或）特殊利益集团的控制和操纵，与他们相反，那些接受"国家理论"的人认为政府能够并且确实在社会和官僚的压力下保持独立行动。总之，他们认为，总统及其高级顾问才是真正决定国家命运的人，外部力量无法真正插手国家事务。（4）还有一派学者不刻意推崇智库的精英性或者多元性以及它们与政府之间的关系，他们更多地注意组织本身的制度架构和定位。这一流派的学者非常关注智库的使命和完成使命的能力，以及影响智库在不同决策事务中做出战略选择的因素。以上就是我们需要进行探讨的几种不同理论流派。

一、作为政治精英的智库

包括约瑟夫·佩谢克、托马斯·戴伊、威廉·多姆霍夫以及约翰·萨洛马在内的一部分学者认为，智库不仅是定期与政治精英进行互动，更重要的是它们有助于构建国家权力结构。[①] 尤其在美国，智库不仅是候任总统内阁的人才储备库，也是高级决策者们的退休去处，它们被描述成既有能力也有意愿去影响公共政策的精英组织。少数美国智库享有数百万美元的高额预算，在它们的董事会任职的多是杰出的商业领袖和前任政府的决策者。这两个因素更加强化了这样的形象。因为企业与慈善捐赠者之间的紧密关系，所以一些智库向马克思主义者和精英主义理论家[②]提出：智库实质上是阶级统治的工具。他们提出的论点直截了当：为了获得巨额捐款，智库会利用它们的政治特长以及与决策者的关系来帮助它们的捐赠者达成其政治目标。从表面上看，这种解释似乎完全说得通。毕竟，企业和慈善基金会不可能向与它们利益完

99

[①] See, for instance, Peschek, *Policy Planning Organizations*; Dye, *Who's Running America?*; Domhoff and Dye, *Power Elites and Organizations*; Saloma, *Ominous Politics*.

[②] 当马克思主义者和精英理论家关心智库与政府之间的经济关系时，他们所用方法的基本假设大相径庭。实际上，马克思主义、葛兰西主义（Gramscian）以及其他理论方法在它们的研究传统中存在巨大的差异。葛兰西主义对智库的研究可以参见 Gill, *American Hegemony and the Trilateral Commission.*，Golding, *Gramsci's Democratic Theory*，对葛兰西主义进行了概括。马克思主义的主流看法可以参见 Kolakowski, *Main Currents of Marxism*。

全相反的智库进行大额捐款。相反，它们会捐助那些与其理念相似又关注国情的智库。然而，那些捐助者会期望什么形式的回报呢？慈善基金会资助志同道合的智库是有道理的，但是对企业捐助者来说，利用智库来获得与高层的联系却不那么重要。他们根本不需要通过智库来进入政界，因为他们可以向国会议员和总统候选人大量捐款，更不用说与许多政治家、企业和慈善基金会负责人的私人友谊。而且，企业能够而且确实有通过雇佣说客在国会代表自己的利益，不可能舍近求远，向智库这样的机构寻求帮助。因为根据《美国税法典》，这种机构是被禁止从事公开的政治游说的。既然专业的说客有动力为顾客提供孜孜不倦的工作，还有什么是只有智库才能提供给企业的呢？

答案很简单：信誉和声望。企业和慈善基金会与布鲁金斯学会、卡内基国际和平研究院以及胡佛研究所这样的精英智库合作，不是为了利用它们的政治关系，尽管它们确实有用，而是为了这些智库拥有的通向媒体、大学以及其他权力中心的渠道。但更重要的是，智库在自身发展历程中塑造了自己科学、中立的学术信誉。企业和慈善基金会则能够利用这种信誉更有效地塑造公众舆论和公众政策。大笔的政治献金能够使企业获得进入政界的门票，但是却无法买来信誉。从另一方面说，智库向媒体和政策制定者提供稳定的信息流、专业知识和政策建议；捐赠者资助了智库，也就是同时建立了与这两者的联系。这一结果可以在一定程度上解释为什么企业和慈善基金会也会资助一些其他类型的研究机构和大学院系，因为它们能够利用这些机构的信誉来对决策环境和具体决策施加影响。

通过深入研究美国最大的智库与重要官员之间的交流，一些学者认为智库能够对公共政策产生重要影响。然而，实际上这只适用于布鲁金斯学会、传统基金会和兰德公司等极少数智库。有观点认为，从智库的使命和性质来看，它们有动机和能力去维护统治阶级的利益。然而，我们对此有所怀疑。而且我们还要追问，智库作为从事政策分析的非营利组织，是否应该被视为精英？

精英理论将政治体系描述成由致力于推进公共政治、经济和社会利益的一群特定的个人和组织所支配的系统。但是无论如何定义，都不能认为所有智库都有意愿或者资源在精英政治中制定自己的议程。智库参与了塑造公众舆论和公共政策，但是有研究指出，它们在如何制定和实施各种国内外政策的问题上大相径庭。比如说，一些智库也许会倾向于那些倡导通过自由市场来解决经济问题的精英。传统基金会、卡托研究所和美国企业研究所肯定就是其中一员。但是还有许多其他智库，包括位于华盛顿的左翼政策研究所则在解决经济社会问题上有着完全不同的见解。那么，那些经常反对统治精英的智库是否算是精英中的一部分？

采用精英主义的观点来对智库进行研究具有一定的优势，但是也具有一定局限性。这些局限将在下文中详细探讨。多姆霍夫等人发现，①研究智库和企业/政府领导者之间的紧密联系，能够为研究智库的知名度和声誉提供一些有趣和实用的新角度。而且，通过持续研究智库的董事会成员，我们也许能够解释为什么一些机构筹款能力更强？尽管如此，我们必须记住，尽管智库经常会与商界高管和决策者交流，但是他们的合作和政治联系不一定代表政策影响力。这种联系也许有助于他们获得与国会和高官的接触，但是政策影响力的大小却受到众多因素影响。

对学者们来说，将智库看作政策精英是很诱人的一件事。因为一旦如此，他们就可以借此对于到底是谁在控制公共政策做出笼统结论。尽管这种方法有着这样的吸引力，它也存在着问题。因为它几乎不能告诉我们智库在政策周期中的不同阶段中到底能否施加影响；它更无法说明如何评估智库在政策制定中的影响。简而言之，精英理论首先假定了只要有恰当的介入方法，智库就能够影响公共政策。然而遗憾的是，它对于理解影响力的产生毫无帮助。

二、百家争鸣的多元主义传统

智库成员偶尔会在政策精英圈里活动，但是据一些（包括戴维·纽瑟姆在内的）

---

① Domhoff, *The Power Elite and the State*.

政治学者所说，智库只是政策共同体中的一种组织。① 根据这个深深扎根于美国多元主义传统的观点来看，②智库就像利益集团、工会和环保组织一样，在政治舞台上为了有限的资源展开角逐。在这种零和博弈的前提之下，一方之所得即为另一方之所失。③ 政府被视为监督这些团体竞争的调解人或者仲裁者。但是多元主义者却完全忽略了对政府的优先选项进行评估。他们不认为公共政策能够反映政府的具体任务，而将它作为群体竞争的结果。

用多元主义框架来研究智库有其优势。一方面，它能够迫使学者们承认：尽管智库已经成为决策界众所周知的重要角色，但是它们仍然是为权力和影响力而持续竞争的众多组织之一。这种方法也可以作为一种提醒：与其他非政府组织一样，智库会利用相似的策略去塑造公共政策——这一课题将在第 5 章进行更深入的研究。但是多元方法存在巨大的弱点。首先，多元主义认为公共政策是集团竞争的结果，但是无法说明为什么有些组织能产生更大的舆论和决策影响力。难道仅仅在于拥有最多的成员、最大的预算和最具影响力的人脉资源？是否存在其他因素，比如政治献金或者广告费的多少（包括纸质媒体和数字媒体），能够更好地解释不同组织在政治竞技场上的成败？

多元主义理论最主要的缺陷不在于它认为所有团体都能影响公共政策，而是在于它无法解释公共政策影响力的来源。此外，由于仅仅将智库看作政策环境中的众多发声者之一，多元主义者忽视了这样一个问题：为什么通常来说政策机构会比利益集团等等非政府组织更有力地影响政府的任务优先次序？智库也许是合唱团的一部分，但是它们所拥有的独特属性使它们能够脱颖而出。通过识别智库与其他组织之间的区别（比如某些智库的优越地位），多元主义不得不承认所有的团体并不是在一

① See Newsom, *The Public Dimension of Foreign Policy*, 141 - 162.
② 美国多元化传统是基于他们的一个共识，即社会是由在决策界为权利和地位进行竞争的个体组织所组成的。尤其是两项研究在塑造这种观点上发挥了很大的作用：Truman, *The Governmental Process*, 以及 Bentley, *The Process of Government*。
③ See Pal and Weaver, *The Government Taketh Away*.

个公平的环境下竞争。智库凭借专业知识和与决策者的紧密联系也许能够为自己获得威望和地位，但是它们不必要与其他成千上万的参与者竞争。实际上，在某些政策领域，它们也许根本没有竞争者。

多元主义者也必须承认，决策者有兴趣去影响政治集团间竞争的结果。通常代表不同政府部门的决策者会很大程度地依赖那些帮助他们达成目标的组织，而不是作为中立的裁判。我们将在第 8 章和第 9 章中讨论决策过程中的重要阶段，国会议员以及行政当局经常会就政策难题向智库寻求意见。在其他时候，他们还会倚重不同的智库，从而在重要的政策辩论中形成自己的理论框架。

马克思主义者与多元主义者在如何衡量智库深入决策过程的程度以及政府接受它们意见的意愿上分歧巨大。但是，他们都认可智库在公共政策上有重要作用（甚至在某些时候有决定性作用），不过这种观点经常被国家理论质疑。虽然某些采用前两种方法的学者在揭示公共政策塑造和形成过程中忽略了各种来自社会和官僚集团的压力，但是那些倡导国家理论的人也并没有在谁做出决策的问题上做出更深入的解释。

三、基于国家利益的角度：国家理论

103

跨国公司、传媒集团以及强大的特殊利益集团已经在华盛顿扎下了深厚的根基，以至于我们已经不清楚究竟谁在维护国家利益。比尔·盖茨、泰德·特纳或者其他巨头公司的领导人既不能代表美国发言，也不能采取行动维护美国的经济、政治和安全利益。总统以及他身边的人才会为了满足国家需求做出决定。为了提醒我们这一事实，许多学者，包括西达·斯考切波①和斯蒂芬·弗林②强调政府在做出艰难的决策时具有相对的自主性。根据阿伦·斯蒂尔曼的观点，国家理论认为"虽然公众可以

---

① See Evans, Reuschemeyer, and Skocpol, *Bringing the State Back In.*

② Krasner, *Defending the National Interest.*

一定程度上限制官僚制度和民选官员的行为，但是政府也保留了一定程度的自主权，并且根据本身的逻辑而运作"①。

斯蒂芬·克拉斯纳在他的著作《捍卫国家利益》(*Defending the National Interest*)中对国家理论进行了阐述。他指出，"(国家理论)建立在政府自主制定目标，并设法击败国内外各种反对力量的前提下。政府击败国内反对者的力量依赖于它能够对社会实施的控制手段"②。克拉斯纳认为，国家政治舞台上的核心角色(总统和国务卿)和最重要的机构(白宫和国务院)控制着外交政策。

如果克拉斯纳、斯考切波以及其他国家理论的支持者是正确的，那智库可能对政府行为产生什么样的影响呢？尽管有人可能认为它们会被边缘化，但斯蒂尔曼认为国家理论为智库实现自身存在价值留下了充足的空间："国家理论有助于解释那些思想倾向鲜明的前智库员工，在进入政府部门后的作为却和预期截然不同。"他们是由国家政治体系选择的：有些人放弃了自己原本的理念；而另一些人，则坚持不懈，通过缓慢或迂回的方式达成了目标。但是无论如何，国家本身是一个重要的行为体。③

将国家理论引入智库研究有许多好处。第一，它能帮助解释智库员工是如何直接参与关键政策制定的。如果我们接受克拉斯纳的观点——即总统和国务卿以及他们所代表的白宫和国务院是外交决策过程中最重要的参与者，那智库是否能够接触最高政府层就很清楚了。与其试图研究智库对国会和媒体、学者的影响力，倒不如研究总统、国务卿和他们的内阁顾问之间的关系。如果智库成员曾经有顾问身份或者在白宫或国务院工作过，我们就能够认为他们可以直接参与决策过程。毕竟，总统和国务卿是决策过程中最具影响力的参与者，而且他们经常依赖智库专家的建议。那么，得出智库具有影响决策的结论也是符合逻辑的。相反，如果没有迹象表明智库可以接触政府高层，根据国家理论，学者们就可以认为它们无法影响国家行为。简而言

104

---

① Steelman, Review of *Do Think Tanks Matter*? 165.

② Krasner, *Defending the National Interest*, 11.

③ Steelman, Review of *Do Think Tanks Matter*? 165.

之，国家理论可以解释它们什么时候有影响力，什么时候没有影响力。

虽然国家理论也有其局限性，但是它能够解释为什么一些总统能够将自己与国会和大众分隔开来，例如理查德·尼克松。① 但是，在解释为什么最近几届总统在做出重大决策前都尽量与公众、国会议员、外国政府、国际组织和非政府组织协商这一事情上，这一理论则无济于事。老布什总统在 1990—1991 年间通过建立联盟来制止伊拉克入侵就是一个例子。在美国派兵部署到波斯湾之前，老布什首先保证自己获得了联合国和许多成员国的支持，但是这种策略在后来入侵伊拉克中被他的儿子放弃了。② 随着时间推移，外交政策制定过程已经变得越来越透明，越来越多的政府和非政府组织都在试图加入全球事务的形成过程中去，国家理论的支持者在维护国家自主性上还有很艰难的路要走。他们很难解释为什么美国国会似乎对外交政策有了更多的兴趣。③ 在最终分析中，无论是国家理论的倡导者还是批评者都承认，总统做出的决定会对美国在国际社会中的行为产生深刻影响。然而，正如我们在最近几年所见证的那样，总统如何做出决定最终取决于他们的管理风格和聆听内阁顾问的意愿。国家理论或许有助于解释小布什总统的外交政策，但是它无法揭示比尔·克林顿总统是如何治理国家的。④

到目前为止，我们已经看到了三种不同的理论方法和它们是如何被应用到智库研究中去的。在考虑如何更有效地对它们进行整合之前，思考出具有吸引力的第四种方法则是更为重要的。将智库作为一组多样的、具有不同优先选项和考虑的组织，而不是作为政策精英、政府或者广义决策群体中的成员，这种方法似乎更有前景。以下我们将会发现，对智库在决策过程不同阶段中的作用有更好的理解，能够让学者对它们的角色和作用有更好的认识。

---

① 更多关于理查德·尼克松与美国国会之间关系的信息见 Schlessinger, *The Imperial Presidency*。

② See Smith, *George Bush's War*.

③ 行政部门与国会在美国外交政策上的关系，见 Hinckley, *Less than Meets the Eye*。

④ 关于总统的不同管理风格，见 Campbell, *Managing the Presidency*。

四、不同智库，不同选择：制度主义理论

目前，制度主义学派对智库的研究可以分为三类。第一类专注于具体的几家智库的历史和发展演进。这种观点也最为常见。许多学者已经对智库的机构历史有过著述，包括布鲁金斯学会、外交关系协会、传统基金会、政策研究所和兰德公司。① 也有许多研究深入探讨了美国、加拿大和其他发达和发展中国家智库的崛起。② 提供智库的详细历史最明显好处是能够提供丰富的信息，包括这些智库的性质和任务、过去所进行过的研究项目以及所经历的机构变迁。它最大的缺点则是无法提供经验性的证据来支持或推翻那些智库所声称的自己在塑造具体政策上发挥的作用。

第二种观点更加系统化。它集中关注智库在知识共同体和政策共同体的参与行为。③ 这些社群由个人和组织组成。这些个人和组织凭借其政策专长受邀与政府决策者一起讨论和商议政策议题。政策和知识共同体的形成通常被视为政策和制度形成的关键阶段。少数政策学家接受了这一方法，包括休·赫克洛、埃弗里特·林德奎斯特和戴安娜·斯通。他们将智库作为共同体中积极且直言不讳的参与者。④

通过政策和（或）知识共同体框架来考察智库，学者们可以观察到重要的几点。首先，通过关注某些特殊政策问题［例如《反弹道导弹条约》的废除或有争议的《赫尔

---

① See Critchlow, *The Brookings Institution*；Schulzinger, *The Wise Men of Foreign Affairs*；Edwards, *The Power of Ideas*；Smith, *The Rand Corporation*.

② For instance, see Dickson, *Think Tanks*； Smith, *The Idea Brokers*； Ricci, *The Transformation of American Politics*；Lindquist, "A Quarter-Century of Think Tanks in Canada"；McGann and Weaver, *Think Tanks and Civil Societies*； and Stone, *Capturing the Political Imagination*.

③ 更多关于认知和政策共同体的讨论，see Haas, *Knowledge, Power, and International Policy Coordination*；Pross, *Group Politics and Public Policy*，esp. chapter5；Coleman and Skogstad, *Public Policy and Policy Communities*。

④ See Heclo, "Issue Networks"；Lindquist, "Think Tanks or Policy Clubs?"； and Stone, *Capturing the Political Imagination*.

姆斯-伯顿法案》(Helms-Burton legislation)①的起草]，他们能够更好地确认哪些受邀者是与决策者分享意见的关键组织和个人。除了确认哪些团体和个人参与了"亚政府"(意指围绕着某一政策议题聚集起来的非政府组织和政策专家)，这种方法能够对决策过程本质提供更深入的研究。此外，一个政策或知识共同体的框架还能使学者更深入地研究智库是如何使自己的理念进入政治议程的，而政策专家又如何利用他们的知识来支持或反对政府举措的。这种方法要求学者仔细研究政策制定是如何被非政府组织和政策专家的讨论所影响的，而不是将政策制定看作利益集团竞争的结果或者是精英利益的反映。

采用这种方法还有其他好处。一旦参与亚政府的行为体被确认，我们就可以将最终的政策输出与参与者的提议进行比较。通过浏览会议记录、个人信件、国会证词、公开建议以及其他信息，学者也许无法就哪个参与者最有影响力这个问题下定论，但是这些信息以及其他材料仍然有参考价值。

由于智库学者参与了各种不同的政策共同体，这种框架会经常被采用。但是需要记住的是，相比于精英主义或者多元主义，这种方法虽然也许更适用于智库研究，但是它也有缺点。在政策或者知识共同体范围内审视智库能够帮助我们确定哪些机构在政策形成的重要阶段提供了专业知识。不幸的是，它不能告诉我们哪些因素(如果存在的话)对政策或知识共同体里的智库或者亚政府外运作的智库塑造公众态度和政策偏好以及决策者选择产生了影响。简单来说，这个方法可以告诉我们是谁坐在谈判桌上，但是它不能告诉我们谁的意见能够获得关键人物的积极响应。因为我们不能认为所有重要的决策都是在特定的政策共同体内做出的——毕竟，在立法机关具有投票权的是政客，而非政策专家——三分之一的学者已经开始考虑寻找一种

107

---

　　① 杰西·赫尔姆斯和丹·伯顿是该法案的最初发起人；杰西·赫尔姆斯，北卡罗莱纳州共和党参议员；丹·伯顿，印第安纳州共和党议员；《赫尔姆斯—伯顿法案》，又称《古巴自由与民主声援法》(Cuban Liberty and Democratic Solidarity，简称 Libertad) 是于 1996 年签署的美国联邦政府法案，其主要内容是美国持续并加强对古巴的制裁。——译注

更具包容性的方法来研究非政府组织在决策中的参与。由于意识到这些组织的使命、资源和优先选项都大不相同,约翰·金登和丹尼斯·斯泰尔斯①等人认为,学者们与其去总体评估社会群体在塑造决策环境和决策中的影响,不如去详细考察政策共同体如何在政策周期的不同阶段影响公共政策。尽管金登和斯泰尔斯没有对智库进行专门著述,但是他们研究了组织或团体如何将议题登上政治议程,以及他们如何在决策过程中向决策者表达自己的意见。这种方法很适用于智库研究。

金登和斯泰尔斯认为,确定哪些国内外力量塑造了公共政策是一项艰巨的任务。实际上,随着美国政坛变得越来越拥挤,确认那些在决策时发挥直接作用的团体即便可能,也已经是困难重重。所以,学者们没有必要去概括出具体是哪些团体影响了公共政策。而且他们还认为不是所有的机构都有意愿或是必要的资源去参与政策周期的所有阶段——明确问题、制定政策和实施政策。简单来说,虽然大部分的机构都试图影响政策辩论(明确问题)的内容,但是剩下的机构也许更倾向于介入决策过程的后两个阶段(制定政策或者实施政策)。相比于和决策者一起制定或实施一项具体政策,一些机构也许更乐于与公众分享它们的意见。

通过承认智库确实有不同的优先选项和任务,我们能够建立一个概念框架,让学者能够更深入地观察智库在决策中的角色和作用。至少,这个框架承认智库的多样性和它们不同的使命。这能够防止学者对它们的作用进行笼统和无根据的观察。

108　　　　本书中所采用的概念框架基于一个简单的前提,这将在下文中进一步阐释:美国的智库代表了一组结构不同,但是拥有影响舆论和政策的共同愿望的组织。因为每个智库都有其制度特性,它们必须选择最合适的战略决策来决定自己在哪里以及如何实现价值。换言之,因为智库所处的位置不同,所拥有的资源也不同,它们必须在政策周期的不同阶段有不同的优先选项。这一点在数据选取(例如媒体引用和国会

----

① See Kingdon, *Agendas, Alternatives, and Public Policies*, and Stairs, "Public Opinion and External Affairs."

各立法委员会前的证词)上尤为重要,因为它们能够用来解释和评估智库的行为。

在介绍了四种研究智库政治参与的理论流派后,我们必须问一个始终存在的问题:哪种方法或概念框架能够最好地解释智库的角色和功能? 不幸的是,答案没有那么简单。我们发现,每种方法都鼓励学者朝着不同方向前进并提出不同的问题。因此,应该问的不是何为解释智库角色和功能的最优方法,而是哪个概念框架能够更好地帮助学者理解智库的特性。比如说,关心智库与企业关系的学者从精英理论的基本假设中获得的启发远超过多元民主理论。另一方面,在解释为什么一些智库更专注于政策倡议,而不是登上新闻头条时,金登等学者给了我们的启发更多。

研究智库为了影响关键政策辩论而付出的努力,需要一个综合性的方法。这将用到本章中所列出的所有理论,但并不严格遵守其中的任何一个。公共政策及其制定过程是很复杂的,而且很难用一个理论进行解释。通过多种理论来综合解释智库在公共政策中的参与,有这样的优点:它能够为学者检验关于智库何时、何地能够发挥最大作用的各种假说,提供空间。另一种方法是选择一个理论框架,由这个框架提供研究智库本身和与决策者关系的特定角度。例如,可以采取克拉斯纳的国家理论来解释为什么智库和利益集团对布什政府打击全球恐怖主义的努力影响有限。鉴于布什少数顾问进攻伊拉克的决定得不到国际社会的支持,国家理论也许能够告诉学者他们想要的答案。但是,同样的理论对于国家导弹防御系统的争论——最近二十多年来包括传统基金会和安全政策中心在内的少数智库一直在关注的议题——却没有帮助。与国家理论的核心假设相反,历届政府都屈服于社会和官僚利益,构建和部署了导弹防御系统。这时,与其向克拉斯纳寻找这件事件的起因,倒不如参考 C. 赖特·米尔斯等人撰写的关于军工复合体的著作。①

109

最后,学者必须选择一个或多个理论来理解自己掌握的信息。他们不应急于找到一个理论,然后通过经验和统计数据去证明其可信度。对于希望找到一个能够解

---

① See Mills, *The Power and Elite*, and Smith, *The Power Game*.

释智库的作用和影响力的人来说，这于事无补。正如许多美国外交和国际关系专家所知道的那样，构建一个能够解释世界事务复杂性的理论是十分诱人的，但是这往往是徒劳的。[①]

为了避免在方法论上导向歧途，本书将从事实出发。一旦智库在两个外交决策中的政治参与被厘清，我们就可以借鉴在本章中所列出的理论方法来解释发生了什么。总之，在我们匆忙对智库的精英性或者多元性以及如何影响美国外交政策做出判断前，我们需要对它们的行为进行观察，并且仔细记录它们是如何参与重大的政策辩论的。为此，我们首先必须对它们所处的环境进行探索，并且要解释为什么美国能够为成百上千家智库的成长发展提供如此肥沃的土壤。美国的政策制定的过程以及它为团体和个人提供的塑造公共政策的机遇将会成为下一章的研究重点。

---

① 例如，如何构建关于国际政策的宏观理论，见 Waltz, *Theory of International Politics*。

4. 开放的交易：智库与理念市场

美国第四任总统、弗吉尼亚州代表詹姆斯·麦迪逊在《联邦党人文集》第十篇 (*Federalist No. 10*)中指出："在一个组织良好的联邦能够保证的许多利益中，再也没有比制止和控制狂热分裂的趋势更值得正确地加以发挥了。"[①]麦迪逊所理解的分裂或党争，指的是"一些公民，不论是多数或少数，团结在一起，被某种共同情感或利益所驱使，反对其他公民的权利，或者反对社会的永久性的和集体性的利益"[②]。

尽管麦迪逊1787年在纽约发表这篇著名的演讲时，他头脑中不太可能有智库的概念，但毫无疑问的是，他把那些组织看作"被某种共同情感所驱使的"党争，并且可能或是已经违背了国家的利益。在这种情况下，为了控制党争的影响，或者说是抑制成百上千家智库的影响，麦迪逊很可能会做出以下修订：在各党派的基础上建立共和政体。这些党派在分权的同时，可以防止少数团体控制国家议程。麦迪逊写道："如果党争所包括的人不是多数，可用共和政体的原则来求得解决——这就是使多数人用正规投票的方法来击败其阴险的企图。党争会妨碍行政管理，会动摇整个社会，但不能在宪法的形式下进行，并掩饰其激烈的情况。"[③]

麦迪逊关于控制党争的论述，可以暂时缓和公众对如何在日益扩张的共和国中 保护个人权利和自由的疑虑。然而，在阻止代表多方利益的个人和组织利用分权体制、将个人偏好强加给选民的问题上，麦迪逊收效甚微。正如许多反联邦党人所料，

[①] 麦迪逊，《联邦党人文集》第十篇。

[②] 同上。

[③] 同上。

由开国元勋们组建的宪政体制非但没有解决"派系的祸害"，反而为联邦政府和私人利益集团提供了不可胜数的机会来施加不当的政治影响。实际上，我们在这一章节中要讨论的是，智库、利益集团等非政府组织不仅在数量上急剧增加，并且正通过各种渠道巩固了对政策制定的控制。智库不仅仅是为决策者提供政策选择（用戴安娜·斯通的话来说）它们还试图控制国家的"政治想象"。① 或者更直接地说，智库已经为控制国家的"政治日程"进行了一致的努力。

正如我们在第二章中讨论的，智库已经不再是美国政治的旁观者或是独立的观察员；相反，它们在直接或间接地参与美国国会、白宫以及其他部门政治掮客之间的对话中都有既得利益。因为智库经历了从政策研究机构向政治倡导组织的转变，毫无疑问，它们的重点也随之改变了。正如安德鲁·里奇所说，尽管在这一过程中，智库可能"浪费了自身的潜在影响"②，但它们的终极目标始终如一，即塑造美国国内外政策。

这一章的目的是探究世界智库的地位，以便于我们更好地解释智库积极参与政策制定的原因。首先，我们将重点讨论美国政治体系的特点。这有助于我们理解智库介入政府行政、立法部门以及核心外事部门的方式。在这一过程中，我们将就威斯敏斯特国会体系和德国等国家的议会进行比较。因为很多智库凭借与政党之间的正式联系，在政策制定过程中占据了特殊地位。③ 除此之外，我们还应该注意决策者向智库寻求政策建议的动机，以及为何政策企业家、慈善机构、个人捐助者在智库发展过程中发挥了关键性作用。

112　一、与众不同的美国智库

每个文化和社会都有其与众不同的方面和特点。在大多数社会科学和人文科学

---

① 该表达来源于斯通的《捕捉政治想象》（*Capturing the Political Imagination*）一书。
② Rich, *Think Tanks, Public Policy, and the Politics of Expertise*, 210.
③ 对于德国智库的分析，见 Thunert, "Think Tanks in Germany"。

中（包括人类学、社会学、历史学以及政治科学），都鉴别出了一些有别于国际社会其他国家和地区的特征。有些差异性体现在语言、宗教、地理、文化、政府、建筑、食物以及运动方面。一位年轻的法国贵族律师亚克力西丝·德·托克维尔，在 19 世纪 30 年代早期来到美国学习美国的监禁体制。他在著作《论美国的民主》（*Democracy in America*）中，对他认为值得注意的美国社会特色做出了经典的论述。[①] 其中包括自由媒体的存在以及美国人参与社团组织的偏好。[②] 如果他的这篇开创性研究晚一个半世纪撰写，毫无疑问，他会发现其他具有美国特色的事物，比如主题公园、快餐以及智库。[③]

二十世纪末，智库已经在英国、德国以及其他许多国家建立，但是智库的影响力最早是在美国开始显现。随着诸如塞奇基金会、卡内基国际和平基金、布鲁金斯学会等智库与决策者分享对社会、经济、外交政策的深入看法，智库在进步主义时代的重要作用已经显而易见。实际上，由于智库在政治舞台上的角色日渐透明和突出，詹姆斯·G.麦甘等学者指出，在许多方面，智库已经成为一种美国现象。[④] 等到越来越多的新智库在接下来十几年的政界涌现出来的时候，再去挑战智库的观察者地位已经不太现实。在"二战"后的年代里，智库被认为像汉堡和苹果派一样极具美国特色。然而近几年来，由于智库数量在全球范围内的激增，麦甘等学者已经承认它们不再仅仅是美国的独特产物，[⑤]而是成为一种全球现象。然而，仍有少部分人坚持反对意见，认为美国拥有全球超过 50% 的智库，比其他任何一个国家都要多。美国为智库提供了发展、成长的肥沃土壤。这个结论回避了一个明显的问题：与其他发达工业国

---

① 关于托克维尔及其对于美国的看法，见 Ledeen, *Tocqueville on American Character*, and Wolin, *Tocqueville between two worlds*。

② 近年来，罗伯特·帕特南认为美国人已经不太倾向于参加协会组织了。他认为这个变化对美国市民文化有重大影响。见其著作 *Bowling Alone*。

③ 法国政治哲学家伯纳德·亨利莱维曾在追溯托克维尔的美国之行的基础上，写下了一篇精彩的文章。见"In the Footsteps of Tocqueville"。

④ McGann，"Academics to Ideologues," 733.

⑤ 2003 年 12 月 3 日麦根在帕绍大学所做的评论。

比较，为什么仅仅美国成为智库之家？

113　　　　美国智库数量空前的原因是否源于大学和政府中专业知识的缺乏？表面上看，这个回答很有道理。毕竟，如果大学和政府部门、机构的科研能力不足以满足决策者的需求，那么这就可以在一定程度上解释为什么智库纷纷成立，甚至变得供不应求。两位智库常驻学者，史蒂文·西蒙以及乔纳森·史蒂文森认为这一理论值得进一步思考。他们在 2004—2005 年发表的文章《国家利益》（*The National Interest*）中提出，有一些政治问题，比如怎样使得"一个无政府的、宗教驱动的、试图打倒霸权的武装分子组织转向中立"①，使得"局外人身份"的智库得到发展。并非参与研究和分析工作的大学、政府部门等组织供不应求，而是对于一些特定的政治问题（包括反恐战争等），大学和政府的专家们无法提供有启发性的政策建议。② 这就是西蒙和史蒂文孙认为的，需要有创新能力的智库的原因。

上述两位学者认为需要成立更多的智库来更好地满足决策者的利益和需求，这一论述让我们不得不重新思考最初的问题，即为什么相比其他西方发达民主国家，唯独美国成了智库之家。我们认为智库的涌现也许是为了弥补美国政策专业知识的缺乏。然而，事实似乎不是这样。美国大学的教职名单证明了许多建设性的建议都来自学术阵地。那里的学者们在艺术、人文、社科以及科学领域解决了一个又一个当务之急。与此类似，在每个政府部门和机构中，包括总统椭圆形办公室，③有数百名高等学历的政策专家对影响国会、白宫、选民的重要问题和趋势做出分析和研究。在这一过程中，他们可以得到比大多数智库更丰富的财政源和人力资源。总之，美国拥有大量的政策专家。

按照西蒙和史蒂文森的说法，因为政策专业知识的缺乏，许多智库没有能在在美

---

① 　Simon and Stevenson, "Thinking outside the Tank," 90.

② 　Kramer 在 *Ivory Towers on Sand* 一书中也提出了同样的看法。

③ 　关于总统行政办公室和其他辅助白宫的机构部门，见 Hart, *The Presidential Branch*, and Weko, *The Politicizing Presidency*。

国扎下根。正如"二战"前后，智库的大量涌现对于协助决策者解决重大的经济、社   114

会、安全问题发挥了重要作用，9.11事件以后的世界可能需要新的智库以应对更复

杂的社会问题。西蒙和史蒂文森的观点与几十年前罗伯特·S.布鲁金斯、安德鲁·

卡内基以及兰德项目工程师的观点并无二致。

　　智库的兴起还与它们的专业性服务，以及满足决策者、记者、舆论领袖、慈善家、

企业或私人捐助者需求的能力有关，并且这种能力是其他组织不具备的。比如，大学

教授大部分情况下需要权衡教学、科研以及行政等各个方面的需求；而智库的政策专

家们则不一样，他们有足够的精力专注于自己擅长的领域，记录、分析或是对相关政

策做出实时评论。智库专家经常出版专著或发表文章，引发学术界的讨论，但他们最

关心的还是为决策者和公众提供与他们切实相关的研究成果。与大学教授不同，智

库专家不能花五年、十年甚至十五年的时间来研究一个项目。另外，许多私人的、独

立的智库也不像大学教授那样可以获得政府提供的研究经费。尽管许多顶尖的智库

很大程度上依赖于政府的资金支持，但是大部分智库（包括政策倡导型智库），寻求的

主要都是慈善基金会、企业和个人捐助的资金。更进一步说，和他们捐助的智库一

样，捐助者们通过影响当今的政治环境实现自己的既得利益。这也是近几十年中大

量政策倡导型智库纷纷涌现的原因。它们引起了一些捐助者的广泛共鸣，因为他们

支持其关于美国的远景规划。

　　智库专家们深谙迎合决策者需求之道，并以此作为首要任务。他们无需提醒就

明白，只要确保自己在国会或白宫俘获一群忠实的听众，就能获得丰厚的回报。与此

相反，大学教授们很少关心决策者的日常需求，他们更愿意投身于长期的科研，以期

他们经年累月的缜密分析可以推进公众的利益。简单来说，智库专家和大学

教授有截然不同的侧重点、研究对象以及时间安排。这也是智库和大学彼此不可替   115

代的原因。

　　因此，智库与大学并没有展开竞争，而是在知识市场上各自找到了一席之地。但

是，政府部门的情况又是怎样的呢？它们是否威胁到了智库的生存？答案显然是否

定的。除了可以利用内部的大量资源之外，国会和白宫的决策者们也经常招揽"外部专家"。国会议员和行政部门经常依赖于外部专家提供政策意见，一定程度上可能是因为美国缺乏常任的高级政务官员以及民众对政府的不信任。[1] 另外，正如里奇等人所说，智库可以为决策者提供许多宝贵服务，尤其是为他们的政治观点提供意识形态的支撑，而这一项服务是官僚机构不能公开提供的。[2] 另外，智库还对国会助手们有很大帮助，因为他们经常没有时间也不愿意为国会议员提供独立的研究。然而，在加拿大和英国情况却恰恰相反。它们的官员更喜欢听取政府公职人员而不是外部研究机构的意见，但是这种情况也正在发生改变。[3]

庞大的、组织完备的政府部门并没有使得智库显得多余。事实上，许多政府部门都与具有影响力的智库建立了紧密持久的联系。比如，住房和城市发展部与城市研究所保持着紧密的联系。国防部每年的赞助占兰德 2 亿多美元年预算总额的绝大部分。许多其他部门将一些工作外包给智库来完成。[4]

政府部门与智库专家合作可以获得许多利益。智库不仅可以为政府部门提供专业知识，给予决策者更加切合实际需求的建议。并且通过征求外部专家的意见，往往能巩固、提高政府内政策专家们的工作效率。另外，与政府密切联系的、研究导向型的智库（与倾向于政策宣导型的智库相反），有时可以为政策辩论提供可信性和合法性。当政府部门因党派倾向而遭受抨击时，这一点显得尤为重要。

通过探讨大学、政府以及智库专家的区别，我们不难理解美国对提供独立政策意见的组织的需求。显而易见，在政府之外的智库可以用不同于学者的方式帮助决策者。但是，它们与众不同的性质（比如提供实时、简洁报告的能力），并不能完全解释

116

---

[1] 美国政府掌握决策权的政务官由总统提名任命，他们的政治生涯受任期的影响，一般和总统同进退。——译注

[2] Rich, Think Tanks, Public Policy, and the Politics of Expertise, 75.

[3] 尽管传统上加拿大的决策者们不相信外部政策研究团体，但是他们仍然更愿意加强自身与一些智库、非政府组织的联系。更多关于这方面的论述，见 Savoie, Breaking the Bargain, 103－131 页。

[4] See Orlans, The Nonprofit Research Institute.

智库在美国扎根的原因。

美国成为智库的安乐士，并不是因为大量的政策研究需求，而是因为美国的政治体系并不排斥非政府组织参与立法过程，而且美国政府欢迎智库参与政策制定。[①] 简而言之，美国国会高度分散化和碎片化的政治体系、弱小的党派和高层的高度流动性为智库塑造公众舆论和公共政策提供了大量的机会。当政府换届或智库与政府间"旋转门"极速切换时，这一因素变得尤为显著。依赖于慷慨的捐助者的资助、政策企业家的支持、寻求异见的媒体的拥护以及政府力量的帮助，智库逐渐成为政治舞台上的常青树。

二、机遇之国：美国政治体系中的智库

在一个政治权力分散、立法者畅所欲言、越来越多的国会议员和总统候选人向政策专家征求意见的国家，智库无疑处在一个令人羡慕的地位。就像拿着鸡笼钥匙的狐狸一样，智库找到了忠实的听众。更确切地说，它们确认了可以长期合作的受众目标客户群，其中包括在会议桌旁探讨政策选择的决策者，也包括寻求新闻热点的媒体。

像利益集团一样，由于资源有限，大多数的智库必须精心计划它们加入政治圈的方式和程度。我们将在下一个章节中探讨影响智库决策的诸多因素，而接下来我们将更多关注智库自身定位的问题，以及使智库成为活跃的政策参与者的制度和社会因素。正如美国宪法那样，我们首先来看国会。这也是许多华盛顿的智库最为青睐的地方。

117

---

① 例如，在加拿大以及其他拥有强大政党的议会制民主国家，非政府组织很难影响议会的政策偏好和成员选择。这就是为什么许多非政府组织将其注意力投向了内阁和官僚。这方面的论述参见 Young and Everitt, *Advocacy Groups*。

三、国会的首要理念

埃德温·福伊尔纳，传统基金会的极具魅力的主席，一直是一位预言家。他在华盛顿的政策国极负盛名。他曾获宾夕法尼亚大学沃顿商学院和爱丁堡大学的硕士双学位，随后又在爱丁堡大学获得博士学位。同时，他也是保守派运动的领导人物。1989 年 1 月，里根总统授予他总统自由奖章，以表彰他"建立的提供理念的组织"。福伊尔纳从不羞于承认自己基金会的使命，那就是使传统基金会在国会、白宫以及媒体中发挥影响力。[1]

传统基金会拥有超过两百名研究人员和职工，每年的预算达到 3 500 万美元，并且还把触角伸到了美国政府几乎每一个部门中。但正如福伊尔纳在许多场合中所声明的那样，国会才是传统基金会的首要目标，同时也是无数它（传统基金会）的仿效者的关注焦点。正如三十年前福伊尔纳和保罗·韦里奇一起担任国会助理时意识到的那样，智库非常重视争取国会议员及各下属委员会的帮助对赢得理念战争的重要性。毕竟，是国会而非总统负责立法，也是国会通过国家预算。另外，参议院负责确认总统的任命，包括美国大使、内阁秘书、中央情报局和联邦调查局的局长、国家安全顾问等关键职位。[2] 参议院还有权批准或否决国际条款、规范商业贸易。但相比这些权力而言，更为重要的是，也是智库必须清楚的是，国会对选民的需求直接负责。一旦智库与国会缔结联系，也就直接与美国公民有了联系。对于大多数智库来说，这条通道对于塑造公众舆论和公共政策至关重要。

手握重权、肩负重担的国会议员自然会吸引智库、利益团体、说客等非政府组织的关注。同时，迫切希望向参众两院阐明某些提案利弊的智库还会向他们大献殷勤，这样才能密切关注当前和即将出现的议题。这就是包括传统基金会在内的众多智库与国会两院保持紧密联系的原因。同时，智库还要关注各个国会和下属委员会举行

118

---

① Abelson, *American Think Tanks and Their Role in US Foreign Policy*, 56.
② 关于提名和确定总统候选人的过程，见 Twentieth Century Fund, *Obstacle Course*。

的听证会。受邀在一些著名的委员会上发表证言，智库就有机会在重量级的国议员脑海中留下印象。这些国会议员也许正需要关于某一重要政策问题的不同观点，或是需要其他力量巩固自身的立场。即使智库未能在特定的委员会面前发表证言，它们也会想尽办法获取会议结果。提供实时相关的政策建议是智库的准则。它迫使智库必须随时了解决策者所关注的议题以及他们贯彻想法时欲采取的措施。

基于以上原因，国会一向都是智库的关键目标。鉴于美国政党系统十分脆弱，这鼓励参众议员回应选民和利益集团的意愿高于党派的需求，所以它也是一项可贵的制度。美国国会议员和英国、加拿大议员不同，他们不与党派绑定，所以不用担心与智库的联系会破坏党内的凝聚力。国会议员可以按照自身的优势评估智库建议，而无需评估是否与党派利益和政策相一致。正如韦弗所说，政党脆弱的政治体系不仅为智库打开了大门，①还在一定程度上刺激了对智库的需求。

美国企业研究所的戴维·弗鲁姆出身于加拿大，在美国接受教育，并成为一名时事评论专家。他凭借保守的立场和辛辣的文笔，在布什总统第一任期内负责演讲稿撰写。他也认为脆弱的政党系统促进了美国对智库的需求。弗鲁姆还引用吉尔伯特和莎莉文的著作《皮纳福号军舰》（*HMS Pinafore*）中的话："我一向代表我党派的利益，从不为自己考虑。"弗鲁姆挖苦地说。"党派并没有连贯一致的利益"。他还补充称，在国会或是行政当局工作，"你必须为自己考虑。当然，大多数决策者认为这实际上是不可行的，因为任何一个众议员都无法在每个问题上为自己考虑，或者提前为即将出现的问题做好准备工作"。② 此外，据弗鲁姆所言，在美国"为立法和行政机关中的新任官员在上任之际提供详备、明晰的提案是极为必要的。决策者不仅需要决定大政方向，还需要规划和解决诸多具体的专业性的问题，因而他们需要专业知识。所以，如果你和国家领导人一样，是一个理论家，那你就可以另辟蹊径向政策

119

———————————

① 关于提名和确定总统候选人的过程，见 Twentieth Century Fund, *Obstacle Course*。

② 2004 年 5 月 20 日对弗卢姆的采访。

专家寻求帮助"[1]。

国会的研究机构或公共智库有很多，比如美国国会研究局、美国审计总署。国会议员依赖它们提供有关经济、环境以及其他重要问题的"客观"信息和数据。[2] 然而，这些机构向决策者提供服务的范围无法与众多私立智库相提并论，因为它们没有责任支持或推进决策者的意识形态目标。尽管可以协助国会获取某些问题的深入见解，公共智库却并不从事理念营销。简而言之，我们把此类智库归入联邦政府名下，而不是归为正在兴起的"倡导型智库"。

历史上曾有过一段短暂的时期，国会议员可以向政府其他部门的专家寻求建议。1998 年 3 月建立的国会政策咨询委员会就是这样一个组织。在这里，专家们可以与众议院领导讨论政策议题。这个委员会的 28 名政策专家中，有 21 名隶属于美国智库，包括委员会主席马丁·安德森——他是胡佛研究所的资深成员[3]。但是，正值其有潜力影响国会议员时，该委员会却在 2000 年悄然解散了。[4]

四、在椭圆形办公室内："是，总统先生"

美国许多智库把国会当作首要目标，但它们也时刻关注白宫。总统上任时对官员的任命权使得智库有机会左右政策的制定，而它们采取的方式是加拿大和英国国会体系中的同仁完全没法捉摸的。正如上文所说，美国常任高级政务官的缺失，使得智库有机会通过官僚机构向一些政府关键岗位输送人员。加拿大或英国首相可能会从资深公职人员或忠实党员中挑选人才担任高官，而美国总统则任命将近一万人。"大体而言，所有助理秘书级别及以上的人员都有可能成为政治任命的候选人。"[5]也

120

---

① 2004 年 5 月 20 日对弗卢姆的采访。

② 公共智库的角色和功能是 Robinson, "Public Think Tanks in the United States" 一文的核心。

③ 更多关于国会政策咨询委员会的资料，参见众议院政策委员会, "Congressional Policy Advisory Board Meets with House Leadership," 众议院政策委员会网站：policy. house. gov/news/releases/1998。

④ 国会助手从来自加利福尼亚州的前共和党议员 Christopher Cox 处得到的信息。

⑤ 同上。

就是说，美国总统有权力提拔政策专家，让他们进入政府部门。

下面是美国全国广播公司出品的《白宫风云》（*The West Wing*）中常见的场景：总统的办公室大门缓缓打开。在里面，总统身边有许多白宫参谋和政策专家，他们正在关于当下某一政治议题交换意见。在认真研究重大问题之后，被召集到白宫的政策专家们离开总统和他的心腹顾问去商讨问题。就在那些专家们双手交叉、目光如炬地看着这个世界上最有权势的领导人时，那些留下来开内部会议的人便开始书写历史了。尽管《白宫风云》中的镜头并不一定写实，但是总统确实经常倚赖亲信的顾问，而其中很多都是从智库聘请来解决一系列具体问题的。

正如我们在第一章中所说（包括吉米·卡特、罗纳德·里根、比尔·克林顿、小布什在内的）许多美国总统在竞选和任期内都曾向智库寻求建议。[①] 许多智库成员在政府担任要职，更有不计其数的人参与咨询委员会或特别工作组来协助总统处理政策问题。下面我们将用案例研究的方式，更加具体地探讨智库与政府部门之间的紧密联系。但我们更要了解的是，进入白宫能为智库带来很多裨益。实际上，许多智库的成员已经成为总统的重要顾问，并对政策制定起着非同寻常的作用。

美国宪法在外交方面，授予国会比总统更多的权力。[②] 但外交政策方面的学者决不能忽视总统在外交政策方面的决定性作用。尤其是在危机时期，美国人寻求的是总统的领导，而非国会。同样在危机时期，总统在做重大政策决定前也会向顾问寻求政策建议。因此，弄清这些顾问的身份以及理解他们的影响力至关重要。

121

五、迈向华盛顿：智库与官僚机构

美国联邦官僚机构经常被比作政府的第四分支，因为它的职权广泛地深入社会的各个方面。此外，它有权批准新的药物、监察运输业的安全措施、保护环境以及为

[①] 关于政策专家在总统政府中扮演的角色，参见 Pfiffner, *The Strategic Presidency, and Brauer, Presidential Transitions*。

[②] 参见 Goldwin and Licht, *Foreign Policy and the Constitution*。

有线广播公司发放执照。另外,保障美国国家安全也是它的职责。

因此,专注于外交事务与国家安全问题的智库意识到了政府关键部门在美国外交上的使命和管辖权。它们密切关注国防部、国务院和国土安全部,通过与这些机构的联系,掌握上述各部门关注的核心议题。和利益集团一样,智库明白如果它们想在政策制定领域保持长远影响,就必须与官僚机构内的政策分析人员、顾问取得并保持私人联系。这就解释了它们把出版物和机构信息递交给高级事务官,并详细记录外交决策机构中任职人员名单的原因。简而言之,智库想尽一切办法与政府部门打通关系,并保持密切联系。

我们会发现,想要具体了解智库是否成功渗入政府部门十分困难。但正如外交领域的资深学者霍华德·威亚尔达所说,我们必须找到突破点。"政府一定程度上是按照备忘录运行的。如果国务院或国防部的官员,或者是中央情报局和国家安全委员会的分析人员在为国务卿或领导,甚至总统自己在做备忘录的时候,手头正好有你提供的理念和分析,那你的影响力就发挥作用了。但如果你的分析根本没有被提交到这些人手上,或者更糟糕的是你连负责的官员是谁都不清楚,那你就无法发挥影响。就是这么简单。"①评估智库对外交政策的影响程度,也许并没有威亚尔达说的这么简单。但他认为官僚机构是智库发挥影响力的重要渠道,而且值得投入更多的精力,这个认识是正确的。在第6章中,我们将具体分析智库是如何与官僚机构建构紧密联系的,并进一步分析其中起到促进或阻碍作用的重要因素。

到这里,我们已经强调了智库在美国政治体系中的地位,并分析了它们选择特定目标的原因。智库热衷于与国会、行政当局、官僚机构加强联系已经显而易见,但在下文中我们还会发现,智库同样注重在媒体上的活跃程度。

对于美国智库来说,确定首要目标和利益相关者并不是什么难事。智库清楚地知道,在这样一个高度分散化和碎片化的政治体系中(或者用我的话来说是"机遇之

---

① Quoted in Abelson, *American Think Tanks and Their Role in US Foreign Policy*, 73.

国"中)，它们有多种多样的渠道来影响公共舆论和公共政策。但它们也知道，有好的理念并不一定能保证在政治舞台上获得成功。我们下面将会讨论，影响公共政策不仅仅要让决策者了解手头的政策选项，还需要决策者愿意接受它们的建议，选民乐意接受新的理念，同时政府拥有足够的资源实施其计划。然而，即便在智库开始影响公共政策之前，它们就必须确保自己能够获得资金开展研究和宣传。总而言之，智库和美国其他大公司一样，都必须有强大的领导力。这也是我们下面将要论述的内容。

六、一便士就能买你的理念：政策企业、慈善基金会以及智库

　　慈善基金会、企业和个人捐赠者对提高美国智库的地位起到了重要作用，他们在其中所扮演的角色不容小觑，政策企业家们对于智库的发展所做出的贡献亦是如此。正如埃布尔森和卡伯里在比较美国和加拿大智库时所指出的："在美国，对于致力于为政府提供信息和建议的智库来说，政策企业家对它们的形成起到了领导性作用。而在加拿大，这种领导作用更可能来自政府本身或者高级公职人员。这种不同源于两种制度所采取的激励措施和对专业知识的不同文化理解。"①约翰·金登将政策企业家定义为"提议或者观念的倡导者"②。这个定义表现了个人在政策问题中具有的重要影响力："像企业家一样，他们有一个很明显的特点，那就是出于对未来回报的期待——他们愿意投入时间、经历、名誉以及金钱等资源。"为什么政策企业家会进行这种投资呢？金登认为，他们是"为了推广他们的价值观，或者影响公共政策的形成"。③ 有证据表明，与诸如加拿大等议会制国家相比，（至少在私营部门）美国的这些企业家要更为优秀。

　　在研究美国的环境政策的议程时，哈里森和霍伯格发现加拿大和美国的政策企

123

---

① Abelson and Carberry, "Following Suit or Falling Behind?" 546 - 547.

② Kingdon, Agendas, *Alternatives, and Public Policies*, 129.

③ 同上，130。

业家精神是有所不同的。① 美国的政策企业家在宣传某些环境问题时发挥了更重要的作用(特别是氡的影响)，而且能够将其列入政治议程中，加拿大却没有类似的活动。哈里森和霍伯格认为，在某种程度上，政策企业精神的缺少与政治制度安排有紧密联系。② 正如智库一样，美国分权的政治体制、党派凝聚力的缺乏使得私人政策企业家们能够有机会塑造政治议程；相反，加拿大相对封闭的、政党驱动的体制对企业家们没有任何吸引力。

　　正如在第 2 章中所提到的，美国的一些智库将自己的存在和成功归因于意在促进全国对话的政策企业家。这些企业家们创立了智库，使其成为促进某种思想议程的制度工具。罗伯特·布鲁金斯、安德鲁·卡内基以及传统基金会的埃德温·福伊尔纳就是许多这类企业家中的代表。这种企业家精神在传统智库身上体现得淋漓尽致，智库以之为荣。

　　相反，埃布尔森和卡伯里认为，加拿大很少有私营部门的政策企业家直接创建的智库。③ 不过，在英国企业家安东尼·费希尔爵士、帕特里克·博伊尔、经济学家萨莉·派普斯和担任前执行董事和现任主席的迈克尔·沃克的初步指引下成立的费莎研究所，④以及在前总理皮埃尔·埃利奥特·特鲁多的全球和平倡议下建立的，目前已解散的加拿大国际和平与安全研究所是例外。在另一方面，公共部门是领导力的一个切实可行的来源。高级公职人员(例如迈克尔·皮特菲尔德、迈克尔·柯比⑤)

124

---

① Harrison and Hoberg, "Setting the Environmental Agenda in Canada and the United States."

② 同上。更多关于企业家精神理论的内容，见 Schneider and Teske, "Toward a Theory of the Political Entrepreneur." 关于制度结构对政策企业家精神的影响，见 Checkel, *Ideas and International Political Change*。

③ Abelson and Carberry, "Following Suit or Falling Behind?" 548.

④ 更多关于费莎研究所起源的资料，参见 Lindquist, *Behind the Myth of Think Tanks*, esp. 377 - 380。

⑤ 由于在公共领域的工作经验丰富，皮特菲尔德和柯比对于人们认识到无论在政府内部还是政府外部，决策者都非常需要政策专家这个事实中扮演了重要角色。皮特菲尔德曾担任内阁副秘书和枢密院副书记(1969—1973)。他还曾担任枢密院书记和内阁秘书(1975—1979)。柯比曾担任首相的副秘书(1974—1976)，负责联邦—省关系的内阁秘书(1980—1982)，枢密院副书记(1981—1982)。关于高级公职人员对于智库发展的贡献，见 Lindquist, *Behind the Myth of Think Tanks*。

在创建公共政策研究所、加拿大经济委员会、加拿大科学委员会将政策咨询机构时，都扮演了重要角色。①

在加拿大，创建政策知识中心的重要倡议往往来自政府内部，而不是像美国那样来自私营部门——这不足为奇。在一定程度上，这反映了加拿大对于政府和政策专家的关系拥有不同的文化理解。在美国，私营部门的政策企业家对智库的创建起到了重大作用；而在加拿大，智库却往往是由政府带头创建的。鉴于在加拿大的议会进程中官僚和政党拥有重大政策建议权，加拿大政府扮演的领导角色实属预料之中。②

在美国，倚靠私人而非政府的倾向也反映在广泛的私人和公司的慈善事业中。③包括拉塞尔·塞奇基金会、传统基金会、胡佛研究所以及卡内基国际和平基金会在内，诸多美国知名智库都从基金会的资助和慈善捐赠中获益良多。但是在加拿大，这种活动却不甚突出，④所以个人和慈善活动所创建的政策研究所也为数不多。相反，政府更可能在智库的发展和维护中担任带头作用。⑤ 在美国，福特、洛克菲勒、卡内基基金会等一直支持社会科学研究，其中很多研究都是由智库完成的。⑥ 在加拿大，慈善活动对智库的支持并没有像美国那样深深扎根于整个社会之中。因此，加拿大的大部分智库都很难生存下去。

但是，过度依赖慈善基金会和企业也有很大的风险。正如经常接受外国援助的政府会做出某些妥协一样，慈善基金会和大型企业的捐赠者会要求受惠一方的行事符合它们的制度使命。就像 20 世纪 80 年代中期，美国企业研究所亲身体验到的那样，如果某些智库的行为不符合捐赠者的政治议程，就会遭受很大的损失。美国企业

125

---

① Abelson and Carberry, "Following Suit or Falling Behind?" 548.

② 同上。

③ 更多内容参见 Bremner, *American Philanthropy*; Whitaker, *The Foundations*; *and* O'Connell, *America's Voluntary Spirit*。

④ Lipset, *Continental Divide*, 142 – 149.

⑤ Abelson and Carberry, "Following Suit or Falling Behind?" 549.

⑥ 关于基金会在美国的作用，见 Berman, *The Influence of the Carnegie*, *Ford and Rockefeller Foundations on American Foreign Policy*; and Sealander, *Private Wealth and Public Life*。

研究所致力于追求一个真正的保守派议程,因此主席小威廉·巴鲁迪 无法满足包括
奥林基金会、读者文摘基金会等几个右翼捐赠者的要求。最终这些捐赠者就撤回了
庞大的经济支持,以致美国企业研究所濒临破产。① 相反,对一些智库来说,按照捐
赠者的利益行事可以获得数额颇丰的回报。1998 年,位于华盛顿的保守派智库——
健全经济市民委员会在发起了一场阻止耗资数百万美元,意在修复佛罗里达大沼泽
的联邦计划的运动之后对此深有感悟。在这次运动中,健全经济市民委员会获得了
佛罗里达三家最大的制糖企业 70 万美元的捐款。"如果美国陆军工程兵团计划实
施,这三家企业将失去成千上万英亩种植甘蔗的土地。"②

　　总之,在美国,智库的发展得到了几个重要的文化传统的支持,包括但不局限于
慈善模式和并行于官僚制的独立顾问。这种现象促进了来源于私营部门的政策企业
家精神的发展。加拿大的文化背景为智库的发展提供了一个截然不同的环境。特别
是其官僚习气,有时阻碍了外部的建议。

　　以上的论述能够帮助我们更好地理解为什么相对于其他西方发达民主国家,美
国能够成为智库的乐土 。美国政治体制的开放性、党派的低组织程度、慈善基金会
和政策企业家的意愿等都为成百上千的智库铺平了道路。然而,尽管智库的影响力
在美国政治生活中不断增强,但是大多数政策制定方面的文献还未能恰当地说明这
些组织所扮演的角色。在描绘决策过程的流程图表中,行政部门、国会、国家安全委
员会、国防部、国务院、中央情报局等情报机构都非常明确。然而,有趣的是,智库的
参与却在很大程度上被忽略了。在下一章,我们将讨论几位代表性的学者在利用外
交决策的传统模型和理论的基础上,如何解释美国在世界事务中的行为。在这个过
程中,智库参与外交政策研究的诸多方法将会更加明确。

---

　　① 美国企业研究所在 20 世纪 80 年代中期所遭受的经济危机也是由于其经营不善而造成的。见
Abelson, *American Think Tanks and Their Role in US Foreign Policy*, 53 - 54。

　　② Morgan, "Think Tank or Hired Gun?"更多关于智库和公司捐赠者之间的关系资料,参见
Stefancic and Delgado, *No Mercy*。

5. 智库和外交决策研究

在美国,尽管智库的数量逐渐增加并不断影响着决策者的偏好和选择,但政治学家过了很久才意识到它们已经参与到了决策过程中。约瑟夫·佩谢克指出,学者倾向于将决策理解为府际政治或是利益集团竞争的结果——这一忽视并不全然出人意料。"权力的'私人'用途和'公共'用途之间的区别为政治学家所接受。这一事实或许有助于解释他们为何忽视智库的存在,因为他们只将政策视为政府间协商或是政府外的利益集团施压的结果,于是就忽视了智库在政治过程中的重要性,"①佩谢克说道。他指出上述观念在政策周期的初始阶段——也就是规划公开辩论范围的阶段时——会更为强烈地被人感受到。

即使有人承认政府间和利益集团间的协调是相互独立的,②但这并不能解释智库在这两大政治过程中的影响力为何受到忽视。事实上,智库与不同层级和不同部门的政府官员间保持着频繁的交流。不仅如此,它们依赖于不同的渠道(包括许多公共渠道)将自身想法传递给在职官员——这在下一章中会讨论到。通过发行出版物、举办会议和启动研究项目,智库能够直接或间接地协助利益集团、联盟机构、贸易协会和企业完成任务——这一话题在第八和第九章会继续谈到。简而言之,学者很难忽视智库的重要性,即便他们对权力在公共领域和私人领域的用途进行了区分。

---

① Peschek, *Policy Planning Organizations*, 19.

② 相关文献中关于利益集团、其他非政府组织与政府部门、机构之间的独立程度的讨论由来已久。尽管阿瑟·本特利、大卫·杜鲁门等学者认为公共政策反映了利益集团竞争的结果,国家在竞争中只发挥了协调的作用,但诸如埃弗特·林德奎斯特、休·赫克洛等人认为,许多公共政策是具体政策共同体中政府组织和政府组织不断交互的产物。参见 Helco, "Issue Networks and the Executive Establishment," and Lindquist, "Public Managers and Policy Communities."简而言之,所谓公共权力的公共用途和私人用途之间的区别是有争辩价值的。

更可能的原因是，智库淡化或低估了自身在决策中的作用。因为与动机和目标相对明确的利益集团相比，它们的角色更为模糊，也就更难以界定。换言之，由于利益集团重视自身在政府决策过程中的影响力，它们采用不同的游说策略以实现自身目标也就不足为奇了。毕竟，这是它们存在的意义。利益集团对公众和决策者进行施压、诱骗和操控从而实现自身目标寻求支持已不算是秘密了。相比之下，智库的目标和优先选项要模糊得多，因此常常不容易察觉。

20 世纪初，一些智库认为要实现政府权力和公共利益的齐头并进，最有效的方法就是发展并培育一个以追求知识为第一要务的环境；尽管它们渴望获得政策上的影响力，但其重要性仍居于次位。[1] 布鲁金斯学会等智库意识到将学者的专业知识用于服务国家利益意义重大。然而，随着思想市场的竞争日益激烈，个人、非政府组织，甚至是媒体都力争自身的想法能为政府所听取。[2] 因此，绝大部分智库似乎都相信除非它们转而投身政治事业（许多学者对这一趋势感到沮丧），否则自身利益和更广泛的公众利益都不会得到提升。

总的说来，因为智库能扮演也确实扮演了多种相互冲突的角色，要总体评价它们的行为困难重重，这点将在下面的案例研究中有所体现。不仅如此，因为相比于利益集团，智库在决策中的贡献要更难以理解，它们受到忽视也就合乎情理了。比起建立一个概念框架以使学者能够评估智库在政策制定中的影响，假定智库在决策中不存在或是只发挥有限的作用要容易得多。

然而，由于学者无法再忽视于美国落地生根的两千多家智库以及众多智库在影响公众舆论和公共政策中所发挥的积极作用，我们就有必要考虑如何将这些组织纳入主流决策理论的模型、学说和方法之中。这一章的重点将尤其关注外交政策以及解释国际事务中美国国家行为和领导人行为的多种方法。除此之外，通过这一分析，

---

[1] 参见 Smith，*The Idea Brokers*。

[2] 例如，参见 Brock，*The Republican Noise Machine*，and Lieberman，*Slanting the Story*。

我们可以思考决策模型该做出哪些变化,从而将决策过程中智库的贡献充分考虑在内。本章首先探讨学者研究外交政策所依赖的基本框架。此框架将决策过程分为三个显著的阶段:政策投入、政策生成(或称"政策黑箱")和政策输出。在这之后,本章将会建构多个理论以阐明决策过程的内部运作方式。最后,本章还会探讨对研究智库和对外决策可能有所助益的方法(有一些已在第三章列出)。

一、外交政策研究

在许多方面,外交分析(或称外交政策研究)是国际关系学的基础工具。我们通过观察领导人和国家的行为,分析所有可能对它们产生影响的国内外因素来理解神秘而复杂的国际事务。将这一方法运用到外交政策研究之后,学者很快发现分析外交政策既引人入胜,同时又让人沮丧。事实上,有什么比深入当代领导人(他们的行动和事迹能够影响并最终决定历史进程)的内心世界更为吸引人的呢?另一方面,如果不能确切了解是哪些因素、哪些事件或顾问提出的哪些建议影响了领导人的决定,又有什么比这更令人沮丧的呢?

相比于按部就班就能成功搭建的烧烤架或是儿童秋千,学者很难通过构建流程图概括决策的过程,更别提最后还可能会徒劳无功。决策,尤其是牵涉战争与和平的决策,不能也不应该通过将人类情感转化为一个简单的公式、模型或是方程的方法进行解释。尽管一些学者将外交政策视为一门科学,但决策过程却与科学几乎毫无关系。[1] 研究外交政策的学者像制定外交政策的官员一样,也需要意识到每个问题、每种情形都是独特的。他们必须像 6 世纪末希腊哲学家赫拉克利特那样理解"人不能两次走进同一条河流"的实质。也就是说,尽管决策中的某些方面是相对恒定的,比如宪法赋予国会和行政当局的权力,但也有许多其他方面是不断变化的。其中的难点在于如何构建一个分析框架来研究外交政策的制定过程,从而让学者能够同时评

130

---

① 例如,参见 Rosenau, *The Scientific Study of Foreign Policy*。

估恒定因素和变化因素。

和 1、2、3 数数一样简单，是吗?

在国际关系学、美国政治学和美国外交的本科生概论课程中，教师通常会通过指明政策周期的三大独立阶段——投入阶段、生成阶段和输出阶段——介绍外交政策的制定过程。外交政策流程经常以下图形式列出(不同方框代表不同阶段)。

方框 1 代表投入阶段。学者们意识到美国国内外都存在通过影响美国外交政策以谋取特定利益的组织和个人。他们通过不同的渠道传递自身想法和偏好。这些在外交政策制定中进行投入的个人、群体可能包括：学术人员、记者、政党、利益集团、游说者、政治顾问、智库、外国领导人、工会、跨国公司和国防项目承包商。然而，为使得外交政策研究更易于实施，学者经常会选择调查这一类个人和组织：他们真诚地致力于影响美国某一特定的外交目标或外交行动。由于存在成百上千的组织和公民个体试图发表自身的意见以论述美国外交政策的利弊，要跟踪调查所有人是毫无可能性的。因此，集中于某一具体政策问题是很必要的。

131

方框1   方框2   方框3

投入

生成

输出

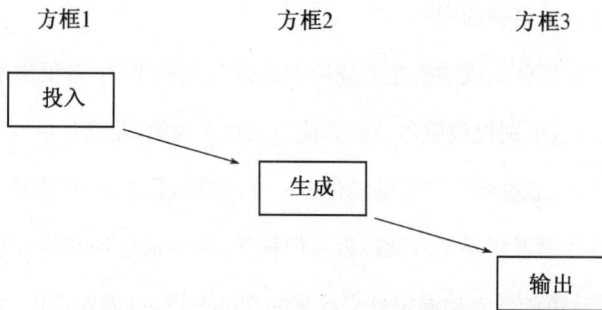

编一份名单将倾向于在影响决策过程中的组织和个体囊括其中，这一任务并不像常人想象得那样令人退避三舍。事实上，在大部分政策辩论中，由利益集团、游说组织、记者、政策专家组成的一批敢于发声的精干团队会很快表明自身的立场。他们在新闻报纸、舆论杂志、不同的网站发表对自身关注问题的看法，并在电台和电视上发表评论。有时候，领域内广受认可的专家还会受邀在国会发表证词。这是进一步宣传自身理念的良机。尽管某些组织和个体更情愿在幕后影响决策者，但在大部分

情况下,外交政策分析师能很快辨认出"常规嫌疑人"。

简而言之,在政策周期的第一阶段中,团体和个人通过分享自身的意见来阐述美国正处于考虑或是实施阶段的政策的利弊得失,从而争相获取公众和决策者的注意。在某些方面,这一阶段很像堆肥过程——储存材料以备将来使用。在此阶段收集的想法有些会遭到摒弃,有些会被某些组织和个人回收利用并对外宣传。这些组织和个人能够影响决策者的态度、信念和倾向。[①]

在研究方框 2 的内容之前,先来看看方框 3 的内容——政策输出或者决策结果——将会有所帮助。这些输出或是结果仅仅是领导人代表国家所做出的决定。此阶段也是政治周期中迄今最为简易也最为透明的阶段。外交专业的学者经常会花一整天的时间试图解释决策者做出特定决议的方法和原因,但不会花太多时间记录决策者已经做出的实际决策结果。毕竟,针对冲突问题、冲突消解、国际贸易等等外交问题,领导人不会将自己的决定藏得太久。

至此,我们几乎毫不费力地就能描述政策周期两大阶段内所出现的内容。然而,若要完成这三步决策过程,我们必须阐明方框 2——即生成阶段——所出现的内容。对于期待连接政策投入阶段和政策输出阶段的研究者来说,给他们造成不计其数的阻碍的正是"生成"阶段——或是许多学者所称的"政策黑箱"。外交学领域的顶尖学者金姆·理查德·诺萨尔指出,"由于政策学家无法得知国家通过何种决策方式决定对外政策行为,所以他们通常将国家外交决策过程构想为一个黑箱。黑箱内的大部分操作是不为人所见的,因此只能通过猜测得知……需要等到外交史学家获取了那个时期的外交记录之后才能进入公众视野"[②]。

历史学家可以得到外交档案、日记、信件、备忘录等宝贵资料,也因为其生活的年代处于事件尘埃落定之后,又可将这些文献置于合适的历史背景下。相比之下,研究

---

① 黛安·斯通在描述这本关于智库的著作时,使用了相似的类比;参见"Recycling Bins, Garbage Cans or Think Tanks?"。

② Nossal,"Opening Up the Black Box," 533.

外交政策的学者并不总有时间等待这些记录浮出水面，因此即便他们碰上了决策中的黑箱也不能保持沉默。政治学家的使命就是在政治事务开展后立即做出评论。因此他们没有多余的选择，只好建构理论和模型以使自己能够窥探黑箱中的内容。下一节将讨论一些为了打开方框2而建立的理论和模型，并评估它们潜在的优势和缺陷。除此之外，我们将会发现外交政策研究尽管给人以启迪，但其本质却是复杂的。尽管学者不遗余力地想要建构一个伟大的理论以解释外交政策制定过程的本质，但没有一个单一的理论能够解释手握重权的领导人为何会采取某些行为。

二、窥视黑箱内部

理性行为模型

对于国家中心论者，理性行为模型可作为出发点来帮助解释外交中国家行为和领导人行为。这一模型认为国家扮演着一位理性、庞大、单一的决策者角色。它还认为国家能够通过利用完全的信息识别并选择行动步骤以实现自身的战略目标和战略任务。[①] 国家应对问题的过程被认为相似于个人做出理性选择的过程。一旦它们决定了自身的目标和任务，下一步就是评估可供自身使用的不同选项。该模型认为国家在评估选择的过程中，会先评估每一特定行动的后果，再经过深思熟虑后做出效益最大化决议——利益最大化、成本最小化的行动步骤。

理性行为模型之所以吸引众多学者，是因为它为外交政策研究提供了直接、易处理的方法。但是，模型的若干基本假设是受到质疑的。首先，把国家——尤其是以民主原则为立国基础的国家——当作中央集权式的决策群是不切实际的。通过将国家视为能够做出理性选择的个体，理性行为模型的支持者试图解释哪些因素促成了特定决策结果的形成。然而在将国家简化到个体层级后，政府过程的运行几乎遭到了忽视，更别提参与流程的不同个人和组织了。领导人或许更倾向在不受外部干扰的

---

① 关于有助于深入了解理性行为者模型的总结，参见 Allison，*The Essence of Decision*。

情况下做出决议,但由政策顾问、政党、各部门、委员会、利益集团、公司和工会所施加的各种压力经常会限制他们做出独立决策的可能性。不仅如此,在一个高度去中心化和分权化的国家(比如美国),政府很少拥有机会使用同一个声音说话。相反,美国用多个不同的声音说话,若干相互矛盾的外交政策便是明证,比如布什政府攻打伊拉克的决议。在伊拉克一例中,总统和他的核心顾问对于战争表明了自身的立场,但许多国会议员却对美国应该何时、采用何种方法进行武装干涉表达了截然不同的构想。最高法院也会定期参与就宪法赋予总统的开战权这一主题所展开的讨论。[①]

另需重视的一点是,尽管总统身居国家的最高职位,他所代表的政府是由以争取提高自身权力为目标的若干松散的联盟构成的。格雷厄姆·阿利森在其重要成果"古巴导弹危机"[②]中提到,尽管各部门和机构理应协助政府制定并落实政策,但它们常常专注于提升自己在官僚体系中的地位。若这些机构和部门从根本上反对某项政府制定的具体措施,它们能够采取措施阻挠领导人选择自己所偏好的政策。[③] 这一可能性再次证明政府很难用同一种声音说话。

其次,理性行为模型的基本假设之一是政府在评估特定行动步骤优劣的过程中,领导人能获取完全的信息——为了做出价值最大化决议,领导人必须拥有完善的相关信息。若国家可以获取全部的信息,领导人也可以对感知到的成本和利益进行合理计算,并以此为据做出决议。那么,如何解释自古以来领导人所做出的决策无论如何都是明显非理性的呢?组织行为学的著名权威赫伯特·西蒙[④]指出,领导人偏向

134

---

① 关于最高法院不愿参与行政部门和国会就外交政策的讨论,参见 Uhlmann,"Reflections on the Role of the Judiciary in Foreign Policy"。

② Allison, *The Essence of Decision*.

③ 各部门、机构通过将机密信息泄露给媒体和国会,降低信息传递的速度,并在整个官僚体系内建立不同的效忠关系,以此削弱政治领导实行某项政策的能力。关于公职人员能在多大程度上阻碍决策者的问题请参见 Albert Breton and Ronald Wintrobe's study "An Economic Analysis of Bureaucratic Efficiency"。

④ 赫伯特·西蒙著有多部与个人、组织行为理论相关的著作。参见 *Administrative Behaviour*, *Models of Man*, and, with James March, *Organizations*。

于减少信息需求，即满足于不充分、不可靠并且通常来说是错误的信息，这就是国家的决策为何倾向于非理性的部分原因。

尽管大部分个人和组织选择理论"引用了'完全理性'这一概念。在'完全理性'的状态下，个体和组织能够在考虑各可选方案的后果、可能性和功用①后选出最佳方案"，但西蒙称"有限理性"这一概念更能精确地反映个体和组织处理信息的过程。"有限理性"认为"作为可选方案生成者、信息处理者和问题解决者，人类的能力无论在生理还是心理上都有极限。这对个体和组织的决策过程造成了约束。由于上述限制，有意图的理性行动需要匹配简化的模型——概括问题的主要特征但不囊括其每一个方面"②。

换言之，西蒙认为由于个体不具备做出"理性"决策所必需的处理大量信息的能力，他们只好简化决策过程。③ 西蒙继续说道，领导人因面临时间压力和其他制约，做出理性选择的能力受到了削弱，就会采用他称之为"令人满意"的行事方法替代效益最大且配置优化的目标。更确切地说，个体在决策的过程中，并不会将所有的可选方案都考虑之后再做出选择。相反，他们会选择一个"足够好"的解决方案，即能满足自身眼下目标和任务的解决方案。正如西蒙所说，个体和组织"只求在大海中捞到针，不求捞到最尖锐的针"④。

西蒙所提出的有限理性理论不仅阐明了理性行为模型的局限性，更有助于解释

---

① Allison, *The Essence of Decision*, 71.

② 同上。关于赫伯特·西蒙的"满意"理论的分析，参见西蒙的研究著作《管理行为》。关于他对组织行为理论的贡献，需要了解更多请参见他的自传 *Models of My Life*。

③ 查尔斯·E. 林德布洛姆认为决策者的决策过程有别于理性行为者的基本假设，在选择行动步骤前并不会考虑所有可能的结果。相反，他们在决定某个具体问题的应对方法之前会查看先前的政策决定。林德布洛姆认为，决策者在决策中采用的是渐进主义的策略，即改进已有的政策以应对新生问题。因为决策者熟知哪些政策是曾经失败过的，哪些又是曾经成功过的，因此他们就没有动力去确立新的政策立场。尽管林德布洛姆的理论有助于解释为何政府政策长期以来是连贯一致的，但无法解释外交政策和国内政策的方向为何会出现重大变化。参见他的研究文章"The Science of Muddling Through"。

④ Allison, *The Essence of Decision*, 71.

领导人为何经常不能完全理解自身决议的后果。他们因专注于解决眼下的政策问题而可能忽视了自身行动的长期影响。因此，即便领导人有着最佳意图，但事实证明，他们的行动也可能极具危害性。

虽然理性行为模型存在以上缺陷，但可作为参考框架用于讨论如何将智库这一变量纳入更为正式的外交决策理论中。假定代表国家的决策者在决策前像理性行为模型的支持者所做的那样，评估了不同选项的优势和劣势，他们就应该索求，甚至有时要依靠多种不同渠道的政策建议。由于很少有决策者拥有全面的知识——美国企业研究所的大卫·弗罗姆之前引用过这一论述——他们经常向内部政策顾问寻求指导也就不足为奇了。不仅如此，本章自始至终都在说明总统和总统候选人——更别提国会议员和国会工作人员了——在开始制定政策以及具体政策形成的漫长而艰巨的过程中，经常会邀请智库提供"政策投入"。

在审视智库如何提出想法并将其传递给决策者的过程中，使用理性行为模型至少能够评估出该政策领域专业知识的重要来源。由于就一系列不同的问题，智库不断将大量相关的信息和建议传递给决策者，因此我们不能忽视他们试图框定政策辩论范围的举措。即便理性行为模型的支持者坚持认为国家是以一个声音说话的，他们也不应忽视国家是如何找到说话的依据并将之清晰阐明的。某些时候，包括总统在内的决策者在担任公职期间对于如何治理美国有着极为清晰的构想。比如，罗纳德·里根经常因没有对政策的实施过程保持足够的关注而受到批评，但他积极致力于建立一个经济和军事实力无可匹敌的国家。① 约翰·F. 肯尼迪和比尔·克林顿也强烈地意识到自己的执政使命。② 但每位总统都明白要将构想转变为现实，需要上百位专家和顾问（许多来自最顶尖智库）的大量投入。

---

① 以里根政府为主题的书有上百部，几乎涉及了里根政府的每个方面。关于里根任期的全面分析，参见 Cannon, *President Reagan*；Brownlee and Graham, *The Reagan Presidency*；and Wallison, *Ronald Reagan*。

② 关于肯尼迪对美国的构想，参见 Dallek, *An Unfinished Life*. 关于克林顿对美国和世界的看法，参见 Clinton, *My Life*。

135

理性行为模型还可将智库这一变量纳入其体系中。如上所述，智库能够也确实在协助决策者更好地理解不同的行动步骤产生的成本和效益。许多智库也能就决策的最佳方式提供建议。简而言之，理性行为模型解释外交政策性质无需为了考虑智库的贡献而放弃自身的若干基本假设；相反，他们只需就这些假设提一些基本问题。

136 假如国家使用一个声音说话，那么是谁影响了这一声音的形成？不仅如此，既然国家拥有识别问题并提出合适的解决方案的能力，何种类型的组织会倾向于协助完成这些艰巨的任务？假如国家拥有做出价值最大化决议的能力，谁又有能力来评估国家感知的成本和效益？

毫无疑问，这些问题的答案都会导致学者进一步审视美国外交学知识的众多来源。在采用这种调研方式时，他们会像佩谢克这样的观察家那样，发现智库能够也确实在外交政策过程的重要阶段发挥了突出的作用。但随着进一步深入发掘，我们会了解到智库的存在并不只有在白宫和国会山才感受得到。一些智库与十多个政府部门和机构建立了紧密持久的联系，但研究外交政策中官僚作用的学者却经常忽视了这一影响巨大的渠道。

三、官僚制决策模型

在与美国官僚制决策相关的文献方面，没有谁比前任哈佛肯尼迪政府学院的院长格雷厄姆·阿利森做出更为重大的贡献了。在《决策的本质：解读古巴导弹危机》（*Essence of Decision：Explaining the Cuban Missile Crisis*）一书中，阿利森通过建立另外两个制定外交政策的范式：组织行为模型和政府（官僚）政治模型，揭示了理性行为模型的内在缺点。阿利森认为，理性行为模型会忽视决策过程中的两大重要特征：

其一是领导人在选择政策方案的过程中,官僚部门所施加的限制;①其二是政府官员之间为角逐政治权力和个人利益展开的激烈竞争。

理性行为模型认为国家事实上会做出利益最大化的决议,但阿利森认为官僚组织能够也确实限制着决策者可选政策方案的数量。组织行为模型认为各部门和机构为了正常运行,也就是为了保持易于管理的官僚机构,必须遵循标准化的运行程序。因此,阿利森认为他们在某些时候并不能灵活地调整自身行为或是调配资源以满足决策者的目标和偏好。他在分析引发美国国家安全委员会执委会(ExCom)②命令海军包围古巴的诱因——古巴导弹危机——时指出,决策者强烈支持使用空袭,但在海军高层质疑这一行动的后勤能力后,他们不得不重新考虑了这一选择。简而言之,他认为领导人或许倾向于采取特殊的战略,但来自官僚体系的限制却可能迫使他们选择另一套行动方案。这一理论使包括斯蒂芬·克拉斯纳在内的学者尤感困惑,因为他们仍相信控制外交政策的是总统而不是官僚。③

领导人试图实现自身在国际舞台上的目标时,官僚体系的阻碍不容忽视,同时也要关注决策者在决策过程中推广自身议程的意愿。流程图中的外交政策过程阐明了行政机关和立法机关在国际事务上共担责任的方式,但几乎没有揭示行政当局和国会要员之间的政治协商过程。在阿利森看来,除非外交观察家承认高层决策者之间

137

---

① 尽管阿利森对于官僚制决策理论做出了重大贡献,但他并非采用该方法的第一人。Richard Neustadt, *Presidential Power* 将总统描述为永受官僚制制约的最高领袖。其他学者的著作,包括 Morton Halperin, *Bureaucratic Politics and Foreign Policy*, and Roger Hilsman, *The Politics of Policy Making in Defense and Foreign Affairs* 都从官僚制的角度审视了决策过程。

② Excom 指美国国家安全委员会执行委员会(Executive Commitee of the National Security Council)。在古巴导弹危机期间,Excom 成员包括肯尼迪总统,司法部长罗伯特·肯尼迪,国务卿迪安·腊斯克,国防部长罗伯特·麦克纳马拉,中央情报局局长约翰·麦科恩,财政部长道格拉斯·狄龙,肯尼迪的国家安全事务顾问乔治·麦克邦迪,总统顾问泰德·索伦森,副国务卿乔治·鲍尔,副国务卿助理亚历克西斯·约翰逊,参谋长联席会议主席马克斯韦尔·泰勒将军,负责拉美事物的助理国务卿艾德文·马丁,国务院苏联专家卢埃林·汤普森(前任奇普·波伦被调任为法国大使),国防部副部长罗斯威尔·吉尔帕特里克,国防部长助理保罗·尼采(负责国际事务),副总统林登·B.约翰逊,驻联合国大使阿德莱·史蒂文森,总统特别助理肯·奥多奈尔。

③ 参见 Krasner, "Are Bureaucracies Important?" and *Defending the National Interest*。

存在争夺部门和个人利益的斗争，否则他们不可能精确地描绘出决策过程。

不同于组织行为模型，政府（官僚）政治模型聚焦于高层决策者为角逐个人目标和政治目标所展开的竞争。官僚政治模型将决策过程视为一个游戏。游戏中，玩家为了吸引总统的注意而展开竞争。阿利森认为，"在政府（官僚）政治模型中，并非只存在单一的角色，而是存在各种各样的玩家。他们不仅关注纯粹的国际战略问题，也关注国内问题；他们也不是以一系列连贯的战略任务为行动准则，而是依据国家、组织和个人目标中的多重理念开展行动；他们通过多方权衡而非单一的理性选择做出政府决议"①。在这一模型中，阿利森试图证明决策过程的无序性和特殊性。通过以上合理的陈述，他得出结论：决策的成功最终取决于一系列的因素，包括官僚阶级中一批精英的重要性——这批决策者在特定领域所拥有的专业知识数量以及说服同行支持自身立场的能力。②

组织行为模型和政府（官僚）政治模型聚焦于决策过程中某些虽重要但也常常受到忽视的层面。然而，两个模型都没有考虑到政府正式管辖范围外的个体和组织所发挥的重要作用——他们和官僚阶级之间维持着稳固的联系。作为致力于影响公共政策和公众舆论的组织之一，智库齐心协力以扩大整个群体在政府中的影响力。通过发展自身的专业领域并和不同部门和机构建立联系，他们试图长期保持与决策者的交流。如上一章所指，兰德公司、哈德逊研究所和城市研究所等智库凭借自身与不同联邦部门的合同关系，可拥有大量机会深入官僚机构。其他诸如传统基金会、美国企业研究所和卡托研究所等智库也致力于扩大自身在政府第四分支内的联系和影响力。

组织行为模型和政府（官僚）政治模型可将智库在官僚机构中的投入这一变量轻松纳入自身的框架中。比如，在古巴导弹危机这一案例中，阿利森本可以将兰德公司

138

---

① Allison, *The Essence of Decision*, 144.

② 同上,169。

的科学家在五六十年代的贡献考虑在内。此期间内,兰德公司为制定美国核战略提供了帮助。这可用于评估五角大楼对于苏联的核武器威胁所做出的回应,也可部分解释为何一旦赫鲁晓夫同意撤去古巴的核导弹①,肯尼迪政府的国防官员就同意拆除部署在土耳其的美国"木星"导弹。智库(尤其是一些与官僚部门建立紧密联系的智库)有时会在决策者对于特定政策问题的处理中起到重要作用。

　　相类似地,由于许多高官来自智库,并在离职时重回智库(即所谓的"旋转门"现象),智库和官僚机构之间牢固的联系是难以忽视的。如附录 2 中的图表所显示,几十位来自美国知名外交智库的学者在政府各部门居了高位。实际上,通过浏览几位智库学者的传记,就不难发现智库已深入联邦官僚机构之中。来自智库的学者在几乎所有外事部门(包括国务院、国防部、中央情报局和国家安全委员会)中都占有相当的比例。通过在政府任职,他们建立起了广泛的联系,从而有助于传播自身的思想。这也是智库特别喜欢招募前任政府官员的原因。因为意识到在官僚机构内部建立并扩大关系网络会产生丰厚的回报,很多智库齐心协力地在官僚机构中建立稳固的根基(这在下一章会讨论到)。

　　目前为止,本章已经简要考察了学者该如何对理性行为模型与阿利森的官僚决策模型进行改进和扩充,从而将智库的作用充分考虑在内。学者只需粗看一下智库员工在联邦政府中工作的详细目录,就会意识到这些重要的联系是如何协助智库深入外事部门的。事实上,既然格雷厄姆·阿利森一丝不苟地审视了不同政府部门的官僚应对古巴核导弹危机的方式,其他学者也可以效仿他,细致地审视智库员工如何依靠与前任雇主的联系而将自身想法传递给政府要员。智库只需了解信息在政府部门的传递方式,就拥有了相对于其他竞争者或非政府组织的竞争优势,因为后两者的雇员几乎或完全没有政府工作经验。这一不成熟的学术调研方法可以带来极为有趣

139

―――――――――

　　①　以古巴导弹危机为主题的书有上百部。关于有助于深入了解此次重大外交政策危机的综述,参见 Stern, *Averting "the Final Failure"*。

并有价值的发现。

四、决策中的心理特征

　　除了进一步思考智库与官僚机构之间的稳固联系之外，学者可通过进一步探索决策中的心理特征而有所收获。近年来，这一领域的外交政策分析重新吸引了学者的注意。通过研究决策中的心理特征，他们会发现主流的决策模型和理论是无需淘汰的，他们只需对原有的模型和理论进行补充就能更好地理解智库参与外交政策过程的方式。

　　约翰·斯坦布鲁纳和阿利森一样，认为单一的理性行为模型不能解释为何历史上国家和领导人会采取非理性政策。他指出，"1941 年，日本向美国发动袭击。这一决定与分析假设有着明显的差异。同样，1941 年英国高层相信对纳粹空袭效果的预估，认为纳粹对签订和平协议更感兴趣，但事实并非如此。1967 年 5—6 月，埃及军队冒险攻打以色列并大败而归后，决策者的选择是否符合分析逻辑遭到了质疑①……在诸如此类的事件发生后，主流范式遭到了质疑"②。为了更好地阐释领导人的决策过程，斯坦布鲁纳提出了"决策控制论"。他认为政策制定者很少会依据理性行为模型中的指示决策。他们在审议过程既不依靠完善的信息，也不会假装做出价值最大化决议。相反，他们仅仅试图降低混乱无序、变幻莫测的决策环境中存在的不确定性。这是常年依赖本能决策所得出的经验。在这一论述中，斯坦布鲁纳暗示了领导人能够学会依赖本能解决政策问题，就像网球运动员有接发球的本能，或是常人有碰到炽热的物体就会移开手以避免受伤一样。

　　斯坦布鲁纳认为决策者面临来自四面八方的信息会应接不暇，以至于不可能在做出重要决定前消化所有相关数据；相反，他们会构建一个高度结构化的稳定环境，

---

　　①　关于决策者在 1967 年阿以战争期间所面临的众多限制因素的分析，参见 Stein and Tanter, *Rational Decision-Making*。

　　②　Steinbruner, *The Cybernetic Theory of Decision*, 47.

并在其中审视和处理政策问题。他陈述道,"决策者拥有一套处理信息的程序。政策决定和实际结果就由这一套程序生成。但他的内心并没有追求一个刻意设计的结果。因此,他内心的不确定性降到了最低……决策者被认为拥有一小套应对程序和决议准则。在接受了敏感信息后,这些程序和准则就会立即决定出行动步骤"①。斯坦布鲁纳称,通过建立处理信息的程序和机制,决策者可以在不考虑所有可能的行动方案的情况下做出理性决策。换言之,控制论认为决策过程并不符合理性行为模型。个体并不会以目标和任务的效益最大化为目的选择行动步骤;相反,个体做出的政策决议由其自身对特定类型信息的反应情况而定。"决策机制会筛去已在大脑中被设定为不予接受的信息。换言之,不确定性控制涉及了高度敏感性。信息只有在进入决策者大脑中已有的敏感性极高的反馈渠道后,决策者才会对它感到敏感。因此,影响结果的诸多因素对于决策并不造成影响。"②

斯坦布鲁纳的决策控制论有助于解释决策者如何试图通过筛除特定类型的信息以降低决策环境中的不确定性。然而,关于他认为决策是大脑程序化回应的这一观点需要进一步讨论。个别领导人或许更倾向于在稳定、受保护的环境中做出决策,但他们的观点和理想却可能受多种因素的影响。比如,决策者身边围绕着来自不同政府部门和智库的顾问和专家,因此有可能改变自身偏好的行动方案。更确切地说,尽管决策者可以建立起只接受少部分信息的机制,他们对所接受数据的反应情况取决于提供信息和建议的群体类型而非程序化的回应。

有别于程序化的机器,决策者不会习惯于以预先设定的方式做出回应。他们会选择性地忽视自身认为不相关的信息,但不能认为一小套规则会影响决策结果的制定和实施。决策者受到强烈生存欲望的驱动,会通过采取最有效方式来做出理性政策选择,从而适应自身所处的环境。对某些决策者来说,这一过程或许需要他们在最

---

① Steinbruner, *The Cybernetic Theory of Decision*, 66。

② 同上, 67。

终决策前消化尽可能多的信息。比如，卡特和克林顿在最终决策前会读取和某一特定问题相关的所有细节。但对于其他领导人来说，他们的决策风格或许用赫伯特·西蒙的"满意"模型来描述更为贴切。

斯坦布鲁纳的控制论和阿利森的官僚制分析模式一样，都不能一锤定音地阐明领导人做出重大外交决策的流程，但其框架使得学者可以观察智库是通过何种方式来试图影响领导人所处的政策环境的。意识到决策者很少有时间或者耐心去消化满足价值最大化决策所必需的大量信息，有些智库就向这些决策者提供重大国内外问题的简明分析结果。下一章会讨论到传统基金会在这方面所做的工作最具成效。该基金会为民选官员及其幕僚提供的信息都可轻易地整合为简介、备忘录和演讲材料，因而有效降低了决策者所处环境的不确定性。至少，它能够协助决策者管理和处理信息。

142   本章开头提到研究美国外交政策的学者很晚才意识到决策过程中智库的贡献。但极有意思的是，在政策科学的子领域，学者已逐渐开始意识到智库能够也确实在影响公众舆论和政策过程中发挥了重要作用。尤其是在精英阶级和利益集团所扮演的角色受到密切关注的公共行政和公共政策领域，他们的分析模型中已加入了包括智库在内的不同类型的非政府组织——它们通过影响政策议程谋取既得利益。最后一节将会介绍不同的研究方法，学者或许会希望在研究智库的过程中考虑到它们。许多方法在本书的第三章中已经简要阐述过，并会在后几章的案例分析中详细探讨。本章对它们加以介绍的目的仅仅是为了通过证明外交领域的学者可以从其他子学科的学者身上学到很多知识，从而丰富本书关于决策理论和模型的讨论。随着内政和外交之间的界限日益模糊，学者发现"未知领域"的学习经历有助于自身更好地理解本领域的专业知识。因此，下一章的介绍有助于外交学者更透彻地了解智库在外交政策过程中的参与程度。

五、决策模型中的精英理论和利益集团理论

外交政策领域的学者经常被视为推进决策理论发展的功臣，但一些其他子领域的学者（包括比较政治和公共政策学者），同样对于决策理论的迅猛发展做出了重要的贡献。例如，罗伯特·达尔与 C. 赖特·米尔斯通过审视政策精英阶层的构成和行为，对解决"公共政策的操控者是谁？"这个由来已久的问题起到巨大的推动作用。不仅如此，其他几位学者受阿瑟·本特利、大卫·杜鲁门和西奥多·洛维等前辈著作的影响，就多元社会中的利益集团如何深入参与政策辩论创作了大量文章。[①] 他们的著作与决策中智库作用的研究尤其相关（这在下一章中会讨论到）。

达尔在其经典著作《谁统治？美国城市中的民主和权力》(*Who Governs? Democracy and Power in an American City*)一书中审视了康涅狄格州纽黑文市（以耶鲁大学而闻名）精英阶层的行为。通过和政党、教育部门和城建部门重要领导人的交往，他得出结论：纽黑文市的市级政治活动并不是由一支同质化的政策精英团队操控的，而是由几支不同的政策精英团队操控的。他们各自都在不同的政策领域创造专业知识。他的研究表明了负责监管重要社区问题的各个领导人之间并不拥有相同的目标和任务。事实上，市级组织之间经常为了部门利益而展开激烈竞争。达尔注意到了不同的精英阶层共同参与到了决策过程之中。这补充说明了为何不能指望智库等组织在政策辩论中发挥决定性的作用。尽管一些智库对政府决策的全局方向产生了影响，比如里根时期的传统基金会，又例如兰德公司、美国企业研究所和胡佛研究所等智库。它们加入了具体的政府项目和倡议活动并积极开展行动。简而言之，我们既不能认为也不能期望所有智库都能平等地参与政治辩论。正如达尔指出，精英阶层之间并不一定需要拥有相同的目标、任务和优先选项。因此，为何我们要指望诸如智库的精英组织要向一支同质化的团队一样运行呢？各智库的专业领域有着天壤之别，所能利用的资源也迥然不同。后面几章会讨论到，这一因素能够也确实深深

---

① 例如，参见 Cigler and Loomis，*Interest Group Politics*。

影响到各个智库在政策周期内的选择——即采取何种方式,并在哪一阶段发挥最大的作用。尽管各智库间的资源和权力不尽相同,但毫无疑问它们一直都在致力于影响公共政策。

智库耗费了巨大精力影响美国的政治议程,这对于《权力精英》(*The Power Elite*)的作者小 C. 赖特・米尔斯来说一点都不意外。《权力精英》是一本广受赞誉的研究著作。该书创作于 50 年代中期。当时全国热议的话题是威斯康辛州参议员约瑟夫・麦卡锡和冷战。米尔斯的研究认为美国的政治过程(尤其是和战争与和平相关的流程),很大程度上由军工复合体所控制。他认为国会和五角大楼的决策者在总统的庇佑下,通过与军方、国防承包商建立合作,制定并实施了能够提升各方经济、政治和安全利益的内政外交政策。①

米尔斯的讨论涉及了军工复合体统治美国政治体系这一话题。这在五十年代不可能赢得太多来自保守派决策者的支持。但近几十年来,他的著作受到了高度重视。

144 尤其是从越南战争开始,政治体系中无论是左翼还是右翼的学者都意识到自身需要进一步理解总统、国会和军方之间紧密的联系。一些学者也开始考虑军方和受五角大楼雇佣的智库之间的关系。这类智库的任务是识别美国国家安全利益的新生威胁。由于军方倚重兰德公司、哈德逊研究所等智库,这些政策研究机构就拥有大量机会影响重大国家安全政策的形成。②

战略与国际问题研究中心、安全政策中心、哈德森研究所、海军分析研究所、兰德公司以及众多其他的研究外交和国防政策的智库都被纳入了米尔斯的分析框架之内。然而,由于美国大部分智库的关注点都不是国防,因此不能被视为军工复合体的一部分。然而,威廉・多姆霍夫与托马斯・戴伊两个智库观察家,却认为智库不管专

① 政府官员、军方和国防承包商之间的关系又被称之为"铁三角"关系。赫德里克・史密斯认为铁三角关系在国家安全政策的形成过程中产生了重大的影响。参见他的著作 The Power Game, 173 - 215。

② 参见 Abelson, *American Think Tanks and Their Role in US Foreign Policy*; Caldicott, *The New Nuclear Danger*; and Mann, *Rise of the Vulcans*。

业领域如何,都是美国统治精英阶层的组成部分。他们还认为布鲁金斯学会和外交关系协会等智库将极大地促进美国的公共利益,因为这些智库的研究项目都是由大公司和慈善基金扶持的。简而言之,他们认为智库是提升其赞助机构的经济利益而非推动社会科学发展的机构。[①]

在浏览了布鲁金斯学会、外交关系协会等智库的赞助公司和个人赞助商的名单后,人们很难否认多姆霍夫与戴伊的观点。事实上,一些观察家指出众多智库机构已成为注册企业。[②] 然而,尽管将一些智库描述为充当决策者顾问精英阶级是准确无误的,但以相同的方式看待所有智库就有失偏颇了。有别于政治领域内为权力和影响力而竞争的非政府组织,各智库之间的地位和资源以及影响力都是不尽相同的。

思想市场竞争如此激烈,以致一些学者认为智库只是致力于影响公共政策的另一类利益集团。实际上,就如序言所指,一些智库与利益集团有着相似的行为特征。但下节中会表明,将集体理论应用到决策过程后,智库和利益(施压)集团之间的根本差异将进一步凸显。

在《政府过程》(*The Governmental Process*)一书中,大卫·杜鲁门认为与其说政府在实现自身目标并完成自身任务,倒不如说它只是充当了利益集团竞争中的裁判一角。换言之,相比于精英论者,他们认为政治和经济议程大部分是由精英决定的。集体理论认为公共政策仅仅是显示了利益集团竞争的结果,因此决策过程并不取决于个别领导人的心理特征,或者政府官员、军方、国防承包商之间的紧密联系,抑或是官僚机构的内在制约;相反,它取决于利益集团在政治舞台上施加影响的结果。

在审视杜鲁门的政治过程理论时,我们不能忽略他的一个中心论点——政府在

[①] 这些观点是由多姆霍夫和戴伊在其研究著作 *Power Elites and Organizations* 中提出来的。多姆霍夫著有若干与美国精英相关的著作,其中他谈到了智库的作用。两本需要提到的著作是:*The Higher Circles* 和 *The Powers That Be*。戴伊也著有大量与美国精英的行为相关的著作。他就美国智库的作用所进行的研究参见"Oligarchic Tendencies in National Policy Making"。关于就多姆霍夫和戴伊对于智库的看法所开展的有趣、批判的研究,参见 Fischer, "Country Report"。

[②] 例如,参见 Hodgson, "The Establishment," and Parmar, *Think Tanks and Power in Foreign Policy*。

政治过程中发挥的作用。假如政府只是扮演一位公正的裁判以保证利益集团遵守游戏规则，那么领导人在审议政策问题时的动机究竟是什么？毕竟，假如民选官员仅仅是单纯应对利益集团的施压，那么他们在做出重大决策时为何要几番斟酌呢？不仅如此，决策者在需要听取某些利益集团和非政府组织建议的情况下，又如何保证它们的竞争是公平的呢？

与杜鲁门的观点相反，事实上政府和领导人很少充当政治竞争的裁判。在设计政策理念的过程中，决策者并非一直置身于局外，而是和利益一致的团体与个人结为同盟。政治通常就是一项建立同盟关系以取得预期目标的游戏。决策者以及参与决策过程的不同组织和个人都理解游戏规则。智库也懂得如何在这个金钱、政治、权力甚至是理念都可能会影响国家命运的世界中寻求生存和发展。

研究和观察美国政治的学者意识到无论是在国会山、白宫还是十几个政府部门内，参与决策的各方讨论和思考的理念数不胜数。好的理念或许十分紧缺，但关于如何改善经济状况、医疗体系、教育水平、交通运输和外交政策的意见却多如牛毛。决策者就是在这样的环境中制定公共政策。身处其中的参与者对不计其数的理念和建议进行探讨和争论。

尽管聚焦与决策有关的规范性问题通常极为吸引人，但本章主要关注的是美国外交政策的研究，以及可作为审视和评估美国在国际事务中的行为表现的几类决策模型。更准确地来说，本章试图解释为何大部分学者都会忽视决策过程中智库的作用。是因为研究公共政策的学者过于关注权力的公共用途和私人用途之间的区别而遗漏了智库的重要性？还是更可能因为人们没有正确理解智库的作用而在决策领域也忽视了这一点？无论哪个解释更合理，结果都是相同的——智库试图创造理念并将其贡献给决策者的行为很大程度上受到了忽视。但正如前文讨论打开“决策黑箱”的方式时所说，学者并非必须更换当代外交政策的模型和理论，才能解释决策过程中智库日益增长的积极作用。相反，他们仅需扩大或重新设定它们就能将决策中智库的作用考虑在内。

146

　　如前所述,我们并不能将智库这一变量完全纳入任何一个概念或是方法论框架。其行为难以总结的原因就在于此(在本书后几章的案例分析中会讨论到)。尽管在研究智库的过程中,方法论问题有待解决,但学者们已经难以忽视它们与决策过程形成紧密联系。下一章的焦点将会转移到智库为了影响公共舆论和公共政策所依赖的众多公共和私人的渠道,并且进一步深入考察智库的本质和影响力大小。

6. 扩大政策影响力之道

智库主要从事理念的研究和推广工作。与私营部门一样,他们十分重视产品营销。但与一般企业不同的是,衡量智库是否成功的标准不是利润率,而是智库在引导公众舆论、领导人的政策偏好和政策选项上的影响力。然而,对智库的董事和研究智库的学者来说,衡量智库的绩效比阅读企业的季度报表要复杂得多。本章我们通过探讨政策研究机构推销其理念的诸多方法,从而为评估智库的影响力奠定基础。需要注意的是,美国智库尽管有不同的专业领域、资源和偏好,但都利用相似的策略来发挥影响力。但是,并非所有的智库都愿意或者能够在同等程度上使用这些策略。也就是说,增加媒体曝光率虽然是很多智库(例如传统基金会、美国企业研究所、卡托研究所和布鲁金斯学会)的首选,但是很多小型智库却并非如此。对他们来说,与其费工夫去登早报的版面,不如加强与关键决策者的联系。

本章开头指出了智库在公共领域和在政坛中扩大影响力的常用策略,同时特别
强调了他们的首选——增加媒体曝光率。最后,作为第 7 章的前一章,本章还将简要探讨如何更深入理解智库影响力的本质和限度。

一、对公众的影响力

虽然智库经常被认为是与世隔绝的精英机构,但实际上他们正越来越多地受到公众的关注。的确,作为思想市场的积极参与者,智库非常明白获取决策者和公众关

注的重要性,也更明白获取政府机构、个人、企业和慈善机构资助的重要性。① 虽然智库发挥影响力的某些策略有时会被公众忽视,但是大部分是能被公众察觉的。事实上,北美地区的智库为了影响决策者和公众,都不同程度使用了以下策略的部分或全部:

举办各种公共论坛、研讨会和学术会议,探讨各种内政外交议题

鼓励学者举办公共讲座和演说

在国会议会发表证言

出版书籍、舆情资料、新闻简报、政策简报等不同期刊

销售包含重要政策议题的音像材料

建立网站,并且允许访客下载的出版物

面向大众进行年度筹款

增加媒体曝光率

智库深入介入某些内政外交议题最常用的策略,是举办公共论坛、研讨会和学术会议。决策者、媒体、学者、私营部门与非营利机构的代表会定期受邀出席听证会,一起讨论争议性的时事议题。有时候智库还会举办各种会议来宣传最新的研究成果,讨论一些备受关注的重要话题(例如国土安全、恐怖主义或伊拉克问题)。这些举措对智库来说大有裨益。通过鼓励舆论讨论他们发现的议题,智库可以借机向与会者宣传本机构在这些议题中所发挥的作用和从事的工作。为了获得更多关注,智库有时也会选择与其他机构共同举办会议。例如,在 2004 年 5 月,布鲁金斯学会、传统基金会和进步政策研究所共同参加了一个题为"恢复健康的财经政策"的会议。这次会

149

---

① 关于智库日益增长的竞争,见 McGann, *The Competition for Dollars, Scholars and Influence*。

议由驻弗吉尼亚州的"康科德联盟"主办，为期 1 天。来自不同智库的代表与决策者、专家、学者交换了意见。在如何恢复健康的财经政策的问题上，主要发言人共和党参议员约翰·麦凯恩和民主党参议员乔·利伯曼都认为促进智库与两党的合作非常重要。在评论与会的各类智库时，利伯曼半开玩笑地说："引用先知以赛亚的话，这次会议简直就像是看到羊群躺在狮群中一样，太激烈了。"①

真正令利伯曼感到惊讶的，也许是各家智库在会议上提出的众多不同观点。但在这之前早已有过各家智库受邀合作的先例。据外交关系协会前主席莱斯利·盖尔卜所说，在 1996～1997 年，他们曾尝试过将全美研究外交政策的　流智库聚集起来分享彼此的研究计划。此举是为了避免重复研究，并确保智库能满足其利益攸关方的需求。那次的会议由前职业大使弗兰克·威斯纳主持，他曾在 1997 年任"美国国际集团"的外事副主席。来自外交关系协会、兰德公司、国际战略研究中心、布鲁金斯学会、卡内基国际和平基金会、传统基金会和美国和平研究所的代表出席了会议，并在那两年中每年召开两次会议。然而，盖尔卜遗憾地表示："这次尝试失败了，因为没人愿意分享他们的资料。"②实际上，与其共享资源，绝大部分的智库更愿意继续按照自身的研究计划开展研究工作。

如附录 3 中表 A3.1 所示，"9·11"以来，美国多家外交和国防领域的顶尖智库都针对美国重大政策问题组织过学术会议、圆桌讨论、政策简报会和研讨会。例如在 2004 年，美国企业研究所主办了一系列会议。讨论的议题从苏丹种族屠杀和伊拉克持续武装冲突，到情报机构亟需的重大改革等。作为美国企业研究所的保守派盟友，传统基金会在思想论争中持相同立场，并且也同样在致力于解决这些问题。在传统基金会举办的专题研讨会上，讨论的议题包括《爱国者法案》、客机上的恐怖分子甄别和评价"9·11 委员会"的报告。

① Remarks recorded by author, who attended the conference entitled "Restoring Fiscal Sanity-While We Still Can," Washington, dc, 18 May 2004.

② Interview with Leslie Gelb, 22 February 2005.

同年,布鲁金斯学会非常关注涉及反恐战争的各种问题,包括美国与欧洲国家之   150
间越来越严重的分歧问题以及纽约参议员希拉里·罗德姆·克林顿提出的大规模杀
伤性武器的扩散问题。卡内基国际和平基金会的学者和政府官员参与了一些讨论促
进中东地区的民主促进及缓和美俄核战略竞争的紧张态势等问题的研讨会。不止杜
邦环岛在讨论类似的外交政策问题,外交关系协会华盛顿分部和位于曼哈顿"哈罗
德·普拉特大厦"的总部也举办了多次会议来研究核恐怖主义的威胁和伊拉克不稳
定问题。外交关系协会的年度亮点之一是美国国防部长唐纳德·拉姆斯菲尔德关于
全球反恐战争问题的报告。美国西海岸的智库也在全力以赴研究这些新生的威胁。
例如,斯坦福大学胡佛研究所于 2002 年 5 月举办了一次为期两天的会议,主要讨论
如何利用技术预防恐怖活动。总之,"9·11"之后,智库的政策专家们都十分乐意将
他们的观点与决策者分享。当时召开的会议数量之多和话题范围之广表明各家智库
几乎考虑到了所有问题。

　　为获得更多的关注,智库鼓励其常任学者在大学、扶轮社和其他关注时政的组织
开设讲座。同样,智库中的重量级发言人可以作为代表到全国各地宣传他们的观点。
一些智库也意识到在正式场合用正式的方式向政府和公众传达理念的重要性。有的
智库在参众两院组织的各类立法委员会和听证会上发表证言(参见附录 3 表 A3.2),
提供证词的一方会受到广泛的关注,尤其是在重要的委员会上。口述报告和政策专
家的书面简报是官方记录的一部分,也会经常被媒体和学者引用。出席立法委员会
有利于提升智库在某些决策者眼中的公信力,也有助于让潜在捐助者们相信它们有
着广泛的影响力。这也就解释了为什么有的智库会把职员发表过的证词展示在网站
的醒目位置。

　　智库还会利用其他策略来宣传他们的理念。有很多智库利用舆情杂志、期刊、新
闻简报和图书向大量的目标受众传播信息,尤其是那些研究计划非常完善的智库,如
布鲁金斯学会、卡内基国际和平基金会、传统基金会和美国企业研究所。例如,传统   151
基金会出版的《政策评论》(*Policy Review*)发表了很多保守派领袖关于当下政策议

题的短文，与之类似的还有布鲁金斯学会出版的《布鲁金斯评论》（*The Brookings Review*），美国企业研究所出版的《美国企业》（*American Enterprise*），"哈德逊研究所"出版的《美国展望》（*American Outlook*）。对很多智库来说，出版这类舆情杂志是最有效的宣传方式——因为它不像图书那样，等到出版的时候常常已经过时了。舆情杂志能及时为决策者解读当下的政策难题。更重要的是，决策者和他们忙碌的职员只需花几分钟就能浏览和概括出杂志的内容，可以节约很多时间。这类舆情杂志的内容通常围绕着某个特定的主题，智库希望以此来推动重要的、相关的政策辩论。

智库也会针对其他目标受众发行出版物。例如，有些智库会针对大学生和大学教职工出版一些同行评审期刊。这类期刊有纽约的外交关系协会出版的旗舰刊物《外交事务》（*Foreign Affairs*）、卡内基国际和平基金会出版的《外交政策》（*Foreign Policy*）、战略与国际问题研究中心出版的《华盛顿季刊》（*Washington Quarterly*）、自由派智库"卡托研究所"出版的《卡托学报》（*Cato Journal*）。除了学术期刊和舆情杂志之外，很多智库还会出版图书，并每月发行新闻简报，以确保读者能及时了解智库最重要的发展动态。

智库还能通过其他的传播形式来影响其潜在的利益相关者。例如，"卡托研究所"和传统基金会分别创办了《卡托广播》（*Cato Audio*）和《每月简报磁带》（*Monthly Briefing Tapes*），内容包括对这些智库政策专家的采访和一些著名的舆论引导者（大部分是保守派）开设的讲座。美国前众议院发言人纽特·金里奇曾大力推荐《每月简报磁带》。在传统基金会的很多出版物中都能看到金里奇对它的肯定，他将其视为"保守派每月的必读之物"，并认为"你根本离不开它"。

那些不爱听录音，但仍然想了解智库最新动态的人可以登录智库的网站。如今美国几乎所有的智库都建立了网站来发布研究成果。尽管这些网站的内容和复杂程度大不相同，但是大多数网站都提供了丰富的信息，从机构的最新出版物到即将举行的会议、研讨会的与会人员名单，应有尽有。包括传统基金会的网站在内，有几家智库的网站会向订阅用户提供邮件更新服务，将智库所能想到的所有政策议题推送给用户。通过《政策连线》，传统基金会能确保当制定出关于各种内政外交议题的分析和建议时，能在第一时间传递给决策者、媒体以及其他舆论引导者。包括传统基金会在内，很多智库都允许访客下载它们大部分的出版物，如年度报告、国会证词、文章、讲座和图书章节等。这项服务不仅使用户受益，而且还有助于智库确定大众最关注的领域和话题。智库可以通过跟踪记录出版物的下载量，决定是否需要在某些议题上投入更多的资源。至少访客对某些具体政策领域的持续关注，有利于智库将访客引向其他信息源。实际上，很多智库网站都提供一些重要数据库的链接。如"安全政策中心"提供了所有研究内容涉及美国国防与安全的主要机构和组织的网站链接。同样，卡内基国际和平基金会也提供了很多其他机构的链接，如美国各领事馆、各大国际组织和其他智库。

智库向公众和政府宣传自己的另一种办法是募集资金。有的智库甚至能得到高层决策者的支持，从而吸引到资金支持。例如，像第 2 章提到的那样，1982 年，应传统基金会董事长埃德温·福伊尔纳的要求，里根总统的特别顾问，也是后来的美国司法部长埃德温·米斯给传统基金会的潜在捐助者写了一封信，鼓励他们加入总统俱乐部。他认为总统俱乐部将成为"（白宫和里根总统的支持者之间）重要的沟通桥梁，（并且）里根政府会全力配合你们的工作"①。

但是，在智库传播影响力的所有办法中，利用媒体曝光是最见成效的。本章稍后会详细讨论到，自从有的智库董事把媒体曝光率看作政策影响力后，就着手投入了大量资源来提高它们的公众形象。通过确保在纸质媒体和广播传媒中的高被引率，智库试图为自己塑造出在公共政策制定中发挥了关键作用的形象。然而我们会发现，虽然利用美国一流的电视广播和报纸专栏向公众传播理念对智库来说非常重要，但是媒体曝光率并不一定会扩大智库的政策影响力。经常在媒体上曝光可能会给决策者和公众留下印象，但并不保证智库能在政策制定过程中发挥影响。

153

---

①   Interview with Leslie Gelb, 22 February 2005.

二、对个人的影响力

智库用来扩大公众影响力的很多方法相对容易观察和记录，但有时候它们对决策者个人的影响力却很难测量。下文列举了一些智库及其学者用来发挥智库对个人影响力的例子：

在政府部门担任内阁、内阁下级机构、普通官员等职务

在总统选举期间加入政策工作小组和过渡团队，以及之后加入总统顾问委员会

保持与参众两院的联系

邀请当选的决策者参加智库的内部会议、研讨会和专题讨论

允许政府官员在智库里有限期地任职

邀请前政府官员到智库任职

为决策者准备研究报告和政策简报

智库专家接近决策过程最好的办法就是自己成为决策者。在第 1 章已经讨论过，在一些行政机构中，很多智库的工作人员曾担任政府要员。包括珍妮·柯克帕特里克(美国企业研究所)和兹比格涅·布热津斯基(战略与国际问题研究中心)在内，很多人曾在总统内阁任职。此外还有很多人被任命到政府出任要职(见附录 2)。对于智库来说，有自己的工作人员在新政府中任职是有很多潜在利益的，特别是此事本身就可以做很多宣传。通过为政府创建一个专家人才库，智库不仅能提升自己的声望，更能与关键决策者们形成更紧密的联系。这也许可以解释为什么如传统基金会等智库会密切关注政府机构的职位空缺，以期望将合适的职员安插进政府的重要岗位。

智库还会通过其他方式与关键决策者建立和加强联系。例如，总统选举就给很多研究机构，尤其是与总统候选人意识形态一致的研究机构，提供了大量的机会帮助总统构建政治平台，为政府官员规划议程。如前文所述，一些总统候选人会就一系列

内政外交议题向智库寻求信息和建议。在此过程中,大量政策专家受邀加入政策工作小组和(或)过渡团队,协助总统候选人和其他当选官员掌权。此外,在一些行政机构中,智库研究员被委任加入重要的总统咨询委员会,包括总统的国外情报咨询委员会、情报监督委员会以及经济政策委员会。[①]

另外,正如第 4 章所述,美国的政治权力不像加拿大那样集中在行政机关,而是很大程度上与立法部门共享,因此美国智库也会加强与国会成员的联系。有些智库(包括传统基金会在内)的做法是通过建立联络处与参众两院保持联系。由此,智库能定期与立法机构的成员讨论焦点问题并反映政策需求。这也有利于智库在参众两院对重大议题进行监督和跟踪研究;同样也有利于在服务决策者做重要抉择前做好准备。为了更详细地讨论某些政策问题,有的智库会定期邀请国会成员参加其内部研讨会、学术会议以及专题讨论会。再次强调,这种策略可以让智库和那些能够影响立法的人分享见解。有的智库(例如胡佛研究所)发现很多新当选的国会议员与资深决策者一样,都有可能因为了解更多政策信息而受益。同样,这些智库还意识到与国会工作人员和立法助理建立良好沟通的重要性,因为这些人可以频繁地向国会议员提议。

1980 年,胡佛研究所在帕洛阿尔托市举办了为期两天的华盛顿研讨会,意在促进其学者与决策者的意见交换。与会人员有国会的两党议员、参议院多数党领袖办公室职员、众议院议长、少数党领袖和多数党党鞭,以及来自参众两院的工作人员。两党议员包括众议院外交关系协会、拨款委员会、预算委员会、筹款委员会和情报委员会以及参议院军事委员会、财政委员会的成员,参会人数仅限 12 个智库和 15 位成

155

---

① 有些总统非常依赖智库学者组成的总统咨询委员会。例如,里根总统就从胡佛研究所提拔了几位学者到总统对外情报咨询委员会任职。相反,由克林顿总统任命,沃伦·拉德曼领导的 11 人总统对外情报咨询委员会,他们中没有一个人在智库有永久职位。布什总统对此进行了改革,他没有公布总统对外情报咨询委员会的 16 名成员名单,只公布了布伦特·斯考克罗夫特担任总统对外情报咨询委员会的主席。关于这一主题的更多信息,请看科恩的《谁在总统对外情报咨询委员会任职?》关于这些委员会的作用,请看埃布尔森的《美国智库及其在美国外交政策中的作用》(*American Think Tanks and Their Role in US Foreign Policy*),75 - 79。

员。该研讨会通常在华盛顿会议结束之后举行，旨在将相关项目的参与者、胡佛研究所研究员和其他政府官员聚在一起。胡佛研究所的资料显示："这些会议和讨论会维持了研究所学者和决策者之间的持续对话，并起到了非常重要的作用。这对有效制定和执行立法和行政部门的政策及方案至关重要。"①

智库还能通过很多种不同的方式与政府部门、行政机构保持紧密联系。例如，通过国务院外交官驻留计划，在任务空档期，外交官可以常驻智库从事写作、研究和讲学。已经有许多外交官进入多家智库中，包括美国企业研究所、胡佛研究所、兰德公司、外交关系协会、卡内基国际和平基金会和传统基金会。

有些决策者对智库印象非常深刻，以至于他们卸任后把智库作为自己的最终归宿。然而需要指出的是，很多前任高官被聘请到智库任职并不是因为他们有做研究的潜力，而是因为他们能为智库吸引到资金。这也许就是智库经常邀请前总统和前内阁部长加入他们的原因。

最后，智库经常会举办一些非正式会议，与关键决策者讨论其研究成果，或为当选官员概述出一系列政策选项。这些会议大部分不对外公开，也很少被人提及。尽管如此，它们仍然对政策制定产生了一定影响。实际上，对于很多智库来说，在幕后发挥作用才是影响政策制定最有效的办法。

智库选择策略时不仅受所处的政治环境影响，也受自身的使命以及占有的资源影响。换句话说，对于倡议型智库（例如传统基金会和美国企业研究所）来说，出版舆情杂志、争取媒体曝光以及举办公共论坛是相当重要的；而对于很多小型智库（如"新美国世纪计划"和美国安全政策中心）来说，与其提升媒体曝光率，不如与决策者们建

---

① 有些总统非常依赖智库学者组成的总统咨询委员会。例如，里根总统就从胡佛研究所提拔了几位学者到总统对外情报咨询委员会任职。相反，由克林顿总统任命，沃伦·拉德曼领导的11人总统对外情报咨询委员会，他们中没有一个人在智库有永久职位。布什总统对此进行了改革，他没有公布总统对外情报咨询委员会的16名成员名单，只公布了布伦特·斯考克罗夫特担任总统对外情报咨询委员会的主席。关于这一主题的更多信息，请看科恩的《谁在总统对外情报咨询委员会任职？》关于这些委员会的作用，请看埃布尔森的《美国智库及其在美国外交政策中的作用》（*American Think Tanks and Their Role in US Foreign Policy*），68。

立紧密的联系,这样做的回报可能更高。总之,智库所制定的策略应使它们最有效地接触到其目标受众。

三、营销信息: 智库和媒体

智库在国会重量级委员会上发表证言,或者对某件有争议的内政外交问题发布研究结果可能会引起决策圈的注意。但是像福克斯新闻(*Fox News*)、美国有线电视新闻网(CNN)、《纽约时报》(*New York Times*)和《华盛顿邮报》(*Washington Post*)这些媒体不太可能会报道这些事件。曝光率的重要性解释了为什么有的智库为了获取纸质媒体和广播媒体的报道而投入大量时间和资源,也解释了智库间对媒体曝光率的竞争为何如此激烈。帕特里夏·林登说道:"(智库之间要竞争,)他们必须把各自的理念向外宣传,否则就只是在自说自话。因此智库发表了不可胜数的公报、报告、期刊、时事通讯、专栏文章、新闻稿、图书和教育材料。智库争夺公众关注的竞争是非常激烈的,以致很多智库的分析师纷纷到各种讲座、电视节目、专题会议、研讨会、新闻发布会和国会听证会上发表自己的观点。"[1]

得到定期的媒体报道,将是智库影响政策辩论的良机。在我们将要讨论的关于导弹防御和反恐战争的案例中,虽然智库可能无法确定自己影响了哪些具体决策,但是它们能确定自己在公共辩论中灌输了其重要的理念。更重要的是,高曝光率会让人产生政策影响力很大的错觉。这对智库来说,是一个在不断积累的积极效应。在媒体曝光率方面,几乎没有哪家智库会比传统基金会投入的时间和资源更多。在2003年,传统基金会在媒体和维持与政府的关系上花费了超过 660 万美元,占其预算的 19.3%。[2] 传统基金会的公关计划有一个简单的前提:"向媒体、意见领袖和公众提供保守主义的正面信息,甚至是在思想市场保持保守主义的竞争力。"它的目标

---

[1] Linden,"Powerhouses of Policy," 100.

[2] Heritage Foundation, 2003 *Annual Report*, 34. 2003 年美国传统基金会收入为 34 660 679 美元。

更简单："确保媒体引用保守派专家的观点，或在报道中带有保守倾向。"①传统基金

157　会显然已经实现了它的目标：美国主流媒体的专家意见和政治评论大部分来源于传

统基金会和华盛顿的几个保守派智库。②

　　虽说如此，我们还要注意到自由派和中间派智库的媒体曝光率也不容小视，比如

布鲁金斯学会。2003 年，布鲁金斯学会约拨款 100 万美元用于与媒体合作，约占其

总预算 3 200 万美元的 3%，③这项投资带来了丰厚的回报。根据布鲁金斯学会 2003

年的年度报告，该学会的媒体引用率在华盛顿的各家智库中排名第一，平均每月在各

种纸媒、电视、电台、电报和网页网站等媒体中被提及 846 次，平均每月在《纽约时报》

(New York Times)、《华盛顿邮报》(Washington Post)和《洛杉矶时报》(Los Angeles

Times)上被提及 69 次；2003 年布鲁金斯学会的学者发表的纸质专栏文章有 187 篇，

其中有 45 篇发表在《纽约时报》(New York Times)和《华盛顿邮报》(Washington

Post)上；同时还在其现场演播室进行了 845 次电视和电台采访。④ 这些数据肯定会

让美国企业研究所的媒体公关团队震惊，他们在 2003 年的年度报告中声称："美国企

业研究所在全国媒体中的地位是其他政策研究机构所无法企及的。美国企业研究所

学者的研究成果被频繁引用，并多次发表在美国一流的报纸和公共事务杂志上，这是

美国其他智库比不了的；美国企业研究所学者接受的电视电台采访也比其他研究机

构的学者多得多。"⑤但它并没有提供任何数据支持自己所宣称的无与伦比的媒体曝

光率，但是传统基金会却提供了。传统基金会在 2003 年的年度报告中提到，传统基

金会的学者接受了 1 100 次电视采访和 1 418 次电台采访，他们的评论在纸质媒体和

网络媒体中出现了 907 次。⑥

---

① Heritage Foundation, 1998 *Annual Report*.

② See Rich and Weaver, "Think Tanks, the Media and the Policy Process." Also see Dolny,
"What's in a Label?"

③ Brookings Institution, *Annual Report* 2003, 41 - 42.

④ 同上，44。

⑤ American Enterprise Institute, *Annual Report*, 2003, 35.

⑥ Heritage Foundation，2003 *Annual Report*，24.

到底哪些智库获得了大量的媒体曝光，我们下一章将会讨论。这点虽然众说纷纭，但是所有的智库都知道与媒体建立紧密的合作关系的重要。实际上，根据哈利法克斯的大西洋市场研究所总裁布雷恩·李·克劳利所言，争取媒体报道固然很重要，但更重要的是要明白"（提）出可靠的理念，并做出研究来支撑这些理念，你的工作只完成了一半。要完成另一半，你还需要投入大量的精力来制定和实施宣传策略。这项工作与理念本身无关，靠的是人际关系。与媒体记者私下有良好的关系，往往比拥有全世界最棒的理念还要管用。记者们知道认识一群能够信赖的专家能够节省很多时间，因为即使大量引用这些专家的观点也不会有犯错的风险。"[1]传统基金会市场推广的负责人也同样认为，与大媒体公司建立密切的联系是极为重要的，如《纽约邮报》(*New York Post*)、美国谈话电台网络、塞勒姆通讯公司、美国宗教广播电台、美国公共广播公司、福克斯新闻网及"世界网络日报网站"(WND. COM)等。这就是为什么它的编辑服务部"专注于将传统基金会的解决方案推销给美国许多社论和评论编辑，尤其是专栏编辑，因为读者可以从中读到传统基金会的'原始'信息。这种推销一般通过面对面的会议、持续的电话、信件、短信等方式进行。2003年，编辑服务部的工作人员拜访了20多家主流媒体，与很多编辑、社论撰稿人和专栏作家进行了会面。他们拜访了七家美国规模前十名的报社和超过一半排名前30名的媒体。同时，他们也在寻找新契机，为传统基金会争取定期发表评论的'平台'。这项工作的成果非常显著。到2003年年底，传统基金会在主流纸媒和网络新闻媒体上发表的专栏文章数量增长了35%"[2]。

智库专家在全国性新闻节目、广播栏目担任特邀评论员或定期出版专栏文章，有很大的潜在利益。参与这类活动他们不仅能将自己的理念传达给更多的受众，还能宣传自己所在机构的目标。来自战略与国际问题研究中心的小威廉·J.泰勒坦承，

① Crowley, "How Can Think Tanks Win Friends?"

② Heritage Foundation，2003 *Annual Report*，24.

他不放过任何上电视的机会。不是为了自己，"而是为了战略与国际问题研究中心的荣誉，以及向公众宣传我们的使命。虽然我们作为个人出现在电视上，但我们代表的却是战略与国际问题研究中心"①。然而《华盛顿邮报》(*Washington Post*)的特约撰稿人、美国有线电视新闻网(CNN)多档脱口秀节目的常邀嘉宾——霍华德·库尔茨指出，观众看到的只有电视上泰勒名字下方闪烁的头衔——战略与国际问题研究中心军事分析员，但是他们看不到战略与国际问题研究中心是一个明显的保守主义机构，与当局有着紧密合作……它从波音公司、通用动力公司、罗克韦尔公司、霍尼韦尔公司和西屋电气公司等国防承包商处分别募集到了 5 万至 25 万美元不等的资金。(而且)它的年度报告还炫耀说："我们在华盛顿已经与国会、行政当局、学术界、企业、劳工社团以及媒体部门都建立了关系网络。"②

智库为何渴望媒体关注并不难理解。毕竟像传统基金会、美国企业研究所、布鲁金斯学会等智库都知道媒体报道能有效地推广它们的信息。但是为什么有的智库与媒体的关系更好呢？这个问题将在下一章详细阐述。但在这里需要注意几个因素：首先，研究人员数量多，研究项目庞大且类型多样的智库会比研究范围狭窄的智库更容易获得媒体关注。如前文提到的多家智库，它们吸引媒体的原因是它们能对广泛的内政外交议题发表评论。从某种意义上说，美国企业研究所、传统基金会和布鲁金斯学会就好比是"一站式"的政策商店。其次，在某个议题上寻找特定的政治观点时，媒体也会倾向某一类特定的智库。例如，众所周知传统基金会提倡自由市场原则，总统和国会提出的任何加强政府干预的提案肯定会被它批评。当记者们需要这些观点时，他们就很可能求助传统基金会。再次，与媒体有相同立场的智库也可能会增进媒体对这些智库专家们的信赖。还有一个因素是政策专家的可靠性。尤其是截稿日期迫在眉睫的记者们非常看重这一点。美国广播公司《黄金时间直播栏目》(*Prime Time*

---

① Quoted in Abelson, *American Think Tanks and Their Role in US Foreign Policy*, 88.
② 引文同上。

Live)的主持人及《本周报》(*This Week*)的常驻成员萨姆·唐纳森认为：

> "明显很多记者都有这样的情况……（假如）当快到最后期限但还没完成采访时，你坐下并说道：'天呐，肯定还有我们没想到的其他专家，赶紧在全市或全国找到他们。'这会花费大量时间和精力，因为电视节目涉及的专家仅靠查阅'名片夹'是不够的。第二个原因，我们知道（有的人）回答很简洁，你不能过来对我说：'萨姆，我知道你快到截稿期限了。你要评论这些和那些内容，快找机会采访 X 先生吧。''不，对不起伙计，我没时间接触 X 先生了……我认识 Y 先生……就要交稿了。'"①

如唐纳森所言，如何将他们的理念直接有效地传达给公众也很重要。《拉里·金直播》(*Larry King Live*)的前职员塔米·哈达德认为："很多人知识非常渊博，但是并不适合做节目嘉宾。他们必须要有用妇孺皆知的语言（把问题）解释清楚的能力。"②在新闻播报过程中，嘉宾简明扼要地表达观点也变得越来越重要，因为他们没有时间长篇大论。只有那些符合广播媒体要求的学者，才能与广播媒体继续合作。

四、实现政策影响：数字没有告诉我们的事情

160

智库虽然常常被描述成供专家们默默从事研究的机构，但实际上是一个活动枢纽。智库的学者们可能每天都要接受好几个媒体采访，出席各种研讨会，与决策者会面，帮忙策划一项新研究，或是参与下一个研究项目。总之，他们期望用多种渠道宣传推广他们的理念和机构的研究成果。一些学者可能声名远扬，却仍会谦虚低调，但是他们的领导却不会低估他们在政策辩论中的贡献。相反，智库的董事们常常夸大

---

① 引文同上，86。
② 引文同上。

他们智库的影响力,这似乎已成为他们工作内容的一部分。例如,在罗纳德·里根当选总统的几个月后,传统基金会总裁埃德温·福伊尔纳宣称他们庞大的研究项目《领袖的使命》(*Mandate for Leadership*)中 60％的政策建议都已经或正在被里根政府采纳实施。令福伊尔纳高兴的是,美国好几家报纸都报道了他的这一言论。然而,很多报道并没有指出,他的很多建议在几年前就已经有其他机构或专家提过了。传统基金会政策影响力的假象经媒体报道后就变成了现实。[1] 同样,翻阅布鲁金斯学会《2003 年年度报告》(2003 *Annual Report*),读者能看到标题为"布鲁金斯数据报告"的部分。如标题所示,这部分将其辉煌成就列出了一份清单。[2] 在这一页篇幅的总结中,我们看到布鲁金斯学会 2003 年出版了 50 本图书,8 本学术期刊。我们还看到布鲁金斯学会的学者们在国会听证会上发表证言 31 次,参与他们研究所举行的公开简报会有 63 次,而且这还不是全部。如前文所述,还有几份统计数据更详细地记录了布鲁金斯学会学者在媒体中的被引率。

智库通常都很关注数据,而且理直气壮。在对董事会和理事会负责的智库领导人观念中,数据可以转化为政策影响力,政策影响力又能转化为更多的资金。虽然可能很多理事和捐助者也想更多地了解研究的性质,但他们关心的主要还是智库研究成果的数量和范围,更感兴趣的是曝光率。毕竟,智库的使命就是在思想市场中进行竞争。只要发布了出版书籍的数量、提供了证词、媒体的点击量持续增加,他们就可以宣称自己的影响力在扩大。然而,这些数据并没有告诉我们,了解复杂的政策制定过程是相当重要的。

智库的媒体曝光率和政策专家在国会委员会发表证言的频率,能够让我们了解智库在某个政策辩论的活跃程度,但是无法让我们了解它们在公共政策的制定上有多大影响。在很大程度上,评价智库的影响力是极其困难的。因为对于智库影响力

①　Abelson,"Policy Experts and Political Pundits."
②　Brookings Institution,*Annual Report* 2003,44.

的组成和评价标准,不同智库之间的观点各异,更别说那些研究智库的机构了。如前文所述,有些智库把媒体曝光率和出版物的数量作为衡量影响力的标准。另外一些智库则有不同的绩效指标,比如出任政府要职的成员数量和预算规模。而订阅智库出版物,赞助并出席智库学术会议及研讨会的决策者、学者和媒体,对于智库成果的重要性和有用性的看法也各不相同。这使得评价智库变得更困难。因此,学者们既不能说衡量智库影响力的标准是统一的,也不能说决策者和其他目标群体衡量智库绩效的标准是统一的。

即使每家智库都采用相同的绩效指标并分配相同的权重,要精确衡量它们的公共影响力还需要克服很多方法上的障碍。因为很多专家和机构都在试图影响政策辩论,要追溯一个政策理念的源头有时候是很困难的。在日益多元的政治舞台,我们通常很难甄别各种声音的来源及其造成的影响。不仅如此,某些智库或其他非政府机构提出的某个理念产生的影响有时候要经过好几个月,甚至好几年才能看出来。事实上,一项政策等到出台的时候,很可能已经与智库提出的原始方案不一样了。

事实证明,智库通常都只是用一些轶闻式的证据来体现自己的影响力有多大。然而,智库声称自己拥有影响力远比详细证明它是如何实现的要简单得多。在下一章中,我们会探讨学者们如何使用定量和定性的方法,更合理地判断智库在决策过程的各个阶段发挥的影响力。我们还会讨论重新了解政策影响力实现过程的必要性。我们必须了解智库的影响力是如何在政策制定的某些阶段或全过程中实现的,而不是假设智库只有带来令人满意的政策成果才有影响力。总之,没能让决策者采纳其某项建议并不一定说明该智库缺乏影响力。而且我们会发现,智库可以并且已经采取了很多方法来对国家产生重大影响。

7. 评估智库的影响力

在上一章中，我们探讨了智库如何运用各种渠道影响公众舆论和公共政策。本章旨在研究学者们如何更好地评估智库在决策过程不同阶段的影响力。正如前文所述，虽然在近几年中，智库的行为受到的审查日渐严格，但在关于智库参与公共政策的性质和程度的研究却鲜有进展。实际上，绝大多数媒体和学者满足于对智库政策的影响力做空泛笼统，而且往往毫无根据的评述，而不是去探索研究智库影响力的不同方法。不必多说，这些评述对于我们进一步了解智库如何协调公众和决策者从而影响政治议程毫无裨益。

为了弥补以往研究中的重大缺陷，本章将探讨以定量与定性的方法评价智库行为的优劣。这样就更加有助于我们带着批判性的眼光去思考该如何克服研究智库影响力的方法论障碍。尽管"影响力"是一个模糊的概念，但是它是一切有关政治与决策讨论中的中心议题。在关于智库本身以及它们通过何种方式渗透到决策过程的讨论中，"影响力"也同样是绕不开的话题。正如学生在政治学导论的课上学到的那样，政治关乎权力之争，关乎不同个人和组织取得理想结果的能力。此外，政治还关乎思想理念、领导人的野心以及普通公民的目标和抱负。简而言之，它反映了不同的国家利益观念和决定国家兴衰的不同政治力量之间的竞争。正是基于这些原因，我们必须更全面地研究智库是如何影响政策的。

如前所述，美国的政治体系为智库的发展提供了理想的环境。正如自由开放的思想市场上相互竞争的各大组织一样，智库有各种各样的机会与公众、媒体以及决策者分享、讨论它们的想法。但是，与其他行业一样，它们必须能掌控自己产品的质量和吸引力。遗憾的是，与《财富》杂志上的 500 强以及美国不计其数的小型企业不同，智库的成功与否不能以经济上的损益来衡量,而只能通过评估其对公众和决策者观点和态度的影响程度予以考察。在深入探讨考察影响力的方式之前,我们必须首先明确学者们所指的"影响力"究竟是什么。正如我们所发现的,虽然使用直线和箭头可以很容易地勾画出施加影响力的过程,但是理解影响力的本质及其发挥过程却非常复杂。人们常常用线性的方式来理解在两党协商政策结果中"影响力"的施加过程。但在现实中,我们需要采用一个更综合的方法来研究政策是如何被影响的。

一、说起来容易,做起来难:影响力的基本知识

K. J. 霍尔斯蒂在一篇国际关系的论文中对"影响力"采用了一种更严肃的定义方法。他提出,当 A 说服 B 采取行为 X、说服 B 不去采取行为 X,或者劝说"B 继续采取对 A 有用,或符合 A 利益的行动或政策时",①便产生了影响。A 若无法取得这些预期效果(可能是与 A 或 B 相关的诸多因素所导致),就表明在这些情况下 A 无法施加影响。霍尔斯蒂将"影响力"视为权力的一个方面,认为它"实际上是实现目的的一种手段。一些政府部门或政治家出于自身利益而谋求影响力。但对大多数人而言,影响力就像金钱一样,只是一种工具。他们利用影响力主要是为了实现或捍卫其他目标,这其中可能就包括了声誉、领地、精神、原材料、安全或联盟"②。

按照霍尔斯蒂的理解,衡量影响力最简单的方式是"研究处在'影响—被影响'关系之中'被影响'一方的反应。如果 A 能让 B 采取行为 X,而 C 不能让 B 去做同样的事,那么在这一特定问题上 A 的影响力更大。如果 B 不顾 A 的反对,执意采取行为 X,那么我们可以推断,A 在这种情况下没有影响力"③。换言之,如果 B 回应了 A,或者以一种可接受的方式对 A 做出反应,就表示产生了影响。反之,依据霍尔斯蒂的模型,如果 B 没有遵从 A 的意愿,则没有产生影响。总之,影响力与具体的政策输出

165

---

① Holsti, *International Politics*, 142.

② 同上,141。

③ 同上,150。

是直接相关的。

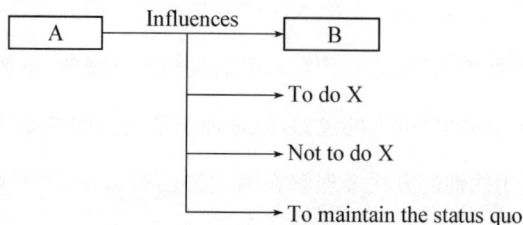

```
                    Influences
   ┌─────────┐                    ┌─────────┐
   │    A    │───────────────────→│    B    │
   └─────────┘     │              └─────────┘
                   │
                   ├──────────→ To do X
                   │
                   ├──────────→ Not to do X
                   │
                   └──────────→ To maintain the status quo
```

如果像霍尔斯蒂一样研究国际体系中的国际关系，那么采用线性模式来理解影响力也许不无道理。毕竟，当两国发生冲突时，通过了解双方的实力以及其中一方或双方在施加影响时所做出的努力，或许就可以解释促进或阻碍 A 和 B 实现各自目标的可能因素。如果学者们探讨美俄之间有些军控谈判成败的原因，这种模式可能会有所帮助。不过，若采用这种模型去评估智库等非政府组织在政策制定中的影响力却值得商榷。

首先，在研究决策过程和参与其中的个人和组织时，了解 A 和 B 的身份至关重要。在霍尔斯蒂的模型中，A 和 B 是两个主权国家，掌握着相当多可施加影响力的资源。现在假设 A 是华盛顿一家智库的常驻学者，具有外交和安全领域的专业知识，B 是参议院对外关系协会的主席。A 发表了一份关于国家导弹防御问题的研究报告，并被要求在该委员会发表证言。根据霍尔斯蒂的模型，如果 B 没有采纳甚至当即否决了 A 的提议（也就是说 A 的目标没有实现），A 将被视为没有影响力；如果 B 采纳了 A 的提议，则 A 被视为有影响力。然而，我们会发现这两种判断都存在严重的方法论问题。

首先，我们不能想当然地认为一旦 A 的提议被 B 否决，A 对决策过程就没有任何影响。虽然 A 的提议在某一特定的决策中不见成效，但可能为公众、决策者和媒体解决某个潜在的棘手问题提供了新的思路。的确，正如佩谢克等人所指出，智库在塑造公共政策辩论的范围上最有建树。其次，A 很好地与各级政府决策者分享了自己的观念；相对而言，决策者们又可以进一步关注 A 所提出的问题。学者们认为影响力与政策输出直接相关,因此忽略了智库等非政府组织参与政策制定的诸多途径。相反,因为 A 的偏好得以满足便假定 A 对 B 有影响力,霍尔斯蒂把自己绕进了另一个陷阱——即如果 A 的提议与出台的政策不谋而合,也不应该认为 A 对 B 产生了影响。也有另一种可能性(我们将在接下来讨论到):A 只是强化了 B 本身的想法,或是其他国内外势力迫使 B 按照某种特定的方式行事。实际上,纵使 A 看上去对 B 有相当大的影响,真正发挥的作用也许微乎其微。

霍尔斯蒂还应谨记,鉴于在思想市场上参与竞争的个人和组织数不胜数,对一个传承了几代人的想法进行追根溯源是极为困难的。研究公共政策的学者都很清楚,每一个成功的想法都是之前一个时代成百上千种想法相互融合的结果。因为很多想法都是经历了长年累月的孕育才得以进入政治议程的,所以它们很可能在几个时代前就已经有了原型。不论一个想法的孕育期有多久,有一点是肯定的:每一个失败的政策理念往往都是"弃子"。

如前所述,智库在公众面前塑造它们具有强大影响力的形象包含着明显的利益诉求。如果这一点不值一提的话,它们就不会投入这么多的时间和资源来提升自身形象。但学者们必须抵制诱惑,不能仅凭毫无根据的信息就支持或否定这些主张,而且还必须打消妄图将这个绝非简单明晰的过程简化的念头。正如政治的其他许多方面一样,影响力远比线性模型所刻画的要复杂得多。它无法简单归纳成三两个可能的结果。与霍尔斯蒂的模型截然相反,我们并不总是能够确定 A 是否产生了影响。正如许多学者的凿凿之论,由于决策过程的复杂性和特殊性,讨论 A 能不能够对 B 施加影响越来越有难度。学者们可能更倾向于探讨政策制定的参与者在政策周期的不同阶段受到不同程度或级别影响的可能性,而不是去判定个人和组织有没有影响力。

在下一节中,我们将讨论学者们应如何采用一个更全面的方法来研究政策影响力。新的模型,除了提供一种线性方式以外的检验方法(一种假定双方都将采取多种策略来实现各自目标的方法),还促使学者将决策过程视为在不同的政策环境中多个参与者之间（通常是同时）进行的一系列对话。在这个模型中，影响力与具体的政策输出没有直接的联系，但可以通过政策制定中直接或间接的参与者之间的互动和交流得以实现。

二、研究决策的综合模型

在反思智库对媒体、国会和行政当局的影响力时，莱斯利·盖尔布（美国对外关系协会前总裁，同时也是《纽约时报》普利策奖获得者）评论说："它极具偶发性、随意性，且难以预测。"[①]虽然这番话只针对智库，但对于评估美国决策过程的性质也同样适用，因为政策制定也颇具偶发性、随意性，且难以预测。因此，采用一个综合性的方法来研究政策的影响力可能更加行之有效。

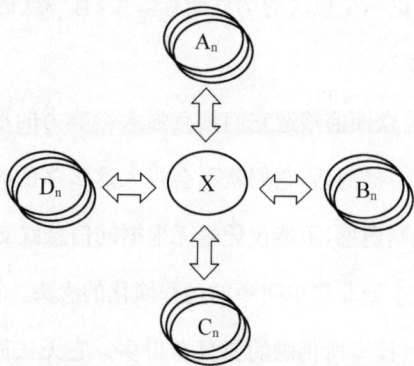

在某些方面，这种方法的建立是以政策共同体或知识共同体的研究成果以及美国的政策议题网络为基础的。[②] 政策共同体和政策议题网络是由个人和组织构建而成，他们凭借各自在特定政策领域的专业知识，受邀参与到政策制定过程的各个阶段。这些社群分为核心圈（次级政府）和外部圈（关注的公众）两个领域，都力图对特定的公共政策施加影响。[③] 我们所考虑的这一方法与政策共同体有相似点，即关注

---

① 与莱斯利·吉尔伯的谈话录，2005 年 2 月 22 日。
② 例如，参见 Heclo，"Issue Networks and the executive Establishment"。
③ Lindquist，"Public Manager and Policy Communities"一文中详细讨论了政策共同体。

根据不同知识和专业的分布而组成的不同社群或中心。然而,政策共同体创建的目
的在很大程度上是为了影响一项或多项政策(X),而综合性模型考虑的是多个参与   168
者(由 An,Bn,Cn,Dn 表示)是如何试图影响决策环境的。换言之,研究决策的综合
方法是假定在白宫、国会山以及各部门的官员在参与国家事务的同时,大学、智库、利
益集团和私营部门里政策专家们在媒体和其他渠道的帮助下,也能参与政策辩论并
为其赋予实质性的内容。尽管当选的官员们可能更倾向于从集群 An、Bn、Cn、Dn 的
讨论中抽身出来,但他们无法忽视这些对话对政治议程的影响。

采用综合模型的一个优点在于,它促使学者们去思考政策的影响力,但并不只是
在 A 和 B 两个行为体之间,而是考虑随着时间的推移,不同的个人和组织是如何通
过单独或共同行动,或者与不同的决策者协作等方式蓄积影响力的。这种方法还使
我们能够更宏观、更成熟地理解政策的影响力。回到之前那位常驻华盛顿的智库学
者的事例,如果他被要求在参议院对外关系协会面前陈述自己对国家导弹防御系统
的研究,那么根据霍尔斯蒂的线性影响力评价模型,我们得出了两种可能的结果:鉴
于 A 希望提出的建议被采纳,因此,要么 A 说服委员会的主席(B)支持他的提议,A
就产生了影响力;要么 B 否决了 A 的提议,A 就没有影响力。线性模型提供了一个
非此即彼的命题,即 A 要么有影响力,要么没有影响力。

综合模型认识到影响力可能以不同的形式,在政策周期的不同阶段实现,因此它   169
在描绘 A 施加影响力的情况时更加接近现实。即使 A 可能无法说服 B 赞同其提议,
A 的证词也可能会引发媒体、学术界、白宫、其他智库等其他参与者的关注与探讨。
A 也许无法动摇 B 对于国家导弹防御系统的立场,但这既不意味着 A 缺乏影响力,
也不能说明 A 的提议在中期或长期内都将被忽视;相反,B 违背 A 的意愿,那也仅仅
表明了在这个案例中 B 不能或不愿意遵循 A 的建议。

影响力发挥作用的时间段也是一个重要的考虑因素,尤其是涉及战争与和平的
问题时。虽然霍尔斯蒂并未明确指出 A 对 B 发挥影响力作用的合理时间段,但从他
所建立的线性模型中可以清楚地看出,一旦 B 做出了决定,A 便不再对 B 产生进一

步的影响。如果 A 无法说服 B 遵从自己的偏好，便会设法通过其他渠道施加影响。当联合国安全理事会明确表示不赞成入侵伊拉克之后，布什政府仍决定在伊拉克部署军队——这一决议显然就属于这种情况。推翻萨达姆·侯赛因政权的决定更加说明了跳出线性模型的狭隘范围来看问题的重要性。综合模型评估法鼓励学者们去关注做出决议之后的进展，因为在这期间"残余的影响力"可能会浮出水面。这里我需要说明一下，如果 B 没有按照 A 的意愿行动（就像上面所列举的那样），并不意味着 A 没有短期、中期或长期性的影响力。而且，如果 B 遵照 A 的意愿行事，也不意味着 A 将焦点立即转移到下一个政策议题上去。实际上，B 对 A 的依顺会鼓励 A 去影响这一议题的其他决策者和利益相关者。在某些方面，"残余的影响力"可以视为通过合作取得了切实利益的个人和组织之间日积月累而来的信誉。正如早期功能主义者如戴维·米特兰尼所预测的那样，这种信誉反过来会渗透到更为敏感的谈判领域。①

与线性模型不同的是，综合模型不会试图将影响力简化成一个"非此即彼"的命题。正如上文所述，综合模型承认影响力有程度和水平的区分，也认识到某些个人和组织具有资源和地位上的优势，并且可以凭借专业知识和与关键决策者亲近的关系影响政策环境和具体政策内容。在综合性模型中，A 的角色由谁来扮演至关重要，无论是智库、报社编辑、利益集团的领袖、精英大学教授、大公司总裁，还是前内阁秘书，结果都会大相径庭。归根结底，重要的是要认识到任何重要的政策议题（无论是战略防御还是反恐战争）都有成百上千的组织（包括智库在内），试图向决策者传递他们的想法。由于学者们对政策议程的设定过程十分感兴趣，因此我们有责任去确立一个最为行之有效的方法来评估他们对公共政策的影响。

研究政策影响力的综合性模型不仅纷繁复杂，而且公共政策制定和实施的过程

---

① 功能主义理论和整合理论，以及他们如何被用来解释国家间的合作，参见 Mitrany, *A Working Peace System*。

也不简单。接下来两章中的案例研究将会证明,我们既不能把公共政策的出台简化地解释为 A、B 两者之间谈判妥协的结果,也不能看成是依据计算机流程图生产的结果。正如盖尔布所揭示的那样,智库和其他非政府组织试图施加影响的过程,与决策过程一样极具偶发性、随意性,且难以预测。讽刺的是,也正是因为如此,公共政策研究才充满了趣味性。

对这一领域的学者而言,了解影响力产生的主体和环境是一项永恒的挑战。除了要制定一个用于研究影响力的恰当模型之外,这项挑战还包括确定一个衡量政策影响力最有效的方法。在接下来的章节中,我们会着重介绍学者们是如何使用定量和定性指标来评估或考察智库影响力的。虽然这些标准对评估智库对公众舆论和公共政策影响力的作用仍有待探讨,但这无疑将在学术界引发热烈的交流。为促进这样的交流,我们重点将首先放在探讨智库的关注焦点是什么的问题上,这也是本章节的标题。

三、政策的影响力可以衡量吗——定量的方法

（一）媒体

任何一天中,你都可以拿起报纸,打开收音机,收看新闻或时事节目,浏览互联网上成千上万的政治网站,并借此了解美国著名智库政策专家们的想法。如果这还不够,你还可以订阅由加拿大驻美大使馆主编和发行的电子时事周刊《智库观察》（*Think Tank Observation*）。它概述了华盛顿内诸多智库的研究活动。伦敦的加拿大高级专员公署最近开设了一个类似的时事通讯,以此观察英国智库的工作。

每天 24 小时,每周 7 天,美国和世界各地的纸媒和网络传媒都翘首等待政策专家就争议性的政治问题各抒己见。这正中智库下怀。智库的学者们常被称为"会说话的脑袋"。他们频繁出现在网络新闻和政治访谈类节目上,对国内外的各大政策问题高谈阔论。例如,9·11 事件之后,当记者和媒体人争先恐后地追问事件真相时,他们的曝光率尤其高。这些政策专家们不是在电视或电台露面,便是在美国各大主

流报纸的专栏里分享他们的见解。简而言之，智库了解媒体的需求，并及时地源源不断地向它们输送信息。

智库就像娱乐和广告行业的公司一样，它们意识到媒体对我们的偏好和优先选项的排序有着重要影响。这就是本书在上一章中讨论的智库投入大量时间和资源来加强与各大媒体联系的根源所在。智库的负责人对大量媒体曝光的潜在好处早已心知肚明。正面的曝光不仅有助于提高智库的信誉，更重要的是在塑造智库巨大影响力方面发挥着举足轻重的作用，因为这是取得理想结果的一个重要的筹码。

影响力是所有智库都梦寐以求的东西，但在现实中大多数智库满足于表面上的影响力。对于创造影响力来说，还有什么比吸引媒体注意更好的方式呢？随着思想市场的竞争日趋激烈，一些智库开始密切监视竞争对手的媒体曝光度。这其中包含的不仅仅是引以为傲的资本，而是将高曝光率转化为筹集额外的慈善、企业和私人资助的机会。在下一章中，我们将挑选一组拥有外交和国防背景的智库作为对象，研究2001～2005 年它们在美国各大主流报纸、电视网络媒体的曝光率。统计这些数据并不是为了确认智库有没有影响力，而是为了阐释这一影响指标是如何能够被用到智库行为的定量评估中去的。

通过使用 Lexis/Nexis 数据库，我们选定的一组出现在《华尔街日报》(the Wall Street Journal)、《基督教科学箴言报》(the Christian Science Monitor)、《华盛顿邮报》(the Washington Post)、《华盛顿时报》(the Washington Times)、《今日美国》(USA Today)、《纽约时报》(the New York Times)等六大报纸上的智库，时间跨度从 2001年 1 月至 2005 年 1 月，涉及的政策议题包括伊拉克、阿富汗、9. 11、基地组织、恐怖主义和导弹防御问题这六大重要问题。本章选取的智库包括：新美国世纪计划、安全政策中心、哈德逊研究所、卡内基国际和平基金会、卡托研究所、传统基金会、胡佛研究所、布鲁金斯学会、战略与国际问题研究中心、美国企业研究所、外交关系协会和兰德公司,并记录了它们的曝光次数(参见表 7.1,以及附录 4 中的表 A4.1—A4.6)。①

表 7.1 2001.1—2005.1 部分智库在印刷媒体上的曝光次数的抽样汇总

智库	主题						总计	百分比
	伊拉克	阿富汗	9.11	盖达组织	恐怖主义	导弹防御		
新美国世纪计划	60	28	37	20	52	12	209	1.01
哈德逊研究所	104	50	97	32	158	30	471	2.27
安全政策中心	147	31	81	47	191	66	563	2.71
胡佛研究所	324	125	211	84	354	38	1 136	5.47
卡托研究所	258	121	272	87	437	31	1 206	5.80
卡内基国际和平基金会	398	187	204	114	409	115	1 427	6.87
美国企业研究所	633	181	401	146	629	61	2 051	9.87
传统基金会	544	245	386	150	685	119	2 129	10.25
兰德公司	391	260	528	232	691	63	2 165	10.42
战略与国际问题研究中心	742	327	362	231	754	73	2 489	11.98
外交关系协会	853	358	469	288	846	71	2 885	13.89
布鲁金斯学会	1 054	495	786	271	1 270	169	4 045	19.47
总计							20,776	

来源:LexisNexis®。

注:由于搜索条件相似,可能会有一些文章在统计中有重叠。

---

① 之所以选择这些智库是因为他们在外交和国防政策方面有兴趣和专业知识。我还选取了与美国政治圈密切相关的六大报纸。文中所列举的问题和事件是美国决策者们面临的最具代表性的挑战。在国内政治领域,医疗保健、能源和教育等其他关键问题也有所涉及。正如所指出的,统计这些数据的目的是为了展示智库曝光的一种模式,并确定一个采用定量方法研究智库影响的学者可以使用的指标。

表 7.2　2001.1—2005.1 部分智库在电视媒体上的曝光次数抽样汇总

智库	主题						总计	百分比
	伊拉克	阿富汗	9.11	盖达组织	恐怖主义	导弹防御		
哈德逊研究所	0	0	0	0	0	0	0	0.00
新美国世纪计划	1	0	0	0	0	0	1	0.14
胡佛研究所	1	1	0	0	1	0	3	0.41
安全政策中心	4	1	0	1	4	0	10	1.36
卡托研究所	4	0	0	1	4	0	9	1.22
战略与国际问题研究中心	2	3	0	1	6	0	12	1.63
美国企业研究所	17	2	0	1	6	0	26	3.53
传统基金会	11	3	4	1	10	2	31	4.21
卡内基国际和平基金会	42	7	4	10	25	8	96	13.04
外交关系协会	65	8	6	7	36	1	123	16.71
兰德公司	30	7	7	33	51	1	129	17.53
布鲁金斯学会	152	31	17	23	68	5	296	40.22
总计							736	

来源:范德比尔特电视新闻档案

　　每一个智库的引用次数可能有虚夸成分,因为在报纸的同一篇文章中一个术语可能会出现多次,但我们是想从总体上简单展示智库的曝光率。被引次数的精确值与学者们如何使用这些数据来确定智库的影响力相比,显得没那么重要。智库在所选事件和问题中被媒体每提及一次,就可以记一次媒体曝光。

　　抽样的这十二个智库中,布鲁金斯学会排名第一,被引次数逾 4 000 次,占印刷媒体曝光率的 19.48%,几乎是美国企业研究所、传统基金会、兰德公司曝光次数总和的两倍。其他曝光率比较多的智库包括战略与国际问题研究中心和对外关系协会。被认为对布什主义有显著影响的"新美国世纪计划"排名最后,仅获得了1%的媒体曝光率。智库在纸质媒体上的曝光率天差地别。例如,布鲁金斯学会的曝光率在较为保守的《华盛顿时报》上最低,仅有10.26%,而在偏自由主义的《华盛顿邮报》上最高,为26.17%。相比之下,以保守著称的传统基金会在《华盛顿时报》上获得了最多的曝光率,达21.57%,而在被许多人视为偏自由主义的《纽约时报》上则仅占4.49%。布鲁金斯学会在伊拉克和恐怖主义问题上被引次数最多,而兰德公司则在有关恐怖主义和9.11问题的评论上获得的曝光率最高。

广播电视方面的结果大致相同(参见附录4中的表7.2和表A4.7至A4.10)。 174 美国广播公司(ABC)、美国全国广播公司(NBC)和美国有线电视新闻网(CNN)邀请的专家和引用的学者研究绝大部分来自布鲁金斯学会。在这个样本中,布鲁金斯学会在所有广播媒体中的曝光率占40.22%,是其最大竞争对手对外关系协会(16.71%)的两倍有余,相当于传统基金会曝光率(4.21%)的将近十倍。唯一的例外是,哥伦比亚广播公司(CBS)对兰德公司和布鲁金斯学会给予了相同的关注(均获得了25.44%的网络曝光)。另外,"新美国世纪计划"的曝光率非常少,仅占0.14%,而哈德逊研究所则更逊一筹,在四大网络媒体中没有得到任何曝光。

在分析这些数据时,我们会产生这样一个明显的疑问:为什么有些智库的曝光率会比其他智库更高?这就涉及智库预算、人员规模、研究领域、意识形态倾向和地理位置等多个因素。我们不会过多地关注智库吸引媒体报道的方式和原因,而会将重点放在探讨这些数字是否说明了这些智库的影响力。

使用定量方法的学者倾向于参考媒体关注度,因为这相对而言更容易进行估测。虽然这项工作很费时,但学者们可以借鉴不同的数据库(包括在这一章中使用的)以整合智库在纸质媒体和广播电视上的曝光率。这样一来,他们就可以记录智库的被引率、最常涉足的政策议题和曝光率最高的时间段。学者们还可以选择对报纸报道进行严格的内容分析,来统计智库专栏文章的数量。此外,如果愿意的话,他们还可以考察智库是否有明确的意识形态倾向(自由主义,保守主义,马克思主义,自由主义)以及其形象(正面或负面)。所有这些信息都可以被用于此后对智库影响力的评估之中。

记录媒体曝光率的主要优势在于可以使学者们能够识别出参与重要公共政策辩论最活跃的机构。在政策周期初始阶段，各方都在阐述自己的观点，列出一张登上头条新闻的机构名单显得至关重要。如果智库所发表的新闻事件评论正是学者们当下所研究的课题，那么通过持续关注智库的动向，学者们就可以更细致地考察它们还会采取什么行动以宣传各自的观点。有一些智库可能会在自己的学者或研究登上报纸后便心满意足了，而有些智库则会试图利用媒体赢得公众对新政策理念或行动的支持。造势工作完成后，智库便可以通过许多之前提及过的渠道去吸引决策者的关注。总之，对于许多智库而言，成为各方关注的焦点对于发挥影响力而言是必要不充分条件。

不幸的是，媒体曝光率除了为我们提供一些有关组织在政策辩论前沿的初步信息外，我们很少能从中看出智库所具有的影响力性质和程度。事实上，与各大智库的年度报告及其领导人在董事会面前所说的截然相反，媒体曝光率不应该与政策影响力画上等号。例如，《华盛顿邮报》中援引某一个智库的研究或报告，并不意味着公众或决策者一定会被其内容所左右，而是表明，我们可以充分肯定大部分的美国民众已经阅读和理解了该报告。即便通过民意调查可以确定绝大部分美国人看过了《华盛顿邮报》上发表的某个智库报告，出于上一章所提到的原因，我们也很难说该报告确实"影响"了公众或决策者对特定问题的态度和观点。此外，即使可以证实公众在看过这篇报告之后发生了观念上的转变，我们仍必须扫清那些方法论上的障碍，从而深入考察究竟是何种想法促成了政策输出。基于上述原因，采用一个更加综合的方法来研究政策的影响力是更加可取的。我们应该探究媒体、学术界、私营部门、智库所讨论的政策议题究竟是如何影响决策者的，而不是试图将媒体曝光率与政策影响力等同起来。

还有一点务必要牢记的是，我们在统计媒体曝光率时，忽略了对智库影响力做出合理评论所需的重要信息。Lexis/Nexis 数据库搜索提供的是智库被引次数的原始数据，而没有考虑到智库学者发表评论或智库的研究成果被引用时外界的环境。此外，我们的图表中所包含的数据没有阐明智库报道的类型和范围。例如，我们并不知道布鲁金斯学会被引的 4 000 多条内容是出现在纸媒的头版还是其他版面。显然，这一因素可能会极大地影响那些偶然阅读到这些内容的潜在读者和其他机构的数量。另外，哪一篇（如果有的话）有关智库工作的文章最受关注，我们也无从知晓。通过尼尔森的收视率统计数据，电视网络可以大致确定有多少观众收看了某个特定的节目。这　系统也可以同样帮助学者们研究智库在广播媒体上的曝光率。然而，对于那些关注智库和纸媒的人而言，这几乎毫无用处。简而言之，关注智库在媒体上的曝光率可能会帮助学者们解决一部分问题，但也仅仅是冰山一角。唯有通过了解更多智库的活动，整个谜团才能得以破解。

176

（二）国会证词

智库除了关注自身收获的媒体报道之外，还密切关注本智库的学者受邀在国会发表证言的频率。智库的网站上通常会有一张列表，显示发表过证词的学者名单以及他们的演讲全文。这样做的原因显而易见。智库想借此让公众相信他们在决策圈中扮演着可靠且重要的角色。要达到这样的效果，还有比宣传自己的成就更好的方法吗？虽然，根据安德鲁·里奇和肯特·韦佛的研究，一些智库在立法机构的出席频率较另一些要高可能是由多种因素决定的。[①] 我们需要考虑的是怎样通过各智库发表国会证词频率来进一步理解智库在决策过程中所扮演的角色和发挥的影响。

---

① Rich 和 Weaver 认为智库处在华盛顿的政治圈内，那些与国会多数党的意识形态一致的智库更有可能被要求在立法委员会申辩。参见他们的研究"Think Tanks, the Media and the Policy Process,"以及 Rich,"Think Tanks as Sources of Expertise for Congress"。

表 7.3   2001.1—2005.1 部分智库在参众两院委员会发表证词的抽样汇总

智库	证言次数	百分比
卡托研究所	1	0.83
胡佛研究所	2	1.67
新美国世纪计划	3	2.50
哈德逊研究所	4	3.33
安全政策中心	5	4.17
传统基金会	8	6.67
卡内基国际和平基金会	9	7.50
外交关系协会	9	7.50
兰德公司	10	8.33
美国企业研究所	14	11.67
布鲁金斯学会	22	18.33
战略与国际问题研究中心	33	27.50
总计	120	

来源：《范德比尔特电视新闻档案》。

　　我们同样统计了 2001 年 1 月 1 日～2005 年 1 月 1 日的媒体曝光率。在本书研究采集的样本是智库政策专家在参众两院七个负责外交和国防领域的委员会前进行了 120 次证词陈述(参见附录 4 中的表 7.3,以及图 A4.1—A4.6)。[①] 出席频率最高的是战略与国际问题研究中心,在外交领域可谓名副其实的明星智库。战略与国际问题研究中心的专家在立法委员会上 33 个不同的场合出席,占总次数的 27.5%,远远超过其最大的竞争对手:布鲁金斯学会(22)、美国企业研究所(14)和兰德公司(10)。卡托研究所(1)、胡佛研究所(2)、新美国世纪计划(3)、哈德逊研究所(4)、安全

---

　　① 研究统计了十二个智库的学者们在以下委员会前的出席率:参议院外交关系委员会、参议院情报委员会、参议院军事委员会、众议院情报委员会、众议院军事委员会、众议院国际关系委员会、众议院国土安全委员会。

政策中心(5)以及传统基金会(8)的专家出席次数很少。

根据我们的统计,战略与国际问题研究中心的学者在参议院中的出席频率最高,
共计 20 次。大部分的证词是在参议院对外关系协会面前做出的。战略与国际问题
研究中心的专家们讨论的议题涵盖面很广,涉及了生物恐怖主义、传染病威胁、伊拉 177
克危机和朝鲜谈判等问题。它在众议院中的出现频率同样位居前列(13 次),稍逊于
位居榜首的布鲁金斯学会(14)。布鲁金斯学会学者的证词大多是应众议院外交关系
协会之邀发表的。美国企业研究所和传统基金会在众议院出现的频率也较高,分别
为 10 次和 8 次。

与媒体曝光上的统计数据类似,国会证词的统计数据中也同样存在方法论问题。
我们所接受的信息可能有助于判定智库的受信赖程度(至少在一些决策者的眼中是
如此),但却无助于洞悉智库学者们发表的哪些演说是有益且适时的。再者,图表中
显示的数字并不能证明影响力,而仅仅是说明了智库在国会进行证词陈述的频率。
正如里奇和韦弗所言,某些智库在立法机构的出席几率较其他智库要高这一现象是
由多种因素导致的。

如果对智库学者们在国会的各种委员会发表的证词不加关注,就几乎不可能估
算他们所发挥的影响力有多大。诚然,在缺少各个委员会内部运作及其成员的政策
偏好和目标的情况下,我们有理由推断:智库出席国会证词陈述的统计数据只具有极
其有限的实用价值。然而,如果我们将这些数据与媒体曝光率数据进行比较,就会明 178
显看出这种评估政策影响力的方法更加适用。事实上,通过比较智库在国会的出席
率和媒体上的曝光率,我们可以发现它们在政策周期的不同阶段获得的认可程度上
有所差别。例如,布鲁金斯学会在我们选取的广播媒体和纸质媒体样本中分别获得
了 40.22%和 19.47%的曝光率,其学者在国会的出席率为 18.33%。相比之下,尽
管战略与国际问题研究中心在国会的出席率最高(27.50%),但它在广播媒体上的曝
光率(1.63%)和纸质媒体的曝光率(11.98%)却远不及此。通过追踪政策周期中一
些最活跃的智库,我们可以更详细地探讨其对具体政策辩论的影响力的性质。总之,

在评估政策影响力时，重要的不是凸显各智库在媒体曝光率和国会出席情况的排名，而是要关注哪些智库在政策周期同一阶段相比其他机构和组织在政策影响力方面更具资源和地位上的优势。

要得出这一结论，我们不能只专注于考察政策影响力的定量指标。媒体曝光数据、国会证词数据以及其他的评估手段（例如出版物的数量、人员规模和预算资源）对学者们研究的帮助是十分有限的。这些数据及智库活动其他方面的数据虽然有利于记录机构行为的模式和趋势，但若要更全面地了解它们与政策制定过程的关系，则需要对它们的影响做更深入地调查。

四、隐形衣：智库、公共政策和影响力的定量指标

如果政治学家能将他们的学术长袍魔术般的变换成隐形衣，那么研究公共政策和非政府组织的政策影响力就会容易得多。如果有了隐身功能，学者们便可以像哈利·波特和他的朋友们在霍格沃茨学习时行走在"魔法"走廊和台阶上一样，在白宫、国会大厦和众多政府部门和机构中自由穿行。就如戴眼镜的魔法师一样，只要躲在隐形毯下就不会被发现，政治学家也可以毫不费力地在权力中心的走廊上来去自如。有了隐形衣，学者们就能弄清影响决策者行为的究竟是什么。他们可以在总统办公室里旁听高层官员的会议、偷听国会议员的电话以及获取机密文件。神秘而复杂的决策世界突然间就会变得公开透明起来。

但霍格沃茨的魔法世界与华盛顿的决策者们所处的现实世界截然不同。在霍格沃茨，哈利·波特这样的局外人能够凭借超能力去揭穿紧闭的大门背后的真相。相比之下，华盛顿的圈内人利用其（民选的和任命的）领导人职权，掩盖决策过程的内部运作。躲在隐形披风背后的反倒是他们，而不是研究他们的学者。华盛顿是有巫师的，那就是"华盛顿奇才队"（Washington Wizards），但他们是 NBA 的成员，而不是希望揭示国家最高机密的古代神秘集团。

由于不能躲在虚拟的隐形衣后去亲自洞悉决策的内幕，他们就必须寻找其他方

式来揭示决策的过程。我们已经探讨了一些可以用来评估智库政策影响力的定量指标。在其他方面,我们发现,智库的媒体曝光率和(或)本智库专家应立法机关各个委员会之邀的频率,往往带给我们更多问题,而不是答案。为解决这个问题,我们可能要考虑如何采用定性的方法来进一步了解智库是如何参与决策过程的以及它们所具有的影响力。

学者们所谓的研究决策过程的定性方法究竟是什么?一般而言,他们指的是非统计分析法,包括有助于解释决策内幕的档案研究和采访。采用此种方法的学者坚持认为,既然定量指标对评价政策的影响力不无益处,那么无形之物也同样如此(比如与在决策中举足轻重的高官建立私人联系)。例如,在分析智库的专家们在国会发表证词的频率时,我们主要考察了出席率最高和最低的机构,而忽略了出席专家的声誉和地位或国会各个委员会的构成。为什么这一点很重要?因为在决策过程中,谁提供的建议和向谁提出建议这两大问题至关重要。发表证词的人如果是前内阁秘书,就会和华盛顿的某家智库名不见经传的学者(在最后时刻顶替资深学者出席)有着天壤之别。同样,听取专家证词的委员会成员知名度的高低、所讨论话题的紧急程度——即是美国国会和政府的当务之急,还是无关紧要的小事——都会导致不同的结果。

智库和决策者之间的关系和联系是存在差别的。这往往能说明为何一些智库能够拥有更多的机会参与到决策的各个阶段。这一点我们将在案例研究中详细讨论。1981 年,传统基金会的主席埃德温·福伊尔纳与里根政府过渡团队的重要成员之间建立了友好关系。这极大地推动了他的报告《领袖的使命》(*Mandate for Leadership*)在新政府中的流传度。新美国世纪计划也是如此,依托国防部长唐纳德·拉姆斯菲尔德和副总统迪克·切尼等几位身份显赫的成员,它将建议列在其公开报告《重塑美国国防》(*Rebuilding America's Defense*)中,并呈交给了布什总统。

虽然与决策者的个人接触和联系可能对于打入各级政府内部有所帮助,但这并不意味着智库的专家能够对决策施加影响。就如卡特总统的国家安全顾问兹比格涅·

布热津斯基最近指出的那样，华盛顿各界的学者和前任政府的决策者都在试图影响公共政策。"有些社群影响力很小，除了通过专栏、电视等渠道在一定程度上影响公众情绪……还有一些（政策专家）社群已经获得了一定程度的公众认可（和）影响力，虽然不多，但还是有一些的...由于（他们）与决策者有日常接触，所以有一定影响力。"①布热津斯基认为后一类专家，"在政府政策陷入困境时，能产生相当大的影响力。比如，当越南战争的战况不容乐观时，与官方政策不同的观点就会当即赢得广泛关注，并被严肃对待。"②虽然，当决策者们的"政策陷入困境"时，他们可能会受到激励，去听取更多不同的观点，但在被问及为何有些政府会更倾向于听取外部专家的意见时，就需要引入多种因素来解释。这也是我们将在下两个章节中讨论的主题。

181

对智库采取定性分析研究是极其重要的。如果处理得当，我们可以从档案研究和采访中获取大量信息，并从中详细了解影响公共政策的关键因素。但与此同时，我们也应该同样重视定量的方法。定性的方法可以为学者提供原始数据以外的东西，也就是决策的历史和政治背景。在第8章和第9章中，我们将运用定性和定量的方法，去评估部分智库在政策周期不同阶段的影响力。这样一来，我们才能对研究政策影响力时经常遇到的许多方法论问题有所认识。评估政策影响力有其不可避免的困难，但若想就智库和其他非政府组织在决策过程中的作用这一问题取得研究进展，它又是必不可少的。还有另一种方法就是借助报道或零星数据，不过它不能告诉我们决策者和公众是否听取了智库源源不断提供的信息，固不可取。

---

① 与兹比格涅·布热津斯基的谈话录，2004年5月20日。
② 同上。

8. 运转中的智库：国家导弹防御系统的辩论

将智库的活动以及同决策者、慈善家和商界领袖的联系记录下来，不仅有助于说明智库参与了政策制定，也有助于更准确地揭示智库如何影响美国的权力结构。约翰·米克尔思韦特和阿德里安·伍尔德里奇在《右翼美国》(The Right Nation)一书中凭借深刻的洞察力，研究了这一发人深省的问题。① 但是，由于缺乏详细的案例研究，学者们评价智库的影响力只能靠推测。在本章及第 9 章中，我们将揭示一些外交和国防领域的智库如何试图影响两个极具重要性、时效性和争议性的政策议题——国家导弹防御系统的研发和反恐战争的。前者具体包括国家导弹防御系统的研发和部署——安全政策中心将其简称为导弹防御；后者涵盖从伊拉克入侵科威特到美国国土安全部的建立等诸多事项。这将有助于我们考察智库在影响公众舆论和国家政策方面做了什么。

这两个事关国家安全的问题一直是布什总统的心头之患，而前者更是吸引了诸多前任总统的关注。因此，他们的决定对美国未来的外交政策及国际体系的稳定起了关键作用。对于那些投入巨资引导公众探讨后 9·11 时代美国全球角色的智库来说，如何解决这些问题至关重要。如果在美国重新定义自我身份时，智库都不强劲发声，那更待何时呢？

在接下来的案例中，我们将会发现智库让人们感知到了它们的存在，但使用的方

---

① Micklethwait and Wooldridge, *The Right Nation*. 一些人提出了一种说法，认为智库成为美国权力精英的一个组成部分。例如：Domhoff and Dye, *Power Elites and Organizations*；Domhoff, *The Power Elite and the State*；Perloff, *The Shadows of Power*；and Shoup and Minter, *Imperial Brain Trust*。

式和知名度却不尽相同。更确切地说,尽管里根时代的智库能够通过深度参与政策
制定来推动导弹防御系统计划,但是在布什执政时期,总统只是与他的亲信顾问班子
共同探讨如何开展反恐战争,智库并没有能够过多地参与其中。包括布鲁金斯学会、
美国企业研究所、传统基金会、外交关系协会、兰德公司、卡托研究所和卡内基国际和
平基金会在内,好些智库一直在努力与媒体、公众及决策者分享对这一燃眉之急的见
解。然而绝大多数的智库与白宫的接触都遭到了极大的阻碍。毫无疑问,智库在向
美国人民阐释布什主义和中东的持续战争上发挥了很大的作用,但几乎没有证据显
示它们的理念能够深入白宫内部。大多数情况下布什政府是完全不透风的——这不
同于其他行政机关所鼓励的决策者和外部政策专家之间应进行自由而充满活力的交
流。这就是智库在布什政府处理外交政策问题上影响有限的部分原因。

　　尽管所选的案例未能代表近年来智库所关注的全部外交政策议题,但却为学者
们提供了一个绝佳的机会,用来研究哪些因素提升或减弱了智库对公共舆论及国家
政策的影响力。考察一些智库能或未能深度渗入到政策制定的原因和方法,可以为
进一步讨论智库影响力奠定基础。尽管这些案例研究没有揭示出智库行为的固定模
式,但却提供了更有价值的东西——人们可以通过它们大致了解政府边缘的政策专
家和负责美国国家安全领域的决策者之间的交往。

　　本章将首先概述导弹防御系统是如何得到里根政府关注的。这个议题在 1972
年《反弹道导弹条约》(ABM)签约之前就已存在。之后我们将研究一些智库是如何
协助里根政府在其竞选中向美国人民推销后来的战略防御计划(SDI,或称星球大战
计划)的,以及这些智库在推动布什总统关于建立导弹防御系统过程中的重要作用。
最后,我们将思考:如何评估智库在这次重要辩论中的贡献以及智库在政策周期的不
同阶段的影响。

一、盾牌，而不是利剑：罗纳德·里根和战略防御计划

里根曾经是好莱坞影星、加利福尼亚州州长。他在 1981 年入主白宫成为美国第 40 任总统。对他来说，创造一个能够监测、拦截以及摧毁核导弹的多层防御系统是一件很完美的事情。据他所说，美国和苏联在冷战时期的相互保证毁灭原则（MAD）——一种基于互相毁灭的预期会阻止超级大国发动核战争而形成的观念——下再为彼此的安全投入已没有意义，更别说国际社会的安全。尽管美国军方和政府高层非常了解扩大核武库的风险，而且导弹防御系统的构想对他们来说也并不陌生，但很少有人会想到在美国周围建设一个保护美国的防御体系。这种想法在里根执政后不久就获得了大力支持。正如里根在他的自传《美国生活》（*An American Life*）中指出：

> 我带着对苏联核导弹问题的成见走进办公室。我谈论的是"相互保证毁灭"这一疯狂的政策。这意味着，只要我们中的任何一国试图先发制人，就会被别国用核武器摧毁。这种颇具威慑力的想法反倒提供了安全。但是不知为什么，这并不能使我安心入眠。这就像在沙龙里看着两个西方人永远都在用枪瞄准对方的脑袋。我们需要一个更好的解决方法。
>
> 在第一任期的早些时候，我召开参谋长联席会议，并对他们说：人们每每发明一种攻击性武器都将促使与之相对的防御性武器的发明。在这个技术主导的时代，我们是否可以发明一种能在核武器刚刚发射的时候就将它拦截并摧毁的防御武器呢？
>
> 他们面面相觑，并问是否可以讨论一会儿。很快，他们就停止了讨论并回答："是的，这是一个值得探究的想法。"我的回答是："那我们就开始做吧。"于是战略防御计划诞生了。很快，一些国会议员和媒体称之为"星球大

战计划"。①

185　　也许在里根入主白宫召开这次参谋长联席会议前，他就一直在等待。但根据里根 1980 年竞选团队核心顾问马丁·安德森的观察，早在里根当选为总统前就已经想着要改变美国核战略了。根据马丁·安德森的回忆，里根在 1979 年 7 月 31 日参观北美防空司令部(NORAD)时，就开始思考美国在遭受核打击时会有多脆弱。在安德森和道格拉斯·莫罗(里根在好莱坞的一位老相识)的陪同下，里根在夏延山与后来任北美防空司令部指挥官的詹姆斯·希尔将军进行了一次特殊的会谈。里根十分震惊地发现，一旦苏联发射导弹，美军几乎没有保护美国国土的方法。据安德森回忆，"里根一脸的难以置信。讨论继续着。我们问到如果苏联真向美国国土发射了一枚核导弹，会怎么样？'呃，'将军小心翼翼地回答道，'一旦导弹被发射到美国本土，我们会立刻知晓。但是等当地政府收到通知时，将只有十到十五分钟的逃离时间。我们能做的只有这些了。我们无法阻止袭击。'我们没有问将军，如果苏联向我们发射了成百上千枚核导弹会怎么样"②。根据安德森对那天行程的详细记录，里根"对他所了解的情况深感担忧"。里根说道："不论什么原因，倘若美国遭受了核导弹的袭击，他所能做的只能是要么同样按下核按钮，要么坐以待毙。这两种情况都很糟糕。我们应该有防御核导弹的自保方法。"③里根确信美国需要重新研发一个全面的反弹道导弹系统。这个系统在尼克松总统在与勃列日涅夫签订《反弹道导弹条约》时被同意废除。但是出于政治原因，里根在 1980 年的竞选活动中有人建议他不要改变美国的核战略。

　　考虑到一旦民主党反对，关于导弹防御问题的讨论会适得其反。里根的顾问建

① Reagan, *An American Life*, 547 - 548.
② Anderson, *Revolution*, 82 - 83.
③ 同上，83。

议他宣誓就职之前对这个问题上保持沉默，①里根听从了这个建议。但在他就任后的短短几个月，一个核心顾问小组就开始在埃德温·米斯的办公室里召开政策会议，讨论如何复活导弹防御系统计划。② 与会者还包括里根的首位国家安全顾问理查德·艾伦以及负责政策规划的助理马丁·安德森。当里根的科学顾问乔治·基沃斯加入晨间简报会时，政策的"三驾马车"就迅速运转起来了。③ 基沃斯（新墨西哥州的洛斯阿拉莫斯实验室工作科学家）经由他从前的同事和朋友、已故的氢弹之父爱德华·泰勒④举荐，参与到了这个项目当中，他们两人都是导弹防御计划的坚定支持者。

186

　　在政府高层讨论推进导弹防御系统的最佳方法时，政府以外的团体也出现了支持这一倡议的声音。毫不意外的是，最有力的支持来自里根所谓的"厨房内阁"。他们是总统的一小群富有影响力的老朋友，包括卡尔·本德森和约瑟夫·库尔斯。前者是一名国家安全专家，杜鲁门任总统时曾是军队的次国务卿；后者是一位科罗拉多啤酒大亨，曾为传统基金会提供启动资金。但更重要的是，导弹防御系统开始引起一些外交和国防问题专家的兴趣，他们准备帮助里根赢得公共舆论的支持。在赞成导弹防御计划的专家中，最著名也是最杰出的当属丹尼尔·格雷厄姆将军。他是前国防情报局局长和里根总统的顾问。为了给 1980 年 2 月在新罕布什尔州共和党总统初选做准备，格雷厄姆向里根简要介绍了导弹防御系统。理论上讲，这个系统将有助于保卫美国及其盟友免受弹道导弹的侵害。

　　1981 年 9 月，格雷厄姆找到了来自弗吉尼亚州的"高边疆"（High Frontier）⑤，这是一个在导弹防御系统、军备控制、核武器和战略系统领域的专业智库。1 年后，在传统基金会的协助下，"高边疆"发表了一篇名为《高边疆：一个新的国家战略》（*High*

---

① Anderson, *Revolution*, 86.

② 同上，90。

③ 同上。

④ 对于爱德华·泰勒加入战略防御计划的惊异，见 Broad, *Teller's War*。

⑤ 高边疆，最初创建于华盛顿哥伦比亚特区。

Frontier：A New National Strategy)①的报告。文章提出了该组织的设想：那就是建立起一种基于地面和空间的防御系统，并保证该系统能够使用激光束瞄准并摧毁核导弹。"高边疆"的起源及其与传统基金会的关系将在下一章进行详细的讨论，但在这里必须指出：格雷厄姆在多大程度上参与了里根政府的活动是非常重要的。

从安德森的记忆中可以清楚地知道，格雷厄姆很早就加入了战略防御计划的讨论之中。如他所说，"白宫关于导弹防御系统的第一次会议是 1981 年 9 月 14 日在埃德温·米斯的办公室召开的。与会者有七人，（包括）爱德华·特勒、乔治·基沃斯、格雷厄姆将军、卡尔·本德森，等等。1981 年 10 月 12 日，第二次与这些外部的专家召开的会议在白宫。这次参会的人更少。格雷厄姆将军和本德森做了报告。包括国会、国家航空航天局（NASA）、中央情报局（CIA）、美国空军和国防部在内，越来越多的人对导弹防御系统产生了浓厚的兴趣并表示支持"②。专家与政府高层间的会面从 1981 年最后几个月一直延续到 1982 年，有时总统也会参与其中。1982 年初举行了一个极为重要的会议，在会上"外部顾问们"向里根总统提交了关于导弹防御系统的可行性报告。受他们的成果激励，里根总统对战略防御计划坚定不移。1983 年 3月 23 日，他向美国人民提出了这个计划。③

在里根的全国电视讲话中，他第一次公开向美国民众阐述了一个愿景，即开发一个坚不可摧的防御体系以保护美国免受核攻击。虽然格雷厄姆和参与战略防御讨论的专家们对讲稿内容很熟悉，但里根政府的一些高官深感困惑，包括国务卿乔治·舒尔茨和国防部长卡斯帕·温伯格。他们从没想过里根会发表这样有争议的

---

① 更多有关此篇报告的信息，参见 www. highfrontier. org. 以及 Graham, We Must Defend America and Save the World from Madness。

② Anderson, Revolution, 94 - 95.

③ 同上, 96。

言论。① 在讨论了对军备竞赛的担忧和通过威慑战略来维护和平导致的诸多疑虑后，里根让美国民众想象了一幅未来没有核武器的威胁的生活图景："如果自由世界的人们可以安全地生活，而且他们的安全不再取决于美国对苏联袭击的报复——因为我们可以在他们的导弹飞到美国和盟国之前就将它们拦截和摧毁——我们的世界将会是什么样呢？"②要建立有效的防御系统必须基于科学和技术的巨大进步，因此里根"呼吁曾经为美国制造核武器的科学界再立新功，创造出能够使核武器失效和废弃的方法，从而服务于人类和世界和平的事业"③。

人们很快对里根的演讲做出了回应。从最初对这个提议感到震惊后，那些国会④、科学界和学术界⑤中的反对者开始抨击政府。他们相信这一举措会提升美苏之间爆发核战争的可能性，许多欧洲盟国也有着同样的担忧。⑥ 对战略防御计划的批判意见大致分为四种。首先，人们质疑多层反导系统在技术上的可行性。包括忧思科学家联盟在内的一些组织认为：一个可以监测、拦截和摧毁导弹（这些都是还未能实现的技术）的防御系统即使可以建立，也很容易被淹没在苏联核武库的数量优势下。此外，这一系统并不能预防苏联等国设置圈套或者采取反制措施来重创美国的防御系统。⑦

其次，根据忧思科学家联盟和其他反对者的意见，建设反导系统必定会加速军备

---

① 里根的演讲内容只有屈指可数的他最亲密的顾问，其中包括副国家安全顾问罗伯特·麦克法兰知道。他仅在电视直播前两天通知了国防部和参谋长联席会议。欲了解更多关于围绕战略防御计划的言论和一些高级官员的反应，见 McFarlane and Smardz, *Special Trust*, 227 - 235 and 301 - 320; Shultz, *Turmoil and Triumph*, 249 - 269; and Weinberger, *Fighting for Peace*, 291 - 329。

② Reagan, "Address to the Nation on Defense and National Security."

③ 同上。

④ 关于国会对星球大战的反应，见 Pressler, *Star Wars*。

⑤ 关于学术界对星球大战的更多讨论，见 Miller and Van Evera, *The Star Wars' Controversy*, and Bundy, *The Nuclear Controversy*。

⑥ 更多对于里根星球大战演讲的反应，见 Peter Schweizer 的两本书：*Victory* 和 *Reagan's War*。

⑦ See Union of Concerned Scientists, *Empty Promise* and *The Fallacy of Star Wars*. Also see Bowman, *Star Wars*, and Brown, "Is sdi Technically Feasible?" Union of Concerned Scientists, *Empty Promise* and *The Fallacy of Star Wars*.

竞赛，而不是缓和冷战的紧张局势。一旦美国军方在签订《反弹道导弹条约》后将更多资源投入到开发更强和更具进攻性的战略性武器上，苏联会毫不犹豫地依样画葫芦。更重要的是，与里根的声明相反，战略防御计划将很有可能违反《反弹道导弹条约》，并导致太空军事化。人们对战略防御计划的批判不止于此。他们还十分担忧美国是否能够投入巨资来开发和部署这样一个复杂的系统，因为这估计会花费数十亿美元之巨。同时这个计划又会在美国和欧洲盟国之间制造怎样的鸿沟？① 然而，尽管国内外出现越来越多的批评，里根总统仍然坚持建立战略防御系统。有人认为里根只是用战略防御计划作为迫使苏联进一步削减其核武库的筹码。里根没有理会这样的指控，他表示不会放弃他（和格雷厄姆）的防御体系计划。

为了缓和批评者的反对，并为自己的政策动议提供更多支持，里根任命了两个专家小组来负责研究导弹防御系统，并提出政策建议。一组专门负责研究发展反导弹防御的前景，另一组负责研究关于引入新的国防安全政策的战略意义。第一组（即国防技术研究小组）的成果因其负责人詹姆斯·C. 弗莱彻而得名，被称为"弗莱彻报告"。弗莱彻曾任美国航空航天局管理员，并在匹兹堡大学担任工程技术教授。第二小组（即未来安全战略研究小组）的成果因其负责人加州"全景探索"防务公司（Panheuristics）董事长弗雷德·霍夫曼而得名，被称为"霍夫曼报告"。②

两个小组的报告都在 1983 年秋天递交给总统，并且都对他的战略防御的计划表示支持。③ 对于里根来说，这正是为他所需要的有力武器。这个想法虽然可能萌芽于夏延山，但要变成国家战略。却需要华盛顿的决策者、说客、智库等利益集团不断的关注和支持。他们没有让里根失望，里根也没有让他的支持者失望。纵观里根的两届任期，这个饱受争议的总统一直坚信，建立起一个防御体系，让美国免

189

---

① Union of Concerned Scientists, *Empty Promise and The Fallacy of Star Wars*.

② Pressler, *Star Wars*, 127.

③ 同上，115。

受可能的核攻击不再是一项选择，而是一项必须完成的任务。

二、薪火相传：从老布什到小布什的导弹防御计划

里根 1989 年离任时，他的战略防御计划还没有实现。正如他的继任者和前副总统老布什所理解的那样，这项工作还在进行当中。布什入主白宫时虽然疏远了许多里根的核心顾问，[①]但他没有抛开那些造就了里根-布什时代成功的政策。事实上，他的确没有抛开里根对导弹防御计划的承诺。在《美国国家战略：1991—1992》（*National Security Strategy of the United States*：1991—1992）为美国安全政策规划的蓝图中，老布什总统重申了对导弹防御计划的承诺。虽然他仍然是战略导弹计划的坚定支持者，但他同时也认为这个计划需要重新规划以适应美国的安全需要。就老布什看来，"我们已经重新定义了战略防御计划，以期建立一个'防御有限攻击全球保护系统'（GPALS）"。在资金充足的情况下，它将有可能开始部署。这样，到了90 年代中期，该系统就能保护美国军队在战场上免遭弹道导弹攻击；到了新世纪就能保护美国国土免遭此类袭击。防御有限攻击全球保护系统是用来为弹道导弹袭击的目标提供安全保护的，即可以对地球上任何地方发射的导弹进行打击。该系统将建立在之前战略防御计划的基础上，但会比战略防御计划的规模更小、费用更少[②]。

不同于他的前任，老布什没有第二个任期来做出关于导弹防御系统的进一步决策。尽管 1991 年海湾战争期间他拥有很高的支持率，但他却没有获得美国人民足够的支持，以确保连任。[③] 随着在 1992 年总统竞选中惨败，老布什只能希望他的继任者、阿肯色州州长比尔·克林顿能认同一点——那就是战略防御计划的诸多项目对未来美国国家安全极其重要。在竞选演说中，克林顿向美国民众承诺，他将"像激光

---

① 如第一章中所谈到的，布什总统在他上任后解雇了许多里根的顾问，这在一些保守的共和党人看来是一种背叛。如布什的前顾问安妮丽丝·安德森指出，此举的目的是让新总统走出里根的影子。

② Bush, National Security Strategy of the United States：1991—1992，105–106.

③ 有关乔治·布什的任期，见 Greene, *The Presidency of George Bush*；Parmet, *George Bush*；and Bush and Scowcroft, *A World Transformed*。

190   一样聚焦于经济"。① 对那些导弹防御系统的支持者来说，幸运的是，他没有忽视其

他方面的议题，或者更准确的是，他没有忽视保卫美国免受导弹威胁这个议题。在艰

难的第一个任期后，克林顿清楚地认识到他不得不向外交领域投入更多的关注，②因

而就开始考虑导弹防御系统的潜在优势。

　　克林顿执政时期，"国家导弹防御系统"（NMD）的研发一直在持续。但正如总统

2000 年 9 月在乔治城大学发表演讲时承认，"在可以负责任地部署国家资源之前，我

们需要针对这些挑战性的目标进行更多的测试和模拟"③。截至克林顿发表演讲时，

"原计划开展的 19 项拦截试验只开展了 3 项"，④并且结果模糊不清。国家导弹防御

系统旨在"用高度精确的高速陆基拦截器追踪（并摧毁）敌方弹头"，⑤因此克林顿有

足够的理由保持谨慎。"一个试验已经证明了：用子弹击中另一个子弹实际上是有可

能实现的。不过，虽然国家导弹防御系统的技术是有希望实现的，但整个系统的可行

性尚未得到进一步证明。在最初的测试成功后，我们近期的两项测试出于不同的原

因都失败了。"⑥

　　最终，克林顿决定不再部署国家导弹防御系统。他宁愿将这个重要的事情留给

下一任总统。他确实曾经信心十足地表示，国家导弹防御系统到 2006 或 2007 年的

时候可以得到实施。但面对大量尚未解决的问题，他还没有准备好授权部署这个系

统。但同时，克林顿也很关注这个议题导致的政治分歧。事实上，他在演讲中几次强

调与美国与欧洲盟友和俄罗斯合作的重要性。通过与这些国家合作以确保国家导弹

防御系统不会引发进一步的冲突，而是能够解决彼此共同的安全威胁。他也承认，如

果这个系统正式部署，就违反了《反弹道导弹条约》。因此，他提倡美国与俄罗斯密切

---

① Balz, "Change Doesn't Come Cheap."

② Campbell and Rockman, *The Clinton Presidency*.

③ Clinton, "Remarks by the President on National Missile Defense."

④ 同上。

⑤ 同上。

⑥ 同上。

合作，以修改或废除这项历史性的也极具争议的协议。①

假如阿尔·戈尔能成功接替比尔·克林顿，那么历史就会像大多数政论家预测的那样，关于国家导弹防御系统、《反弹道导弹条约》及其他与导弹防御问题相关的战略将在很大程度上原封不动。但是由于一系列离奇的周折，2000 年总统选举产生了一个富有争议的结果，戈尔并没有当选总统。② 美国第 41 任总统的长子小布什当选成为总统。他对导弹防御系统的处理发生了很大的改变，更不用提美国的外交政策了。

在小布什竞选总统时，外交政策并不是他的强项。这一点对他本人及那些曾采访他的人来说非常明显。他父亲对处理国际事务所具有的广博知识和兴趣显然没有影响到小布什，他经常很难理解美国以外的世界。在奥斯汀的得克萨斯州议会，布什州长是犯罪预防、健康保障和教育政策的行家里手。他没有理由去阅读《外交事务》(Foreign Affairs)、《外交政策》(*Foreign Policy*)或是《经济学家》(*Economist*)等杂志。不过，他意识到如果他想要成为总统，就再也不能忽视自己所处的世界了。而在这个世界当中，美国是仅存的超级大国。

正如在第 1 章中所讨论过的，小布什试图依靠一组人少但经验丰富的外交政策专家（包括老布什的前顾问斯考克罗夫特和赖斯），来帮助自己弥补在国际关系方面的欠缺。到了 1999 年的秋天，他们的教学也开始有成效。1999 年 9 月 23 日，在南卡罗来纳州的查尔斯顿大本营的演讲中，小布什推出了自己的外交蓝图，其中强调了部署反弹道导弹防御的重要性。他声明：

> 我的政府团队将尽快地在无论是战区还是国家范围内部署反导弹系统来防范攻击和威胁。为了实现这一目标，我们将向俄罗斯提出对冷战期间

---

① Clinton，"Remarks by the President on National Missile Defense."

② 更多关于 2000 年总统竞选的有趣评论，见 Kaplan，*The Accidental President*，and Tapper，*Down & Dirty*。

制定的《反弹道导弹条约》进行必要的修改。我们双方都了解，我们现在所处的世界在与 1972 年条约签订时截然不同。如果俄罗斯拒绝我们提出的修正，根据条约的规定，我们将立即告诉他们，我们不会再遵守这份条约。我身负一份神圣的义务，那是保护美国人民和我们的盟友，而不是保护近 30 年前签署的军备控制协定。①

　　小布什当上总统之后，他并没有改变对导弹防御计划的态度或者计划。2001 年 5 月 1 日，在他上任未满 6 个月之时，他在华盛顿的国防大学宣告："我们需要一个新的体系框架，使我们能够建立导弹防御系统来对付当今世界上的各种威胁。要做到这一点，我们必须摆脱已签订 30 年的《反弹道导弹条约》的约束。这个条约已经不合时宜，它只能代表着过去，无法带领我们走向未来。这份条约使我们无法应对今天的威胁，阻止了我们追求前景光明的技术。只有废除这份条约，我们才能捍卫自己，我们的朋友和盟友才能实现利益，世界才能实现和平。"②尽管发生了 2001 年的 9·11 恐怖袭击事件，布什仍然坚持部署国家导弹防御系统的决心。虽然不管从哪种可能性来看，即使反弹道导弹系统已经就绪，9·11 事件都不可避免。2011 年 12 月 13 日布什向俄罗斯总统弗拉基米尔·普金提出他准备退出《反弹道导弹条约》。③ 6 个月后，在国防部长唐纳德·拉姆斯菲尔德的带头支持下，④布什宣布美利坚合众国退出 1972 条例。⑤ 在这一具有历史意义的声明发布后，众议员丹尼斯·库辛尼奇和其他 31 位民主党众议员联合向布什提出诉讼，声称"总统没有权力在未经国会赞同的情

192

---

　　① Bush, "A Period of Consequences."
　　② 布什 2001 年 5 月 1 号在华盛顿国防大学的演讲。
　　③ See "America Withdraws from abm Treaty" and "Bush to Withdraw from abm treaty."
　　④ 从布什上任起，唐纳德·拉姆斯菲尔德就被视作导弹防御计划的关键人物。更多关于他向国内外推广这一想法的作用，见 Hartung and Ciarrocca, "Star Wars：The Next Generation"。
　　⑤ 对布什声明的更多反应，见"Bush Marks End of abm Treaty"。

况下，单方面退出一项条约"①。2002 年 12 月 30 日，美国哥伦比亚特区法院的法官约翰·贝茨做出了一份长达 31 页的裁决，上面说原告"在没有国会同意的情况下，无权对布什总统宣布退出反弹条约做出抗议……并且，此次案件属于'政治问题'，不宜由法院解决"②。法官"没有根据宪法是否规定了总统需要国会同意才能终止条约这点进行裁决，而是坚持认为'没有声明确定国会作为一个机构可以干涉终止条例的进程'"。

对布什来说，部署国家导弹防御系统最大的障碍已不再是《反弹道导弹条约》，而是需要发展和调整科技，来使系统更具备可操作性。经过 2 次以上失败的测试，军队官员宣称"国家导弹防御系统的飞行实验最早要到 2005 年才能继续"。尽管布什政府表明此系统将在 2004 年投入使用，但此系统"从 2002 年 10 月以来都未能成功实现目标拦截"③。尽管存在诸多缺陷，但争论并未歇止，而且因为这些缺陷，这个系统的前景将可能持续成为白宫、国会和智库的热点议题。接下来的部分中，我们将深入观察，在过去的 20 年里，部分智库是怎样对导弹防御的政策讨论施加影响的，以及它们是怎样促进这项倡议的实施的。接下来，我们将把重点放在评价它们在政策周期的不同阶段所做出的贡献。

三、击中肯綮：智库与导弹防御

丹尼尔·格雷厄姆将军是美国导弹防御最积极的倡导者之一，同时也是一名先锋和梦想家。幸运的是，他在传统基金会有个忠实的资助人，并在里根政府中有身居高位的支持者。这些人都极力赞同他的理念，即为美国构筑起一道弹道导弹的防御

193

---

① "美国众议院民主党诉布什在反导条约撤柜。"类似的诉讼是参议员戈德华特在 1979 年与总统吉米·卡特之间的，总决定废除美国与中国台湾签订的共同防御条约。最终案件在美国最高法院受审，法官"驳回了戈德华特的控诉，不论总统是否有权独立终止条约"。见 Boese, "U. S. Withdraws from ABM Treaty"。

② Lawyers' Committee on Nuclear Policy and Western States Legal Foundation, "Judge Allows Bush's Withdrawal from abm Treaty to Stand."

③ Lumpkin, "Tests Put Off on Missile Defense Plan."

墙。基于此前取得的巨大成功——《领袖的使命》被公认为是即将上任的里根政府的蓝图——传统基金会将注意力转移到了外交和安全政策议题上，其中就包括导弹防御。根据在基金会做国家安全政策研究的贝克·斯普林所述，该基金会在20世纪80年代早期"招募了一小撮志同道合的人。他们要么是对导弹防御特别感兴趣，要么是对太空政策问题有广泛的认识。这个团队由丹尼尔·格雷厄姆领导。他们在寻找一个愿意赞助他们的机构，并给他们提供设施来做研究并完成他们想要的报告。他们做出来的报告被称为《高边疆》"①。

传统基金会能为丹尼尔·格雷厄姆及其成员们提供的远远不止适当的财政资助和研究场所，它还能提供一个联盟。这个联盟虽然简单，但其中的成员早在20世纪80年代早期就已经是华盛顿政界的明星。虽然格雷厄姆曾在1980年的总统竞选中担任过里根的顾问，但是拥有了传统基金会的支持以及和里根政府"厨房内阁"的密切联系才真正让他如虎添翼，迅速打入白宫内部。起码来说，传统基金会的支持给格雷厄姆增添了声誉。

最初的"高边疆"计划研究在传统基金会结束后，"格雷厄姆创立了自己的组织，并将其命名为'高边疆'研究小组，并在大约一年后将其最初的研究成果做成了亮光纸印刷版发行。这就是它（高边疆）成为导弹防御主要倡导者的过程"②。本章前面提过，格雷厄姆是受邀参加与里根总统及其高级顾问早期的导弹防御讨论的少数外部专家之一。在1983年3月23日总统发表演讲之前，格雷厄姆有无数的机会来阐释他的多层防御计划。显然，他为保护美国免受弹道式导弹做出的诸多努力并没有白费。1985年11月25日，里根总统在给格雷厄姆的一封信中承认道："对于你和同事们为美国安全而做出的努力，我深表感激。你和那些实现了'高边疆'计划的人给我们的国家做出了无价的贡献，历史将会铭记你们。我很敬佩诸位在帮助我们树立

---

① 2004年5月18日对贝克·斯普林的采访。
② 同上。

国家共识上，以及在解决这个核武器时代深远的战略问题上所做出的不懈努力。我 194
们面前有一个伟大的机遇和挑战，那就是淘汰核武器。我真诚感谢你们为达成这个
目标而做出的特殊贡献。"①

1991 年"高边疆"创建十周年纪念会上，里根总统再次肯定了格雷厄姆和他的同
事们为导弹防御做出的贡献：

> 你知道的，丹尼尔，在你(19)81 年创立"高边疆"研究小组之前就和我
> 讨论过导弹防御。还记得 1980 年 2 月在新罕布什尔州纳舒厄市那场著名
> 的辩论吗？我记得在辩论会之前，你向我简单介绍了你关于用导弹防御系
> 统保护国家的概念。那真是太重要了。迪克·艾伦(1980 年大选期间里根
> 的主要外交政策顾问，后担任国家安全顾问)当时也在那儿，他说道："我们
> 刚才见证了历史。"来年春天，我们在白宫再次讨论起你的想法时，我记得我
> 告诉过吉姆·贝克(即后来的幕僚长)要确保卡斯珀·温伯格(国防部长)去
> 听你的报告。即使面对一些对美国国力缺乏理解和信心的人造成的障碍，
> 你和你专注而坚定的组员们仍然帮助我们推动了战略防御计划的理念。这
> 并非易事，但我们却做到了。我和整个国家都感谢你和"高边疆"的成员对
> 战略防御计划的支持，并使之成为现实。②

毫无疑问，在帮助里根政府推进战略防御计划中，丹尼尔·格雷厄姆和"高边疆"
研究小组起了至关重要的作用。里根的褒奖和安德森的回忆录都承认了他们的杰出
贡献。然而，正如前文所述，里根离任时，要部署有效的导弹防御还有很多技术和政

---

① 来自 1985 年 11 月 25 日里根总统写给丹尼尔·格雷厄姆的一封信，详情可见"高边疆"的网
站：www. highfrontier. org。

② 来自 1991 年 9 月"高边疆"研究小组成立十周年时里根总统的来电，详情可见网站：www.
highfrontier. org。

治上的问题有待解决。格雷厄姆建立防御盾牌的想法为里根着手这个大胆的创举铺开了道路，但障碍仍然存在，包括《反弹道导弹条约》。传统基金会向来热心参与政治辩论，它花了大量的时间和资源来清除这个巨大的障碍。正如贝克·斯普林指出，"基本上，我们在传统基金会的目标是批判受相互毁灭原则影响的国家安全价值观。具体地说，我们的目标就是摆脱《反弹道导弹条约》的威胁"①。

与两名参议员担任外交和国防问题专家之后，斯普林在 1989 年加入了传统基金会。他说："我们所做的，是和参众两院合作废除阻碍战略防御系统的法案。"②《反弹道导弹条约》规定了美国应承担的法律义务。关于这项 1972 年的条约，传统基金会向国会指出了其中不少问题，包括 1991 年苏联解体后是否就不用再履行条约中的义务？以及"任何对《反弹道导弹条约》的变动是否都需要参议院的建议和赞成？"③

"我们在国会的努力正是传统基金会在外交政策、国家安全领域发挥作用的一个很好的例子。"斯普林补充道，"国会一直是我们的福地。它明显能够帮助我们加速这项议程的进程。现在我再次强调，我们的做法与传统基金会倡导的理念完全一致。我们不是在游说，只是在教育。"④尽管他承认传统基金会没能动摇克林顿的人在国家安全方面的想法，⑤但这也并未影响他们要"教育"国会废除《反弹道导弹条约》的重要性。而布什政府显然不需要这样的"教育"。如我们所知，小布什本身就是导弹防御计划的积极倡导者，并期待着有一天美国能够不再受这项条约的束缚，因为在他看来，这项条约已经成了影响美国利益的绊脚石。

目前为止，我们了解到了智库是如何和白宫官员和国会议员分享导弹防御理念的。尤其是当我们采用综合理论模型来解析决策过程时，就很有必要考虑智库相互之间的交流，智库与学者、媒体以及国防工业之间的互动。而研究军工复合体对于外

---

① 2004 年 5 月 18 日对贝克·斯普林的采访。
② 同上。
③ 同上。
④ 同上。
⑤ 同上。

交和国防领域的影响力的学者们，一定要有这样的意识和观点。这个问题我们会在结论部分进行简要讨论。海伦·考尔迪科特在她的研究《新型核危机》(*The New Nuclear Danger*)①中指出，智库和政府部门、合作企业之间的关系，对理解智库和军事工业复合体"唇齿相依"的关系非常关键。她写道："智库对军工复合体产生着巨大的影响。传统基金会仍热衷于宣扬核军备竞赛，并积极为星球大战游说。同样致力于发展美国核战略的右翼智库包括美国企业研究所和卡托研究所。而另一个智库——安全政策中心——担当了星球大战计划游说的神经中枢。"②考尔迪科特称为"导弹防御的大祭司"③、安全政策中心主席的小弗兰克·加夫尼听到这样的评价应该会受宠若惊（虽然他不情愿将安全政策中心称为智库）。如果安全政策中心真是星球大战或导弹防御计划游说的神经中枢，那么他早就完成 1988 年创立这个协会时的任务了。正如加夫尼最近所说，"不同于大多数智库的目的只是为了搞研究和做研讨，安全政策中心的成立目的是为实施安全政策的人构建一个网络。我们努力筑建联盟，并扩展该网络来提高我们对所关注问题的认识，也让那些没有参与的人参与进来"④。

曾担任里根政府国防部副部长的加夫尼深知构建一个能够促进政府决策者和大学、智库政策专家沟通的网络大有裨益。他说："鉴于我在政府工作的经验，那些从事我曾经从事的工作的人们可以方便、及时地进入这样一个网络，这一点极其重要……所以这个网络的使命就是传播一种理念和思想——这种理念和思想来自政府，被这个网络形塑后又注回到政府系统去，注入其他政治实体，甚至灌输给公众，塑造了他们的意识，在我们这个时代引导着我们的思维方式、哲学理念和基本原则。这就是我

196

---

① Caldicott，*The New Nuclear Danger*，24 - 29.

② 同上，26。还有其他的智库，比如当前危机委员会也与星球大战计划有联系，见 Abelson，*American Think Tanks and Their Role in U. S. Foreign Policy*，62 - 64。

③ 同上，26 - 27。

④ 2004 年 5 月 18 日对弗兰克·加夫尼的采访。

们一直以来努力的事。"①任何时候,安全政策中心的人数不多的精干的研究人员都能处理导弹防御等安全问题有关的、一系列内容广泛的课题。他们在自己的网络上发布的刊物一般都很短,大部分都是采用决策纲要、新闻稿或国家安全警报的形式。尽管安全政策中心一直在记录其员工和刊物在媒体中的被引率,但加夫尼声称"这并不是当务之急"②。对他而言,更重要的是知道中心的成果是否得到了总统、总统高级顾问以及不断壮大的政策网络成员的认可。"虽然我从未见过布什总统,但我愿意相信他对这个议题(导弹防御)的热忱和承诺是我们多年来从事的工作结的善果……我为什么这么认为呢？毫不夸张地说,一部分是因为我们的工作影响深远。还有一部分是因为小布什总统的竞选团队中负责国家安全议题的最核心成员有我的朋友和同事(包括国防部长唐纳德·拉姆斯菲尔德),他们的想法和我们是一致的。我认为我们抓住了重点并让他(小布什)认识到了这个问题的重要性。"③

即便如此,加夫尼也承认很难界定安全政策中心在导弹防御游说中发挥了多大的影响:"有时候(影响力是指)能防止不利的事情发生,但你无法总是肯定那是自己的功劳。就此而言,你也不能确定好的结果都是你带来的。我喜欢将这两种情况都考虑其中。这样的话,即使不是正式的荣誉,至少能让人有点成就感。这个领域的人们承认你所做的、所说的、所写的、所倡导的事情给他们带来了变化。我认为有时候这样的影响力是无法衡量的。就像我说过的,归根结底那是属于机构的影响力。我们就是这样子的。"④对热衷于导弹防御的传统基金会、安全政策中心和其他的反对政府过多干预的保守派智库来说,2004年大选中,小布什对众议员约翰·克里的胜利就是美国国家安全未来的胜利。也不出意料,对于布鲁金斯学会、卡内基国际和平基金会、忧思科学家联盟和其他对导弹防御持严重保守意见的机构学者来说,小布什

---

① 2004年5月18日对弗兰克·加夫尼的采访。

② 同上。

③ 同上。

④ 2004年5月18日对弗兰克·加夫尼的采访。

的连任引发了他们更多的担忧。

左翼和右翼的智库都踊跃地继续参与到导弹防御的讨论中，而且就像久经沙场的战士一样，毫无放弃的迹象。它们纷纷表明自己的立场，并且意欲坚决。大多数情况下，参与导弹防御辩论的智库是不愿意让步的，因为他们要不断满足利益相关者的需求。正如传统基金会、"高边疆"、安全政策中心和其他一些智库，它们和那些出于政治和经济原因而坚信战略防御计划的决策者、国防承包商和捐赠者们的利益相一致，布鲁金斯学会、卡内基国际和平基金会和其他自由派智库的主张也能引起批评者的共鸣。如前文所述，难点在于评估智库影响力的性质和那些可能提升或削弱他们政策影响力的因素。这就是我们接下来要讨论的问题。

四、赢？ 输？ 还是平局？ ——关于导弹防御的辩论

这是一个好问题，而且值得坦诚地回答。正如我们在第 7 章讨论的，在导弹防御的辩论中判断哪些智库赢了、哪些智库输了，最终取决于我们对政策制定中如何实施影响力的认知和理解。如果我们认为政策制定的过程——即解决政策议题的不同阶段（表达问题，提出政策，实施政策）——和产生影响力的过程在每个阶段都是线型的，那么自然就会得到以下结论：基于它们与白宫、国会和广大国防政策共同体中高级官员的接触，最活跃和最具影响力的智库当属"高边疆"、传统基金会和安全政策中心。

但是如果我们认为影响力的实施过程是在非线性的（即使我们猜测政策制定的过程是直接从 A 点移向 B 点），那么我们的结论很可能大不相同。以"高边疆"为例，我们已经知道，它的创始人格雷厄姆在 1980 年共和党总统初选时就曾向里根简要阐述过导弹防御的理念，并且在里根总统上任后不久，他也是受邀向总统及其顾问定期做政策汇报的少数外部专家中的主要成员。通过里根总统的感谢信，我们还知道"高边疆"在促进发展导弹防御计划中起着至关重要的作用。虽然里根是在他 1979 年参观北美防空联合司令部时萌生的建立导弹防御系统的观念，而非

"高边疆"智库的灌输，但是"高边疆"在巩固、完善和推销这个倡议上贡献巨大。因此，可以说它自己为里根总统政府提供了一个如何实现导弹防御系统的完整计划。

除了格雷厄姆以外，还有一些专家在白宫参与讨论了导弹防御，包括本德森、库尔斯、基沃斯、特勒和其他人。而且同一段时间内，国务院、国防部、国家安全委员会等部门也都在讨论导弹防御。基于这样一个大背景，我们能推论出只有格雷厄姆和"高边疆"对推进导弹防御系统产生了影响力吗？其他人也发挥了影响力的可能性是不是更高呢？事实上，有没有可能比起极具个人魅力的特勒和腰缠万贯的库尔斯，格雷厄姆的影响只能算是适中呢？

很少有智库能像"高边疆"一样在里根总统第一任期内在导弹防御议题中投入如此之多。当然，我们也不能忽视其他个人和智库的贡献，不能忽略传统基金会在教育国会成员关于《反弹道导弹条约》方面做出的努力，不能忘记安全政策中心在扩展安全政策实施者网络中的重要作用。按照综合分析模型，我们必须考虑智库、学者、媒体和决策者之间的对话，无论他们是支持还是反对国家导弹防御系统的部署。在我们研究媒体如何呈现这个辩论时，这些因素就显得尤为重要了。十分有趣的是，尽管好几个共和党和民主党的政府官员都赞成导弹防御计划，有些导弹防御计划的反对者（如布鲁金斯学会）却比支持者（如安全政策中心和传统基金会）吸引了更多电视和纸媒的关注。比如，根据第 7 章关于媒体报道的表格，2001 年 1 月至 2005 年 1 月期间布鲁金斯学会关于导弹防御的研究成果被纸媒引用了 169 次，被电视引用了 5 次。相比之下，传统基金只被纸媒引用了 119 次，被电视引用了 2 次。当然，相比安全政策中心（被纸质媒体引用了 66 次，被电视媒体引用了 0 次）还是要高出许多。

第 5 章谈过，智库的媒体曝光率受很多因素的影响。但在本章的总结中，我们应考虑一下，为什么相比其他智库，"高边疆"和传统基金会这些智库能够拥有那么多的接近里根的机会。除了与里根总统有一样的理念，保守派智库还因为总统的管理风格而受益匪浅。不像吉米·卡特和比尔·克林顿喜欢事必躬亲,[①]里根更愿意把重要的事情放权给部属。有些人批判里根给下属机构放权太多——"伊朗门"事件[②]的发生让他们更有理有据了——但里根愿意相信他的顾问和专家。这给智库在里根政府中站稳脚跟创造了许多宝贵的机会。这种管理方式很大程度上解释了为什么传统基金会和"高边疆"在倡导导弹防御上能取得成功。他们在正确的时间支持了正确的问题,并让专家和幕僚们了解在制定政策的过程中如何推进这个议题。但更重要的是,他们有总统的支持。而这位总统第一任期间持续增长的人气使他在 1984 年以绝对优势取得了连任竞选胜利。总之,在他们推广导弹防御的不懈努力中,所有的事情都对保守派智库极其有利。但是,对导弹防御持批判态度的智库也并未失声;相反,通过他们的出版物、国会证词和媒体报道反对导弹防御计划的智库也丰富和促进了如何于核时代保护美国这一议题的内容。尽管布鲁金斯学会、卡内基国际和平基金会、忧思科学界联盟等反对者们没能劝止里根及其继承者开展导弹防御,但是,他们无疑也让决策者和公众知道了这场政策辩论的关键问题所在。如果认为反对导弹防御计划的智库就缺乏效率或者缺乏影响力,那么这种看法显然是肤浅的。我们将在下一章节讨论,无论决策者以国家利益的名义采取什么行动,如果智库无所作为,或者受到意识形态的左右,公共利益就无法实现。

200

---

① 关于卡特和克林顿的外交政策,可见 Brown, *The Faces of Power*。

② 关于里根和伊朗门事件,可见 Cohen and Mitchell, *Men of Zeal*, and Draper, *A Very Thin Line*。

9. 一场恶战：9·11、布什主义和理念战争

一般情况下，布鲁金斯学会举行庆祝活动都是事出有因。2001 年，它的一部作品风靡美国，几个月内销量数以千计。这本书由美国中央情报局和国家情报委员会前工作人员保罗·皮拉尔撰写，主要讲述了恐怖主义与反恐问题，并且这些话题很快在布什政府和美国社会中广泛传播。正如布鲁金斯学会前主席迈克尔·阿马科斯特在为皮拉尔这一颇具启发性和开创性的研究撰写前言时写道，"作为一部构建和执行反恐政策的指南"[1]，《恐怖主义和美国外交政策》(Terrorism and U. S. Foreign Policy)是一部极具及时性、相关性和预见性的作品。"很少有事件可以像恐怖袭击一样在民族意识上烙上如此深刻的印迹。这些事件后全国都在热切呼唤出台新法案、建立新机构和对于资源的使用作出新承诺，同时人们也呼唤国家实施更多或是更有效的举措来打击恐怖主义。然而，随着 21 世纪初的到来，几乎没有任何证据可以表明恐怖主义在未来几年会削弱，或美国不再是恐怖主义的下一个目标。"[2]不幸的是，阿马科斯特说中了。

在恐怖分子携带自杀式炸弹登上三架商业客机将世贸中心的双子塔和五角大楼部分区域炸成一片废墟之前，华盛顿的决策者几乎都懒得去了解皮拉尔关于设计更全面的反恐战略的建议。[3] 美国 90 年代在打击恐怖主义上无论取得了什么进展，在
纽约和华盛顿死亡人数激增的阴影下也已经全部化为乌有。确实，2001 年 9 月 11 日这天将永远铭刻在美国人的灵魂深处，而且对于美国及其盟国来说也是一个警钟。

---

① Pillar, *Terrorism and U. S. Foreign Policy*, 10.
② 同上，7。
③ 对 9·11 事件的详细报道，见 Bernstein, *Out of the Blue*。

这个日子时刻提醒着它们，恐怖组织将使用一切必要手段使西方国家臣服。在其后不久，白宫、国会和官僚机构的决策者为了处理安全问题这一当务之急可谓殚精竭虑。而美国民众当然也很想知道究竟是谁在背后策划了这些令人发指的恶行，以及布什总统将会如何应对 9·11 袭击事件。不出意料的是，大学和智库的政策专家已经迫不及待要为公众和政府答疑解惑和出谋划策了。

正当布什总统及其核心顾问团队为打击与 9·11 事件有关的恐怖分子制定计划时，另一场别样的战争计划正在媒体、学术界以及国内顶尖的外交政策智库中酝酿。萦绕在世贸中心遗址上空的阴霾尚未消散，政策专家便开始纷纷发表观点，指明布什总统在国内外须得采取哪些反恐行动。无数的文章、书籍、专栏和各路媒体、智库学者全都沉浸在这场政策辩论中，而且这场辩论很快就蔓延到了整个美国和全世界。理念的战争一触即发而且愈演愈烈。

本章旨在揭示在关于反恐战争的政策辩论中智库参与的程度以及它们是如何有效地将其理念传递给媒体、国会议员和布什政府的。与前一章讨论的国家导弹防御这个单一议题不同，本章的案例研究的是一个更难以捉摸的政策问题，即布什政府应当如何兑现击败恐怖分子及其庇护国的政治承诺。布什总统的反恐战争已在多条战线上发动：阿富汗山地、巴格达街头、国会和美国国土上。媒体曾披露布什总统及其新老顾问（包括康多莉扎·赖斯、唐纳德·拉姆斯菲尔德、沃尔福威茨、迪克·切尼和科林·鲍威尔）曾多次强化了政府权力和保护公民的道德义务，从而更有力地对抗意图摧毁美国生活方式的恐怖分子。这样的论断也得到了共和党 2004 年竞选活动的有力佐证。但本章中我们关注的重点既不是判断布什总统发动一场也许毫无胜算的战争正当与否，也不是讲述那些引发美国进军阿富汗和伊拉克的细节性事件。《华盛顿邮报》的获奖记者鲍勃·伍德沃德曾写过两本书，详细地回顾了导致美国对两国实行军事干预的决策。其他一些作者也紧随其后出版了一些相似的作品。① 相反，我们的重点在于探索智库是如何在这场举国关注的政策辩论中占据一席之地的。

正如在导弹防御计划的案例中一样，智库学者们通过不同的渠道就反恐战争的不同方面交流意见。他们撰写书籍、论文和通讯稿，多次召开大型会议、讲座和研讨会，还接受了多家媒体的采访，应国会之邀发表证言。可是，尽管这些策略提高了他们在公众中的知名度，但却未能提升他们对布什政府的影响力。据知情者称，仅有的例外是"新美国世纪计划"。"新美国世纪计划"是位于华盛顿的一个与布什核心决策圈关系十分密切的小型智库。虽说它对布什政府外交政策的影响力大小值得商榷，但可以肯定的是，布什不欢迎白宫以外的智库参与政府活动。显然，他觉得智库学者更适合到加利福尼亚州西米谷市的里根图书馆去缅怀他们先前的领导人。

布什不愿在白宫创造一个开放的外交决策环境。反恐战争难以捉摸的性质为智库影响政府高层的决策造成了难以克服的困难。虽然一些智库在恐怖主义和国家安全的议题上已经拥有了相当大的公众影响力，但大多数情况下依旧不能对布什政府的外交政策施加影响。甚至布什自己的御用智库也很难说服他改变行动。正如伊沃·达尔德和詹姆斯·林赛在《美国自由》(*America Unbound*)中提到，布什总统一旦做出决定就很少反悔。智库在讨论防御导弹和反恐战争中参与度的对比进一步证明了智库能否影响政策过程和实际的出台受到多重因素影响，其中许多都不在它们的控制范围之内。

本章开头将讨论外交和国防领域的智库对于 2001 年 9·11 袭击事件的反应。除了探讨智库引导公众对恐怖主义和美国外交政策的看法时使用的不同方法之外，我们也要弄清楚他们在向决策者和公众传达国际社会面临的这一新兴威胁时的侧重点。我们也会考察智库如何回应社会各界对反恐战争国内外影响的关切。然后，我

---

① See Woodward, *Bush at War and Plan of Attack*. Also see Bovard, *The Bush Betrayal*; Johnson, *Overconfidence and War*; and Sammon, *Fighting Back*.

们会将注意力转向"新美国世纪计划"。该智库被认为是布什主义的奠基者,也是美国对安全威胁实施"先发制人"策略的辩护士。

在每一项重要的因素上,包括预算、人员规模、媒体曝光率、出版物、会议、国会听证会,"新美国世纪计划"都无法与那些在华盛顿根基深厚的智库相比。尽管知名度低、资源有限,可国内外学界和新闻界都认可该机构对布什政府外交政策的内容和走向的影响首屈一指。虽然他们提供的证据都难以让人信服,但是他们的发现将作为我们分析该机构及其与布什政府成员关系的有用资料。

第二部分中,我们将解释为什么要把总统的决策风格纳入智库影响力评估指标。里根总统对政策专家的信任有助于智库学者在他的政府中站稳脚跟,但是布什总统对扩大决策圈的拒斥产生了相反的效果。在政策有误时,布热津斯基建议应该集思广益,并组建更加多元化的团队,但是布什及其顾问团队从未偏离过9·11事件以来的政策轨道。即使在反恐战争中错误频出,布什总统仍然坚定致力于打击恐怖主义。这种情况使得外界的政策专家无法就如何在一个急剧变化的世界中维护美国国家利益展开讨论。

最后,我们将评估智库在政策辩论中的贡献。本章选取的政策辩论是围绕反恐战争和恐怖主义对美国国家安全的威胁这两个议题展开的。由于智库并不与任何一项特定的政策成果捆绑,却可以出现在决策过程的不同阶段中,因此我们可以从中发现智库是如何影响这一重要政策议题的。在这个过程中,我们将可以更加清晰地描绘出智库以何种方式、在何种情况下能够在政治舞台上发挥作用。我们将首先研究智库对9·11事件的反应。正如迈克尔·阿马科斯特预测的那样,这起事件深深地烙印在了美国人的民族意识之中。

一、他们终将结束: 智库与9·11

1938年10月30日,也就是万圣节的前一天,成千上万的美国民众都收听到了奥森·威尔斯根据科幻小说《世界大战》(*The War of the Worlds*)改编导演的一部广播剧。"这部剧因其写作和表演手法，听起来像一则地球遭受火星入侵的新闻广播，但这些手法只是为了增强这次事件的戏剧效果。"①实际上这也确实奏效了。正如多萝西·汤普森在《纽约论坛报》(*New York Tribune*)上所说的那样，"他们已经证明，在巧妙的映衬下，确实能够说服民众去相信一件怪诞且毫无逻辑的事情，进而制造全国性的恐慌"②。2001 年 9 月 11 日，正常开车上班的大部分美国人都收听过那次与众不同的广播，但这一天的袭击事件可不是科幻小说或是好莱坞剧本。9·11 事件的导演不是奥森·威尔斯和史蒂芬·斯皮尔伯格，而是基地组织的幕后主谋奥萨马·本·拉登。他对西方的仇恨让 19 个伊斯兰极端分子对世界贸易中心和五角大楼精心策划的袭击最终成为现实。

9·11 恐怖袭击不久之后，美国和世界各地的人全都目睹了这些恐怖的画面：曾经直插纽约天际的双子塔燃烧着熊熊的烈火最终无力倒下，不计其数的无辜受害者就这样失去了他们的生命。但震惊、恐惧和悲痛过后，美国人很快就愤怒了。他们想知道这个小型恐怖团伙是如何犯下这些滔天大罪的，而他们自己又必须做些什么来防止另一个 9·11 事件发生。布什总统向美国人民保证在他的领导下，美国终将赢得反恐战争的胜利。美国智库的政策专家也开始提供更详细的观点来分析恐怖袭击发生的原因，以及应该采取什么措施来保护国家。

恐怖袭击事件一石激起千层浪。美国的报纸杂志和广播长篇累牍地报道反恐战争。记者们也经常向政策专家们求教——当然，这也不足为奇。就像美国公众要求智库的顶尖学者告诉他们，在 1991 年海湾战争中究竟哪些东西至关重要一样，媒体也想让他们对华盛顿的最新战况加以评论。9·11 事件之后，智库不仅时刻准备着向媒体提供素材，而且一段时间里，一些智库学者还成了主流电视网络和报刊专栏的常客。③

---

① Transparency, "War of the Worlds, Orson Welles, and the Invasion from Mars."
② 同上。
③ 关于会议、研讨会及讲座的完整列表，见附录 3。

然而，利用媒体只是智库在理念战争中运用的策略之一。它们还组织了各种学术会议、研讨活动和讲座，并在国会下属的各委员会和小组会议上发表证言，连续不断地出版书籍，发表文章和时事通讯。简而言之，自9·11以来，智库已经在多个领域崭露头角。在一系列议题上，智库已经成为强劲有力的发声者，并为决策者提供了许多建议。因而在评估智库对决策环境和实际决策的影响之前，还须得简要回顾他们是如何试图传达自己的理念的。

二、交流论坛：智库和理念战争

正如第6章中所述，对于很多智库学者来说，向公众和决策者宣传理念最有效的途径是媒体。向公众宣传的方法包括在网络新闻和政治类的谈话节目中担任嘉宾，在广播节目中发表评论，以及在国内外各种报纸上发表专栏文章。尽管很难确定他们在多大程度上将媒体曝光率转化成了政策影响力，但是提高媒体曝光率依然是智库提升影响力的优先选项。

如果谁在报纸和电视上的曝光率最高，谁就能够赢得理念战争（此处不应与反恐战争混淆）的胜利，那么布鲁金斯学会就可以理所当然地宣布自己是赢家。根据第7章中媒体曝光率的数据，布鲁金斯学会在关于反恐战争的纸质媒体报道中，以近20％的出镜率领先于其他竞争对手，包括外交关系委员会、战略与国际问题研究中心、兰德公司、传统基金会、美国企业研究所、卡内基国际和平基金会和卡托研究所。它的电视曝光率更是遥遥领先，占据了40％的出镜率。事实上，在每一项政策议题上（从9·11到阿富汗和伊拉克战争），布鲁金斯学会学者的被引率都高于其他智库。但理念的战争并不局限于电视屏幕和报纸版面上的较量。智库组织的会议和研讨活动、立法机构举办的听证会也是重要的战场，而听证会更是全美顶尖的智库专家齐聚一堂向决策者建言献策的地方。在9·11事件的驱动下，许多应景的书籍和文章也相继问世。

三、第二条战线：会议、讲座和研讨会

布什总统的反恐战争就好比裁缝。它为那些致力于寻找兼具及时性、相关性和趣味性研究课题的智库量身定做了诸多素材,也将各种会议、讲座和研讨活动串联了起来。的确如此,鉴于恐怖主义的多样性和美国对抗这个全新且捉摸不透的敌人所需要的努力,人们可以探讨的主题多如牛毛。结合各种因素,智库已经一致确定了一些值得讨论的主题。9·11事件后,擅长外交政策、国防政策的一些机构已经举办了数百场研讨会。例如,美国企业研究所2004年举办了20多场聚焦布什主义的会议,内容包括"终止邪恶:如何取得对抗恐怖主义战役的胜利"、"伊拉克自由行动"、"情报改革"等。卡内基国际和平基金会举办的研讨会和讲座关注的主题略微不同,例如"亚洲战略和反恐战争"、"伊拉克的大规模杀伤性武器:证据与启示"、"推动美国中东政策和民主的融合"。华盛顿特区环形路内外的智库也都举办了一系列有趣的研讨会。

通过组织会议、讲座及研讨会,智库不仅能够讨论相关的热门政治议题,而且更重要的是,能够为学者、媒体、决策者提供了面对面交流的平台。这些平台上,政策专家不再需要紧紧盯着电视摄像机,以期吸引数百万的观众,或者等待别人对他们发表在报纸上的文章给予反馈。专家们通过出席会议,便能直接与志趣相投或利益相关的与会者交流想法。之后他们还可能召开更多的会议、访谈和研讨会来探索政策选择。至少,通过参加会议和研讨会,决策者及其下属能够帮助智库与权力核心建立更紧密的联系。除此之外,智库在此过程中也可以进一步扩张政策影响力。

四、国会的记录：国会山的智库

正如前文所述,9·11事件后,一些美国顶尖智库的政策专家在一系列的活动上与媒体、同行以及特邀嘉宾交流了他们对反恐战争的观点。此外,随着布什政府的反恐蓝图开始成形,恐怖分子的庇佑国开始被锁定,智库的学者们似乎同样乐意建议国会议员在华盛顿战略计划的潜在花费和收益上做文章。

来自美国国际战略研究中心、兰德公司、美国企业研究所、传统基金会、布鲁金斯

学会等智库的专家们已经在参众两院就9·11事件后国际政治中与美国国家安全相关的各类重要议题发表过证言。他们还讨论了公民自由与国家安全的关系、伊拉克的恢复重建、控制大规模杀伤性武器、中东对待恐怖主义的立场、中亚的恐怖主义及区域稳定、马德里的恐怖袭击等相关问题。① 自从本·拉登的"圣战"打到纽约和华盛顿后，智库学者在国会参加听证会的频率反映了不仅他们乐意依靠国会将其想法渗入政策过程中，国会议员也十分重视外交和国防领域的智库的努力和成就。

　　智库学者的努力和成就不仅体现在他们发表的证词上，更多且更详细地体现在他们出版的诸多图书和文章上。在接下来的章节中，我们将会对智库专家在反恐战争的关键阶段做出的主要成果做一个回顾。尽管无法面面俱到，但是会突出许多议题，而且智库专家认为在政府决意开战之际这些议题对于决策者及公众来讲极其重要。

五、出现与消亡：打击全球恐怖

　　9·11恐怖袭击事件对于数百万美国民众来说是一个警报，但是他们无法忘却的不仅是这次事件，还有在过去的二十多年中恐怖主义的所作所为，包括1983年贝鲁特大屠杀中220名海军陆战队士兵及21名工作人员惨遭遇难。当他们在营房入睡的时候，一辆大型货运卡车运载着12 000磅炸药驶过一扇铁丝网和大门，而后长驱直入到达大厅。以后，美国就成了更多恐怖主义袭击的目标。这些袭击案件包括1993年世贸中心爆炸案件、1998年美国驻内罗华和达累斯萨拉姆大使馆爆炸案、2000年10月12日也门亚丁湾港口的科尔号驱逐舰爆炸案。这些袭击案件中很多都是由奥萨马·本·拉登组织的。②

　　尽管20世纪90年代恐怖活动不断增长，情报界在保护美国免受未来的袭击方

209

---

①　智库在参众两院发表证言的清单可见附录3。
②　See Pillar, *Terrorism and U. S. Foreign Policy*, 2 - 11.

面几乎没什么作为。美国外交关系委员会的斯蒂芬·弗林表达了这样的担忧。2000
年，弗林所在智库的旗舰刊物《外交事务》上发表了一篇他的文章。在这篇文章中，弗
林勾勒出这样一个场景：本·拉登"可能会利用我们毫无防备、漏洞百出的运输系统
将大规模杀伤性武器走私到我们的国土上并引爆这些武器"①。令弗林高兴的是，这
篇文章引起了政策界的兴趣，并最终促使他们召开了关于美国运输系统漏洞的简报
会。不幸的是，他对恐怖主义的担忧并没有得到广泛的认可，并且决策者不愿意采取
必要的预防措施来保护美国国土。正如他所指出的，"大家提得最多的就是'美国人
需要一场危机来促使他们开展行动。只有一次对美国领土严重的恐怖袭击才会引起
改变'"②。作为一名局外人，弗林已是非常沮丧，但是比起理查德·克拉克这个局内
人，他的挫败感就是小巫见大巫。理查德·克拉克是第一个负责安全、基础设施保护
和恐怖主义的联邦协调员。他的畅销书《反击一切敌人》(Against All Enemies)指出
了一点——美国只有遭遇了恐怖袭击才会做出改变，而这也正是其他人和弗林提过
的观点。

当恐怖分子袭击美国的时候，决策者们别无选择，至少是没有可供选择的方案，
只能被动应对。但是他们应对的方法和效力已经在国内外学术界和智库中引起了激
烈的讨论。随着9·11事件最初的恐慌逐渐消失，国内智库和大学的学者们开始花
时间反思袭击发生的原因，以及美国需要做什么来保护它的国民。对于左翼政策专
家来讲，事情很明了：因为美国人对中东所采取的外交政策，尤其是他们对以色列坚
定不移的支持，导致了这些地区的恐怖分子将矛头对准了美国。一旦美国采取更为
公平的方式来解决巴以冲突并且放弃其帝国主义的目标，美国遭受的恐怖主义威胁
就会大幅减少。③ 如果美国确实这样做了，就不用再担心有像本·拉登一样的恐怖

---

① Flynn, *America the Vulnerable*, xi.
② 同上，Ⅻ。
③ 这个观点，见 Callinicos, *The New Mandarins of American Power*；Gardner and Young, *The New American Empire*；Hamm, *Devastating Society*；Hollander, *Understanding Anti-Americanism*；Ross and Ross, *Anti-Americanism*；and Sarder and Davies, *Why Do People Hate America*?

分子了。届时，国际社会将会变得井然有序，而不是充满了混乱与恐慌。这种良好的秩序能带来额外的好处，那就是美国与联合国、部分西欧国家紧张的关系会得到显著的改善，全球不断攀升的反美浪潮也会逐步消减。①

　　但对右翼的政策专家而言，这种解决办法只会在童话故事中奏效。美国对恐怖主义的反应必须传达一种与众不同的信息。根据保守派专家的看法，国家需要清晰有力地表明自己的决心，而不是放纵恐怖分子，或是直接或间接地支持这些恐怖分子。美国企业研究所的戴维·弗鲁姆和理查德·皮勒在他们的著作《终结邪恶》(An End to Evil)中陈述道："对抗恐怖行动的战争没有结束。就许多方面而言，这场战争才刚刚开始。基地组织、真主党、伊斯兰抵抗运动仍然在密谋着暗杀，并且仍然能收到来自世界各地的资助。从孟加拉到布鲁克林，毛拉鼓吹清真寺的神教人员讨伐异教徒。伊朗和朝鲜疯狂地合作开发核武器。当我们的敌人精心密谋的时候，我们的盟友却犹豫不定、吹毛求疵。我们的政府对这场战争的准备仍然严重不足。我们还有许多事情要做，并且迫在眉睫。"②对于弗鲁姆和皮勒这两个在里根政府任助理国防部长期间因为强硬的反苏政策而闻名的"黑暗王子"而言，③2001年10月进军阿富汗是一个很好的开端。并且，它可以使美国及其联盟伙伴推翻塔利班政权、摧毁本·拉登恐怖训练营。尽管并没有除掉本·拉登或是将其逮捕，布什政府及其支持者们仍然宣布阿富汗战争以胜利而告终。但是胜利是以极高的代价获得的，数千无辜的生命牺牲，美国及其盟国开展的反恐战争才刚刚开始。这里引用美国伟大诗人罗伯特·弗罗斯特的诗再合适不过，"树林幽暗而深邃，但我有诺言尚待实现，还要奔行百

210

---

　　① 关于9·11事件后美国与西欧的关系，见 Gordon and Shapiro, *Allies at War*；Kagan, *Of Paradise and Power*；and Nye, *The Paradox of American Power*。

　　② Frum and Perle, *An End to Evil*, 4.

　　③ 皮勒在多个美国保守派智库都任职过，包括美国企业研究所、当前危机委员会、哈德逊研究所、安全政策中心。关于皮勒的更多信息，见 Friedman, *The Neoconservative Revolution*；Halper and Clarke, *America Alone*；Hamm, *Devastating Society*；and Micklethwait and Wooldridge, *The Right Nation*。

里方可沉睡"①。虽然要结束恐怖主义的威胁，布什还有很长的路要走，但是他从坎大哈和喀布尔的成功中找到了安慰。因为塔利班的威胁，华盛顿现在能够将注意力转向阻止阿富汗成为恐怖主义的天堂这一任务上来，这也是布什政府一直坚守的长期目标。虽然这个战火纷飞的国家因政治和族群冲突而引发的持续不断的矛盾很可能导致恐怖活动的复兴，但弗鲁姆和皮勒毫不怀疑地相信，布什政府的行动是正确的。根据他们的描述，一个更好的主意——进攻伊拉克——在 2003 年问世。这场迟到的干预可以让美国从敌人名册中去除另一个独裁者。然而，他们坚持认为美国要赢得反恐战争的胜利，要做的还有很多。包括消除某些少数族群对伊朗恐怖主义的支持，结束叙利亚的恐怖政权并在美国国内采取更为严格的安全措施。②

211　　　　弗鲁姆和皮勒应对恐怖主义的方式得到了一些国会保守派和智库学者的有力支持，其中包括肯尼斯·波拉克。他的著作《可怕的风暴》（*The Threatening Storm*）是研究入侵伊拉克的经典之作。③ 毫无意外，在更加自由的决策圈里，他们关于未来干预的建议引起了大量的争议。美国已经无法从伊拉克全身而退，④加之死亡人数不断上升，导致当局已经无法再忍受更多的冲突了。不管人们是否认可弗鲁姆和皮勒应对恐怖主义的宏伟计划，他们的见解的确有助于阐明发动一场必要却并非必胜的战争实在是非常复杂。尽管他们不愿意承认，布什总统及其顾问都意识到了仅仅依靠武力无法取得这场战争的胜利。正如斯蒂芬·弗林所说的那样，战胜恐怖主义需要美国和国际情报界做出巨大的改革，也需要各地区、各州和联邦执法人员之间的通力合作。⑤ 最重要的是，还需要少数族群社区的领导人主动声讨那些利用伊斯兰教

---

① Frost, Robert, "Stopping by Woods on a Snowy Evening," in *New Hampshire*.

② Frum and Perle, *An End to Evil*, especially chapters 3, 5, and 8.

③ 另一部支持伊拉克战争的书籍，见 Kaplan and Kristol, *The War over Iraq*.

④ 关于找到进入伊拉克策略的重要性，见 Preble, *Exiting Iraq*. Also see Eisenstadt and Mathewson, *U. S. Policy in Post-Saddam Iraq*, and Feldman, *What We Owe Iraq*。

⑤ Flynn, *America the Vulnerable*.

将屠杀活动正当化的人。① 只有这样做，反恐战争和理念战争才会得以延续。

尽管布什总统保证美国会赢得伊拉克战争，但没有证据能表明这场残酷的战争能很快终结。如果这场战斗会持续到下一届总统选举，无疑过失将会由 2008 年共和党总统候选人来背负。此外，那些批评布什伊拉克政策的学者必将利用他们在决策共同体的特权再次发难，诸如质疑"为什么美国会进攻伊拉克？""布什总统真的关心大规模杀伤性武器吗？"②"或者他只是以此为借口向一个过去试图刺杀他父亲的领导人复仇？""比起关注打击头号恐怖主义发起者沙特③，美国是不是对伊拉克的石油更感兴趣呢？"④"布什政府到底隐瞒了多少真相呢？"⑤"布仕是不是利用了公众对另一场恐怖袭击的恐惧，来使国内歧视性的安全措施合法化？"⑥"国会有无必要在 2001 年通过《爱国者法案》（使用必要手段来阻止或避免恐怖主义从而团结美国人民并增强美国实力），并在 2002 年建立国土安全部？"⑦"美国冒着与大部分同盟国和联合国关系降温的风险去实现布什主义真的值得吗？"

如果能从过去找到线索，智库和大学学者们就不需要等到 2008 年选举结果出来后，再去提出并回答这些问题了。在仔细分析布什政府的反恐战争过程中，他们将继续从各种角度解读美国外交政策的动机。他们也可能对那些最能胜任并能影响新一任政府的智库进行评论，并宣称与权势集团的密切关系将保证其政策影响力。这是

212

---

① See Century Foundation, *Defeating the Jihadists*, and Satloff, *The Battle of Ideas in the War on Terror*.

② 关于大规模杀伤性武器的辩论，见 Rampton and Stauber, *Weapons of Mass Deception*, and Blix, *Disarming Iraq*。

③ 关于美国和沙特阿拉伯的亲密关系，见 Unger's book *House of Bush*, *House of Saud*。

④ 美国对石油的兴趣长久以来被视为它对中东地区实施的外交政策背后的动机。见 Everest, *Oil*, *Power and Empire*。

⑤ 该主题是《9/11 委员会报告》中 "National Commission on Terrorist Attacks upon the United States" 的重点。Also see Alterman and Green, *The Book on Bush*; Bovard, *The Bush Betrayal*; Corn, *The Lies of George W. Bush*; Jackson, *Writing the War on Terrorism*; and Prados, *Hoodwinked*。

⑥ See Piven, *The War at Home*.

⑦ 关于爱国者法案和国土安全部的全面讨论，见 Crotty, *The Politics of Terror*; Brookings Institution, *Protecting the American Homeland*: *A Preliminary Analysis* and *Protecting the American Homeland*: *One Year On*; and Bremer and Meese, *Defending the American Homeland*。

一些媒体、学者、专家在宣称布什政府外交政策的蓝图来自"新美国世纪计划"时所犯下的错误。但是正如下文将会讨论的，尽管新美国世纪计划确实推进了布什政治议程的实施，但影响布什的外交政策的却不止它一个。

六、喂！ 新美国世纪计划来啦！

到乔治·W.布什作为美国第43任总统宣誓就职的时候，就有传言认为：一个资源匮乏但是与布什团队有着紧密联系的智库将为新政府规划全面的外交政策。这已经成为整个华盛顿最为公开的秘密了。探讨这个智库已经成为人们最热衷的讨论话题，这些人包括华盛顿的政治记者们，还有那些搜寻线索来预测布什首个百日行动的专家。这个智库不是传统基金会或者美国企业研究所这些保守运动的宠儿，而是新美国世纪计划这个新保守主义智库。1997年它涉足决策共同体，引起了一些高层决策者的兴趣并得到了他们的支持。这些决策者包括迪克·切尼、唐纳德·拉姆斯菲尔德、保罗·沃夫维兹、斯科特·利比，以及佛罗里达州长、总统的弟弟杰布·布什。

如果人们不知道哪些信息会对总统在9·11事件后的外交政策有所帮助，那么在美国决定攻打伊拉克时，这些问题的答案就一目了然了。当记者和学者们浏览了2000年9月新美国世纪计划的研究成果《重建美国国防》(*Rebuilding America's Defenses*)的时候，他们认为自己发现了圣杯。在这项研究中，新美国世纪计划的建议与布什政府一直推崇的倡议极其相似。事实上，这些在布什入主白宫前四个月制定的建议，也许就是直接从他的战略部署中来的。例如"保卫国土，勇敢作战，争取多条战线的胜利"。[①]

这仅仅是一个巧合吗？把新美国世纪计划、布什的核心团队与美国奉行的外交政策联系起来后，各路媒体和专家们可不这么认为。2003年秋天，英国议会工党成员迈克尔·米彻在英国《卫报》(*Guardian*)上发表的文章写道：

---

① Project for the New American Century, *Rebuilding America's Defenses*, iv.

现在我们知道了，创造全球美式和平的蓝图是由迪克·切尼、唐纳德·拉姆斯菲尔德、保罗·沃尔福威茨、杰布·布什和刘易斯·利比绘制的。而《重建美国国防》是新保守派智库新美国世纪计划于 2000 年 9 月写的。

这一计划表明布什内阁打算对海湾地区实行军事控制，不管萨达姆·侯赛因在位与否。该计划上说，"等到伊拉克旷日持久的冲突表明我们当下行动的正义性时，比起萨达姆·侯赛因的统治，海湾地区会更需要美国的武力"。新美国世纪计划的这份蓝图的观点支持了沃夫维兹和利比早前所写的 一份文件。那份文件说美国必须"阻止先进的工业国家挑战我们的领导力，甚至要阻止他们拥有一个更强大的区域性或全球性的角色"①。

米彻对新美国世纪计划的评价与安德鲁·奥斯汀不谋而合。他写道："来不及等到下一任共和党政府的成立，沃夫维兹等人就成立了'新美国世纪计划'智库，它鼓吹加强美国在全球的领导地位。这个观点获得了巨头企业、军队、政治家的高度赞同和慷慨的经济支持。"②

关于新美国世纪计划的起源及其与决策机构、商界紧密联系的评述不断地出现在有关美国新保守主义的学术探讨当中。③ 然而，除了知道新美国世纪计划是一个精英组织并有他人可望不可即的能力深入白宫以外，我们对其内部状况知之甚少，也不知其是否称得上布什外交政策的缔造者。正如接下来我们要讨论的，评价新美国世纪计划影响力大小并不像米彻和其他人说的那样简单。

---

① Meacher, "This War on Terrorism Is Bogus."

② Austin, "War Hawks and the Ugly American," in Hamm, *Devastating Society*, 55.

③ 对新美国世纪计划提供了简要评价的部分出版物有：Bryce, *Cronies*；Callinicos, *The New Mandarins of American Power*；Halper and Clarke, *America Alone*；Laurent, *Bush's Secret World*；Lind, *Made in Texas*；and Micklethwait and Wooldridge, *The Right Nation*。关于新美国世纪计划与布什政府之间的联系更全面的讨论，见 Stelzer, *Neoconservatism*, 1 - 28。

七、揭开华丽的幕布：新美国世纪计划的使命、动机和准则

214　　　新美国世纪计划的主席加里·施密特在管理这个智库之前就已于学界和政界浸淫多年。他深知华盛顿的政治状况，也了解国会、白宫和官僚机构如何做出决策。他知道在合适的时间提出恰当的理念可以产生截然不同的影响。这就是为什么施密特会像很多保守派一样，期待能有机会把具有挑战性的新理念呈现给共和党政府。他们没有等很久。当戈尔在 2000 年的竞选中落败于小布什的时候，施密特和他的同僚们就迎来了他们的机遇。

　　　1997 年成立的"新美国世纪计划"旨在提升美国的全球领导力，它花费了几年时间提出了一项新的保守外交政策。这个战略秉持一个信念——美国能够并且应该成为"仁慈的全球霸主"。正如威廉·克里斯托尔和罗伯特·卡根在 1996 年写的文章中所说的"打造新型里根式的外交政策"：

　　　　打败了"邪恶帝国"之后，美国拥有了战略和意识形态上的主导权。美国外交政策的首要目标应该是通过加强国土安全、支持友国、保障利益、坚守原则来保护且增强这种主导权。在这样一个世界里，美国和平与安全取决于其自身国力和使用国力的意愿。而它面临的主要威胁是美国自身当下和未来的弱点。美国霸权是可以用来抵抗国际和平与秩序崩溃的唯一可信赖的东西。因此，美国外交政策合理的目标是尽可能地保护它现在及以后的霸权。为了实现这个目标，美国需要一个具有军事优势和道德自信的新型里根式外交政策。[1]

　　　克里斯托尔和卡根的文章引起了一些保守派决策者和政策专家的共鸣，他们鼓励克里斯托尔和卡根建立一个机构，用来提升他们对美国外交政策的认识。正如施

密特指出，"很多人都质疑我们，'为什么不试着将其制度化？'①"克里斯托尔和卡根说服了施密特成为新美国世纪计划的主席，他们自己则负责确保有充分的资金来建立这个机构。

借助 1996 年发表的文章获得的成功，克里斯托尔和卡根这两个"新美国世纪计划"的项目负责人②在 2000 年出版了名为《当前危机》(Present Dangers)的合辑。这本书进一步探索了美国如果要重新定义其在国际社会中的角色，它拥有哪些选择和机遇。在该书的众多话题中，伊朗的政权更迭、以色列的和平进程以及导弹防御系统都是布什总统关切的热点问题。但真正让新美国世纪计划智库成为国际焦点的是其发行于 2000 年 9 月的《重建美国国防》。这份 76 页的报告获得了布什政府高级官员的高度认同。③

托马斯·唐纳利、唐纳德·卡根（罗伯特·卡根的弟弟）和加里·施密特所写的这份报告意图在于鼓励决策者和美国公众就军事力量以及如何利用其实现国家对外政策目标展开讨论。经过召开一系列研讨会，与会的各领域专家就一系列的国防和外交议题展开了充分的交流，而后这份报告就基本成型了。但是这份报告或是蓝图是否真如人们所说，让美国的外交政策"改头换面"了呢？又或是换汤不换药？还有，新美国世纪计划提出的在世界范围内促进美国国际安全的实现，并且让美国成为"仁慈的全球霸主"的想法是否原创？抑或是拾人牙慧？

正如施密特最近所说，新美国世纪计划的报告意图是提供一个更加合理且保守

215

---

① 2004 年 5 月 19 日对加里·施密特的采访。

② 威廉·克里斯托尔曾经是副总统丹·奎尔的总参谋长，也是保守杂志《旗帜周刊》(The Weekly Standard)的编辑。罗伯特·卡根是畅销书 Paradise and Power 的作者，也是卡内基国际和平基金会的高级职员。

③ 一些记者和学者指出新美国世纪计划在 1998 年 1 月 26 日写给克林顿总统的一封信，表示赞成侵入伊拉克。很多人认为那封信对布什总统决定对推翻萨达姆·侯赛因有深远的影响。由几位著名的保守派决策者签署的这封信可以在 www.theindyvoice.com 网站上找到，其中签署人包括埃利奥特·埃布拉姆斯（国家安全委员会），理查德·阿米蒂奇（副国务卿），约翰·博尔顿（美国驻联合国代表、国务院负责军备控制与国际安全事务的次国务卿，理查德·珀尔（国防政策咨询委员会），唐纳德·拉姆斯菲尔德（国防部长）。

的美国外交政策思路。"我们很不满那些孤立主义者和现实主义者对外交政策的评头论足,(而且我们觉得)这些人只会严重拖美国的后腿。我们认为即使冷战结束了,里根执政期间所贯彻的保守外交政策准则现如今仍然适用。"①在施密特和他的同僚看来,美国需要的是从新的角度去看待那些老生常谈的问题,即如何在避免成为世界警察的情况下推进美国政治、经济和安全利益。为此,决策者必须与五角大楼(美国国防部)紧密合作来确保在适当的时候能有足够的军事资源支持,让美国达到其政治目标。新美国世纪计划提出了一个截然不同的美国外交政策吗? 未必! 它提出的很多想法几年前就有人讨论过了,包括推进导弹防御计划和打倒独裁者。无论如何,它提出的建议都要求决策者在思考问题时跳出原有的藩篱。从这个意义上讲,这份报告在关于如何在后冷战时期提升美国利益的议题上提供了很新颖的方式。然而讽刺的是,这份报告出炉之后,"真正受到影响的是克林顿的人,而不是布什的人"。正如施密特回忆的那样:

216

　　　我们向许多军队的指挥官和参谋长介绍了这份报告,当时还有克林顿政府中五角大楼的官员。我们也向他们做了介绍,而这份报告是这样对他们产生影响的:他们认为"看,我们意识到我们的军费是不够的。我们的战略与国家提供的资源和军队实力之间是不匹配的"。因此他们提出了一个合理的观点,那就是"我们必须调整战略来适应目前的军事状况"。我们的回应是:这也不是不合理的,但是要更好地维护国家利益,应该是增加资源来适应我们的战略,而不是根据现有的资源状况来调整战略啊! 值得称赞的是,我认为如果他们做到了,他们一定会说:"是的,那是公平的。"所以很讽刺的是,受这份国防报告影响最大的是克林顿的团队。克林顿的人不是笨蛋,五角大楼的人也开始意识到:如果资源投入没有增加或是国家战略没

---

①　2004 年 5 月 19 日对加里·施密特的采访。

有进行重大调整的话，军队将会遭受一次重创。①

对施密特和新美国世纪计划来说，很不幸的是共和党人对《重建美国国防》的反应很冷淡，布什的竞选团队反应更甚。关于 2000 年布什竞选时的核心团队，施密特指出：

> 布什的竞选团队有一点不同于我所了解的其他竞选团队，那就是：不管是民主党人或共和党人竞选总统，他们往往都会有一个亲信顾问团，还会招揽一大群志同道合的智库和高校专家。这样做是为了把团队凝聚在一起。然而布什团队并没有这样做，他们的亲信顾问团非常小……他们毫不在乎其他人。他们在竞选的时候怎么做，当选后还是怎么做。更重要的一点是，布什(和)其他大约八个人在制定政策的过程中几乎不允许别人插手。他们当中的一些人是我的朋友，所以我这样说可能有点不近人情。但是从根本上来说，他们自认为可以处理任何事，但事实证明他们明显做不到。②

虽然施密特对布什政府的决策方式很不满，但是他承认布什的核心团队在制定一个更强势更合理的外交政策上发挥了重要的作用。这项外交政策在富有争议性的布什主义中得到了体现。虽然布什主义的起源与新美国世纪计划有所关联，但施密特认为将这个主义归功于自己的机构是不公平的。"我们很乐意把布什主义归功于自己，但老实说，我们不能。"③这份荣誉是属于切尼、拉姆斯菲尔德和沃尔福威茨，④他们在好几年前就指出了美国面临的主要威胁。"如果你了解了他们所说的非民主

217

---

① 2004 年 5 月 19 日对加里·施密特的采访。
② 2004 年 5 月 19 日对加里·施密特的采访。
③ 同上。
④ 在成为国防部长之前，唐纳德·拉姆斯菲尔德是"美国评估弹道导弹威胁委员会"主席。委员会在 1988 年 7 月 15 日发布了其年终报告。

国家的威胁、大规模杀伤性武器和我们面对恐怖袭击时的脆弱这三个论断，以及这三个威胁是如何同时出现的，那么你就基本会明白什么是布什主义。"①

但是评价新美国世纪计划的工作时，像所有的政策企业家一样，施密特并不谦虚。"我认为我们在将愿景变为现实这点上做得非常好，因为我觉得这是我们的长处……社论作家给了我们很多反馈，因此你能看得出来他们读过我们的报告。如果你提出了一个深刻的论点，并辅以逻辑缜密简明扼要的论据，你或多或少会产生一定的影响力。"②——他和克里斯托尔在 2003 年 3 月 5 日 ABC 电台的"夜线"(*Nightline*)节目中如是说。当然，这也是施密特所希望的。他们还讨论了新美国世纪计划在政策过程中发挥的作用，以及将新理念引入这一过程所要付出的努力。当泰德·科佩尔将这头条新闻播报给上百万观众时，施密特和克里斯托尔在这个舞台上开始拥有经久不衰的影响力。

科佩尔的介绍对新美国世纪计划不吝其辞地夸耀了一番。那些说辞极有可能让施密特和克里斯托尔脸红。这份介绍如下：

> 拨开那些虚夸的阴谋，你就会发现事情的真相。追溯到 1997 年，一群华盛顿的重量级人物成立了一个叫作"新美国世纪计划"的机构，当中绝大多数人是新保守派。他们在野时就已经做着当权政府在做的事情，他们制定了一个战略……即使有可能只是为当权政府或下任政府做嫁衣，他们也毫无怨言。他们强烈要求除掉萨达姆·侯赛因，并建议在波斯湾部署强大的美国军队。如果不是因为竞选背后那些人，例如迪克·切尼、唐纳德·拉姆斯菲尔德、保罗·沃尔福威茨，这些事情看起来可能是纯粹学术观点了。在 1997 年，这还仅仅是一个理论，但到了 2003 年，这已经变成美国的一项

---

① 2004 年 5 月 19 日对加里·施密特的采访。
② 同上。

政策了。这可不是一个阴谋，因为这个提案每个人都看得到。它只是一个有趣的案例，表明了随着时间的发展和一个富有同情心的总统的当选，专栏作家、评论家和智库专家是如何改变美国外交政策的。①

科佩尔冗长的介绍后，施密特和克里斯托尔才有机会解释他们的机构是如何以及为什么能在决策过程中成为主角的。"我认为我们的机构已经有了很大的影响力，"施密特说，"因为我觉得我们理解和处理当今世界事务的一些准则，在某种程度上已经得到了政府的采纳。"关于为什么新美国世纪计划奉为圣经的准则能够得到一些决策圈的关注，克里斯托尔补充道，"我认为这些准则属于罗纳德·里根准则：一个强大的美国，一项有道德根基同时也能保护美国安全和利益的外交政策。这些准则宣扬这样的观点：美国的领导力不只是世界稳定的关键，也包括在全世界传播民主和自由的希望"②。

有趣的是，关于为什么新美国世纪计划能冉冉升起，最深刻的评论并非出自施密特和克里斯托尔，而是出自另一位《夜线》的特邀嘉宾——宾夕法尼亚大学的伊恩·拉斯提克。他陈述道，"9·11 之前这个机构的地位还不足以左右总统的外交政策。9·11 之后，它的政治立场得到了信奉'大棒政策'的布什总统的垂青。因此，这个小小的机构此后便能直接接触白宫，现在甚至是掌控白宫"③。尽管施密特肯定会对拉斯提克的"新美国世纪计划能够掌控白宫"这一论断提出异议，但是他绝对会赞成是9·11 事件使得自己机构的准则和建议更广泛地被人接纳。9·11 事件之前，"我们能做的还很有限，因为我们提出了一个观点，即如果我们国家能够有战略地开展行动，我们会有一个绝佳的机会，（但）事实却是并不存在明显的威胁。所以总的来说，当一个国家没有面临威胁的时候，我们很难说服民众和政客。我认为这是真正限制

218

---

① 抄本，ABC 新闻，2003 年 5 月 3 日《夜线》的抄本。

② 抄本，ABC 新闻，2003 年 5 月 3 日《夜线》的抄本。

③ 同上，第 3 页。

我们的原因"①。

学者们在研究新美国世纪计划在政治舞台上的支配地位时，不能忽视的是，那几位制定新美国世纪计划的人在布什政府中获得了高级职位。正如科佩尔所说，我们不需要用一个阴谋论者的口吻来指出布什的某些亲信顾问和新美国世纪计划之间的紧密联系，而且这些联系也不足以让该机构成为布什外交政策的"建筑师"。总统以往之所以没有任命拉姆斯菲尔德、沃尔福威茨等人进入政府供职，原因在于他们是新美国世纪计划等智库的正式成员，后来则是因为总统真正信任他们，而无关他们智库成员的身份。虽然布什似乎很赞成新美国世纪计划的很多理念，但我们也不能认为这个机构就可以决定他要执行的外交政策。正如达尔德和琳德赛所说，"对乔治·W.布什总统影响最大的人就是他自己"②。接下来，我们将讨论布什总统的外交政策，以及（根据一些学者的观点）为什么他的管理风格阻碍了智库和其他非政府组织在白宫占据一席之地。

八、咚，咚，是谁在那里？

今后的五十年里，历史学家在回顾乔治·布什总统的任期时，十有八九都会认为他的风范和领导风格在9·11恐怖分子袭击事件后发生了显著的变化。2001年1月20日在一片争议声中入主白宫的布什总统和面临世界贸易中心倒塌的布什总统是截然不同的。虽然在竞选游说时被嘲讽为一无所知却能走得很远的政客，但是没有几个人（包括布什本人）能预料到他的竞选总统之路会变成一件全球性的丑闻。但最后这确实成为一件丑闻。让他入主白宫的是最高法院，而不是美国人民。

鉴于胜选背景，他在执政的第一个月内缺乏信心就不足为奇了。在指责他偷来总统之位的声讨浪潮中，他几乎无法树立信心。更糟糕的是媒体对他治理能力的质

① 2004年5月19日对加里·施密特的采访。
② Daalder and Lindsay, *America Unbound*, 2.

疑让他备感尴尬和羞辱。人们难以忘记他在面对波士顿 WHDH 电视台的政治新闻记者安迪·西利尔突然提问时的表现——他几乎完全想不到一个正确的答案。①

为了减少惨淡表现的潜在负面效果，布什竞选团队的发言人和后来的总统顾问卡伦·休斯，还有布什的首席战略家卡尔·罗夫，②都鼓励这位德克萨斯州州长与那些资深的外交政策专家团体定期会面以加快他对外交政策的了解。如前所述，包括布伦特·斯考克罗夫特和康多莉扎·赖斯在内的很多顾问，都曾在老布什的任期内为其效力。如果有人需要一个关于国际关系的速成课，那么这个人一定是小布什。这位美国第 41 任总统的长子传承了他父亲对棒球的热爱，却没有传承对国际事务的熟稔，而是在这方面兴趣寥寥。这一点从布什有限的出国次数就可以看出来。截止到 2001 年成为总统时，"布什的海外旅行仅是去了三次墨西哥，两次以色列，1998 年感恩节期间和他的一个女儿在罗马逗留了三天，以及 1975 年其父任美国驻华大使时，与其父在中国进行了为期六个星期的短期旅行"③。

布什没能从他的旅程或是顾问那里学到的外交政策知识，而是从工作当中学到了。2001 年 9 月 11 日，恐怖分子袭击了美国。上百万美国人祈祷布什能快速解决这个问题。让许多政治专家——包括曾经为布什撰写过演讲稿的美国企业研究所成员大卫·弗拉姆——惊讶的是，这位总统经受住了这次挑战。④ 就像许多世界领导人一样，小布什在这次危机中确立了自己的地位，迎来了他的时代。几个月前，布什还是一个缺乏经验也未经历炼的领导人。他甚至无法回答一些基本的外交事务问题，如今却成为美国的战时总统——这是一个来得及时也让他受益匪浅的地位。据达尔德和林赛所说："当空军一号飞过伊拉克时，布什可以说自己已经成为一位高效

220

----

① 记者让布什区分车臣、巴基斯坦、印度和中国台湾的领导人。他因为说中国台湾领导人姓"李"而招致了偏见。关于这件事情的更多内容，见 Corn，"Bush Gets an F in Foreign Affairs," and Daalder and Lindsay, *America Unbound*，17-19。

② 更多关于卡伦·休斯及其在布什政府的任职情况，请看她的自传 *Ten Minutes from Normal*。关于卡尔·罗夫，见 Moore and Slater, *Bush's Brain*。

③ Associated Press，"Bush Turns to Foreign Policy Experts."

④ Daalder and Lindsay, *America Unbound*，2.

推行对外政策的总统。就像其他总统一样，他已经掌握了美国的政治局面，毫无疑问地成为自己政府的主人。他赢得了美国民众的信心并说服了他们跟随他的领导。"[1]

布什的反恐活动进入高潮之后，他的领导风格就开始已经明显地发生了改变。当初入主白宫时伴随的不安和脆弱感，已经被像其他领导人（包括罗纳德·里根、约翰·菲茨杰拉德·肯尼迪、富兰克林·罗斯福和西奥多·罗斯福）一样的自信和虚张声势所取代。[2] 布什不再满足于扮演一个乖乖听话的学生。他开始坚定自己的领导地位。他会继续参考"火神团队"（赖斯、拉姆斯菲尔德）的意见，但对于那些处在权力中心之外的人员来说，布什显然并没有打算扩大他的顾问圈。坦白地说，政府最高层的外交政策制定对于智库和高校来说都是封闭的——无论他们是抱有何种目的、何种意图。正如达尔德所观察到的那样：

> 这是一个非常、非常、非常封闭的系统。我认为总统的确在依靠一小撮人，（但）我认为布什不会听从他们的意见，他们的建议会变得越来越无足轻重。当（布什）刚成为总统时，他总是处于接收模式，只是坐着听别人讲。而现在，他处于广播模式。他总是在将他的想法告诉别人。他在担任总统的第一年的外事会见中，更倾向于倾听外国领导人的想法；而现在他更倾向于将他认为需要做的告诉他们。他仍然倾听，但已经知道自己想要什么。我认为他变得更自信了，他知道自己在做什么并且不需要任何人的建议。基于这些原因，这个过程确实不是特别开放。[3]

相对封闭的决策环境确实阻碍了政府外部的政策专家靠近布什政府的机会，但

221

---

① Daalder and Lindsay, *America Unbound*, 2.
② 关于总司令如何在外交事务中执行权力的有趣案例，见 DeConde, *Presidential Machismo*, Also see Johnson, *Overconfidence and War*。
③ 2004 年 5 月 20 日对伊沃·达尔德的采访。

这并没有削弱总统决策的能力；相反，限制参与高层决策的人员数量，使得他能更有效地发动反恐战争。据达尔德和林赛所说，布什总统很清楚自己要达成的目标。他不允许任何人干涉他的议程，即使是他最亲近、最信任的顾问。而且，与多数媒体和专家所认为的一小撮新保守主义者绑架了总统这种说法相反，他们声称总统才是自己命运的主宰者。他们说："这个来自美国中部（德克萨斯州）的男人，并非只是在别人的革命中充当一个挂名总统。在他刚成为总统时，也许不知道是哪个将军在统治巴基斯坦。但身为总统的前三十个月中，他不是一个傀儡木偶，而是操纵木偶的人。他兑现了自己在竞选中的承诺。他积极主动地向资深顾问征求建议，并能容忍他们之间小的分歧；但在必要的时候，他会否决他们。乔治·W.布什主导了他自己的革命。"[1]

达尔德和林赛对布什总统推进反恐战争的方式的评价与斯蒂芬·克拉斯纳在《捍卫国家利益》(Defending the National Interest)一书中一致。正如本书第3章所述，国家理论认为外交政策是由国家决定的，而不是由强大的利益集团或是某个地位稳固的精英决定的。如果布什总统真如这两位所说，掌控着外交政策的决定权，那么智库等非政府组织难以进入最高层确实是合乎情理的。但是新美国世纪计划与布什政府的关系又怎么解释呢？国家理论如何说明某些智库的确对白宫证据确凿的巨大影响力呢？这样的情况下，国家理论几乎无能为力。事实上，不是新美国世纪计划产生了影响力，而是布什政府中的一些成员恰好来自这个智库。如果说布什内阁成员与白宫职员被认为是国家的一部分，而且不代表任何一个智库或利益集团，那么这在国家理论的视角下似乎仍然说得通。

尽管这个理论也许解释了智库对行政当局施加影响受到的阻碍，但是人们不能忽视智库也非常成功地向媒体、国会和整个官僚机构传达了关于反恐战争的意见。就这点来说，用综合理论模型来分析决策过程仍然有效。如果我们假设智库在决策 222

---

[1]　Daalder and Lindsay, *America Unbound*, 16.

的不同时期、不同阶段都会产生影响力，那么国家理论就不够用了。它无法解释为什么智库能在里根政府的导弹防御计划中起到关键作用。这个话题我们将会在结论部分进行回顾。在本章的最后，我们会讨论智库在这个永不停歇的政策辩论中能够获得什么？关于它们的影响力，我们又能得出什么结论？正如上文所说，影响力不是一个非此即彼、非有即无的命题，我们必须铭记这点。

九、赢得战斗和发动战争：9·11之后的智囊团

智库为反恐战争的辩论所做的准备，就像军队为战斗所做的准备一样充分。它们估算了自己的资源，掂量了自己的能力，设计了一个战略，决定了最有效的执行方式。尽管他们的付出并非都有回报，但智库已经并且仍然继续坚持并维护它们在理念战争中的地位。通过发行出版物，举办各种会议和研讨会，在国会发表证词以及不断与媒体互动，美国顶尖的国防和外交政策智库在塑造全国对话上做出了重大的贡献。

但是，它们对布什政府消除恐怖主义这一决定的内容和方向起了多大的作用，仍然是一个尚未能盖棺定论的问题。在评估智库的影响力大小时，学者们必须要像神探一样仔细思考，关于参与这场争议性的政策辩论的机构，他们的了解有多少。密切关注反恐战争各方面辩论的学者们会观察到，一些智库会通过各种渠道向公众和决策者传播它们关于各项议题的观点和理念，包括兰德公司、战略与国际问题研究中心、美国企业研究所、布鲁斯金学会、传统基金会、新美国世纪计划、外交关系协会、卡内基国际和平基金会以及安全政策中心。除此之外，智库研究的议题还包括国土安全的问题和前景，彻底审查国内外情报机构的必要性和改善美国与欧洲同盟国日益严重的分歧的重要性。总之，学者们都认为，在如何成功赢得反恐战争这个议题中，智库已经明确且有效地传达了自己的观点和理念。

一些学者和媒体也承认，有些智库比其他智库更能吸引决策者的注意。确实，新美国世纪计划是对布什政府最有影响力的智库，这是公认的事实。自布什上任以来，

许多报道和文献都揭示了新美国世纪计划与布什政府核心成员之间的紧密联系，甚至揭示了新美国世纪计划发行的出版物及其给决策者写的信件中提及的政策建议与布什自9·11事件后推崇的诸多政策极其相似。但我们也知道，布什不像里根，他不愿意向非政府机构的政策专家征求建议，而是喜欢让那些为他所信任的小型顾问团来执行他的对外政策。

通过更深入地挖掘新美国世纪计划与布什政府的关系，我们可以发现更多的信息。例如，我们发现为伊拉克战争披上正义外衣的布什主义，其思想基础并非源自新美国世纪计划，而是与布什的几位内阁成员提出的建议紧密相关。加里·施密特也承认："布什发动反恐战争这个想法很明显不是我们在9·11之前想出来的……而是布什把他从切尼、沃尔福威茨和拉姆斯菲尔德那儿得到的建议整合起来形成的一个战略。"①

尽管新美国世纪计划成功地向布什政府提供了关于美国如何在国际社会中更好地实现目标的建议，也非常乐意将自己描绘成布什外交政策的"建筑师"，但它最终还是抵制住了这个诱惑，没有将这个高帽戴在自己的头上。即使如此，媒体和一些学者仍然认为布什的反恐战争计划是出自这个华盛顿的小智库。如果这些媒体和学者更深入地挖掘影响布什政府的来源，他们会发现源头远不止于此。除了发现其他智库（包括美国企业研究所、外交关系协会和安全政策中心）和布什总统及其主要顾问之间的密切联系以外，②他们还应该考虑他父亲以及与他父亲身边的人对他思维方式的潜在影响。③

断言小布什在上台前从未考虑过导弹防御、大规模杀伤性武器以及伊拉克等无   224

---

① 2004年5月19日对加里·史密特的采访。

② 布什不仅在美国企业研究所发表过演讲，他还较为信任其政府中来自这个机构的成员，比如，约翰·博尔顿过去就曾在美国企业研究所任职，他是美国常驻联合国代表（任期到2007年），这引起过巨大的争议。此外，一些布什政府的高级官员包括迪克·切尼，康多莉扎·赖斯以及唐纳德·拉姆斯菲尔德都给外交关系协会和其他智库做过演讲。见 Halper and Clarke, *America Alone*, 104－105。

③ 布什的父亲对他的影响大部分是他们俩之间存在严重的政策分歧，见 Renshon, *In His Father's Shadow*, and Tanner, *The Wars of the Bushes*。

赖国家的潜在危险,是完全没有根据的。在多次关于外交政策的竞选演说中,布什都强调了他在这些方面的认识。断定新美国世纪计划是因为发表了关于反恐战争的观点才得到布什的青睐的说法也是没有道理的。如果理查德·克拉克都不能让康多莉扎·赖斯相信奥萨马·本·拉登和基地组织很快会对美国造成威胁,我们为什么还会认为新美国世纪计划能够吸引布什政府呢? 不是它对布什政府产生了影响力,而是曾经供职于其中的一群资深专家团队在布什总统的外交政策领域留下了浓墨重彩的一笔。尽管存在很多外部影响因素,但是归根到底(就像达尔德和林赛所说):是总统,并且只是他一个人,领导了一场美国的外交政策革命。

总结：智库、外交政策和公共利益

直到几年前，智库深度参与美国外交政策过程才成为一种常见现象。当利益集团、企业、贸易联盟和媒体已经成为国内影响外交政策的重要因素时，智库还没有进入大家的视野。然而，随着近几十年智库在政坛上越发活跃，专家和媒休开始密切关注它们是如何参与到国家政治辩论中的，以及在其中发挥了多大作用。近年来，学界掀起了一股智库研究热潮。人们开始关注美国智库的方方面面，包括他们的起源和建立并巩固与重要的利益相关者关系的方法等等。

虽然关于智库的研究文献在不断增加，但大多数学者都无法回避一个基本问题，那就是：智库在政策过程中究竟发挥了多大影响力？实际上，几乎所有研究智库的学者都习惯于引用一些流言和传闻来佐证智库的影响力，而不是制定适当的分析框架。结果，人们发布了海量的新闻报道、学术论文和专著——它们几乎告诉了读者所有关于智库的知识，但唯独没有介绍评估它们影响力的方法。

在深入了解智库的神秘性与复杂性之后，学者们理所当然地避开了悬而未决的方法论问题。但是，方法论对我们了解智库以及研究政策过程至关重要——这一点不仅政治学等学科领域概莫能外，也正是我写这本书的目的。在研究美国智库的兴起和政治体系中哪些要素促进了它们的繁荣时，我阐述了智库的本质及其影响力度很难考量的原因。其中，部分原因在于智库的主管和学者对智库影响力的构成及其实现方式持不同的观点。

智库和其他政策研究机构一样，会尽力把他们的理念传递给不同的目标受众；也会如同企业争夺市场份额一样，制定战略规划来决定在何种场域、以何种方法宣传其研究成果。尽管智库常常被描述成疏离现实政治的纯学术机构，它们实际上强烈地意识到自己需要在政策研究界建立稳固的立足点。为此，他们学习了企业家精神，抓住一切机会，并筹集必要的资金来提高知名度。在美国这一片智库发展的沃土上，企业家精神得到了个人捐助者、企业和慈善机构的支持。他们意识到在思想市场中保持竞争力的重要性。为了脱颖而出，他们投入了大量资源来提高媒体曝光率——这是一个赢得决策者关注的重要策略。另外，智库还会举办各种会议，鼓励他们的专家在国会发表证言，与国会议员、行政当局和官僚集团分享他们的研究成果——当然，这一切都是为了影响公共政策。

在分析过程的最后环节，考量智库对舆论和公共政策影响力的任务落在了研究智库的学者肩上。他们虽然执着于智库研究，但要在考察智库的影响力方面还面临着很多困难。为更合理地评价智库，我建议采用综合分析的方法（即前文提到的综合理论分析模型）来取代线性思维的模式。综合分析法把影响力看作一个持续的、涵盖不同决策环节的过程。在这一过程中，参与者们就公共政策的不同方面交换意见。这是决策者、政策专家、学者、媒体、社会活动家以及关注这一领域的公众之间的对话。这样的对话最终有助于政治议程的制定。对于研究智库和决策过程的学者来说，这就解释了为什么需要密切关注这样的政治对话。

影响力不像霍尔斯蒂等人说的那样直接取决于政策结果。智库和思想领域的其他参与者都明白这一点，并且都会试图在整个政策过程中实现自身的存在价值。有的智库会通过提高媒体曝光率来引导政策辩论走向；有些则更倾向于加强与决策者的密切合作，促进倡议得以实施。但是无论智库采取什么措施，我们都不能忽略政策制定是个短则数月、长则经年的过程。因此，认为只有当专家或智库说服决策者或决策集团采纳了他们的意见才能算作产生了影响的观点忽略了决策过程的实际情况。

通过运用综合的分析方法，学者们会逐渐意识到政策的过程如同莱斯利·盖尔布所说的一样，充满了偶发性和随意性，难以预测。这正是不能用线性模型来衡量政策影响力的另一个原因。要了解政策过程不能光看一张简单的流程图，而是要了解决策者的目标、动机和优先选项。考虑到其中的复杂性，我在本书中选取了两个案例；在第 8 章，我考察了智库影响有关"国家导弹防御计划"的讨论的案例，这个计划正是里根备受争议的"星球大战"计划的一部分；在第 9 章，我探讨了智库如何长期参与有关反恐战争的政治辩论。这两个案例分析揭示了智库在外交政策的制定过程中发挥的作用，以及有可能增强或减弱其政策影响力的因素。在深入探讨智库和外交政策之前，我们很有必要回顾这些研究结果。

研究"战略防御计划"的起源和"国家导弹防御计划"的落实能给我们提供观察库参与外交政策制定的有趣视角。除此之外，该案例还表明有时候智库不需要消耗巨额预算或雇佣众多研究人员也能获得政府最高层的关注。"高边疆"的丹尼尔·格雷厄姆发现，最重要的是在适当的时机给适当的人提供适当的方案。这为智库将自己的理念渗透到政策过程中创造了无数的机会。由于缺乏足够的资金，格雷厄姆向传统基金会寻求帮助。传统基金会是保守派智库，其研究成果《领袖的使命》(*Mandate for Leadership*)使其一跃成为华盛顿的顶尖政策研究机构之一。格雷厄姆的加入让传统基金会在里根政府中有了更高的声望。格雷厄姆在战略防御上的投入及其通过建立"防御盾牌"来保护美国免于弹道导弹威胁的愿景，使他得到了总统和他的首席顾问的接见。

格雷厄姆成功推进导弹防御计划的另一个原因是里根总统坚持要找到能替代冷战时期"相互保证毁灭"原则的战略思想。他寻求更好地保卫美国领土安全的热忱是"高边疆"和传统基金会等智库宣传其理念的关键切入点。1989 年里根离任后，虽然导弹防御系统的研发正在如火如荼地开展，但是操作系统尚未部署。有趣的是，在里根提出削减核武器的主张近二十年后，仍然有很多科学家致力于研究如何实现这一目标。传统基金会和美国安全政策中心等智库仍在继续向美国国会和行政当局的决策者们宣讲导弹防御系统的益处。

第二个案例也揭示了一些关于智库和外交政策的有趣结论。就如同导弹防御计划的案例一样，布什执政时期最受关注的智库是"新美国世纪计划"。它对反恐战争产生了极大的影响，但本身的资源却相当有限。虽然无法确定它对布什总统的外交政策发挥了多大的影响,但是它与总统核心决策圈的紧密联系再次表明,智库并非只有雄厚的资金才能成为外交政策辩论中活跃的行为体。实际上,这两个案例表明,找到认同自身观点的决策者有时候比大笔的资金更加重要。但是,这两个案例也都表明,智库把鸡蛋都放在一个篮子里有时是不明智的。因为即使倾向于本智库的政府上台执政,智库的管理层也应意识到官场如战场,没有永远的朋友,只有永恒的利益。这就是智库通常多方面作战的原因,同时也是充沛的资金支持对智库的长期成功至关重要的部分原因。

像高边疆、"新美国世纪计划"等智库那样与高层建立紧密的联系是非常重要的。但同样,与媒体、国会、各级政府部门开展广泛的合作也是很重要的,这样做可以为智库推广理念奠定基础。如今思想市场上的竞争越发激烈,智库必须获得关注,否则就会被淘汰。

一、智库和外交政策

不久之前,有关外交政策的讨论几乎都集中在权力、外交、战争与和平问题上。也是在不久前,外交问题是总统及其高级顾问们以及外交官、全权代表和驻外使节的专利。外交政策是领导人闭门商议的产物,追求国家利益最大化是它唯一的目标。世界上有很多经验丰富的外交政策专家,如乔治·凯南、迪安·艾奇逊和亨利·基辛格,但他们的经验并不适用于当今美国外交的政策环境。①

越南战争带来的悲剧不仅在于它导致的"越南综合症"——部分决策者完全不愿被卷入军事冲突,更在于它改变了决策者面对的"传统环境"。在公众要求外交政策透明化的压力下,当代的总统和国家安全顾问们不得不把情况向美国民众公开。他们再也无法关起门来独自商议外交政策。大量的智库、利益集团和其他非政府机构

---

① For useful insights into the minds of Kennan, Acheson, and Kissinger, see Kennan, *At a Century's Ending*; Chase, *Acheson*; and Kissinger, *Diplomacy*.

参与其中，致力于引导美国在国际舞台的表现。

虽然智库只代表了一类政治影响力的角逐者，但我们必须承认他们的角色非常特别。有时，他们的战略和战术反映了某些利益集团的目标。但是智库在美国有着丰富悠久的历史，特别是那些专攻外交和国防政策的智库。美国从事外交研究的知名智库的数量，以及这些智库的专家在政府任职的人数都足以傲视群雄。在全球智库圈内，美国智库可以说是居于食物链的顶端。

鉴于外交政策制定过程的复杂及试图影响它的机构和专家为数众多，学者们如何正确评估智库的角色和功能呢？他们尝试引入不同的、相互竞争的理论范式来评估智库。多元论者、精英论者、制度主义者和国家主义者（认为外交政策是国家的产物而非外部力量的结果）都声称他们了解智库的动机，知道智库如何参与政策过程。在某些情况下，这些方法确实可以在一定程度上反映智库的影响力，但是目前还没有一种方法能实现全面评估。上述两个案例表明，学者们必须利用多个理论模型或范式来揭示智库是否实现其目标。

分析智库角逐影响力成败的原因，并不像预测总统选举结果那样简单。有的智库之所以能成功，是因为他们有能力接触到相关部门。而且，有时候资金多少、规模大小与能否有效地影响舆论和公共政策没有必然的联系。如前文所述，一些资源有限的智库有时也能取得令人瞩目的成就。智库会像世界一流运动员一样尽可能地发挥自身优势，根据自己的情况决定参与哪些领域，以及如何在其中立足并提高自身的形象。值得注意的是，如果要对智库具体影响力的大小下明确的结论，讨论会无休无止地进行下去。因为要精确地衡量智库的影响力是不可能的，所以学者们只能用案例分析法来分析智库和它们涉及的政策问题。阿伦·斯蒂尔曼在评论我的早期著作《智库能发挥作用吗？》(*Do Think Tanks Matter?*)时说道："这种严谨的方式也许是我们能想到的最好的办法了。"[1]

230

---

[1]   Steelman, Review of *Do Think Tanks Matter?* 165.

在研究智库影响力时要严谨，并不意味学者们回避了这个重要的研究问题；相
231 反，这意味着他们意识到了这一领域和学科的局限性。有些学者被人批评过于谨小
慎微，委婉一点的说法就是态度不明确。这类学者通常都认为决策者们在决定外交
政策时并不总是合乎逻辑。正因为如此，他们更应该坚持自己的学术风格，在研究过
程中不要随波逐流，将政策过程简化。学者们必须承认，外交政策的制定是一个很复
杂的过程。而且，如果决策者在决策时受到自身情绪干扰，这一过程会更加复杂。这
也是我们在分析影响决策者的各种因素时，很难将它们分离开来的部分原因。

二、智库和公共利益

尽管面临很多挑战，[①]但是智库的数量并不会因此减少。在如今的大环境中，个
人和组织参与国家政治生活是受到鼓励的。智库数量没有理由会减少。实际上，只
要政策企业家们愿意推广他们的理念，捐助者愿意提供资金赞助，智库就可以继续发
挥它们的价值。然而，随着思想市场的竞争愈演愈烈，智库将被迫采取更多的策略来
获取决策者和公众的关注。但在选择推广的方法时，智库不能忘记自己的初心。

20世纪初，美国诞生了一批著名的外交智库。它们在维护美国国家利益上发挥
了作用。然而近几十年来，许多智库忽视了为公众利益服务的初心。美国人民和他
们所选出的代表，应该得到那些致力于提升国家福祉的研究机构的支持。

外交和内政一样，迫切需要专家给出明智的忠告和判断，而这些专家本身与政府
部门联系密切，并且能够提供一系列的政策选项。如果智库专家在建言献策时可以
摒弃一己立私，那将会对政策过程做出不可估量的贡献。相反，如果智库专家为自己
一人的政治立场和意识形态所左右，那将会毫无意义。

政策的制定常常被比喻为一个游戏，游戏必然会产生输赢。然而，9·11事件之

---

① On the many challenges confronting think tanks, see McGann, *Scholars*, *Dollars and Policy Advice*.

后各方的行动表明，政策制定已经不仅仅是一个游戏，而是国家的一项长期投资，而   232
且必将带来良好的回报。在美国，公共部门和私营部门都对国内的智库进行了大量
的投资。我们只能希望智库和利益相关者们充分利用他们的理念，让这些投资带来
丰厚的回报。

附录 1——部分美国智库的文档和年度预算

表 A1.1　2004 年部分美国智库的文件(按成立时间排序)

机构	成立时间	地点	职员 (F=全职人数, P=兼职人数, S=职员总数)	预算 (单位:美元)	网站
卡内基国际和平基金会	1910	华盛顿	35 F,62 S	19,410,569	www. ceip. org
布鲁金斯学会	1916	华盛顿	43 F,200 S	47,694,000	www. brook. edu
胡佛研究所	1919	加州,斯坦福大学	201 S	25,000,000	www. hoover. stanford. edu
世纪基金会	1919	纽约	7 F,24 S	3,600,000 (2003)	www. tcf. org
外交关系协会	1921	纽约	200 S	29,295,100	www. cfr. org
巴特尔纪念研究所	1929	俄亥俄州,哥伦比亚	16 000 S	1,316,800,000 (2003)	www. battelle. org
美国企业研究所	1943	华盛顿	50 F	24,410,000	www. aei. org
兰德公司	1946	加州,圣莫妮卡	1600 F & P	227,199,000	www. rand. org
外国政策研究所	1955	宾夕法尼亚州,费城	30 P,10 S	1,500,000	www. fpri. org
美国安全理事会基金会	1956	弗吉尼亚州,库尔佩珀	无数据	无数据	www. ascfusa. org

（续表）

机构	成立时间	地点	职员（F=全职人数，P=兼职人数，S=职员总数）	预算（单位:美元）	网站
ANSER（受兰德公司的资助建立）	1958	弗吉尼亚州，阿灵顿	无数据	无数据	www. anser. org
美国东西方中心	1960	夏威夷，檀香山	35 F,165 S	37,600,000	www. eastwestcenter. org
美国大西洋理事会	1961	华盛顿	9 F, 16 P, 22 S	无数据	www. acus. org
哈德逊研究所	1961	华盛顿	23 F, 4 P, 11 S	8,500,000	www. hudsondc. org
战略与国际问题研究中心	1962	华盛顿	220 S,100	25,000,000	www. csis. org
政策研究所	1963	华盛顿	30 S	1,400,000（2003）	www. ips-dc. org
军备控制协会	1971	华盛顿	3 F,5 S	650,000	www. armscontrol. org
国防情报中心	1972	华盛顿	25 S	2,100,000（2003）	www. cdi. org
当代研究学会	1972	加州,奥克兰	10 S	无数据	www. icspress. com
传统基金会	1973	华盛顿	58 F,152 S	34,600,000（2003）	www. heritage. org
世界观察研究所	1974	华盛顿	7 F,2 P,12 S	3,000,000	www. worldwatch. org
卡托研究所	1977	华盛顿	43 F, 90 P, 33 S	14,000,000	www. cato. org
美国外交关系理事会	1982	华盛顿	11 S	无数据	www. afpc. org

（续表）

机构	成立时间	地点	职员 (F=全职人数, P=兼职人数, S=职员总数)	预算 （单位：美元）	网站
比尔德纳西半球研究中心	1982	纽约	无数据	无数据	
卡特中心	1982	佐治亚州,亚特兰大	20 F,150 S	81,981,850 (2002)	www. cartercenter. org
美国国防研究所	1983	弗吉尼亚州,亚历山大	5 S	900,000 (2003)	ojo. org/adi/
美国当代德国研究所	1983	华盛顿	4 F, 10 S, 3位实习生	1,561,605 (2003)	www. aicgs. org
经济政策研究所	1986	华盛顿	10 F,50 S	3,796,875 (2002)	www. epinet. org
英美安全信息理事会(美国)	1987	华盛顿	13 S	206,327	www. basicint. org
斯坦福国际咨询研究所	1987	加州,斯坦福	150 S	20,000,000 (2003)	iis. stanford. edu
托克维尔研究所	1988	华盛顿	无数据	无数据	www. adti. net
安全政策中心	1988	华盛顿	5 F,9 S	850,000 (2003)	www. centerforsecurity-policy. org
中东论坛	1990	宾夕法尼亚州,费城	10 S	1,100,000	www. meforum. org
沃森国际问题研究所	1991	罗得岛州,普罗维登斯	25 F,20 S	4,700,000	www. watsoninstitute. org
波士顿21世纪研究所	1993	马萨诸塞州,剑桥市	无数据	无数据	www. brc21. org
赋权美国	1993	华盛顿	无数据	无数据	www. empoweramerica. org

（续表）

机构	成立时间	地点	职员 (F=全职人数， P=兼职人数， S=职员总数)	预算 （单位：美元）	网站
尼克松和平与自由中心	1994	华盛顿	10 S	1,600,000 (2003)	www. nixoncenter. org
新美国世纪计划	1997	华盛顿	无数据	无数据	www. newamericancentury. org
美国进步中心	2003	华盛顿	89 S	无数据	www. americanprogress. org

表 A1. 2　部分美国智库的年度预算(降序排列)

机构	预算
兰德公司	$ 227,199,000. 00
布鲁金斯学会	$ 81,981,850. 00
美国东西方中心	$ 47,694,000. 00
传统基金会	$ 34,600,000. 00
外交关系协会	$ 29,295,100. 00
胡佛研究所	$ 25,000,000. 00
战略与国际问题研究中心	$ 25,000,000. 00
美国企业公共政策研究所	$ 24,410,000. 00
斯坦福国际咨询研究所	$ 20,000,000. 00
卡内基国际和平基金会	$ 19,410,569. 00
美国和平研究所	$ 16,256,000. 00
卡托研究所	$ 14,000,000. 00
哈德逊研究所	$ 8,500,000. 00
沃森国际问题研究所	$ 4,700,000. 00
经济政策研究所	$ 3,796,875. 00

（续表）

机构	预算
世纪基金会（前身是 20 世纪基金会）	$ 3,600,000.00
世界观察研究所	$ 3,000,000.00
国防情报中心	$ 2,100,000.00
尼克松和平与自由中心	$ 1,600,000.00
美国当代德国研究所	$ 1,561,605.00
外国政策研究所	$ 1,500,000.00
政策研究所	$ 1,400,000.00
中东论坛	$ 1,100,000.00
美国国防研究所	$ 900,000.00
安全政策中心	$ 850,000.00
军备控制协会	$ 650,000.00
英美安全信息理事会（美国）	$ 206,327.00

附录 2——部分智库职员在政府部门任职情况

姓名	头衔	政府职位
美国企业研究所		
克劳德·E. 巴菲尔德 (Claude E. Barfield)	常任学者、科技政策研究部主任	1977—1979 年,参议院政府事务委员会专职研究人员; 1979—1981 年,八十年代国家议程总统委员会联合人事主任; 1982—1985 年,美国贸易代表办公室咨询顾问
沃尔特·伯恩斯 (Walter Berns)	常任学者,研究领域为政治哲学、宪法、法律问题	1983—1987 年,国务院咨询顾问
约翰·博尔顿 (John Bolton)	前高级副总裁	1985—1989 年,司法部助理司法部长; 1989—1993 年,国务院国际组织事务局副秘书长; 2001—1005 年,负责军备控制和国际安全事务的次长;现任美国驻联合国大使
琳恩·V. 切尼 (Lynne V. Cheney)	高级研究员,研究领域为文化与教育	在小布什任德州州长时的教育部中任过职;丈夫是副总统迪克·切尼
克里斯托弗·德穆思 (Christopher DeMuth)	总裁	1969—1970 年,白宫总统人事助理; 1981—1983 年,白宫总统削减开支工作小组执行主任; 1981—1984 年,管理和预算办公室、信息和管理事务办公室负责人
托马斯·唐纳利 (Thomas Donnely)	常任研究,研究领域为国防与国家安全员	1995 年,众议院国家安全委员会专职研究人员; 1996—1999 年,众议院、国家安全委员会政策小组(现在的军事委员会)组长
马克·福尔科夫 (Mark Falcoff)	荣誉常任学者,研究领域为拉丁美洲	1986—1988 年,参议院外交关系委员会专职研究人员; 2003 年,联合国人权委员会美国代表成员

（续表）

姓名	头衔	政府职位
戴维·弗鲁姆 (David Frum)	常任学者	2001—2002 年, 布什总统经济演讲稿撰稿特别助理
(Reuel Marc Gerecht)	常任研究员, 研究领域为阿富汗、伊拉克、情报、中东、恐怖主义、中亚、苏联	1985—1994 年, 国务院政治和领事官员; 1985—1994 年, 中央情报局中东专家
纽特·金里奇 (Newt Gingrich) (同时也在胡佛研究所)	高级研究员, 研究领域为医疗卫生政策、情报技术、军事、美国政治	1979—1999 年, 众议院成员; 1995—1999 年, 众议院发言人
罗伯特·A. 戈尔德温 (Robert A. Goldwin)	常任学者, 研究领域为宪法、教育、人权和民主	1973—1974 年, 北大西洋公约组织美国大使特别顾问; 1974—1976 年, 福特总统的特别顾问; 1976 年, 国防部长顾问
R. 格伦·哈伯德 (R. Glenn Hubbard)	访问学者, 研究领域为税收政策和医疗卫生	1991—1993 年, 财政部副助理部长; 2001—2003 年, 总统经济顾问委员会
珍妮·柯克帕特里克 (Jeane J. Kirkpatrick)	高级研究员, 研究领域为国防、拉丁美洲, 欧洲、联合国、中东、国家安全、俄罗斯地区	1981—1985, 美国常驻联合国代表; 1985—1987 年, 总统太空委员会成员; 1985—1990 年, 总统外国情报顾问委员会成员 1985—1993 年, 国防政策审查委员会成员; 1990—1992 年, 国防部故障安全和降低风险委员会主席; 2003 年, 联合国人权委员会美国代表团主席
迈克尔·A. 莱登 (Michael A. Ledeen)	自由学者, 研究领域为恐怖主义庇佑国、伊朗、中东、欧洲（意大利）美中关系、情报和非洲（莫桑比克, 南非和津巴布韦）	1981—1982 年, 国防部长特殊顾问; 1982—1986 年, 国家安全委员会、国务院和国防部顾问; 2001—2003 年, 美中委员会委员
詹姆斯·R. 利利 (James R. Lilley)	高级研究员, 研究领域为朝鲜、中国和中国台湾	1975—1978 年, 对中国的国际情报官员; 1985—1986 年, 东亚事务副助理国务卿; 1989—1991 年, 美国驻华大使; 1986—1989 年, 美国驻朝鲜大使 1991—1993 年, 国防部负责国际事务的助理部长

（续表）

姓名	头衔	政府职位
劳伦斯·B.琳赛 （Lawrence B. Lindsay）	访问学者,研究领域为税收政策、财务政策、国际经济发展和金融政策	1981—1984 年,总统经济顾问委员会的税收政策高级经济学家; 1989—1991 年,在白宫内负责国内经济政策的总统特别助理; 1991—1997 年,美国联邦储备局局长; 1999—2000 年,小布什竞选团队首席经济顾问; 2001—2002 年,经济政策总统助理、国家经济委员会主任;
理查德·珀尔 （Richard Perle）	常任研究员,研究领域为国防、欧洲、情报、中东、国家安全和俄罗斯地区	1989—1980 年,参议院职员; 1981—1987 年,国防部负责国际安全政策的助理部长; 1987—2004 年,国防部国防政策委员会成员; 2001—2003 年,主席
丹妮尔普莱特卡 （Danielle Pletka）	副主席,研究领域为外交和国防政策研究——中东、恐怖主义、南非(印巴和阿富汗)和武器扩散	1992—2002 年,参议院外交委员会,研究进洞和南非的高级专职研究人员
迈克尔·鲁宾 （Michael Rubin）	常任学者,研究领域为阿拉伯民主、伊拉克、伊朗和土耳其的对内政策以及库尔德社会	2002—2004 年,国防部长办公室,伊拉克和伊朗问题助理; 2003—2004,驻伊拉克巴格达联军临时政府,政治顾问
拉狄克·西科尔斯基 （Radek Sikorski）	常任学者,新大西洋倡议——北大西洋公约组织执行主任,研究领域为西欧、联盟政治、导弹防御、阿富汗和安哥拉	1992 年,波兰国防部副部长; 1998—2001 年,波兰外交事务部副部长; 1999—2002 年,波兰团结党外交事务部秘书
弗雷德·汤普森 （Fred Thompson）	访问学者,研究领域为国家安全和情报(中国,朝鲜和俄罗斯)	1973—1974 年,总统竞选活动参议院选举委员会("水门事件委员会"),少数族裔法律顾问; 1980 年,田纳西州州长拉马尔·亚历山大的特别法律顾问; 1980—1981 年,参议院外交关系委员会特别法律顾问; 1982 年,参议院情报委员会特别法律顾问; 1997—2001 年,参议院政府事务委员会主席

（续表）

姓名	头衔	政府职位
彼得·沃利森 (Peter J. Wallison)	常任研究员，研究领域为银行与金融服务、金融市场和两房（房利美和房地美）	1972—1976年，纳尔逊·洛克菲勒州长的特别助理及其任副总统时的法律顾问； 1981—1985年，国防部法律总顾问； 1986—1987年，里根总统的法律顾问
本·J.瓦腾伯格 (Ben J. Wattenberg)	高级研究员，研究领域为人口统计学、政治学、美国文化与公众舆论	1966—1968年，林登·约翰逊总统的助手以及演讲稿撰写人； 1970年，参议员休伯特·汉弗莱的竞选顾问； 1972年、1976年亨利·杰克逊的竞选顾问； 1981—1991年，国际广播局的成员和副主席； 1991年，美国政府国际广播工作小组成员； 1992年，对华广播委员会成员
布鲁金斯学会		
莱尔·布雷纳德 (Lael Brainard)	高级研究员，研究领域为经济学、外交政策	克林顿政府的副国家经济顾问、国际经济副总统助理； G7、G8峰会主席"夏尔巴"个人代表
理查德·C.布什 (Richard C. Bush Ⅲ)	东北亚政策研究中心主任；高级研究员，研究领域为外交政策	1994年，众议院，委员会联络主任、外交事务委员会主任； 1995年，众议院，少数民族联络主任、国际关系委员会主任； 1995—1997年，国家情报委员会中亚地区国际情报官员
丹尼尔·L.拜曼 (Daniel L. Byman)	萨本中东政策中心的非常任高级研究员，研究领域为外交政策	1990—1993，国家情报局政治分析员； 2001—2002年，众议院和参议院情报委员会，9.11联合调查专职研究人员
斯蒂芬·P.科恩 (Stephen P. Cohen)	高级研究员，外交政策学外交政策	1985—1987年，国务院政策规划办公室成员
伊沃·H.达尔德 (Ivo H. Daalder)	高级研究员，研究领域为外交政策；Sydney Stein Jr主席	1995—1996年，国家安全委员会欧洲事务主任
肯尼思·达姆 (Kenneth Dam)	高级研究员，研究领域为经济学	国防部副部长；国务院副国务卿

（续表）

姓名	头衔	政府职位
弗朗西斯·M. 邓 (Francis M. Deng)	非常任高级研究员,研究领域为外交政策;Brookings-SAIS 国内流离失所者项目联合主任	1976—1980 年,苏丹,国内流离失所者问题联合国秘书长代表、外交事务部长;苏丹驻美国、斯堪的纳维亚和意大利大使
乔舒亚·M. 爱泼斯坦 (Joshua M. Epstein)	高级研究员,研究领域为经济学	国务院和参议院军事委员会成员
拉斐尔·费尔南德斯·德·卡斯特罗 (Rafael Fernandez de Castro)	非常任高级研究员,研究领域为外交政策	北美办公室墨西哥外交事务部
小克里斯托弗·H. 福尔曼 (Christopher H. Foreman Jr)	非常任高级研究员,研究领域为治理研究	国家八十年代议程总统委员会、卡特政府的职员
雷蒙德·L. 加特霍夫 (Raymond L. Garthoff)	客座学者,研究领域为外交政策	美国驻保加利亚大使;国务院政治军事事务局副主任;1969—1973 年,战略武器会谈 I 和《弹道导弹条约》谈判的执行官和国务院代表高级顾问
詹姆斯·E. 古德拜 (James E. Goodby)	东北亚政策研究中心的非常任高级研究员,研究领域为外交政策	美国外交官员,公使职衔,已退休;美国驻芬兰大使;克林顿总统核安全与核废除大使、主要谈判代表以及特别代表;纳恩-卢格减少威胁合作计划,首席谈判代表;美俄裁减战略武器会谈美国代表副主席;欧洲裁军会议美国代表负责人;国务院政策规划办公室成员;负责欧洲事务和政治军事事务的副助理国务卿
林肯·高登 (Lincoln Gordon)	客座学者,研究领域为外交政策	1952—1955 年,伦敦,美国大使馆,马歇尔计划负责人、经济事务部长;1961—1966 年,美国驻巴西大使;1966—1968 年,负责美洲事务的助理国务卿

（续表）

姓名	头衔	政府职位
马丁·S. 因迪克 (Martin S. Indyk)	高级研究员，研究领域为外交政策；萨本中东政策中心主任	1993—1995 年，国家安全委员会，总统特别助理、近东和南亚事务高级负责人；1995—1997、2000—2001 年，美国驻以色列大使；1997—2000 年，国务院，负责近东事务的助理国务卿
弗林特·L. 莱弗里特 (Flynt L. Leverett)	萨本中东政策中心的高级研究员，研究领域为外交政策	1992—2001 年，国家情报局高级分析师；2001—2002 年，国务院政策规划办公室，中东和反恐专家；2002—2003 年，国家安全委员会中东计划高级负责人
迈克尔·E. 奥汉隆 (Michael E. O'Hanlon)	高级研究员，研究领域为外交政策；Sydney Stein Jr 主席	1989—1994 年，国会预算办公室国家安全司，国防和外交政策分析师
肯尼思·波拉克 (Kenneth M. Pollack)	高级研究员，研究领域为外交政策；萨本中东政策中心的研究主任	1988—1995 年，国家情报局，伊朗——伊拉克军事分析师；1995—1996 年，国家安全委员会近东和南亚事务主任；1999—2001 年，国家安全委员会，波斯湾事务负责人
查尔斯·L. 普里查德 (Charles L. Pritchard)	访问学者，研究领域为外交政策	国务院，与朝鲜谈判的代表和特使、朝鲜半岛能源开发组织美国代表；国家安全委员会，总统特别助理、亚洲事务的高级负责人；国务院，朝鲜和谈副首席谈判代表；美国驻日本东京大使馆，美国使馆专员；国防部长办公室，日本处主任
苏珊·E. 赖斯 (Susan E. Rice)	高级研究员，研究领域为外交政策	1993—1995 年，国家安全委员会，国际组织与维护和平的负责人；1995—1997 年，总统特别助理、国家安全委员会非洲事务负责人；1997—2001 年，负责非洲事务的助理国务卿
戴维·香博 (David Shambaugh)	东北亚政策研究中心的非常任高级研究员，研究领域为外交政策	1997 年，国务院，东亚和太平洋地区办公室，情报研究局，负责中国和印度支那事务的实习生和分析师；1977—1978 年，国家安全委员会，东亚和太平洋事务局，助理

（续表）

姓名	头衔	政府职位
彼特·W. 辛格 (Peter W. Singer)	高级研究员，研究领域为外交政；美国对伊斯兰世界政策项目主任	国防部长办公室，巴尔干地区事务工作小组执行官
赫尔穆特·索内菲尔特 (Helmut Sonnenfeldt)	客座学者，研究领域为外交政策	1952—1969 年，国务院，苏联和东欧研究办公室主任； 1969—1974 年，国家安全委员会高级职员； 1974—1977，国务院顾问
詹姆斯·B. 斯坦伯格 (James B. Steinberg)	副主席、主任，研究领域为外交政策	克林顿总统的副国家安全顾问； 国务院政策规划办公室主任； 国务院，情报研究局，负责区域分析的副助理国务卿； 从马萨诸塞州开始担任爱德华·M. 肯尼迪的国家安全顾问
斯特罗布·塔尔博特 (Strobe Talbott)	主席	1993—1994 年，无任所大使、负责新独立国家的国务卿特别顾问； 1994—2001 年，副国务卿
希布利·泰尔哈米 (Shibley Telhami)	中东政策中心的非常任高级研究员，研究领域为外交政策	美国驻联合国大使； 从印第安纳州开始担任国会议员李·H.汉密尔顿的顾问
贾斯汀·瓦伊斯 (Justin Vaisse)	美欧研究中心的合聘学者，研究领域为外交政策	法国外交部、国务院政策规划办公室特别助理； 1998—1999 年，法国外交部部长阿兰·里夏尔的演讲稿撰写人
卡内基国际和平基金会		
约瑟夫·奇林乔内 (Joseph Cirincione)	高级合伙人；防核武扩散主任	众议院军事委员会和政府运作委员会，专职研究人员； 国会议员汤姆·里奇和查尔斯·贝内特领导下的军事改革小组，组长
米歇尔·邓恩 (Michele Dunne)	《阿拉伯改革报告》 (Arab Reform Bulletin)编辑	国家安全委员会的中东专家； 美国驻开罗大使； 国务院政策规划办公室； 美国驻耶路撒冷领事馆

（续表）

姓名	头衔	政府职位
罗斯·戈特莫勒 (Rose Gottemoeller)	高级顾问	1997年开始，能源部，防核武扩散和国家安全办公室主任； 防核武扩散和国家安全的助理部长，负责新独立国家以及与俄罗斯合作防核武扩散； 能源部，负责防核武扩散的助理次卿
胡赛因·哈卡尼 (Husain Haqqani)	南亚项目的访问学者	巴基斯坦总理吴拉姆·穆斯塔法·贾托伊、纳瓦兹·谢里夫和贝娜齐尔·布托的顾问； 1992—1993年，巴基斯坦驻斯里兰卡大使
罗伯特·卡根 (Robert Kagan)	高级顾问	1984—1988年，国务院政策规划办公室成员，国务卿乔治·舒尔茨的演讲稿主要撰写人，中南美洲事务局政策副局长
杰茜卡·塔奇曼·马修斯 (Jessica Tuchman Mathews)	主席	1977—1979年，国家安全委员会全球问题办公室主任，涉及问题包括核武器扩散、普通武器销售政策、化学生物战和人权； 1993开始，负责全球事务的副国务卿
玛莎·布里尔·奥尔高特 (Martha Brill Olcott)	高级顾问	前国务卿劳伦斯·伊格尔伯格的特别顾问
乔治·科维奇 (George Perkovich)	负责研究的副总裁	1989—1990年，参议员乔·拜登的演讲稿撰写人和外交政策顾问
桑德拉·波拉斯基 (Sandra Polaski)	高级顾问；贸易、公平和发展项目主任	截至2002年，负责国际劳工事务的国务卿特别代表
阿什利·泰利斯 (Ashley Tellis)	高级顾问	美国驻印度大使的高级顾问； 国家安全委员会，总统特别助理、战略计划和西南亚的高级主管
乔恩·沃尔夫斯塔尔 (Jon Wolfsthal)	合伙人；房核武扩散的副主任	能源部，防核武扩散的特别政策顾问；防核武扩散和国家安全助理部长的特别助理
战略与国际问题研究中心		
戴维·M.阿布希尔 (David M. Abshire)	理事会副主席；"总统研究中心"主席	1958—1960年，国会成员； 1970—1973年，负责国会关系的助理国务卿；

（续表）

姓名	头衔	政府职位
		1983—1987 年,美国驻北大西洋公约组织大使; 1987 年,里根总统的特别顾问; 1975—1977 年,国际广播局主席; 1974—1975 年,墨菲委员会成员; 1981—1982 年,总统外国情报顾问委员会; 1991 年,美国政府国际广播总体工作小组
弗兰克·阿尔玛格 (Frank Almaguer)	"美洲项目"的高级合伙人	1999—2002 年,美国驻洪都拉斯共和国大使; 国务院驻外机关事务局成员,整整 30 年; 国务院外交学院高级研讨会成员
乔恩·B.奥尔特曼 (Jon B. Alterman)	中东项目主任	国务院政策规划办公室成员、负责近东事务的助理国务卿; 参议员丹尼尔·P.莫尼汉的立法助理,负责外交政策和国防
丹尼尔·本杰明 (Daniel Benjamin)	国际安全项目的高级研究员	1994—1997 年,总统特别助理、国家安全委员会演讲稿撰写主任; 1994—1999 年,国家安全委员会成员; 1989—1999 年,主要职责是反恐怖主义和在联邦政府内调整美国反恐政策、项目和预算
威廉·T.布雷尔 (William T. Breer)	日本主席	1993 年,国务院政策规划办公室,高级顾问; 与大使迈克尔·阿马科斯特和沃尔特·蒙代尔一起在美国驻日本大使馆,担任政治专员、政治顾问和驻外使团的副公使; 华盛顿的日本处主任
格雷格·布洛达斯 (Greg Broaddus)	首席财务官、高级业务副总裁	国防部副部长的军事助理
兹比格涅·布热津斯基 (Zbigniew Brzezinski)	理事,顾问	1966—1968 年,国务院政策规划办公室成员; 1968 年的总统竞选中担任了汉弗莱外交政策工作小组的主席; 1973—1976 年,三边委员会主任;

姓名	头衔	政府职位
		1976 年的总统竞选中担任吉米·卡特的政策顾问； 1977—1981 年，卡特总统的国家安全顾问成员； 1985 年，总统化学战争委员会成员； 1987—1988 年，国家安全委员会——国防部综合长期战略委员会成员； 1987—1989 年，总统国外情报顾问委员会； 1988 年，布什国家安全任务小组，联合主席
亚努什·布加杰斯基 （Janusz Bugajski）	中东项目主任	国防部国际开发署，中东事务顾问； 国务院外交学院，美国外交官南中欧和巴尔干区域研究项目主席； 在多个国会委员会上发表证词，包括赫尔辛基委员会、参议院的外交关系委员会和众议院的国防拨款委员会
理查德·伯特 （Richard Burt）	高级顾问	与苏联削减战略核武器会谈的美国大使和首席谈判代表； 1983—1985 年，负责欧洲和加拿大事务的助理国务卿； 1985—1989 年，美国驻德意志联邦共和国大使
库尔特·坎贝尔 （Kurt Campbell）	高级副主席； 国际安全项目主任； 国家安全的 Henry A. Kissinger 主席	参谋长联席会议下的美国海军预备军官、海军作战部长的特别顾问小组； 1992—1993 年，财政部，白宫职员； 1994 年，国家安全委员会主任； 总统的北美自由贸易协定副特别顾问； 1995—2000 年，国防部副部长
皮埃尔·赵 （Pierre Chao）	高级研究员，国防工业倡议小组组长	参议院军事委员会、众议院科学委员会、国防部长办公室、国防科学委员会、陆军科学委员会、国家航空航天局、法国武器装备总署、北大西洋公约组织和航空航天工业协会理事会的国防和航空航天工业专业分析师

（续表）

姓名	头衔	政府职位
威廉·克拉克 (William Clark Jr)	高级顾问	1981—1985 年,驻东京使团的副公使; 1985—1986 年,驻开罗使团副公使和临时代办; 1986—1989 年,负责东亚和太平洋事务的首席副助理国务卿; 1989—1992 年,美国驻印度大使; 1992—1993 年,负责东亚和太平洋事务的助理国务卿
珍妮弗·G. 库克 (Jennifer G. Cooke)	非洲项目的副主任	众议院外交事务委员会非洲事务办公室、新闻和公共信息办公室、人权委员会和国家科学院的助理
安东尼·H. 科德斯曼 (Anthony H. Cordesman)	Arleigh A. Burke 战略主席	参议院军事委员会参议员约翰·麦凯恩的国家安全助理; 国防部长办公室,情报评估主任; 国防部副部长的公民事务助理; 在国务院供职,并担任北大西洋公约组织国际职员; 能源部,资源配置政策与计划主任; 曾担任在黎巴嫩、埃及和伊朗的大量外交职务,曾在沙特阿拉伯和波斯湾工作
拉尔夫·A. 科莎 (RalphA. Cossa)	太平洋论坛主席	1966—1993 年,美国空军,达到上将军衔,最后担任太平洋司令部总司令的特别助理
芭谢巴·N. 克罗克 (Bathsheba N. Crocker)	冲突后重建项目国际安全项目主任	国务院,法律顾问办公室,法律顾问; 主要关注外援、拨款法律和经济制裁等议题; 白宫,副国家安全顾问的行政助理; 2003 年,应国防部要求,由战略与国际问题研究中心领导的伊拉克重建评估项目成员
玛丽·德罗莎 (Mary DeRosa)	科技与公共政策项目的高级研究员	1994 年,国防部,调查能力顾问委员会的律师; 1995—1997 年,国防部法务长的特别顾问; 1997—2001 年,国家安全委员会,副法律顾问,后来成为总统特别助理和法律顾问

（续表）

姓名	头衔	政府职位
阿曼达·J. 多莉 （Amanda J. Dory）	国际安全项目的国际事务研究员	永久加入国防部长办公室；海洋科学部，南非和西非处主任； 海洋科学部，主要从事战略发展、力量评估和政策计划等议题
罗伯特·E. 埃贝尔 （Robert E. Ebel）	能源项目主席	在国家情报局工作 11 年； 在内政部的石油天然气办公室工作超过 7 年
罗伯特·J. 艾因霍恩 （Robert J. Einhorn）	国际安全项目的高级顾问	1972—1984 年，美国军备控制与裁军署； 1982—1986 年，在战略武器削减谈判中代表军备控制与裁军署； 1986—1992 年，国务院政策规划办公室，高级顾问； 1992—1999 年，国务院，政治军事事务局，负责防核武扩散的副助理国务卿； 1999—2001 年，国务院，负责防核武扩散的助理秘书
杰拉德尔·L. 爱泼斯坦 （Gerald L. Epstein）	国土安全计划的高级研究员	1983—1989 年、1991—1995 年，国会技术评估办公室； 从事国际安全议题工作； 最近在白宫科技政策办公室，担任国家安全的助理主任； 国家安全委员会，联合受聘为科学与技术的高级主管
理查德·费尔班克斯 （Richard Fairbanks）	顾问，理事	里根总统时期的无任所大使； 中东和平进程的首席美国谈判代表； 负责国会关系的助理国务卿
杰伊·C. 法勒 （Jay C. Farrar）	外事高级副主席	国防部，立法事务的副助理国务卿； 国家安全委员会，立法事务主任； 参谋长联席会议的立法助理
洛厄尔·R. 弗莱舍 （Lowell R. Fleischer）	美洲项目的高级合伙人	美国驻南斯拉夫贝尔格莱德大使馆； 在日内瓦多个军备控制代表团中任职
米歇尔·A. 弗卢努瓦 （Michèle A. Flournoy）	国际安全项目的高级顾问	负责战略与降低威胁的主要国防部副部长； 负责战略的国防部副部长

（续表）

姓名	头衔	政府职位
邦尼·S. 格莱泽 (Bonnie S. Glaser)	国际安全项目的高级顾问	从 1982 年开始担任国防部、国务院、桑迪亚国家实验室和美国其他政府机构的亚洲事务顾问
格里特·W. 龚 (Gerrit W. Gong)	亚洲项目的高级合伙人	美国驻北京大使馆; 国务院,高级职业军官办公室; 国务院,负责政治事务的副国务卿
约翰·J. 哈姆雷 (John J. Hamre)	主席和总裁	1978—1984 年,国会预算办公室; 成为国家安全和国际事务的副助理主任; 参议院军备控制委员会,专职工作人员; 1993—1997 年,国防部副部长,审计员; 1997—1999 年,国防部副部长
艾伦·S. (Alan S. Hegburg)	能源项目的高级研究员	国务院,职业外交官,负责华盛顿和欧洲; 能源部的高级官员
查尔斯·M. 赫茨菲尔德 (Charles M. Herzfeld)	高级合伙人	国防部负责国防研究与工程的主任、总统的高级科学顾问; 1970 年起,海军作战部长执行小组成员; 国防科学委员会和国防政策委员会
戴维·海曼 (David Heyman)	国土安全项目主任	1995—1998 年,白宫,国家安全部和国际事务司,负责科技政策; 1998—2001 年,能源部部长的高级顾问
弗雷德·C. 伊克尔 (Fred C. Ikle)	优秀学者	1973—1977 年,负责政策的国防部副部长; 国美军备控制与裁军署主任
狄儿·凯拉 (TiiuKera)	俄罗斯/欧亚项目的兼职高级研究员	在空军服役 28 年,退休时军衔为空军少将; 美国战略司令部,总部的情报处长; 国家安全局中央安全署副署长; 第一位驻立陶宛的美国国防专员; 代表美国国防部领导驻立陶宛国防部和武装部队; 美国大使国防事务顾问; 管理美国安全援助项目
杰夫·科加克 (Jeff Kojac)	国际安全项目的国际事务研究员	海军陆战队司令和后勤主任的演讲稿撰写人,参谋长联席会议成员; 国家安全委员会,国防政策和军备管制局,当前执行主任

（续表）

姓名	头衔	政府职位
罗伯特·H.库珀曼（Robert H. Kupperman）	全球有组织犯罪计划的联合主任	美国军备控制与裁军署首席科学家； 曾在总统行政办公室和联邦紧急事务管理署的紧急应变整备局工作，过渡团队的组长； 国内多个政府机关、外国政府和跨国公司的顾问
温可·拉弗尔（Vinca La Fleur）	国际安全项目的访问学者	国务卿的演讲稿撰写人； 在美国欧洲安全与合作委员会担任政治和人权分析师，4年； 1995—1998年，国家安全委员会，总统演讲稿撰写主任和总统特别助理； 撰写了超过100分演讲稿和声明，涉及内容包括外交政策、国防、恐怖主义、贸易和其他国家安全议题
布莱恩·拉蒂尔（Brian Latell）	中美洲和加勒比项目的高级合伙人和主任	曾在美国空军服役； 国家情报局和国家情报委员会，外国情报官和拉丁美洲专家
詹姆斯·L.勒布朗（James L. LeBlanc）	美洲项目的高级合伙人	国务卿的对外事务和国际贸易参谋长、加拿大政府的科学和技术部长； 国际安全和军备控制加拿大大使的行政助理； 曾在加拿大政府任过多个高级官员
东博·李（Dong-bok（D. B.）Lee）	国际安全事务的高级合伙人	韩国国民议会成员； 曾在统一和外交事务委员会和国防委员会任职； 执行委员会和自由民主联合的成员； 韩国国家情报院主任和韩国总理特别助理
亚历山大·T.伦农（Alexander T. J. Lennon）	《华盛顿季刊》总主编	国务院，政治军官， 主要负责与以色列的双边安全关系
詹姆斯·安德鲁·刘易斯（James Andrew Lewis）	科技政策的高级研究员和主任	外事人员和高级文官，工作内容涉及一系列安全、技术和情报议题，包括亚洲基础和市场准入谈判、柬埔寨和平会谈、关于武器转让限制的五国会谈、瓦森纳协定、通信和遥感卫星政策、数据加密以及与中国的技术转让等问题； 在中美洲、国家安全委员会和波斯湾等也有其他任职

（续表）

姓名	头衔	政府职位
爱德华·N. 勒特韦克 （Edward N. Luttwak）	高级研究员，研究领域为预防性外交	国防部长办公室、国家安全委员会和国务院顾问； 国防部，国家安全研究小组成员
珍妮弗·麦克比 （Jenifer Mackby）	国家安全项目研究员	日内瓦裁军谈判会议，高级政治事务干事，禁止核试验谈判的委员会秘书； 地震专家组秘书、军备透明度委员会秘书； 日内瓦的全面禁止核试验条约组织筹备委员会，核查组秘书； 以前曾在联合国任外太空和裁军议题的政治干事； 对伊拉克特别委员会的核武器专家组秘书； 核武器研究的政府专家秘书； 起草委员会《防止核扩散条约》的第四次审查会议，秘书； 裁军审议委员会核武器和南非的核能力的小组委员会，秘书； 外太空国际会议，副秘书
德怀特·N. 梅森 （Dwight N. Mason）	加拿大项目和美洲项目的高级合伙人	1962—1991 年，外事官员； 在摩洛哥王国、哥伦比亚共和国和厄瓜多尔共和国任过职，在美国军备控制与裁军署、国务院和美国驻渥太华大使馆任过职； 驻渥太华使团副公使和团长； 1994—2002 年，美方，国防、加拿大——美国常设联合委员会
玛丽·O. 麦卡锡 （Mary O. McCarthy）	访问学者，研究领域为国际安全	中央情报局情报处非洲和拉丁美洲分析师，后来是处长； 中央情报局，科技部副主任的高级政策顾问； 1991 年开始，国家情报委员会成员； 截至 2001 年，总统特别助理和国家安全会委员情报项目高级主任
J. 凯文·麦克劳林 （J. Kevin McLaughlin）	国防研究员，科技和公共政策项目	负责落实太空委员的国防部副部长特别助理

（续表）

姓名	头衔	政府职位
菲利浦·麦克莱恩（Phillip McLean）	美洲项目的高级合伙人	美国驻巴拿马大使； 国务院，安第斯事务办公室领导，20 世纪 80 年代在该地区强化美国禁毒活动； 在美国驻哥伦比亚波哥大大使馆任职； 负责南美洲的副助理国务卿； 截至 1997 年，管理美洲国家组织的副秘书长，美洲国家组织秘书长塞萨尔·加维里亚的顾问
德里克·J. 米切尔（Derek J. Mitchell）	高级研究员，国际安全项目	1986—1988 年，参议员爱德华·M. 肯尼迪高级外交政策顾问的助理； 1997—2001 年，国防部长办公室，亚洲和太平洋事务特别助理； 1997—1998 年，日本处处长； 1998—1999 年，菲律宾、印度尼西亚、马来西亚、文莱和新加坡等国家的高级国家处长； 中国、中国台湾、蒙古和中国香港的高级国家或地区处长
约瑟夫·蒙特维尔（Joseph Montville）	高级合伙人	在中东和北非任外交官 23 年； 国务院，近东和南亚事务局、情报研究局、近东司司长和全球议题办公室主任
J. 斯蒂芬·莫里森（J. Stephen Morrison）	艾滋病毒/艾滋病工作小组执行主任；非洲项目主任	1987—1991 年，众议院外交事务委员会，非洲事务高级职员； 1992—1993 年，埃塞俄比亚和厄立特里亚美国大使馆和美国国际开发署特派团的民主和治理顾问； 美国国际开发署，转型计划办公室，第一副主任； 1993—1995 年，在安哥拉和波斯尼亚构想和启动了办公室，并创建了后冲突项目； 1996—2000 年，在国务院政策规划办公室任职； 负责非洲事务和全球外交援助议题； 领导了国务院的非法钻石倡议、任美国政府的人道主义危机跨部门审查项目主席

（续表）

姓名	头衔	政府职位
克拉克·A.默多克 (Clark A. Murdock)	国际安全的高级顾问	国防部长办公室,从事欧洲核问题; 受雇于中央情报局; 1987—1993年,众议院军事委员会主席 莱斯·阿斯平的高级政策顾问; 领导政策规划办公室、负责国防部副部长 办公室的政策问题; 1995—2000年,美国空军总部"规划职 能"副主任
理查德·W.墨菲 (Richard W. Murphy)	高级合伙人	1964—1969年,参议员休·斯科特的立 法助理和主要的政策顾问;
威廉·佩里 (William Perry)	美洲项目的高级合 伙人	参议院外交关系委员会,拉丁美洲事务的 主要职员; 国家安全委员会,拉丁美洲事务主任; 同时负责布什——奎尔竞选团队的半球 议题
林尼尔·P.雷恩 (Linnea P. Raine)	高级研究员,跨国威胁 倡议	能源部,协调外国恐怖主义情报计划; 发展情报界跨机构反恐行动的领导人; 1979—1985年,管理总部政策制定活动 以保护能源部核武器综合设施免遭国家 敌人破坏; 华盛顿的政策规划办公室协调员,西奈半 岛多国维和部队的协调员和观察员
约瑟夫·W.拉尔 斯顿 (Joseph W. Ralston)	优秀高级顾问	1965年加入美国空军; 兰利空军基地空军作战司令部司令; 美国空军,作战计划和行动副参谋长; 驻阿拉斯加州部队司令部司令; 美国空军,作战计划和行动副参谋长办公 室,行动需求主任; 1996—2000年,参谋长联席会议副主席; 2000—2003年,欧洲最高统帅; 在欧洲和非洲的89个国家和地区负责所 有的美国军事活动,包括美国陆军、海军、 空军和海军陆战队
米切尔·B.赖斯 (Mitchell B. Reiss)	国际安全项目的高级 合伙人	白宫国家安全顾问的特别助理;美国军备 控制与裁军署、国务院、国会研究处和洛 斯阿拉莫斯国家实验室的顾问

（续表）

姓名	头衔	政府职位
本·罗斯维尔·普利兹克 (Ben Rowswell Pritzker)	美洲项目的国际研究员	加拿大外事处成员； 曾去过联合国、开罗和渥太华任职； 加拿大副总理的顾问； 现在伊拉克巴格达任职
西奥多·E. 拉塞尔 (Theodore E. Russell)	东欧项目的兼职研究员	1993—1996 年，美国驻斯洛伐克第一大使； 国务院，欧洲地区政治与经济事务副主任； 环境保护局，负责国际活动的副助理署长
托马斯·M. 桑德森 (Thomas M. Sanderson)	跨国威胁倡议的副主任和研究员	为国防情报局指导关于恐怖主义集团和恐怖主义政策的大量研究
特雷西塔·C. 沙费尔 (Teresita C. Schaffer)	南亚项目主任	1989—1992 年，负责南亚的副助理国务卿、在国务院任与南亚有关的高级职位； 1992—1995 年，美国驻斯里兰卡大使； 1995—1997 年，外交学院主任
基斯·C. 史密斯 (Keith C. Smith)	欧洲项目的高级合伙人	1997—2000 年，美国驻立陶宛大使； 除了在国务院的其他任职外，还是对欧政策主任、负责支持东欧民主（种子计划）的副国务卿顾问和外交学院的区域研究主任； 2000 年从国务院退休
辰己由纪 (Yuki Tatsumi)	国际安全项目的兼职研究员	1996—1999 年，日本驻华盛顿大使馆政治事务特别助理
劳埃德·R. 维西 (Lloyd R. Vasey)	创始人、政策高级研究员、太平洋论坛理事会副主席	美军太平洋指挥总部，战略计划和政策领袖； 参谋长联席会议秘书； 国防部，国家军事指挥中心副主任； 美国第七舰队，参谋长指挥官
霍华德·J. 魏尔德 (Howard J. Wiarda)	美洲项目的高级合伙人	四任总统顾问、国务院、国防部和其他政府机构的顾问
乔尔·S. 威特 (Joel S. Wit)	国际安全项目的高级研究员	在国务院任与东北亚、核武器控制和武器扩散相关职务 15 年； 1993—1995 年，负责对朝鲜的政策的无任所大使罗伯特·L. 加卢奇的和高级顾问

（续表）

姓名	头衔	政府职位
安妮・A. 维特科夫斯基 （Anne A. Witkowsky）	科技和公共政策项目的高级研究员	1988—1993 年,在国防部长办公室任职; 1992—1993 年,国防部长办公室,俄罗斯、乌克兰和欧亚事务办公室,政策分析师; 1993 年开始,国家安全委员会,国防政策和军备控制主任
李・S. 沃洛斯基 （Lee S. Wolosky）	俄罗斯/欧亚项目的兼职研究员	国家安全委员会,跨国威胁主任和国际犯罪集团主任; 协调布什政府对俄罗斯的政策审查
莫娜・雅各比恩 （Mona Yacoubian）	兼职研究员,中东研究	1990—1997 年,国务院情报研究局,北非分析师
外交关系协会		
理查德・K. 贝茨 （Richard K. Betts）	兼职研究员,国家安全研究	1975—1976 年,参议院情报委员会职员; 1977 年,国家安全委员会职员
杰格迪什・N. 巴格瓦蒂 （Jagdish N. Bhagwati）	高级研究员,研究领域为国际经济	联合国和世界贸易组织的特别顾问
李・范斯坦 （Lee Feinstein）	高级研究员,研究领域为美国外交政策;研究副主任	国防部和国务院的官员; 国务院政策规划办公室,首席副主任; 国防部长办公室,维护和平政策特别助理和高级顾问
斯蒂芬・E. 弗林 （Stephen E. Flynn）	Jeane J. Kirkpatrick 高级研究员,研究领域为国家安全研究的	1997 年,国家安全委员会,全球问题办公室主任; 2000—2001 年,哈特——鲁德曼委员会,国土安全顾问
奥尔顿・弗赖伊 （Alton Frye）	名誉总裁高级研究员	1968—1971 年,参议院职员主任; 同时担任立法和行政分支机构的常用顾问
莱斯利・H. 盖尔布 （Leslie H. Gelb）	荣誉主席	1966—1967 年,参议员雅各布・K. 贾维茨的行政助理; 1967—1969 年,国防部,国际安全事务政策计划和军备控制主任; 1977—1979 年,负责政治军事事务的助理国务卿

（续表）

姓名	头衔	政府职位
詹姆斯·M. 戈德杰尔 （James M. Goldgeier）	兼职研究员	1995—1996 年，国务院和国家安全委员会
理查德·N.哈斯 （Richard N. Haass）	主席	1979—1980 年，在国防部有多个职位； 1981—1985 年，在国务院有多个职位； 1989—1993 年，老布什总统的特别助理； 1993—1994 年，国家安全委员会，欧洲事务主任； 美国对未来阿富汗政策协调员、领导美国政府官员支持北爱尔兰和平进程； 截至 2003 年，国务院政策规划办公室主任、国务卿鲍威尔主要顾问之一
查尔斯·A.库普钱 （Charles A. Kupchan）	高级研究员、欧洲研究主任	1993—1994 年，国家安全委员会，欧洲事务主任
詹姆斯·M. 林赛 （James M. Lindsay）	副主席、Maurice P. Greenberg 主席、研究主任	1996—1997 年，国家安全委员会，全球问题与多边事务主任
普林斯顿·N.莱曼 （Princeton N. Lyman）	拉夫尔·邦奇高级研究员，研究领域为非洲政策	在国务院和国际开发署任职超过 30 年； 美国驻南非和尼日利亚大使； 国际开发署，美国援助埃塞尔比亚代表团主任； 负责国际组织事务的助理国务卿
戴维·L.菲利普斯 （David L. Phillips）	高级研究员、预防行动中心副主任	国务院，欧洲和加拿大事务局高级顾问； 截至 2003 年，国务院近东事务局外交事务专家
南希·E.罗曼 （Nancy E. Roman）	副主席、华盛顿项目主任	1988—1991 年，克莱·肖代表办公，外交事务新闻秘书和法律助理
吉迪恩·罗斯 Gideon Rose	《外交事务》总编辑	1994—1995 年，近东和南亚事务联合主任
斯蒂芬·R. 西斯塔诺维奇 （Stephen R. Sestanovich）	乔治·F. 凯南高级研究员，研究领域为俄罗斯和欧亚	1980—1981 年，参议员丹尼尔·帕特里克·莫尼翰办公室，外交政策高级法律助理； 1981—1984 年，国务院，政策规划办公室成员； 1984—1985 年，国家安全委员会，政治军事事务主任；

（续表）

姓名	头衔	政府职位
		1985—1987 年,国家安全委员会,政策发展高级主任; 1997—2001 年,无任所大使、国务院新独立国家事务秘书的特别顾问
伊丽莎白·D. 舍伍德兰德尔 (Elizabeth D. SherwoodRandall)	兼职高级研究员,研究领域为联盟关系	1994—1996 年,负责对俄罗斯、乌克兰和欧亚事务的国防部副部长; 参议员乔·拜登的首席外交事务和国防政策顾问
吉恩 B. 斯伯林 (Gene B. Sperling)	教育普及中心主任	1996—2000 年,克林顿总统的国家经济顾问、国家安全委员会领导
传统基金会		
唐纳德·阿本海姆 (Donald Abenheim)	研究员	1993 年开始,在国务院一个为政府官员提供国际军事教育和培训的项目中担任联合主任,在中东欧任职
斯潘塞·亚伯拉罕 (Spencer Abraham)	优秀访问学者	1991—1993 年,共和党国会委员会联合主席; 1990—1991 年,副总统丹·奎尔的副参谋长; 1995—2001 年,密歇根参议员; 2001 年开始,能源部部长
理查德·V. 艾伦 (Richard V. Allen)	高级研究员	1968 年,尼克松总统的外交政策协调员; 1977—1980 年,罗纳德·里根的首席外交政策顾问; 1981—1982 年,里根总统的第一国家安全顾问; 国防政策委员会顾问委员会现在的成员
马丁·安德森 (Martin Anderson)	Keith and Jan Hurlbut 高级研究员	1969—1970 年,美国总统特别助理; 1970—1971 年,负责系统分析的总统特别顾问; 1981—1982 年,负责政策发展的总统助理; 1982—1985 年,总统外国情报顾问委员会成员; 1982—1989 年,总统经济政策顾问委员会成员; 1993—1998 年,加州州长经济顾问委员会成员;

（续表）

姓名	头衔	政府职位
		1998—2001 年,国会政策委员会主席; 2001 年,国防政策委员会成员; 2005 年,军事赔偿国防顾问委员会成员
布鲁斯·伯克威茨 (Bruce Berkowitz)	研究员	在中央情报局开始事业生涯; 在参议院情报委员会任专职研究人员
彼得·布鲁克斯 (Peter Brookes)	高级研究员,研究领域 为国家安全事务;亚洲 研究中心主任	国防部长拉姆斯菲尔德的办公室,国防部 副部长,负责亚洲和太平洋事务; 众议院国际关系委员会共和党专职研究 人员,主要负责西亚和南亚事务; 中央情报局行动处,情报官员,主要负责 全球政治事务、军备控制和武器扩散等
理查德·伯雷斯 (Richard Burress)	高级研究员	1965—1969 年,众议院共和党领导的 顾问; 1969—1971 年,尼克松总统的副顾问; 1973—1974 年,福特总统的顾问
戴纳·罗伯特· 狄龙 (Dana Robert Dillon)	亚洲研究中心的高级 政策分析师	在美国陆军服役 20 年,其中 8 年是步兵 军官,12 年是海外地区军官,专门研究是 东南亚政事和军事事件,最后 6 年在五角 大楼任职,专门研究军事情报
西德尼·德雷尔 (Sidney Drell)	高级研究员	1993—2001 年,总统外国情报顾问委员 会成员; 维护美国核武器优势委员会和总统科学 顾问委员会成员; 国家安全委员会、美国军备控制与裁军署 和国会科技评估办公室的顾问
哈维·费尔德曼 (Harvey Feldman)	亚洲研究中心的对华 政策高级研究员	在中国香港任职 8 年,中国台湾 6 年,日 本 4 年; 国物语政策规划办公室的成员,帮助计划 了尼克松总统的首次访华; 对华事务主任,一直从事对华关系的工作
埃德温·J.福伊 尔纳 (Edwin J. Feulner)	主席	1996 年,副总统候选人杰克·坎普的顾问; 里根总统的对内政策顾问; 几个政府部门和机构的顾问; 1981—1983 年,总统白宫研究员委员会 的成员; 1985—1989 年,国务卿的联合国教科文 组织审查观察专门小组成员; 1983 年,卡鲁西对外援助委员会成员

（续表）

姓名	头衔	政府职位
奈尔·加德纳 （Nile Gardiner）	凯瑟琳和谢尔比·库洛姆·戴维斯国际问题研究所的安哥拉——美国安全政策研究员	英国首相撒切尔夫人的外交政策研究员；在美国政府的行政部门担任过顾问，涉及的议题从伊拉克后战争时代的国际盟友作用到反恐战争中美国——布什的领导力
詹姆斯·S. 吉尔摩 （James S. Gilmore Ⅲ）	优秀研究员	1993 年开始担任弗吉尼亚司法部长，1997 年开始但是弗吉尼亚州州长；1999 年国会成立的评估国内对大规模杀伤性武器恐怖主义活动反应能力的国会顾问小组，主席
查尔斯·希尔 （Charles Hill）	研究员	中东事务副国务卿； 参与 1974 年巴拿马运河谈判； 1975 年，政策规划办公室，国务卿基辛格的演讲稿撰写人； 1983 年国务院幕僚长； 1985—1989 年，国务卿乔治·舒尔茨的助手； 1992—1996 年，联合国秘书长的特殊政策顾问
斯蒂芬·约翰逊 （Stephen Johnson）	凯瑟琳和谢尔比·库洛姆·戴维斯国际问题研究所的高级政策分析师	前国务院官员； 曾在美洲事务和公共事务局工作
埃德温·米斯 （Edwin Meese Ⅲ）	罗纳德·里根优秀研究员，研究领域为公共政策	1969—1974 年，加州州长里根的行政助理和参谋长； 里根——布什委员会的参谋长和高级议题顾问； 1981—1985 年，总统顾问； 1985—1988 年，司法部长； 国家安全委员会、对内政策委员会和国家药物政策委员会成员
詹姆斯·诺伊斯 （James Noyes）	研究员	1970—1976 年，负责近东、非洲和南亚事务（国际安全事务）的国防部长
威廉·佩里 （William Perry）	高级研究员	1977—1981 年，负责研究与工程的国防部副部长； 1993—1994 年，国防部副部长； 1994—1997 年，国防部部长

（续表）

姓名	头衔	政府职位
康多莉扎·赖斯 （Condoleezza Rice）	托马斯和芭芭拉·斯特芬逊 Thomas and Barbara Stephenson 高级研究员；休假中	1989 年，国家安全委员会，苏联和东欧事务主任； 国家安全委员会，老布什总统的国家安全事务特别助理； 2000 年开始，小布什总统的国家安全事务助理； 2005 年开始，国务卿
彼得·M. 罗宾逊 （Peter M. Robinson）	研究员	1982—1983 年，老布什任副总统时的首席演讲稿撰写人； 1983—1988 年，里根总统的特别助理和演讲稿撰写人； 为里根撰写了具有历史性意义的柏林墙演讲稿，在演讲稿中，里根好找戈尔巴乔夫"推到这堵墙吧！"
亨利·罗文 （Henry Rowen）	高级研究员	1961—1964 年，负责国际安全事务的国防部副助理部长； 负责欧洲政策议题； 1989—1991 年，负责国际安全事务的国防部助理部长
肯·谢菲尔 （Ken Sheffer）	主席顾问	1981—1982 年，国家安全委员会职员
乔治·舒尔茨 （George Shultz）	托马斯·W. 和苏珊·B. 福特优秀研究员	里根总统经济政策顾问委员会主席； 1982—1989 年，国务卿
奇龙·K. 斯金纳 （Kiron K. Skinner）	W. 格伦·坎贝尔研究员	国防部长拉姆斯菲尔德的国防政策委员会成员
贝克·斯普林 （Baker Spring）	F. M. 科尔比研究员，研究领域为国家安全政策	美国两位参议员的办公室内的国防和外交政策专家
理查德·斯塔 （Richard Staar）	高级研究员	在奥地利维也纳的相互减少和平衡力量谈判中的美国代表； 1983—1987 年，美国军备控制与裁军署和国务院的顾问； 1991—1992 年，桑迪亚国家实验室、阿尔布开克和新墨西哥州顾问

（续表）

姓名	头衔	政府职位
小约翰·J.特卡奇克 (John J. Tkacik Jr)	对华政策研究员	1971年开始,在国务院任职; 在中国台湾和中国香港任职; 1986—1989年,国务院外交学院指导下级军官培训; 1989—1992年,美国驻广州副总领事; 1992年开始,国务院,分析中国的首席职员
马尔科姆·沃洛普 (Malcolm Wallop)	Chung Yu-Jung 研究员,政策研究	1976—1994年,参议员
皮特·威尔逊 (Pete Wilson)	高级研究员	1971—1983年,圣地亚哥市长; 1983—1991年,参议员; 1991—1999年,加利福尼亚州州长
小查尔斯·沃尔夫 (Charles Wolf Jr)	高级研究员	在国务院、经济合作总署和海外工作总署
拉里·M.沃策尔 (Larry M. Wortzel)	凯瑟琳和谢尔比·库洛姆·戴维斯国际问题研究所的访问学者	在陆军安全局手机通讯情报; 陆军情报与安全司令部的反间谍活动军官和国外情报收集员; 国防情报局,美国驻华大使馆的军事专员; 由众议院议长赫斯特任命,现担任国会美中经济安全审议委员会委员

附录 3——部分智库关于导弹防御系统和反恐战争的会议、研讨会、讨论会和国会证言

表 A3.1　智库关于导弹防御系统和反恐战争的会议、研讨会、讨论会和国会证言

年度	主题
美国企业研究所（AMERICAN ENTERPRISE INSTITUTE）	
2004	伊拉克自由行动：战略评估（9月） Operation Iraqi Freedom：A Strategic Assessment (September) 苏丹：种族灭绝、恐怖主义和美国国家利益（8月） Sudan：Genocide, Terrorism, and America's National Interest (August) 下一步怎么办？伊拉克自治（6月） What's Next? Iraqis Take Control (June) 驯化伊拉克：新的学校、新的课程、新的国家（6月） Educating Iraq：New Schools and New Lessons for a New Nation (June) 主权移交：让伊拉克成为完全主权国家（6月） The Hand-off：Toward Iraqi Sovereignty (June) 命名：萨达姆时代阿布格莱布监狱事件的施暴者以及他们在新伊拉克的位置（6月） Naming Names：The Torturers of Saddam's Abu Ghraib and Their Place in the New Iraq (June) 连接：基地组织与萨达姆·侯赛因的合作是如何威胁到美国的？（6月） The Connection：How al-Qaeda's Collaboration with Saddam Hussein Has Endangered America (June) 好的、坏的、丑陋的：主权移交、伊拉克新领导人和社会复兴党的意义（5月） The Good, the Bad, and the Ugly：The Transfer of Sovereignty, the Future Iraqi Leadership, and the Real Meaning of Re-Baathification (May) 布什主义：一个例外？（5月） The Bush Doctrine：Exceptions to the Rule? (May) 推销美国：美国政府广播工作在中东的进展（5月）

年度	主题
2004	Selling America：How Well Does US Government Broadcasting Work in the Middle East?（May） 赢得伊拉克战争:停战纪念日简报会。主管政策的国防部副部长道格拉斯费斯做主题演讲(5 月) Winning Iraq：A Briefing on the Anniversary of the End of Major Combat Operations. With keynote address by Douglas Feith，undersecretary of defense for policy（May） 团结就是力量? 伊拉克教派分裂情况评估(4 月) United We Stand? Evaluating Sectarian Divides in Iraq（April） 参议员弗雷德·汤普森的演说:伊拉克战争、恐怖主义和 2004 年美国大选(4 月) Address by Senator Fred Thompson：The War in Iraq，Terrorism，and the 2004 Presidential Election（April） 一个大洲也不能少:美国在非洲的安全利益(4 月) Leave No Continent Behind：US National Security Interests in Africa（April） 一年以后:伊拉克最新局势。西班牙大使 Javier Ruperez 的简报(3 月) One Year Later：An Update on Iraq. Preceded by briefing with Spanish ambassador Javier Ruperez（March） 重要的情报改革(3 月) Serious Intelligence Reform（March） 民主之路:伊拉克管理委员会成员艾哈迈德·查拉巴给联合国和美国的简报(1 月) Toward Democracy：A Briefing by Ahmad Chalabai，Member of the Iraqi Governing Council Delegation to the United Nations and United States（January） 审讯萨达姆·侯赛因:国际法、非政府组织和死刑(1 月) Trying Saddam Hussein：International Law，NGOs，and the Death Penalty（January） 拯救伊拉克历史:伊拉克历史记忆的课题(1 月) Saving Iraqi History：The Iraqi Memory Project（January） 邪恶的终结:如何赢得反恐战争(1 月) An End to Evil：How to Win the War on Terror（January）

（续表）

年度	主题
2003	审判萨达姆、审判伊拉克：战争罪行、正义诉求和国家主权。关于伊拉克未来的特别简报会（12 月） Justice for Saddam, Justice for Iraq：War Crimes, Pursuing Justice, and Sovereignty. Special black coffee briefing on the Future of Iraq (December) "伊拉克的未来"简报会（12 月） The Future of Iraq. Black coffee briefing (December) 打破邪恶轴心，如何善始善终？（10 月） Breaking the Axis of Evil, How to Finish the Job? (October) 爱国者法案和公民自由：过度，还是不够？（10 月） The Patriot Act and Civil Liberties：Too Far or Not Far Enough? (October) 未来愿景：对伊拉克和阿富汗的援助（10 月） The Road Ahead：Aid to Iraq and Afghanistan (October) "伊拉克的未来"简报会（10 月） The Future of Iraq. Black coffee briefing (October) 伊拉克新消息——来自美国企业研究所的简报（9 月） New Information on Iraq. An 美国企业研究所 briefing (September) 在后 9·11 时代维护美国安全（9 月） Securing America in a Post-9/11 World (September) 保卫我们的自由：美国是如何赢得反恐战争的胜利？（8 月） Securing Our Liberty：How America Is Winning the War on Terror(August) 起诉恐怖分子：民事法庭还是军事法庭？（8 月） Prosecuting Terrorists：Civil or Military Courts? (August) 旷日持久的反恐战争——副总统做的演讲（7 月） The Continuing War on Terror：An Address by the Vice-President (July) 战后伊拉克的进步和危机：后萨达姆时代伊拉克的重建（6 月） Progress and Peril in Postwar Iraq：Rebuilding Post-Saddam Iraq (June) 伊拉克：经验教训（6 月） Iraq：Lessons Learned (June) 重整旗鼓：伊拉克战争后的美俄关系（5 月） Picking Up the Pieces：US-Russian Relations after Iraq (May) 美国处置武器级钚的计划：和平利用原子能还是资助恐怖分子？（4 月） America's Plan to Dispose of Weapons-Grade Plutonium：Atoms for Peace or a Gift to Terrorists? (April) 伊拉克：前途如何？伊拉克战争的简报会（4 月）

（续表）

年度	主题
2003	Iraq：What Lies Ahead? Black coffee briefings on the war in Iraq（April） 伊拉克战争的连锁反应——从经济的角度观察（3 月） The Ripple Effects of the War against Iraq：Economy Watch（March） 战争之路……以及其他。星期五特别简报（3 月） The Road to War … and Beyond. Special Friday briefing（March） 2003 年的中东：新的战略环境？（3 月） The Middle East in 2003：Towards a New Strategic Environment?（March） 宪法问题和联邦制度：后萨达姆时代的伊拉克的种族和正义（3 月） Constitutional Issues and Federalism：Ethnicity and Justice in Post-Saddam Iraq（March） 战争之路：科林·鲍威尔在联合国发表的证词（2 月） The Road to War：Colin Powell before the UN（February） 后萨达姆时代的伊拉克：领土完整和内外部安全——未来面临的挑战（2 月） Post-Saddam Iraq：Territorial Integrity，External Security，and Internal Security，Challenges for the Future（February）
2002	反对恐怖主义：决战决胜（11 月） Fighting Terror and Winning（November） 伊拉克军队的复员、改革和重建以及军事工业的拆除和改造（11 月） Demobilizing，Reforming，and Rebuilding the Iraqi Armed Forces and Dismantling and Transforming Iraq's Military Industries（November） 里根的战争和反恐战争：冷战胜利的经验的运用（11 月） Reagan's War and the War on Terrorism：Applying the Lessons of the Cold War Victory（November） 浩劫之后：规划后萨达姆时代的伊拉克（10 月） The Day After：Planning for a Post-Saddam Iraq（October） 与恐怖主义后台的战争：前情回顾、现状分析以及如何取胜（9 月） The War against the Terror Masters：How We Got There，Where We Are Now，How We'll Win（September） 赢得反恐战争的胜利（4 月） Winning the War against Terror（April） 美国圣战：我们身边的恐怖分子（2 月） American Jihad：The Terrorists Living among Us（February） 美国该如何处理伊拉克？（1 月） What Should the United States Do about Iraq?（January）

（续表）

年度	主题
2001	取得反恐战争的胜利：下一步行动（11 月） Winning the War against Terrorism：Next Steps（November） 生物恐怖主义和药品：未来展望（11 月） Bioterrorism and Pharmaceuticals：Looking Ahead（November） 美国关于反恐战争的理念之争（10 月） The Battle for Ideas in the US War on Terrorism（October） 废除国会将会发生什么？（10 月） What If Congress Were Obliterated?（October） 关于恐怖袭击的新闻发布会（9 月） Press Briefing on Terrorist Attacks（September） 中东繁荣和自由的前景（2 月） Prospects for Prosperity and Freedom in the Middle East（February）
2000	复仇的研究：萨达姆·侯赛因未竟的反美之战（10 月） Study of Revenge：Saddam Hussein's Unfinished War against America（October） 萨达姆的伊拉克和下一届政府——理查德·巴特勒大使的简报（9 月） Saddam's Iraq and the Next Administration：A Briefing by Ambassador Richard Butler（September） 网络攻击和关键基础设施：国家安全和企业如何衔接？（6 月） Cyber Attacks and Critical Infrastructure：Where National Security and Business Converge（June）
布鲁金斯学会（BROOKINGS INSTITUTION）	
2004	重建伊拉克国家安全的基础设施（10 月） Rebuilding Iraq's National Security Infrastructure（October） 伊拉克重建：和平愿景、国家重建和一月大选展望（10 月） Iraq Update：The Prospects for Peace，Reconstruction，and the January Elections（October） 乔丹的观点：伊拉克、和平进程和阿拉伯改革（9 月） A View from Jordan：Iraq，the Peace Process，and Arab Reform（September） 9·11 调查报告之后的情报改革（9 月） Intelligence Reform in the Wake of the 9/11 Commission Report（September） 我们在伊拉克的转折点上吗？（9 月） Are We At a Turning Point in Iraq?（September）

（续表）

年度	主题
2004	6 月 30 日以及其他：美国完成伊拉克主权移交后会发生什么？（5 月） June 30 and Beyond：What Happens after the US Transfers Power to Iraq？（May） 伊拉克战争胜利：寻求前线和国内全面胜利的战略。与参议员约瑟夫·I. 利伯曼的对话（民主党-康涅狄格州）（4 月） Winning the War in Iraq：A Strategy for Success on the Battlefront and the Home front. With Senator Joseph I. Lieberman（D-Conn）（April） 美国与欧洲：伊拉克战争一周年以后（4 月） The United States and Europe：One Year after the War in Iraq（April） 伊拉克的不稳定因素：（有关国家）在中东心脏地带的主动出击：对伊拉克发展的最新观察和对穆巴拉克和沙龙到访的预测（4 月） Instability in Iraq：Initiatives in the Middle East Heartland：A Look at the Latest Iraqi Developments and a Preview of Upcoming Visits by Mubarak and Sharon（April） 新型伙伴关系助力"大中东"：打击恐怖主义，维护和平。与参议员理查德·G. 卢格的对话（3 月） A New Partnership for the Greater Middle East：Combating Terrorism，Building Peace. With Senator Richard G. Lugar（March） 打击恐怖主义和大规模杀伤性武器的扩散。与参议员希拉里·罗德姆·克林顿的对话（2 月） Fighting Terror and the Spread of Weapons of Mass Destruction. With Senator Hillary Rodham Clinton（February）
2003	对伊拉克的亲身观察（12 月） First-Hand Views from Iraq（December） 伊拉克的前途。与 Hoshyar Zebari 的午餐讨论会（10 月） Iraq：The Road Ahead. A luncheon discussion with Hoshyar Zebari（October） 美国在伊拉克行动的未来。与参议员约翰·克里的对话（9 月） The Future of American Operations in Iraq. With Senator John Kerry（September） 伊拉克阴影下的巴以危机。与 Shimon Peres 的午餐讨论会（9 月） The Israeli-Palestinian Crisis in the Shadow of Iraq. A luncheon discussion with Shimon Peres（September） 媒体与反恐战争（9 月） The Media and the War on Terrorism（September）

（续表）

年度	主题
2003	线路图与伊拉克重建：美国该去往何方？（9 月） The Road Map and the Reconstruction of Iraq: Where Does the United States Go from Here? (September) 解决伊拉克问题：美国政策奏效了吗？和参议员小约瑟夫・R. 拜登的对话（7 月） Dealing With Iraq: Is U. S. Policy Working? With Senator Joseph R. Biden Jr (July) 伊拉克战争中的媒体报道评估：新闻报道、五角大楼规则以及对未来的启示（6 月） Assessing Media Coverage of the War in Iraq: Press Reports, Pentagon Rules, and Lessons for the Future (June) G8 预测：布什和盟友们对弥合裂痕和重建伊拉克的讨论（5 月） G-8 Preview: Bush and Allies to Discuss Repairing Their Rift and Rebuilding Iraq (May) 反恐战争的第三阶段？机遇与挑战。（5 月） Phase Ⅲ in the War on Terrorism? Challenges and Opportunities (May) 伊拉克战争后的美国与法国（5 月） The United States and France after the War in Iraq (May) 伊拉克泥潭：他们能否获救？——人类和生态破坏评估（5 月） The Iraqi Marshlands: Can They Be Saved? Assessing the Human and Ecological Damage (May) 寻求伊拉克和中东的稳定（4 月） The Quest for Stability in Iraq and the Middle East (April) 伊拉克的残局：结束战争、维持和平区域稳定的建构（4 月） Endgame in Iraq: Ending the War, Keeping the Peace, and Creating Regional Stability (April) 通往巴格达的艰难道路：一场硬仗的国内外的政治反响（4 月） The Bumpy Road to Baghdad: The Hard Fighting Leads to Political Reverberations at Home and Abroad (April) 修补裂痕：伊拉克战争后的美国与欧洲（4 月） Repairing the Rift: The United Stated and Europe after Iraq (April) 令人忧心的伊拉克乱局：巷战、人道主义危机和军民伤亡的增长（3 月） Mounting Concerns in Iraq: Street-to-Street Fighting, Humanitarian Diseases, More Military and Civilian Casualties (March)

（续表）

年度	主题
2003	通往巴格达之路：英美联军接下来将面对什么？（3月） On to Baghdad：What Will Coalition Forces Face Next?（March） 布鲁金斯学会专家对于战争早期阶段的评估（3月） Brookings Experts Assess Early Phase of the War（March） 速战速决的力量和危险：伊拉克战争：干净利落还是陷入泥潭？（3月） The Power and Peril of High Speed Warfare：Will an Attack on Iraq Be Clean and Quick or a Series of Nasty Surprises?（March） 伊拉克危机：国际社会对于联合国外交角力的看法。阿拉伯国家对伊拉克战争态度的最新研究。（3月） The Iraq Crisis：What Does the World Think about the Diplomatic Wrangling at the UN? Release of New Study on Arab Attitudes toward War（March） 伊拉克：一边争论战争，一边准备重建（3月） Iraq：Debating War, Preparing for Reconstruction（March） 准备伊拉克战争：建立联盟和本土防御（2月） Preparing for a War with Iraq：Coalition Building and Homeland Defense（February） 布鲁金斯学会专家与向《布利克斯报告》执笔人举行电话会议（该报告应联合国安理会的要求提交，2月） Brookings Experts Hold Conference Call with Reporters on Blix Report to UN Security Council（February） 伊拉克的冲突导致联盟破裂（2月） Iraq Confrontation Splits Allies（February） 准备伊拉克战争：保护平民（2月） Preparing for War in Iraq：Protecting the Civilian Population（February） 向伊拉克摊牌：《布鲁金斯伊拉克每周简报》创刊（2月） Showdown with Iraq：Inauguration of Weekly Brookings Iraq Briefing（February） 联合国武器核查报告（1月） UN Weapons Inspectors' Report（January） 保卫美国本土：应对当下挑战的再思考（1月） Protecting the American Homeland：A Second Look at How We're Meeting the Challenge（January） 约旦是第一个？国内政治和即将到来的伊拉克战争（1月） Jordan First? Internal Politics and the Approaching Iraq War（January）

（续表）

年度	主题
2002	参议员约翰·爱德华兹对国土安全议题的陈述(12 月) Senator John Edwards to Outline His Agenda for Homeland Security (December) 伊拉克对于大规模杀伤性武器的声明(12 月) Iraq's Declaration on Weapons of Mass Destruction (December) 联合国对于伊拉克问题决议(11 月) The UN's Iraq Resolution (November) 9·11 事件后美国外交政策对中东的影响(10 月) Impact of US Foreign Policy on East Asia Since September 11 (October) 9·11 事件一年后："本土"的含义改变之后会怎样?（9 月） September 11，One Year Later：What's Ahead for an Altered Homeland (September) 国土安全：对白宫计划的阐释和检验(9 月) Homeland Security：The White House Plan Explained and Examined (September) 布鲁金斯报告敦促国会重新修订布什总统的国土安全法案(7 月) Brookings Report Urges Congress to Revise President Bush's Homeland Security Proposal (July) 阿富汗战争：结束了吗? 美国赢了吗? 接下来会怎么样?（6 月） The War in Afghanistan：Is It Over? Did the United States Win? What's Next? (June) 国土安全：布鲁金斯学会新出炉的研究分析了布什政府的法案，并提出了新的政策建议(4 月) Homeland Security：New Brookings Study Analyzes Bush Administration's Proposals，Recommends Additional Steps (April)
2001	稳住阿富汗局势(12 月) Stabilizing Afghanistan (December) 打击恐怖主义：攻陷喀布尔及其后果(11 月) Countering Terrorism：The Fall of Kabul and Its Aftermath (November) 对反恐战争的报道：媒体与国防部之间的目标冲突(11 月) Coverage of the War on Terrorism：The Conflicting Needs of the Media and the Department of Defense (November) 打击恐怖主义：国内外的发展状况(10 月) Countering Terrorism：Developments at Home and Abroad (October)

（续表）

年度	主题
2001	反恐作战的第二个月：三条战线？军事，外交和人道主义（10 月） The Campaign against Terrorism；Month Two：Three Fronts? Military，Diplomatic，Humanitarian（October） 美国的反击：下一步是什么？（10 月） America Strikes Back：What Comes Next?（October） 打击恐怖主义：政治和经济战略（10 月） Countering Terrorism：Political and Economic Strategies（October） 美国对恐怖主义的回应：国内外反应（9 月） America's Response to Terrorism：Reaction at Home and Abroad（September） 应对恐怖主义：动员美国（9 月） The Response to Terror：America Mobilizes（September） 布什总统的国家导弹防御计划。太多，太少还是正好？（5 月） President Bush's National Missile Defense Plan. Too Much，Too Little，or Just Right?（May） 恐怖主义与美国外交政策（4 月） Terrorism and US Foreign Policy（April） 伊拉克和美国：“沙漠风暴”行动十年后：我们能够吸取的经验以及下一步行动（2 月） Iraq and America：Ten Years after Desert Storm：What We Have Learned and What We Should Do Next（February）
卡内基国际和平基金会（CARNEGIE ENDOWMENT FOR INTERNATIONAL PEACE）	
2004	政府有没有反腐败的动机？（10 月） Do Governments Have an Incentive to Fight Corruption?（October） 将推广民主融入美国的中东政策：对于米歇尔·邓恩的论文《促进中东改革》的讨论（9 月） Integrating Democracy Promotion into US Middle East Policy：A Discussion of Michele Dunne's Carnegie Paper on Promoting Reform in the Middle East（September） 乔治·布什从菲律宾的战争中学到什么？（9 月） What War in the Philippines Should Have Taught George Bush（September） 海湾合作委员会（GCC）成员国的政治改革。来自成员和欧美的专家和政治活动家在迪拜举行了为期 2 天的研讨会（9 月）

（续表）

年度	主题
2004	Political Reform in the GCC States. A two-day workshop held in Dubai with experts, researchers, and political activists from the GCC states, the US, and Europe (September) 亚洲战略和反恐战争（9 月） Strategic Asia and the War on Terrorism (September) 在阿拉斯加新建导弹拦截站的问题和前景（9 月） The Problems and Prospects of the New Alaska Missile Interceptor Site (September) 超越"相互保证毁灭"原则：缓解美俄核问题的紧张态势（5 月） Beyond Mutual Assured Destruction: Reducing Russian-American Nuclear Tensions (May) 伊拉克的大规模杀伤性武器（WMD）：证据与潜台词（2 月） WMD in Iraq: Evidence and Implications (February)
2003	与杰茜卡·马修斯听取伊拉克简报（11 月） Iraq briefing with Jessica Mathews (November) 第二届莫斯科国际核不扩散会议（9 月） Second Moscow International Non-proliferation Conference (September) 战略核武器：变化的安全环境中的突发性威胁（9 月） Tactical Nuclear Weapons: Emergent Threats in an Evolving Security Environment (September) 核阴影之外：提高核安全的阶段性方法（6 月） Beyond the Nuclear Shadow: A Phased Approach for Improving Nuclear Security (June) 意见分享会：WMD 威胁降低：我们走了多远-我们前往何方？（5 月） Hearing: WMD Threat Reduction: How Far Have We Come—Where Are We Heading? (May)
2002	威胁评估：2002 年卡内基国际不扩散会议（12 月） Assessing the Threats: 2002 Carnegie International Non-proliferation Conference (December) 伊拉克：新方法（9 月） Iraq: A New Approach (September) 恐惧的总和（6 月） The Sum of All Fears (June)

（续表）

年度	主题
2002	核弹竞赛（5 月） Racing for the Bomb（May） 美国核政策（2 月） US Nuclear Policy（February）
2001	《导弹及其技术控制制度》：它的效用如何？（6 月） Missile Technology Control Regime：How Effective Is It?（June） 《核扩散中的人为因素》正式发布（5 月） Human Factor in Proliferation Official Release（May） 20 世纪的生物武器（5 月） Biological Weapons in the Twentieth Century（May） 美国近期核态势（4 月） New Nuclear Posture for the United States（April） 钚处理问题的圆桌会议（3 月） Plutonium Disposition Roundtable（March）
2000	萨达姆的核武器专家（11 月） Saddam's Bomb Maker（November） 关于国家导弹防御系统的国际视角（9 月） International Perspectives on National Missile Defense（September） 关于国家导弹防御系统的争议（6 月） National Missile Defense Debate（June） 反对国家导弹防御系统的理由：相互作用（5 月） The Case against the National Missile Defense System：The Interactions（May） 核不扩散信任：信息更新（2 月） Non-proliferation Trust：An Update（February）

战略和国际事务研究中心（CENTER FOR STRATEGIC AND INTERNATIONAL STUDIES）

年度	主题
2004	伊拉克总理访美之旅预览。专家对于维持伊拉克团结稳定的前景分析（9 月） Iraqi Prime Minister's Visit：A Preview. Experts to Analyze Prospects for Uniting, Stabilizing Iraq（September） 伊拉克的主权之路：与前内政部长讨论转型的挑战（6 月） Iraq's Journey toward Sovereignty：Former Interior Minister to Discuss Transition Challenges（June） 北约伊斯坦布尔首脑会议的预期管理（6 月）

（续表）

年度	主题
2004	Managing Expectations fornato's Istanbul Summit（June） 阿富汗进步之路：与总统哈米德·卡尔扎伊讨论美-阿伙伴关系（6月） Afghanistan Moves Forward：President Hamid Karzai to Discuss US-Afghan Partnership（June） 阿富汗：安全前景。戴维·W.巴诺中将（5月） Afghanistan：The Security Outlook. Lt Gen. David W. Barno（May） 国防部在伊拉克战争之前的情报工作中发挥的作用：厘清真相。美国参议员 Jon Kyl 的评论（5月） DOD's Role in Pre-war Iraq Intelligence：Setting the Record Straight. Remarks by US Senator Jon Kyl（May） 赢得反恐战争胜利。众议院国土安全特别委员会高级官员吉姆·特纳与4月27日发布了一项旨在消除基地组织对美国的威胁的计划（4月） Winning the War on Terror. Jim Turner, ranking member of the House Select Committee on Homeland Security, released a plan on 27 April to eliminate the threat of al-Qaeda to the United States（April） 让伊拉克走上正轨。美国参议员约瑟夫·拜登（4月） Getting It Right in Iraq. United States Senator Joseph Biden（April） 阿富汗。扎勒迈·哈利勒扎德大使（4月） Afghanistan. Zalmay Khalilzad（April）
2003	伊拉克现场：为民心和思想而战：美国陆军工兵部队和伊拉克电力工业（12月） On Iraq：Fighting the Battle for Hearts and Minds：US Army Corps of Engineers and Iraqi Electrical Power（December） 在一次关于伊拉克战争对于亚洲安全局势影响的会议上，退役海军上将、前太平洋战区司令丹尼斯·布莱尔发表了一场关于美国军队重组的午餐会主旨演讲（7月） Retired Admiral Dennis Blair, former Pacific commander-in-chief, delivered the luncheon keynote address on US force restructuring at a conference on the impact of the war in Iraq on Asian security issues（July） 伊拉克政局评论。主管政策的国防部副部长道格拉斯·J.费斯（7月） Remarks on Iraq. Douglas J. Feith, undersecretary of defense for policy（July） 伊拉克：解除武装再次失败。国务卿科林·L.鲍威尔（3月） Iraq：Still Failing to Disarm. Secretary of State Colin L. Powell（March）

（续表）

年度	主题
2002	安全与防务：从持久自由行动到新国家议程（9 月） Security and Defense：From Enduring Freedom to a New National Agenda (September) 应急管理和急救人员论坛。联邦应急管理局（FEMA）国家战备办公室主任布鲁斯·鲍曼（8 月） Forum on Emergency Management and First Responders. Bruce Baughman, director of FEMA's Office of National Preparedness (August) 海上安全所面临的挑战。海军上将、美国海岸警卫队司令托马斯·H. 柯林斯（7 月） The Challenges of Maritime Security. Admiral Thomas H. Collins, commandant of the US Coast Guard (July) 美国天基军事能力。美国空军空间司令部司令兰斯·洛德上将（6 月） US Space-Based Military Capabilities. General Lance Lord, commander of the US Air Force Space Command (June) 美国、欧洲和穆斯林世界：9·11 后关系的回升（5 月） The United States, Europe, and the Muslim World：Revitalizing Relations after September 11th (May)
2001	走向成功的战略：推进反恐战争。约翰·哈姆雷（11 月） Strategy for Success：Fighting the War on Terrorism. John Hamre(November) 加拿大-美国的安全和恐怖主义。克里斯托弗·桑兹(11 月) Canada-US Security and Terrorism. Christopher Sands (November) 振兴美国的核威慑。米歇尔·弗卢努瓦(11 月) Revitalizing US Nuclear Deterrence. Michele Flournoy (November) 美国生物战防御：用成本-效益分析的方法来建立高效疗法和疫苗战略储备。安妮·G. K. 所罗门(10 月) US Biowarfare Defense：A Cost-Effective Strategy to Create Highly Efficacious Strategic Reserves of Therapeutics and Vaccines. Anne G. K. Solomon (October) 对于恐怖主义的军事回应。杰伊·法勒(10 月) Military Response to Terrorism. Jay Farrar (October) 巴基斯坦和阿富汗：接下是什么？ Teresita·谢弗(10 月) Pakistan and Afghanistan：What's Next? Teresita Schaffer (October) 反恐工作组会议。库尔特·坎佩尔(10 月) Terrorism Task Force Meeting. Kurt Campbell (October)

（续表）

年度	主题
2001	中东政策论坛。罗宾·尼布利特(10 月) Middle East Policy Forum. Robin Niblett (October) 关于核武器现代化问题的会议。米歇尔·弗卢努瓦(10 月) Nuclear Modernization Meeting. Michele Flournoy (October) 军事战略论坛。史蒂夫·Cambone 和米歇尔·弗卢努瓦(10 月) Military Strategy Forum. Steve Cambone and Michele Flournoy (October) 反恐运动：布热津斯基、斯考克罗夫特、哈姆雷对外交政策影响的分析(9 月) Campaign against Terrorism：Brzezinski，Scowcroft，Hamre Analyze Impact on Foreign Policy (September) 军事战略论坛。艾克·斯凯尔顿和库尔特·坎佩尔(9 月) Military Strategy Forum. Ike Skelton and Kurt Campbell (September) 国会议员关于安全政策的对话。约翰·哈姆雷(7 月) Congressional Fellows Security Policy Dialogue. John Hamre (July) 军事战略论坛。库尔特·坎佩尔(6 月) Military Strategy Forum. Kurt Campbell (June) 网络环境下的技术和安全问题。吉姆·刘易斯(3 月) Technology and Security in a Networked World. Jim Lewis (March)
外交关系委员会(COUNCIL ON FOREIGN RELATIONS)	
2004	与唐纳德·拉姆斯菲尔德分享全球反恐战争的最新情况(10 月) An Update on the Global War on Terror with Donald Rumsfeld (October) 核恐怖主义：可预防的终极灾难(9 月) Nuclear Terrorism：The Ultimate Preventable Catastrophe (September) 与伊拉克过渡政府总理伊亚德·阿拉维的会面(9 月) A Meeting with Iraqi Interim Prime Minister Ayad Allawi (September) 在恐怖主义时代维护美国安全(9 月) Securing America in an Age of Terrorism (September) 脆弱的美国：我们的政府面对恐怖主义是如何失败的(7 月) America the Vulnerable：How Our Government is Failing to Protect us from Terrorism (July) 反恐战争(5 月) The War on Terrorism (May) 伊拉克：一代人的考验(4 月) Iraq：The Test of a Generation (April)

（续表）

年度	主题
2004	权力、恐怖主义、和平与战争：在充满危机的世界中的美国大战略（4 月） Power，Terror，Peace，and War：American's Grand Strategy in a World at Risk（April） 伊拉克：一年过后（3 月） Iraq：One Year After（March） 伊拉克：情报、事实与幻想（3 月） Iraq：Intelligence，Facts，and Fantasies（March） 伊拉克战后：美国情报与外交政策的新方向（3 月） After Iraq：New Direction for U. S. Intelligence and Foreign Policy（March） 伊拉克的未来：争议（2 月） The Future of Iraq：A Debate（February）
传统基金会（HERITAGE FOUNDATION）	
2004	反恐战争以及其他：《四年一度防务评审》的原则和问题（12 月） The War on Terrorism and Beyond：Principles and Issues for the Quadrennial Defense Review（December） 名字中蕴含什么？反恐战争中的话语争议（12 月） What's in a Name? The Debate over Words in the War on Terrorism（December） 恐怖主义时代的全球能源安全（11 月） Global Energy Security in the Time of World Terror（November） 恐怖主义的轮廓：中东恐怖组织指南（10 月） Profiles in Terror：The Guide to Middle East Terrorist Organizations（October） 飞行安全：在客机上识别恐怖分子（10 月） Secure Flight：Screening for Terrorists on Passenger Planes（October） 区域和领土安全管理：是否要建立区域领土安全管理组织？（10 月） Regional and State Homeland Security Management：Is There a Need for a Regional Homeland Security Organization?（October） 美国导弹防御：我们将何去何从？（9 月） A Missile Defense for the US：How We Got Here and Where We Should Go（September） 遵循穆罕默德的方法：反恐战争中的圣战者策略（8 月） Following the Method of Mohammad：Jihadist Strategies in the War on Terror（August）

年度	主题
2004	外国学生与国土安全：问题和答案（8 月） Foreign Students and Homeland Security：Issues and Answers（August） 为 9·11 委员会的报告打分（7 月） Grading the 9/11 Commission Report（July） 发掘独裁者的遗产：伊拉克的恐怖统治（7 月） Unearthing the Legacy of a Dictator：Iraq's Reign of Terror（July） 21 世纪的海上安全战略：国土安全的选择和出路（7 月） Toward a Maritime Security Strategy for the 21st Century：Options and Solutions for Homeland Security（July） 建设一个民主的伊拉克：情况报告（6 月） Building a Democratic Iraq：A Situation Report（June） 链接：基地组织和萨达姆·侯赛因的合作是如何威胁到美国安全的？（6 月） The Connection：How al-Qaeda's Collaboration with Saddam Hussein Has Endangered America（June） 复兴伊拉克石油工业：对世界石油市场的影响（6 月） Revitalizing the Iraqi Oil Industry：Implications for the World Oil Market（June） 铭记萨达姆（5 月） Remembering Saddam（May） 拉姆斯菲尔德的战争：美国反恐战争指挥官不曾述说的故事（5 月） Rumsfeld's War：The Untold Story of America's Anti-Terrorist Commander（May） 20 世纪 70 年代后的情报战略和恐怖主义：我们是如何走到这个地步的？（5 月） Strategic Intelligence and Terrorism From the 1970s to Today：How We Got Here from There（May） 不同的战争：军事力量和美国寻求国土安全之路（5 月） A War of a Different Kind：Military Force and America's Search for Homeland Security（May） 维护公民自由和打击恐怖主义：美国爱国者法案（5 月） Protecting Civil Liberties and Fighting Terrorism：The USA Patriot Act（May） 基地组织与欧洲（4 月） Al-Qaeda and Europe（April） 国际合作及其在维护国土安全中的作用（3 月） International Cooperation and Its Role in Securing Our Homeland（March）

（续表）

年度	主题
2004	伊拉克：一年以后（3 月） Iraq：One Year Later（March） 国防转型：付出的努力与面临的机遇（2 月） Defense Transformation：Efforts and Opportunities（February） 猎杀恐怖分子：对美国伊斯兰激进组织的卧底探访（1 月） Terrorist Hunter：An Undercover Look at Radical Islamic Groups Operating in America（January）
2003	对《马克尔报告》中建设服务国土安全的可靠信息网络的意见的评论（12 月） A Critique of the Markle Report on Trusted Information Networks for Homeland Security（December） 资助恶魔：恐怖主义如何获得资金支持，我们如何防范？（12 月） Funding Evil：How Terror Is Financed and How to Stop it（December） 国家战略：为灾难性的生物恐怖主义活动做好准备（11 月） Toward a National Strategy：Preparing for Catastrophic Bioterrorism（November） 伊拉克战争：一项军事史分析（11 月） The Iraq War：A Military History（November） 小规模战争中的空军力量：打击叛乱分子和恐怖分子（10 月） Airpower in Small Wars：Fighting Insurgents and Terrorists（October） 为国土安全行动打分：9·11 之前与之后（10 月） Grading Progress in Homeland Security：Before and After 9/11（October） 失去本·拉登（10 月） Losing bin Laden（October） 来自自由前线的报道：伊拉克（10 月） Reports from the Front Lines of Freedom：Iraq（October） 国防转型：一个概念的终结（10 月） Defense Transformation：The End of Term Report Card（October） 准备与回应：确保美国的复苏（9 月） Preparation and Response：Ensuring America's Recovery（September） 弄清伊拉克的真相（9 月） Setting the Record Straight on Iraq（September） 9·11 的后效应与伊拉克战争：中东的石油安全（9 月） After 9/11 and the Iraq War：Oil Security in the Middle East（September）

（续表）

年度	主题
2003	保障商业贸易与维护边界安全(9 月) Securing America's Borders while Safeguarding Commerce (September) 领导国土安全部：在反恐战争中的进步与挑战(8 月) Leading the Department of Homeland Security：Progress and Challenges of Transition during the War on Terrorism (August) 国土安全部之路(7 月) The Road to the Department of Homeland Security (July) 对于布什总统的导弹防御指令的观点评述(7 月) Perspectives on President Bush's Missile Defense Directive (July) 此次战争欧洲站在了美国的对立面上(4 月) European Opposition to American Just War (April) 在保卫国土中各州和地方政府的角色(1 月) The Role of State and Local Governments in Protecting Our Homeland (January) 利用信息技术来提升国土安全保障的水平(1 月) Harnessing Information Technology to Improve Homeland Security (January)
2002	后萨达姆时代伊拉克的未来：美国参与伊拉克重建的前景(9 月) The Future of a Post-Saddam Iraq：A Blueprint for American Involvement (September) 国土安全部的巩固：实现快速反应 Consolidation in the Department of Homeland Security：Making the Case for First Responders (September) 国民警卫队在国土安全维护中的角色：来自地方、州和联邦领导人的观点(9 月) The National Guard in Homeland Security：A View from Local，State，and Federal Leaders (September) 持枪的飞行员：反对恐怖分子的最后一道防线(7 月) Pilots with Guns：The Last Line of Defense against Terrorists? (July) 在后《反弹道导弹条约》的世界建立导弹防御(6 月) Building Missile Defense in a Post-ABM Treaty World (June) 生物恐怖 101：风险背后的真相(6 月) Bioterrorism 101：The Truth behind the Risk (June) 打破藩篱：促进国土安全情报共享(5 月) Breaking the Stovepipes：Improving Intelligence Sharing for Homeland Security (May)

（续表）

年度	主题
2002	毒品-恐怖活动:毒品与恐怖活动的国际联系(4 月) Narco-Terror: The International Connection between Drugs and Terror (April) 美国在联合国的优先事项:打击恐怖主义(2 月) America's Priority at the UN: Taking on Terror (February) 阿富汗下一步是什么? (1 月) What Next in Afghanistan? (January) 2002 年国土安全议程:国情咨文的优先事项(1 月) A Homeland Security Agenda for 2002: Priorities from the State of the Union Address (January) 保护美国国土:传统基金会国土安全小组(1 月) Defending the American Homeland: The Heritage Foundation Task Force on Homeland Security (January)
2001	胜利:赢得胜利的代价是什么? (12 月) Victory: What Will It Take to Win? (December) 美国家庭与反恐战争(12 月) The American Family and the War on Terrorism (December) 反恐的外交战线:推广民主和人权能否产生影响? (11 月) The Diplomatic Front of the War on Terrorism: Can Promoting Democracy and Human Rights Tip the Scales? (November) 下一个前沿:打赢生物战争(11 月) The Next Frontier: Combating Biological Warfare (November) 维护领空安全? 航空安全法案的机遇与危险(10 月) Securing the Skies? The Promise and Perils of the Aviation Security Act (October) 阿富汗战争(10 月) The War in Afghanistan (October) 自由与安全:维护战争时期的宪法自由(10 月) Freedom and Security: Preserving Constitutional Liberties in Times of War (October) 前进之路:在 21 世纪维护国土安全(10 月) The Road Ahead: Securing the Home Front in the 21st Century (October) 保卫美国:21 世纪的国土防御战略(10 月) Defending America: A Homeland Defense Strategy for the 21st Century (October)

（续表）

年度	主题
2001	全球恐怖主义：美国面临的新现实(9 月) Global Terrorism：America Faces a New Reality (September) 安全的代价：布什政府的国防开支增加的状况(9 月) The Price of Security：The Bush Administration's Case for Increasing Defense Spending (September) 美国的新议程：我们必须做什么(9 月) A New Agenda for America：What We Must Do (September) 奥萨马·本·拉登和国际恐怖主义威胁(9 月) Osama bin Laden and the International Terrorist Threat (September) 最好的打算：美国的反对战略性武器扩散的活动(6 月) Best of Intentions：America's Campaign against Strategic Weapons Proliferation (June) 导弹防御和美国的盟友(6 月) Missile Defense and America's Allies (June) 合作：美国与英国如何合作开发导弹防御系统的？(2 月) Working Together：How the US and the UK Can Cooperate on Ballistic Missile Defense (February)
high frontier	
2001	全球防御：从漠不关心回归理性评估。亨利·F.库珀大使(3 月) Global Defense：Return from Indifference to Rational Assessment. Ambassador Henry F. Cooper (March)
胡佛研究所(HOOVER INSTITUTE)	
2002	超越肤色的界限：美国种族和族群的新视角(6 月) Beyond the Color Line：New Perspectives on Race and Ethnicity in America (June) 我们勇敢的新世界：9·11 事件的影响(4 月) Our Brave New World：The Impact of September 11th (March) "预防恐怖主义的技术"专题会议(4 月) Conference on Technology for Preventing Terrorism (March) 在危险世界里管理美国力量(2 月) Managing American Power in a Dangerous World (February)

表 A3.2 2001.1—2005.1 期间,部分智库在国会上就导弹防御系统和反恐战争问题发表的证言。

智库	日期	讨论主题
美国众议院军事委员会(SENATE COMMITTEE ON THE ARMED SERVICES)		
美国企业研究所	4 月 4 日	海洋法公约 Law of the Sea Treaty
卡托研究所	4 月 4 日	海洋法公约:有违美国利益 The Law of the Sea Treaty: Inconsistent with American Interests
战略与国际问题研究中心	8 月 4 日	重组美国情报界:给国防部和军事行动方案的建议 Implications for the Department of Defense and Military Operations of Proposals to Reorganize the United States Intelligence Community
	2 月 2 日	伊拉克和大规模杀伤性武器所的风险 Iraq and the Risk Posed by Weapons of Mass Destruction
	2 月 2 日	伊拉克的大规模杀伤性武器计划 Weapons of Mass Destruction Programs in Iraq
传统基金会		无
布鲁金斯学会		无
兰德公司	11 月 1 日	恐怖主义:当前以及未来长期的威胁 Terrorism: Current and Long-Term Threats
胡佛研究所		无
哈德逊研究所		无
安全政策中心		无
外交关系协会		无
新美国世纪计划		无
卡内基国际和平基金会		无
美国众议院外交委员会(SENATE COMMITTEE ON FOREIGN RELATIONS)		
美国企业研究所	7 月 3 日	朝鲜经济中的腐败 Corruption in North Korea's Economy

（续表）

智库	日期	讨论主题
美国企业研究所	3月3日	关于朝鲜的证词 Testimony on North Korea
	2月2日	为了建立一个安全的世界，我们是如何推广民主、消除贫困和保障人权的？ How Do We Promote Democratization, Poverty Alleviation, and Human Rights to Build a More Secure World?
卡托研究所		无
战略与国际问题研究中心	7月4日	美国的巴基斯坦战略：风险高、任务重 US Strategy in Pakistan: High Stakes, Heavy Agenda
	6月4日	大中东计划——海岛和其他 The Greater Middle East Initiative—Sea Island and Beyond
	5月4日	伊拉克危机——口头证词 The Crisis in Iraq—Oral Testimony
	5月4日	伊拉克和阿富汗的"后冲突"时代教训 The "Post-Conflict" Lessons of Iraq and Afghanistan
	3月4日	马德里恐怖袭击：反恐战争中的跨大西洋关系与合作的启示 The Terrorist Attacks in Madrid: Implications for Transatlantic Relations and Cooperation in the War on Terrorism
	3月4日	平民的冲突后重建能力 Civilian Post-Conflict Reconstruction Capabilities
	10月3日	伊朗的威胁和美国政策：寻找适当的回应 Iranian Threats and US Policy: Finding the Proper Response
	10月3日	伊朗核问题 The Iran Nuclear Issue
	9月3日	伊朗：下一步行动 Iraq: Next Steps
	7月3日	伊朗的战后重建 Iraq's Post-Conflict Reconstruction

（续表）

智库	日期	讨论主题
战略与国际问题研究中心	3月3日	持续发展的朝鲜半岛核能的区域影响 Regional Implications of the Changing Nuclear Equation on the Korean Peninsula
	3月3日	与朝鲜的谈判 Negotiations with North Korea
	2月3日	后萨达姆时代的伊拉克安全与大规模杀伤性武器问题 Security and WMD Issues in a Post-Saddam Iraq
	5月1日	生物恐怖主义的威胁和传染病的传播 The Threat of Bioterrorism and the Spread of Infectious Diseases
	3月1日	伊拉克与美国对中东的外交政策危机 Iraq and America's Foreign Policy Crisis in the Middle East
	2月1日	北约：直面未来挑战 NATO：Facing the Challenges Ahead
布鲁金斯学会	7月4日	朝鲜：理论解决方法的能量成分 North Korea：The Energy Component of a Theoretical Resolution
	4月4日	寻找中东的最佳传媒 Finding the Right Media for the Message in the Middle East
	4月4日	保卫伊拉克 Securing Iraq
	4月4日	在伊拉克的军事行动 The Iraq Mission
	3月4日	马德里爆炸事件和美国对外政策 The Madrid Bombings and US Policy
	2月4日	让阿以和平进程回到正轨 Getting the Arab-Israeli Peace Process Back on Track
	6月3日	朝鲜的政治分层和社会结构 Political Classification and Social Structure in North Korea
	10月1日	中亚国家对于打击恐怖主义活动的贡献 Contributions by Central Asian Nations to the Campaign against Terrorism

（续表）

智库	日期	讨论主题
兰德公司	3月4日	西班牙恐怖袭击对跨大西洋反恐合作的影响 The Effect of the Terrorist Attacks in Spain on Transatlantic Cooperation in the War on Terror
	9月3日	在伊拉克的下一步行动以及其他 Next Steps in Iraq and Beyond
胡佛研究所	5月4日	伊拉克：未来之路 Iraq：The Way Ahead
哈德逊研究所	7月3日	朝鲜经济中的腐败 Corruption in Economy of North Korea
	4月2日	苏联在核不扩散中付出的努力 Non-proliferation Efforts in the Former Soviet Union
外交关系协会	4月2日	伊拉克重建 Reconstruction of Iraq
	7月2日	对伊拉克的军事介入 Military Involvement in Iraq
	3月1日	美国的伊拉克政策 US Policy towards Iraq
	2月1日	北约盟国 State of the NATO Alliance
安全政策中心	7月2日	与俄罗斯商议核安全条约 Nuclear Treaty with Russia
新美国世纪计划	2月2日	反恐战争的下一阶段 Next Phase in the War on Terrorism
卡内基国际和平基金会	4月3日	美国能源安全：俄罗斯和里海 US Energy Security：Russia and the Caspian
	4月3日	全球能源安全 Global Energy Security
	11月2日	《裁减进攻性战略武器条约》 The Treaty on Strategic Offensive Reductions
	5月2日	核态势评估报告 Nuclear Posture Review
美国众议院情报委员会（SENATE COMMITTEE ON INTELLIGENCE）		

（续表）

智库	日期	讨论主题
美国企业研究所		无
卡托研究所		无
战略与国际问题研究中心	7 月 4 日	美国情报界的改革与重组 Reform and Reorganization of the US Intelligence Community
布鲁金斯学会		无
兰德公司	3 月 2 日	9·11 事件的教训 The Lessons of 9/11
胡佛研究所		无
哈德逊研究所	10 月 2 日	9·11 事件调查 Investigation of September 11
安全政策中心		无
外交关系协会		无
新美国世纪计划		无
卡内基国际和平基金会		无
众议院军事委员会（HOUSE COMMITTEE ON ARMED SERVICES）		
美国企业研究所	4 月 4 日	联合国海洋法公约的军事意义 Military Implications of the UN Conventions on the Law of the Sea
	11 月 3 日	美国国家安全战略 US National Security Strategy
	10 月 3 日	鼓励发展伊拉克崛起的大多数 Encouraging Developments among Iraq's Rising Majority
	9 月 2 日	联合国对伊拉克进行武器核查的必要性 The Need for UN Weapons Inspections in Iraq
	9 月 2 日	众议院国际关系委员会前的证词 Testimony before the House International Relations Committee
	5 月 2 日	反恐战争中的美国 United States in the War on Terrorism
	3 月 1 日	美国国家安全 US National Security

（续表）

智库	日期	讨论主题
卡托研究所		无
战略与国际问题研究中心	8月4日	9·11事件调查委员会对于国防部的建议的影响 Implications of the Recommendations of the 9/11 Commission on the Department of Defense
	10月3日	伊拉克重建和稳定 Reconstruction and Rehabilitation in Iraq
	6月1日	对两大重要战区的战略再评估 Re-evaluating the Two Major Theater War Strategy
	3月1日	面向新世纪的国家安全战略 A National Security Strategy for the New Century
传统基金会	6月4日	无标题 no title
	3月4日	打击大规模杀伤性武器 Combatting Weapons of Mass Destruction
	6月2日	亚西尔·阿拉法特和巴基斯坦政权：追求和平的可靠合作伙伴 Yasser Arafat and the Palestinian Authority: Credible Partners for Peace
布鲁金斯学会	6月4日	驻韩美军的计划有何意义？ Why the US Forces/Korea Plan Makes Sense
	10月3日	一种相对有前途的打击叛乱战争 A Relatively Promising Counter-insurgency War
	10月2日	反萨达姆政权的战争：能够获胜但非轻而易举 War against Saddam's Regime: Winnable but No Cakewalk
兰德公司	3月4日	走向远征军 Towards an Expeditionary Army
胡佛研究所		无
哈德逊研究所		无

（续表）

智库	日期	讨论主题
外交关系协会	5 月 2 日	中东对于恐怖主义的观念 Middle East View of Terrorism
	5 月 2 日	支持友好的中东国家就是支持美国自己 Support That Friendly Middle East Countries Are Providing to the US
安全政策中心	5 月 2 日	中东对于恐怖主义的观念 Middle East View of Terrorism
	5 月 2 日	支持友好的中东国家就是支持美国自己 Support That Friendly Middle East Countries Are Providing to the US
新美国世纪计划	3 月 1 日	美国国家安全战略 US National Security Strategy
卡内基国际和平基金会	10 月 3 日	伊拉克重建和稳定 Reconstruction and Stability in Iraq
众议院情报特别委员会（HOUSE SELECT COMMITTEE ON INTELLEGENCE）		
美国企业研究所		维护自由和国家安全：在合法的范围内收集情报 Securing Freedom and the Nation：Collecting Intelligence under the Law
卡托研究所		无
战略与国际问题研究中心	8 月 4 日	9·11 事件调查委员会的建议：反恐信息分析与收集需要想象力和创造力 9/11 Commission Recommendations：Counter-terrorism Analysis and Collection：The Requirement for Imagination and Creativity
传统基金会	9 月 4 日	声明 Statement
	4 月 3 日	维护自由和国家安全：在合法的范围内收集情报 Securing Freedom and the Nation：Collection Intelligence under the Law
布鲁金斯学会	8 月 4 日	9·11 事件调查委员会的发现：充足的时间、关注和法律权威 The 9/11 Commission's Findings：Sufficiency of Time, Attention, and Legal Authority
	8 月 4 日	9·11 事件调查委员会报告：想象力的限制 The 9/11 Commission Report：Limitations of Imagination

（续表）

智库	日期	讨论主题
兰德公司	4月2日	9·11事件的教训 The Lessons of 9/11
	9月1日	在反恐战争中重新思考恐怖主义 Rethinking Terrorism in Light of a War on Terrorism
胡佛研究所		无
哈德逊研究所		无
安全政策中心		无
外交关系协会		无
新美国世纪计划		无
卡内基国际和平基金会		无
众议院国际关系委员会（HOUSE COMMITTEE ON INTERNATIONAL RELATIONS)		
美国企业研究所	3月4日	俄罗斯对美政策的国内因素 Domestic Determinants of Russia's Policy toward the United States
	3月4日	美俄关系 US Russian Relations
卡托研究所		无
战略与国际问题研究中心	7月4日	跨大西洋的关系：峰会后的评估 Transatlantic Relations：A Post-Summit Assessment
	2月2日	俄罗斯外交政策：实用主义对美国外交的启示 Russian Foreign Policy：Implications of Pragmatism for US Foreign Policy
	11月1日	俄罗斯外交政策的目标和机遇 Russia's Foreign Policy Objectives and Opportunities
	11月1日	非洲与全球反恐战争 Africa and the War on Global Terrorism
	10月1日	高加索和里海地区：理解美国政策 Caucasus and Caspian Region：Understanding US Policy
	10月1日	9·11事件之后对伊拉克政策进行的评估 Iraq Policy Considerations after September 11
	3月1日	美国的苏丹政策：新方向？ America's Sudan Policy：A New Direction?

（续表）

智库	日期	讨论主题
传统基金会	5 月 4 日	联合国海洋法公约 The United Nations Convention on the Law of the Sea
	2 月 4 日	9·11 之后的美国对外援助 US Foreign Assistance after September 11
	10 月 3 日	激进伊斯兰教与美国在中亚的利益 Radical Islam and US Interests in Central Asia
布鲁金斯学会	7 月 4 日	跨大西洋的关系：峰会之后的评估 Transatlantic Relations：A Post-Summit Assessment
	2 月 4 日	9·11 之后的美国对外援助 US Foreign Assistance After September 11
	7 月 3 日	中亚：恐怖主义、宗教极端主义和区域稳定 Central Asia：Terrorism, Religious Extremism, and Regional Instability
	6 月 3 日	跨大西洋关系的未来：欧洲视角 The Future of Transatlantic Relations：A View from Europe
	6 月 3 日	菲律宾的分离主义和恐怖主义 Separatism and Terrorism in the Phillipines
	6 月 2 日	石油外交 Oil Diplomacy
	11 月 1 日	阿富汗的未来 The Future of Afghanistan
	9 月 1 日	反恐战争和 1987 年巴勒斯坦暴动 The War on Terror and the Palestinian Intifada
	7 月 1 日	沉默的中亚：不同政见者的声音 Silencing Central Asia：The Voice of Dissidents
兰德公司	6 月 4 日	十字路口的香港 Hong Kong at the Crossroads
	4 月 2 日	北约的未来和扩张 The Future of NATO and Enlargement
	12 月 1 日	9·11 后的东南亚 Southeast Asia after 9/11

（续表）

智库	日期	讨论主题
胡佛研究所	9月3日	俄罗斯的民主转型 Russia's Transition to Democracy
哈德逊研究所	4月2日	北约的未来 Future of NATO
外交关系协会	3月4日	美俄关系 US-Russia Relations
	5月2日	美国-沙特阿拉伯关系的未来走向 The Future of US-Saudi Relations
	4月1日	美欧关系 US-European Relations
安全政策中心	5月4日	联合国海洋法公约 UNLaw of the Sea
新美国世纪计划	5月2日	美国-沙特阿拉伯关系的未来走向 The Future of US-Saudi Relations
卡内基国际和平基金会	7月4日	美国对埃及的经济援助 US Economic Aid to Egypt
	10月3日	中亚的恐怖主义、宗教极端主义和区域稳定 Terrorism, Extremism, and Regional Stability in Central Asia
	6月3日	伊拉克战争之后的美国核不扩散政策 US Non-proliferation Policy after Iraq
	2月3日	9·11之后的美国与俄罗斯关系 US Russian Relations after September 11, 2001

来源：LexisNexis

附录 4——2001 年 1 月至 2005 年 1 月的纸媒报道、电视曝光和国会证词

表 A4.1　部分智库在《基督教科学箴言报》(Christian Science Monitor)的纸质报道

智库	伊朗	阿富汗	9·11	盖达组织	恐怖活动	导弹防御	总数	百分比(%)
新美国世纪计划	5	2	3	1	3	0	14	0.59
安全政策中心	6	2	1	1	4	2	16	0.68
胡佛研究所	16	3	9	3	14	4	49	2.07
哈德逊研究所	12	3	19	5	18	6	63	2.66
美国企业研究所	49	11	30	12	42	8	152	6.42
卡托研究所	42	20	32	16	48	2	160	6.76
传统基金会	57	23	38	16	23	12	169	7.14
卡内基国际和平基金会	75	32	30	26	70	16	249	10.52
战略与国际问题研究中心	102	37	51	37	87	5	319	13.47
外交关系协会	108	50	57	41	92	3	351	14.82
兰德公司	59	50	75	68	96	6	354	14.95
布鲁金斯学会	143	47	79	33	145	25	472	19.93
总数							2 368	

来源:LexisNexis®.

注:由于检索条件相似,可能会有一些文章在统计中有重叠。

表 A4. 2 部分智库在《纽约时报》(*New York Times*)的纸质报道

智库	伊朗	阿富汗	9·11	盖达组织	恐怖活动	导弹防御	总数	百分比（％）
安全政策中心	3	0	0	0	1	4	8	0.21
哈德逊研究所	8	1	7	2	10	2	30	0.77
新美国世纪计划	17	6	9	4	10	2	30	1.28
卡托研究所	24	12	41	10	44	5	136	3.49
胡佛研究所	42	11	28	11	41	6	139	3.57
传统基金会	53	17	35	6	60	4	175	4.49
卡内基国际和平基金会	60	22	39	17	68	26	232	5.95
兰德公司	104	64	137	45	179	26	555	14.23
美国企业研究所	119	34	76	29	120	8	386	9.90
战略与国际问题研究中心	124	60	58	29	136	18	425	10.90
外交关系协会	246	102	140	72	262	24	846	21.70
布鲁金斯学会	247	106	164	66	291	43	917	23.52
总数							3 899	

来源：LexisNexis®.

注：由于检索条件相似，可能会有一些文章在统计中有重叠。

表 A4. 3　部分智库在《今日美国》(USA Today)的纸质报道

智库	伊朗	阿富汗	9·11	盖达组织	恐怖活动	导弹防御	总数	百分比（%）
新美国世纪计划	1	2	2	0	3	1	9	0.41
安全政策中心	5	1	1	0	3	2	12	0.54
哈德逊研究所	9	6	7	3	10	4	39	1.76
胡佛研究所	16	11	14	5	28	2	76	3.43
卡内基国际和平基金会	37	17	22	13	34	12	135	6.09
兰德公司	25	20	37	15	57	1	155	6.99
卡托研究所	34	27	29	16	50	6	162	7.30
美国企业研究所	71	20	44	14	63	10	222	10.01
传统基金会	48	29	45	20	72	16	230	10.37
战略与国际问题研究中心	104	46	39	26	89	10	314	14.16
外交关系协会	104	49	50	37	93	5	338	15.24
布鲁金斯学会	138	75	106	28	161	18	526	23.72
总数							2 218	

来源：LexisNexis®.

注：由于检索条件相似，可能会有一些文章在统计中有重叠。

表 A4.4　部分智库在《华尔街时报》(Wall Street Journal)的纸质报道

智库	伊朗	阿富汗	9·11	盖达组织	恐怖活动	导弹防御	总数	百分比（%）
新美国世纪计划	2	0	1	1	1	0	5	0.34
安全政策中心	5	0	2	1	6	2	16	1.09
哈德逊研究所	12	4	9	2	14	0	41	2.79
卡内基国际和平基金会	12	12	10	7	18	10	69	4.70
卡托研究所	25	6	21	3	26	0	81	5.52
传统基金会	25	12	22	6	34	1	100	6.82
胡佛研究所	38	18	25	13	32	1	127	8.66
布鲁金斯学会	51	15	37	12	40	9	164	11.18
战略与国际问题研究中心	60	25	33	12	59	4	193	13.16
美国企业研究所	62	18	43	18	60	7	208	14.18
外交关系协会	64	16	42	25	63	2	212	14.45
兰德公司	41	23	98	13	73	3	251	17.11
总数							1 467	

来源：LexisNexis®.

注：由于检索条件相似，可能会有一些文章在统计中有重叠。

表 A4.5　部分智库在《华盛顿邮报》(Washington Post)的纸质报道

智库	伊朗	阿富汗	9·11	盖达组织	恐怖活动	导弹防御	总数	百分比（%）
安全政策中心	6	3	8	3	10	3	33	0.61
哈德逊研究所	21	10	19	4	30	6	90	1.67
新美国世纪计划	26	11	14	11	25	6	93	1.73
胡佛研究所	33	10	21	8	33	5	110	2.05
卡托研究所	43	21	50	14	81	6	215	4.00
传统基金会	66	28	60	10	96	20	280	5.21
卡内基国际和平基金会	167	77	80	38	157	39	558	10.38
美国企业研究所	190	44	111	40	161	17	563	10.47
兰德公司	107	75	132	68	201	15	598	11.12
战略与国际问题研究中心	188	90	104	79	206	21	688	12.8
外交关系协会	213	92	124	76	214	23	742	13.8
布鲁金斯学会	342	188	298	94	445	40	1,407	26.17
总数							5 377	

来源:LexisNexis®.

注:由于检索条件相似,可能会有一些文章在统计中有重叠。

表 A4.6 部分智库在《华盛顿时报》(Washington Times)的纸质报道

智库	伊朗	阿富汗	9·11	盖达组织	恐怖活动	导弹防御	总数	百分比（%）
新美国世纪计划	9	7	8	3	10	1	38	0.7
卡内基国际和平基金会	47	27	23	13	62	12	184	3.38
哈德逊研究所	42	26	36	16	76	12	208	3.82
兰德公司	55	28	49	23	85	12	252	4.63
外交关系协会	118	49	56	37	122	14	396	7.27
卡托研究所	90	35	99	28	188	12	452	8.3
安全政策中心	122	25	69	42	167	53	478	8.78
美国企业研究所	142	54	97	33	183	11	520	9.55
战略与国际问题研究中心	164	69	77	48	177	15	550	10.1
布鲁金斯学会	133	64	102	38	188	34	559	10.26
胡佛研究所	179	72	114	44	206	20	635	11.66
传统基金会	295	136	186	92	400	66	1,175	21.57
总数							5 447	

来源：LexisNexis®.

注：由于检索条件相似，可能会有一些文章在统计中有重叠。

表 A4.7　部分智库在 ABC 的电视报道

智库	伊朗	阿富汗	9·11	盖达组织	恐怖活动	导弹防御	总数	百分比（%）
战略与国际问题研究中心	0	0	0	0	0	0	0	0.00
哈德逊研究所	0	0	0	0	0	0	0	0.00
胡佛研究所	0	0	0	0	0	0	0	0.00
卡托研究所	1	0	0	0	0	0	1	0.41
新美国世纪计划	1	0	0	0	0	0	1	0.41
传统基金会	1	0	0	0	0	1	2	0.82
安全政策中心	2	0	0	0	0	0	2	0.82
美国企业研究所	9	1	0	0	3	0	13	5.31
卡内基国际和平基金会	17	0	0	1	5	2	25	10.20
兰德公司	15	2	1	4	13	0	35	14.29
外交关系协会	33	4	1	3	15	1	57	23.27
布鲁金斯学会	57	15	7	6	21	3	109	44.49
总数							245	

来源:范德比尔特电视新闻档案

表 A4.8　部分智库在 CBS 的电视报道

智库	伊朗	阿富汗	9·11	盖达组织	恐怖活动	导弹防御	总数	百分比（%）
战略与国际问题研究中心	0	0	0	0	0	0	0	0
新美国世纪计划	0	0	0	0	0	0	0	0
哈德逊研究所	0	0	0	0	0	0	0	0
胡佛研究所	0	0	0	0	0	0	0	0
美国企业研究所	1	0	0	0	0	0	1	0.88
卡托研究所	1	0	0	0	1	0	2	1.75
安全政策中心	1	1	0	0	2	0	4	3.51
传统基金会	4	1	2	1	2	0	10	8.77
外交关系协会金会	6	1	1	2	5	0	15	13.16
卡内基国际和平基	9	0	3	2	8	2	24	21.05
布鲁金斯学会	16	3	1	2	6	1	29	25.44
兰德公司	5	1	2	9	11	1	29	25.44
总数							114	

来源：范德比尔特电视新闻档案

表 A4.9　部分智库在 CNN 的电视报道

智库	伊朗	阿富汗	9·11	盖达组织	恐怖活动	导弹防御	总数	百分比（%）
新美国世纪计划	0	0	0	0	0	0	0	0
哈德逊研究所	0	0	0	0	0	0	0	0
胡佛研究所	0	1	0	0	0	0	1	0.49
美国企业研究所	3	0	0	0	0	0	3	1.48
卡托研究所	1	0	0	0	2	0	3	1.48
安全政策中心	1	0	0	1	2	0	4	1.97
战略与国际问题研究中心	2	3	0	1	6	0	12	5.91
传统基金会	5	2	2	0	6	1	16	7.88
外交关系协会	11	1	2	1	4	0	19	9.36
卡内基国际和平基金会	12	7	1	4	0	3	37	18.23
兰德公司	5	3	1	14	17	0	40	19.7
布鲁金斯学会	38	6	4	6	13	1	68	33.5
总数							203	

来源:范德比尔特电视新闻档案

表 A4.10　部分智库在 NBC 的电视报道

智库	伊朗	阿富汗	9·11	盖达组织	恐怖活动	导弹防御	总数	百分比（%）
安全政策中心	0	0	0	0	0	0	0	0
战略与国际问题研究中心	0	0	0	0	0	0	0	0
新美国世纪计划	0	0	0	0	0	0	0	0
哈德逊研究所	0	0	0	0	0	0	0	0
胡佛研究所	1	0	0	0	1	0	2	1.16
传统基金会	1	0	0	0	2	0	3	1.74
卡托研究所	1	0	0	1	1	0	3	1.74
美国企业研究所	4	1	0	1	1	0	7	4.07
卡内基国际和平基金会	4	0	0	3	2	1	10	5.81
兰德公司	5	1	3	6	10	0	25	14.53
外交关系协会	15	2	2	1	12	0	32	18.6
布鲁金斯学会	41	7	5	9	28	0	90	52.33
总数							172	

来源:范德比尔特电视新闻档案

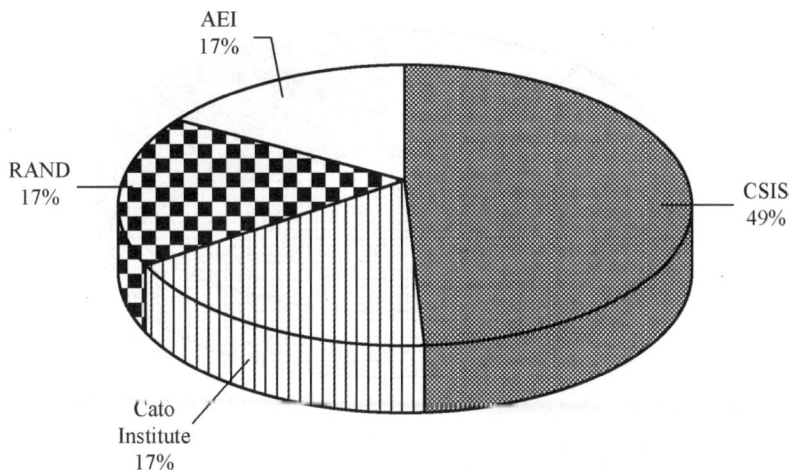

图 A4. 1 部分智库在与军事有关的参议院委员会上作证的情况（百分比）

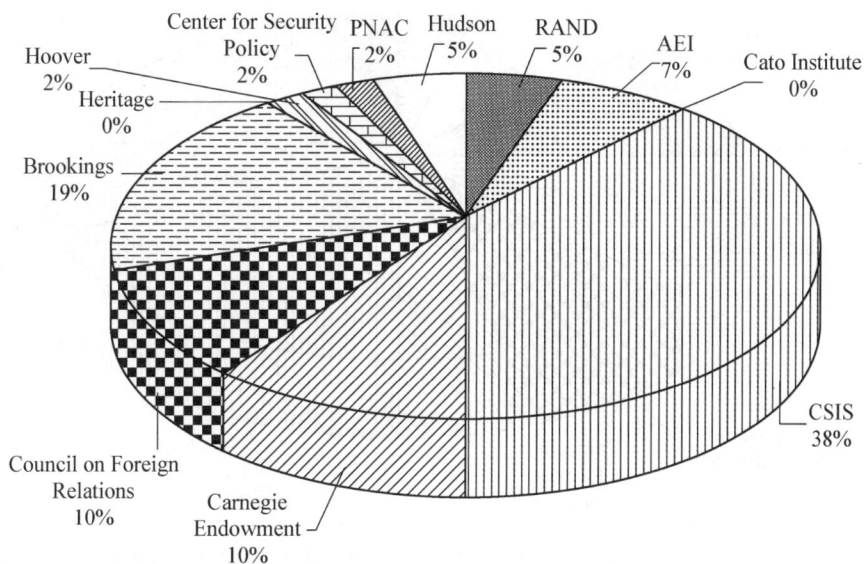

图 A4. 2 部分智库在与外交关系有关的参议院委员会上作证的情况（百分比）

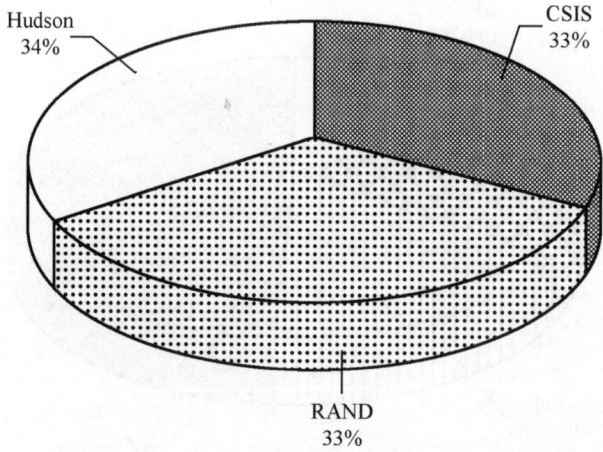

图 A4.3 部分智库在与情报有关的参议院委员会上作证的情况（百分比）

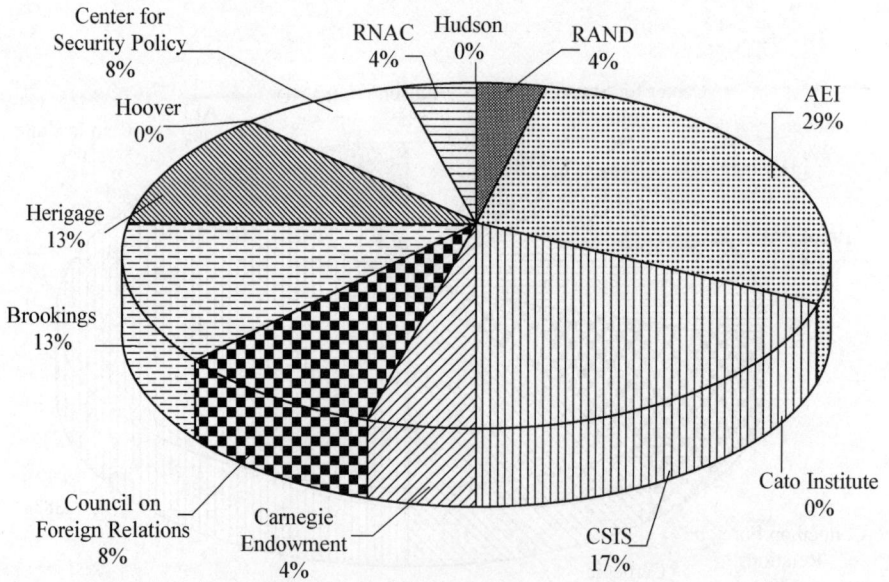

图 A4.4 部分智库在与军事有关的众议院委员会上作证的情况（百分比）

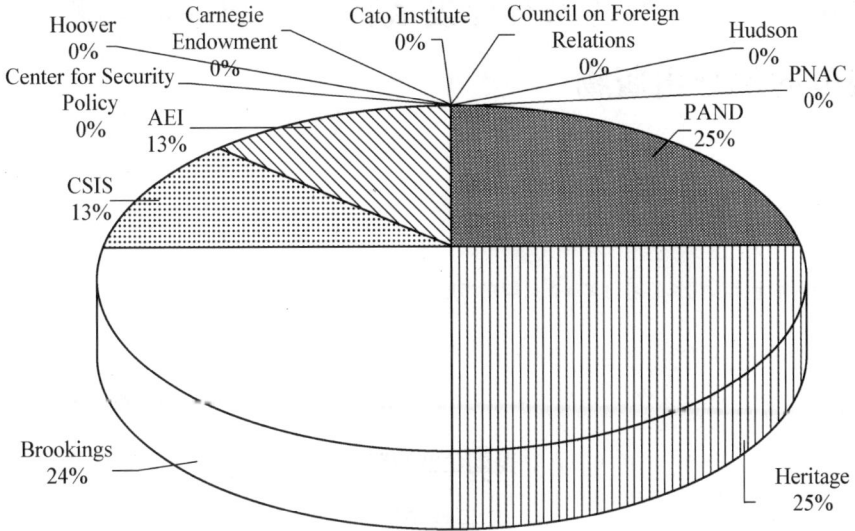

图 A4.5　部分智库在与情报有关的众议院委员会上作证的情况（百分比）

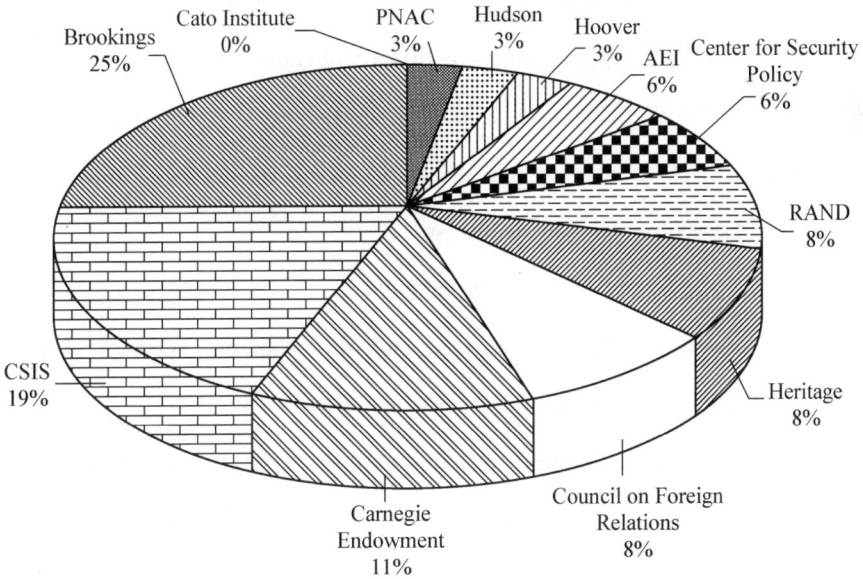

图 A4.6　部分智库在与国际关系有关的众议院委员会上作证的情况（百分比）

注：图中机构全部采用英文，机构中文译名参照"中英文机构对照表"。

附录 5——美国各家智库发表的关于导弹防御和反恐战争的部分出版物

注:机构网站上无法找到的期刊文章有可能在当地图书馆的网站上找到。

美国企业研究所

导弹防御

Kirkpatrick, Jeane J. "Target America: The Need for a Missile Defense System."

American Enterprise Institute, 1 January 2000. Available at:

http://www. aei. org/publications/pubID. 10058, filter. all/pub_detail. asp.

Perle, Richard. "A Better Way to Build a Missile Defense." American Enterprise

Institute, 13 July 2000. Available at: http://www. aei. org/publications/

pubID. 11754, filter. all/pub_detail. asp.

反恐战争

DeMuth, Christopher. "Guns, Butter, and the War on Terror." American

Enterprise Institute, 29 April 2004. Available at:

http://www. aei. org/publications/pubID. 20391, filter. all/pub_detail. asp.

Donnelly, Thomas. "Iraq Is the Central Front." American Enterprise Institute, 24

September 2003. Available at: http://www. aei. org/publications/

pubID. 19234, filter. all/pub_detail. asp.

—"Mind the Gap." American Enterprise Institute, 10 June 2004. Available at:

http://www. aei. org/publications/pubID. 20685, filter. all/pub_detail. asp.

—"Naming the Enemy." American Enterprise Institute, 5 August 2004. Available at: http://www. aei. org/publications/pubID. 21022, filter. all/pub_detail. asp.

—"The Top Ten Questions for the Post-9/11 World." American Enterprise Institute, 23 July 2004. Available at: http://www. aei. org/publications/pubID. 20965, filter. all/pub_detail. asp.

—"What's Next? Preserving American Primacy, Institutionalizing Unipolarity." American Enterprise Institute, 22 April 2003.

Donnelly, Thomas, and Vance Serchuk. "Fighting a Global Counterinsurgency." American Enterprise Institute, 4 December 2003. Available at: http://www. aei. org/publications/pubID. 19546, filter. all/pub_detail. asp.

Frum, David, and Richard Perle. "Beware the Soft-Line Ideologues." American Enterprise Institute, 8 January 2004. Available at: http://www. aei. org/publications/pubID. 19702, filter. all/pub_detail. asp.

Gingrich, Newt. "Principles for Victory." American Enterprise Institute, 1 November 2001. Available at: http://www. aei. org/publications/pubID. 13273, filter. all/pub_detail. asp.

Ledeen, Michael A. *The War against the Terror Masters: Why It Happened, Where We Are Now, How We'll Win.* New York: St. Martin's Press, 2002.

Zinsmeister, Karl. "The Election's Over-Now Fight the War." *The American Enterprise (Online)*, December 2004. Available at: http://www. taemag. com/issues/articleid. 18290/article_detail. asp.

布鲁金斯学会

导弹防御

Lindsay, James M. , and Michael E. O'Hanlon. "Defending America: A Plan for a

Limited National Missile Defense. " *Brookings Policy Brief*, no. 70 (February 2001). Available at: http://www. brookings. edu/comm/policybriefs/pb70. htm.

O'Hanlon, Michael E. "Beyond Missile Defense: Countering Terrorism and Weapons of Mass Destruction. " *Brookings Policy Brief*, no. 86 (August 2001).

Available at:http://www. brookings. edu/comm/policybriefs/pb86. htm.

反恐战争

Gordon, Philip H. , and Michael E. O'Hanlon. "Should the War on Terrorism Target Iraq? Implementing a Bush Doctrine on Deterrence. " *Brookings Policy Brief*, no. 93 (January 2002). Available at:

http://www. brookings. edu/comm/policybriefs/pb93. htm.

Nayak, Polly. "Reducing Collateral Damage to Indo-Pakistani Relations from the War on Terrorism. " *Brookings Policy Brief*, no. 107 (September 2002). Available at: http://www. brookings. edu/comm/policybriefs/pb107. htm.

Rice, Susan E. "The New National Security Strategy: Focus on Failed States. " *Brookings Policy Brief*, no. 107 (February 2003). Available at: http://www. brookings. edu/comm/policybriefs/pb116. htm.

卡内基国际和平基金会
导弹防御

Lewis, George, et al. "National Missile Defense: An Indefensible System. " *Foreign Policy*, no. 117 (winter 1999/2000): 120.

反恐战争

Abramowitz, Morton. "Dear Dubya. " *Foreign Policy*, no. 130 (May/June 2002):78.

Burke, Jason. "Al Qaeda. "*Foreign Policy*, no. 142 (May/June 2004): 18 - 26.

Cannistraro, Vincent. "Terror's Undiminished Threat." *Foreign Policy*, no. 137
(July/August2003): 69.

Deutch, John, and Jeffrey H Smith. "Smarter Intelligence." *Foreign Policy*, no.
128(January/February 2002): 64.

Homer-Dixon, Thomas. "The Rise of Complex Terrorism." *Foreign Policy*, no.
128(January/February 2002): 52.

Hutchings, Robert L. "X + 9/11." *Foreign Policy*, no. 143 (July/August
2004): 70.

Krasner, Stephen D. "The Day After." *Foreign Policy*, no. 146 (January/February
2005): 68.

Lieven, Anatol. "Fighting Terrorism: Lessons from the Cold War." *Carnegie
Policy Brief*, no. 7 (October 2001). Available at: http://www. ceip. org/
files/pdf/Lieven-7. pdf.

Naim, Moises. "Collateral Damage." *Foreign Policy*, no. 127, (November/
December2001): 108.

—"Devour and Conquer." *Foreign Policy*, no. 145 (November/December 2004):96.

Naim, Moises, and Michael O'Hanlon. "Reinventing War." *Foreign Policy*, no. 127
(November/December 2001): 30.

Nye, Joseph S. , Jr. "The Velvet Hegemon." *Foreign Policy*, no. 136 (May/
June2003): 74.

Obaid, Nawaf E. "In Al-Saud We Trust." *Foreign Policy*, no. 128 (January/
February2002): 72.

Ottaway, Marina, and Thomas Carothers. "Middle East Democracy." *Foreign
Policy*, no. 145 (November/December 2004): 22.

Rogoff, Kenneth. "The Cost of Living Dangerously." *Foreign Policy*, no. 145

(November/December2004)：70.

Rothkopf, David J. "Business versus Terror." *Foreign Policy*, no. 130 (May/
June2002)：56.

Sprinzak, Ehud. "The Lone Gunmen." *Foreign Policy*, no. 127 (November/
December 2001)：72.

Takeyh, Ray. "Two Cheers from the Islamic World." *Foreign Policy*, no. 12
(January/February2002)：70.

Talbott, Strobe. "The Other Evil." *Foreign Policy* no. 127 (November/
December2001)：75.

Tellis, Ashley J. *Assessing America's War on Terror: Confronting Insurgency,
Cementing Primacy*. Seattle, wa: The National Bureau of Asian Research in
cooperation with the Carnegie Endowment for International Peace,2004.
Available at:http://www. carnegieendowment. org/files/
NBRAnalysis-Tellis_December2004. pdf.

卡托研究所
导弹防御

Eland, Ivan. "Let's Make National Missile Defense Truly 'National. '"*Cato Foreign
Policy Briefing Paper*, no. 58 (16 March 1999). Available at: http://www.
cato. org/pubs/fpbriefs/fpb58. pdf.

Eland, Ivan, and Daniel Lee. "The Rogue State Doctrine and National Missile
Defense." *Cato Foreign Policy Briefing Paper*, no. 65 (29 March 2001).
Available at: http://www. cato. org/pubs/fpbriefs/fpb65. pdf.

Forden, Geoffrey. "Reducing a Common Danger: Improving Russia's Early-Warning
System." *Cato Policy Analysis*, no. 399 (3 May 2001). Available at: http://

www. cato. org/pubs/pas/pa399. pdf.

Peña, Charles V. "Arms Control and Missile Defense: Not Mutually Exclusive." *Cato Policy Analysis*, no. 376 (26 July 2000). Available at: http://www. cato. org/pubs/pas/pa376. pdf.

—"From the Sea: National Missile Defense Is Neither Cheap Nor Easy." *Cato Foreign Policy Briefing Paper*, no. 60 (6 September 2000). Available at: http://www. cato. org/pubs/fpbriefs/fpb60. pdf.

—"Missile Defense: Defending America or Building Empire?" *Cato Foreign Policy Briefing Paper*, no. 77 (28 May 2003). Available at: http://www. cato. org/pubs/fpbriefs/fpb77. pdf.

—"Theater Missile Defense: A Limited Capability Is Needed." *Cato Policy Analysis*, no. 309 (22 June 1998). Available at: http://www. cato. org/pubs/pas/pa-309. html.

Peña, Charles V. , and Barbara Conry. "National Missile Defense: Examining the Options." *Cato Policy Analysis*, no. 337 (16 March 1999). Available at: http://www. cato. org/pubs/pas/pa337. pdf.

Peña, Charles V. , and Edward L. Hudgins. "Should the United States 'Weaponize' Space? Military and Commercial Implicatons." *Cato Policy Analysis*, no. 427 (18 March 2002). Available at: http://www. cato. org /pubs/pas/pa427. pdf.

反恐战争

Atal, Subodh. "Extremist, Nuclear Pakistan: An Emerging Threat?" *Cato Policy Analysis*, no. 472 (5 March 2003). Available at: http://www. cato. org/pubs/pas/pa472. pdf.

Bandow, Doug. "Befriending Saudi Princes a High Price for a Dubious Alliance." *Cato Policy Analysis*, no. 428 (20 March 2002). Available at: http://www.

cato. org/pubs/pas/pa428. pdf.

—"Fighting the War against Terrorism: Elite Forces, Yes; Conscripts, No. "*Cato Institute Policy Analysis*, no. 430 (10 April 2002). Available at: http://www. cato. org/pubs/pas/pa430. pdf.

Dempsey, Gary T. "Old Folly in a New Disguise: Nation Building to Combat Terrorism. " *Cato Policy Analysis*, no. 429 (21 March 2002). Available at: http://www. cato. org/pubs/pas/pa429. pdf.

Eland, Ivan. "Robust Response to 9/11 Is Needed but Poking the Hornets' Nest Is Ill-Advised. " *Cato Foreign Policy Briefing Paper*, no. 69 (18 December 2001). Available at: http://www. cato. org/pubs/fpbriefs/fpb69. pdf.

—"War against Terror Expands Excessively. "*A Cato Daily Commentary*, 30 January 2002. Available at: http://www. cato. org/current/terrorism/ pubs/eland-020130. html.

Hadar, Leon T. "Pakistan in America's War against Terrorism: Strategic Ally or Unreliable Client?" *Cato Policy Analysis*, no. 436 (8 May 2002). Available at: http://www. cato. org/pubs/pas/pa436. pdf.

Harris, James W. "Building Leverage in the Long War: Ensuring Intelligence Community Creativity in the Fight against Terrorism. " *Cato Policy Analysis*, no. 439 (16 May 2002). Available at: http://www. cato. org/pubs/pas/ pa439. pdf.

Healy, Gene. "Deployed in the U. S. A. : The Creeping Militarization of the Home Front. " *Cato Policy Analysis*, no. 503 (17 December 2003). Available at: http://www. cato. org/pubs/pas/pa503. pdf.

Peña, Charles V. "The Anti-Terrorism Coalition: Don't Pay an Excessive Price. " *Cato Foreign Policy Briefing Paper*, no. 68 (11 December 2001). Available at：http：//www. cato. org/pubs/fpbriefs/fpb68. pdf.

——"Bush's National Security Strategy Is a Misnomer. "*Cato Policy Analysis*，no. 496
（30 October 2003）. Available at：http：//www. cato. org/pubs/pas/pa496. pdf.

Salhani，Claude. "The Syria Accountability Act：Taking the Wrong Road to
Damascus. " *Cato Policy Analysis*，no. 512 （18 March 2004）. Available at：
http：//www. cato. org/pubs/pas/pa512. pdf.

安全政策中心

导弹防御

Center for Security Policy. "Anti-anti-missile Defense. "5 April 2004. Available at：
http：//www. centerforsecuritypolicy. org/ index. jsp? section＝papers&code＝
04-D_15.

——"The Bush Nuclear Posture Review：Adults at Work on Restoring the Credibility of
America's Deterrent. " 11 March 2002. Available at：http：//www.
centerforsecuritypolicy. org/ index. jsp? section＝papers&code＝02-D_14.

——"Decision to Cancel Navy Missile Defense Program Should Be Reversed and New
Management，Willing to Deploy Sea-Based Systems，Hired. " 17 December
2001. Available at：http：//www. centerforsecuritypolicy. org/index. jsp?
section＝papers&code＝01-D_80.

——" Empty Words?" 14 June 2004. Available at：http：//www.
centerforsecuritypolicy. org/index. jsp? section＝papers&code＝04-D_2

——"Exiting the A. B. M. Treaty—A Model for Dealing with Iraq. "9 September 2002.
Available at：http：//www. centerforsecuritypolicy. org /index. jsp? section＝
papers&code＝02-D_45.

——"Get On with It：Time to Deploy Sea-Based Missile Defenses. "27 November 2002.

Available at: http://www. centerforsecuritypolicy. org/index. jsp? section =
papers&code=02-F_43.

—"Go Navy Missile Defense!" 28 February 2005. Available at: http://www.
centerforsecuritypolicy. org/index. jsp? section=papers&code=05-D_10.

—"Hail to the Chief! Bush Withdraws from the ABM Treaty and Commitment to
Deploy Defenses asap: Second Successful Navy Intercept Shows the Way
Ahead. " 14 June 2002. Available at: http://www. centerforsecuritypolicy. org/
index. jsp? section=papers&code=02-D_29.

—"Hail to the Chief: George W. Bush Demonstrates Courageous, Visionary
Leadership-*Again* -by Jettisoning A. B. M. Treaty. " 13 December 2001.
Available at: http://www. centerforsecuritypolicy. org/index. jsp? section =
papers&code=01-F_84.

—"In Memoriam of an Unsung Hero of the Cold War: William T. Lee. "4 November
2002. Available at: http://www. centerforsecuritypolicy. org/index. jsp?
section=papers&code=02-D_5

—"It's Over: The A. B. M. Treaty Is History; Now Let's Get On with Deploying
Missile Defenses!" 13 June 2002. Available at: http://www.
centerforsecuritypolicy. org/index. jsp? section=papers&code=02-F_22.

—"It's Time to 'Move Beyond' the A. B. M. Treaty. "4 December 2001. Available
at: http://www. centerforsecuritypolicy. org/index. jsp? topic=missile&section
=center.

—"Make Missile Defense Happen. " 11 June 2002. Available at: http://www.
centerforsecuritypolicy. org/index. jsp? section=papers&code=02-D_2.

—"National Security Alert for the Week of December17, 2001. " 17 December 2001.
Available at: http://www. centerforsecuritypolicy. org/index. jsp? section =

papers&code=01-A_37.

—"National Security Alert for the Week of January28，2002." 28 January 2002. Available at: http://www. centerforsecuritypolicy. org/index. jsp? section = papers&code=02-A_02.

—"Navy Missile Defense Success Offers Bush a Chance to Issue a Challenge for the History Books." 28 January 2002. Available at: http://www. centerforsecuritypolicy. org/index. jsp? section=papers&code=02-D_05.

—"The New Gender Gap: American Women Even More Supportive than Men of Need for Missile Defense." Online. 28 November 2001. Available at: http:// www. centerforsecuritypolicy. org/index. jsp? section=papers&code=01-F_82.

—"The 'Next War': Will Carl Levin Be Allowed to Leave America Vulnerable to Missile Attack?" 20 May 2002. Available at: http://www. centerforsecuritypolicy. org/index. jsp? section=papers&code=02-D_24.

—"President Bush Applauded for Ending the A. B. M. Treaty，Urged to Move to Deploy Missile Defenses A. S. A. P." 21 December 2001. Available at: http:// www. centerforsecuritypolicy. org/index. jsp? section=papers&code=01-F_87.

—" Reagan's Vision." 21 March 2003. Available at: http://www. centerforsecuritypolicy. org/index. jsp? section=papers&code=03-D_11.

—"Restructure，Don't Cut，the Missile Defense Program; Focus Should Be on Deployment of Near-Term Anti-Missile Systems." 28 April 2004. Available at: http://www. centerforsecuritypolicy. org/index. jsp? section = papers&code = 04-D_19.

—"The Senate Democrats' True Colors on Defense." 24 June 2002. Available at: http://www. centerforsecuritypolicy. org/index. jsp? section = papers&code = 02-D_31.

—"Serious about Defending America." 16 December 2002. Available at: http://www. centerforsecuritypolicy. org/index. jsp? section＝papers&code＝02-D_63.

—"Veto Bait: Levin Efforts to Replace Treaty-Based Impediments to Missile Defense with Legislative Ones Must Be Thwarted." 6 May 2002. Available at: http:// www. centerforsecuritypolicy. org/index. jsp? section＝papers&code＝02-D_22.

反恐战争

Center for Security Policy. "Balancing Security and Privacy during Wartime." 2 April 2004. Available at: http://www. centerforsecuritypolicy. org/index. jsp? section＝papers&code＝04-F_08.

—"Beware of the Gaza Trap." 14 April 2004. Available at: http://www. centerforsecuritypolicy. org/index. jsp? section＝papers&code＝04-F_10.

—" The Choice." 1 November 2004. Available at: http://www. centerforsecuritypolicy. org/index. jsp? section＝papers&code＝04-D_48.

—" A Fateful Choice." 9 February 2004. Available at: http://www. centerforsecuritypolicy. org/index. jsp? section＝papers&code＝04-D_06.

—"Happy Birthday, Patriot Act!" 26 October 2004. Available at: http://www. centerforsecuritypolicy. org/index. jsp? section＝papers&code＝04-F_17.

—" Hatchet Job." 25 October 2004. Available at: http://www. centerforsecuritypolicy. org/index. jsp? section＝papers&code＝04-D_47.

—"It Is a Global War on Terror." 11 March 2004. Available at: http://www. centerforsecuritypolicy. org/index. jsp? section＝papers&code＝04-F_06.

—" Kill （the） Bill." 6 December 2004. Available at: http://www. centerforsecuritypolicy. org/index. jsp? section＝papers&code＝04-D_54.

—" Know Thy Enemy." 9 August 2004. Available at: http://www. centerforsecuritypolicy. org/index. jsp? section＝papers&code＝04-D_36.

—"October Surprise: Latest bin Laden Tape Confirms Effectiveness of Bush War on Terror." 1 November 2004. Available at: http://www. centerforsecuritypolicy. org/index. jsp? section=papers&code=04-D_49.

—"Privatizing Counterproliferation. "26 January 2004. Available at: http://www. centerforsecuritypolicy. org/index. jsp? section=papers&code=04-D_04.

—"The Right Questions." 2 February 2004. Available at: http://www. centerforsecuritypolicy. org/index. jsp? section=papers&code=04-D_05.

—"Taking Down Bush." 22 March 2004. Available at: http://www. centerforsecuritypolicy. org/index. jsp? section=papers&code=04-D_12.

—"Unactionable." 12 April 2004. Available at: http://www. centerforsecuritypolicy. org/index. jsp? section=papers&code=04-D_16.

—"U. S. Strategy for the War on Terrorism. "14 April 2004. Available at: http:// www. centerforsecuritypolicy. org/index. jsp? section=papers&code=052.

—"The War on Terror Can't Be Won by Losing Iraq. "20 September 2004. Available at: http://www. centerforsecuritypolicy. org/index. jsp? section=papers&code =04-D_42.

—"A Win for Terror." 15 March 2004. Available at: http://www. centerforsecuritypolicy. org/index. jsp? section=papers&code=04-D_11.

—"A World Without Israel." 12 January 2005. Available at: http://www. centerforsecuritypolicy. org/index. jsp? section=papers&code=05-F_01.

战略与国际问题研究中心

导弹防御

Binnendijk, Hans, and George Stewart. "Toward Missile Defenses from the Sea." *Washington Quarterly* 25, no. 3 (2002): 193 - 206.

Lindsay, James M. , and Michael E. O'Hanlon. "Missile Defense after the ABM Treaty. " *Washington Quarterly* 25, no. 3 (2002): 163 – 176.

McLaughlin, Kevin. "Would Space-Based Defenses Improve Security?" *Washington Quarterly* 25, no. 3 (2002): 177 – 191.

反恐战争

Al Sayyid, Mustafa. "Mixed Message: The Arab and Muslim Response to 'Terrorism. '" *Washington Quarterly* 25, no. 2 (March 2002): 177 – 190.

Arend, Anthony Clark. "International Law and the Preemptive Use of Military Force. " *Washington Quarterly* 26, no. 2 (2003): 89 – 103.

Blinken, Antony J. "Winning the War of Ideas. "*Washington Quarterly* 25, no. 2 (March 2002): 101 – 114.

Campbell, Kurt M. "Globalization's First War?"*Washington Quarterly* 25, no. 1 (January 2001): 7 – 14.

Delpech, Therese. "The Imbalance of Terror. "*Washington Quarterly* 25, no. 1 (January 2002): 31 – 40.

Desker, Barry, and Kumar Ramakrishna. "Forging an Indirect Strategy in Southeast Asia. " *Washington Quarterly* 25, no. 2 (March 2002): 161 – 176.

Dibb, Paul. " The Future of International Coalitions: How Useful? How Manageable?" *Washington Quarterly* 25, no. 2 (March 2002): 131 – 144.

Dory, Amanda J. "American Civil Security: The U. S. Public and Homeland Security. " *Washington Quarterly* 27, no. 1 (2003): 37 – 52.

Freedman, Lawrence. "Prevention, Not Preemption. "*Washington Quarterly* 26, no. 2 (2003): 105 – 114.

Gunaratna, Rohan. "The Post-Madrid Face of Al Qaeda. "*Washington Quarterly* 27, no. 3 (2004): 91 – 100.

Guoliang, Gu. "Redefine Cooperative Security, Not Preemption." *Washington Quarterly* 26, no. 2 (2003): 135 - 145.

Heisbourg, François. "A Work in Progress: The Bush Doctrine and Its Consequences." *Washington Quarterly* 26, no. 2 (2003): 75 - 88.

Isherwood, Michael W. "U. S. Strategic Options for Iraq: Easier Said than Done." *Washington Quarterly* 25, no. 2 (March 2002): 145 - 159.

Layne, Christopher. "Offshore Balancing Revisited."*Washington Quarterly* 25, no. 2 (2002): 233 - 248.

Lennon, Alexander T. "Editor's Note."*Washington Quarterly* 27, no. 4 (2004): 111 - 114.

Lugar, Richard G. "Redefiningnato's Mission: wmd Terrorism." *Washington Quarterly* 25, no. 3 (2002): 7 - 13.

Mazarr, Michael J. "Saved from Ourselves?" *Washington Quarterly* 25, no. 2 (March 2002): 221 - 232.

Miller, Steven E. "The End of Unilateralism or Unilateralism Redux?" *Washington Quarterly* 25, no. 1 (January 2002): 15 - 29.

Mills, Greg. "Africa's New Strategic Significance."*Washington Quarterly* 27, no. 4 (2004): 157 - 169.

Mohan, C. Raja. "A Paradigm Shift toward South Asia?"*Washington Quarterly*26, no. 1 (2002 - 03): 141 - 155.

Morrison, J. Stephen. "Somalia's and Sudan's Race to the Fore in Africa." *Washington Quarterly* 25, no. 2 (March 2002): 191 - 205.

Parachini, John. "Putting wmd Terrorism into Perspective." *Washington Quarterly* 26, no. 4 (2003): 37 - 50.

Pillar, Paul R. "Counterterrorism after Al Qaeda."*Washington Quarterly* 27, no. 3

(2004)：101 - 113.

Raghavan，V. R. "The Double-Edged Effect in South Asia."*Washington Quarterly* 27，no. 4（2004）：147 - 155.

Rosa，Mary De. "Privacy in the Age of Terror."*Washington Quarterly* 26，no. 3 （2003）：27 - 41.

Serfaty，Simon. "The New Normalcy."*Washington Quarterly* 25，no. 2（March 2002）：209 - 219.

Simon，Steven，and Jeff Martini. "Terrorism：Denying Al Qaeda Its Popular Support."*Washington Quarterly* 28，no. 1（2004 - 05）：131 - 145.

Stepanova，Ekaterina. "War and Peace Building."*Washington Quarterly* 27，no. 4 （2004）：127 - 136.

Takeyh，Ray，and Nikolas Gvosdev. "Do Terrorist Networks Need a Home?" *Washington Quarterly* 25，no. 3（2002）：97 - 108.

Watanabe，Akio. "A Continuum of Change."*Washington Quarterly* 27，no. 4 （2004）：137 - 146.

Weidenbaum，Murray L. "Economic Warriors against Terrorism."*Washington Quarterly* 25，no. 1（January 2002）：43 - 52.

Windsor，Jennifer L. "Promoting Democratization Can Combat Terrorism." *Washington Quarterly* 26，no. 3（2003）：43 - 58.

Wu，Xinbo. "The Promise and Limitations of a Sino-U. S. Partnership."*Washington Quarterly* 27，no. 4（2004）：115 - 126.

外交关系协会

导弹防御

Butler，Richard. *Fatal Choice：Nuclear Weapons and the Illusion of Missile*

Defense. New York: Council on Foreign Relations, 2002.

Ivanov, Igor. "The Missile-Defense Mistake." *Foreign Affairs* 79, no. 5
(September/October 2000): 15 - 21.

Newhouse, John. "The Missile Defense Debate." *Foreign Affairs* 80, no. 4 (July/
August 2001): 97.

Perry, William J. "Preparing for the Next Attack." *Foreign Affairs* 80, no. 6
(November/December 2001): 31.

Schell, Jonathan. "The Folly of Arms Control." *Foreign Affairs* 79, no. 5
(September/October 2000): 22 - 45.

反恐战争

Albright, Madeline K. "Bridges, Bombs, or Bluster?" *Foreign Affairs* 82, no. 5
(September/October 2003): 2 - 20.

Betts, Richard K. "The New Politics of Intelligence: Will Reforms Work This
Time?" *Foreign Affairs* 83, no. 3 (May/June 2004): 2.

Byford, Grenville. "The Wrong War." *Foreign Affairs* 81, no. 4 (July/August
2002): 34.

Byman, Daniel. "Should Hezbollah Be Next?" *Foreign Affairs* 82, no. 6
(November/December 2003): 54.

Crocker, Chester A. "Engaging Failing States." *Foreign Affairs* 82, no. 5
(September/October 2003): 32 - 44.

Dobriansky, Paula J., and Thomas Carothers. "Democracy Promotion." *Foreign
Affairs* 82, no. 3 (May/June 2003): 141.

Flynn, Stephen E. "America the Vulnerable." *Foreign Affairs* (January/
February2002): 60.

Flynn, Stephen E., Gary Hart, and Warren B. Rudman. *America-Still*

Unprepared, *Still in Danger*. Council on Foreign Relations Press, October 2002. Available at: http://www.cfr.org/pdf/Homeland_TF.pdf.

Fuller, Graham E. "The Future of Political Islam." *Foreign Affairs* 81, no. 2 (March/April 2002): 48.

Greenberg, Maurice R., William F. Wechsler, and Lee S. Wolosky. *Terrorist Financing*. Council on Foreign Relations, October 2002. Available at: http://www.cfr.org/pdf/Terrorist_Financing_TF.pdf.

Greenberg, Maurice R., Mallory Factor, William F. Wechsler, and Lee S. Wolosky. *Update on the Global Campaign against Terrorist Financing*. Council on Foreign Relations, June 2004. Available at: http://www.cfr.org/pdf/Revised_Terrorist_Financing.pdf.

Hills, Carla A., Richard C. Holbrooke and Charles G. Boyd. *Improving the U.S. Public Diplomacy Campaign in the War against Terrorism."

Council on Foreign Relations, November 2001. Available at: http://www.cfr.org/pub4215/richard_c_holbrooke_charles_g_boyd_carla_a_hills/improving_the_us_public_diplomacy_campaign_in_the_war_against_terrorism.php.

Hoffman, David. "Beyond Public Diplomacy." *Foreign Affairs* 81, no. 2 (March/April 2002): 83.

Hoffmann, Stanley. "Clash of Globalizations." *Foreign Affairs* 81, no. 4 (July/August 2002): 104.

Independent Task Force on America's Response to Terrorism. *Strengthening the U.S. Saudi Relationship*. Council on Foreign Relations Paper, 30 May 2002. Available at: http://www.cfr.org/pub4604/special_report/strengthening_the_ussaudi_relationship.php.

Luft, Gal, and Anne Korin. "Terrorism Goes to Sea." *Foreign Affairs* 83, no. 6

(November/December 2004): 61.

Lyman, Princeton N. , and J. Stephen Morrison. "The Terrorist Threat in Africa. " *Foreign Affairs* 83, no. 1 (January/February 2004): 75.

Mallaby, Sebastian. " The Reluctant Imperialist. " *Foreign Affairs* 81, no. 2 (March/April 2002): 2.

Mead, Walter Russell. *Power, Terror, Peace, and War.* New York: Council on Foreign Relations, 2004.

Mosi, Dominique. "Reinventing the West. "*Foreign Affairs* 82, no. 6 (November/ December 2003): 67.

Nossel, Suzanne. "Smart Power. "*Foreign Affairs* 83, no. 2 (March/April 2004): 131.

O'Hanlon, Michael E. "A Flawed Masterpiece. "*Foreign Affairs* 81, no. 3 (May/ June 2002): 47.

Rogers, Steven. "Beyond the Abu Sayef. " *Foreign Affairs* 83, no. 1 (January/ February 2004): 15.

Rotberg, Robert I. "Failed States in a World of Terror. "*Foreign Affairs* 81, no. 4 (July/August 2002): 127.

Roth, Kenneth. "The Law of War in the War on Terror. "*Foreign Affairs* 83, no. 1 (January/February 2004): 2.

Rumsfeld, Donald H. " Transforming the Military. " *Foreign Affairs* 81, no. 3 (May/June 2002): 20.

Telhami, Shibley. " The Ties That Bind: Americans, Arabs, and Israelis after September 11. " *Foreign Affairs* 83, no. 2 (March/April 2004): 8.

Wedgwood, Ruth, and Kenneth Roth. "Combatants or Criminals? How Washington Should Handle Terrorists. " *Foreign Affairs* 83, no. 3 (May/June 2004): 126.

传统基金会

导弹防御

Sokolski，Henry. "Missile Nonproliferation and Missile Defense. "*Heritage Lecture*, no. 761 （6 September 2002）. Available at：http://www. heritage. org/ Research/NationalSecurity/hl761. cfm.

Spencer，Jack. "Bush and Kerry：Stark Contrasts on National Security. " *Executive Memorandum*, no. 947 （20 October 2004）. Available at：http://www. heritage. org/Research/NationalSecurity/em947. cfm.

Spring，Baker. "Congress Should Commend Britain on Missile Defense Radar Upgrade. " *Executive Memorandum*, no. 861 （21 February 2003）. Available at：http://www. heritage. org/Research/NationalSecurity/em861. cfm.

—"Keeping Missile Defense at the Heart of Defense Transformation. " *Executive Memorandum*, no. 874 （7 May 2003）. Available at：http://www. heritage. org/Research/NationalSecurity/em874. cfm.

—"No Defense for Criticism on Missile Defense Testing. "*WebMemo*, no. 215 （28 February 2003 ）. Available at：http://www. heritage. org/Research/ NationalSecurity/wm215. cfm.

—"Use New Acquisition Procedures for Missile Defense. "*WebMemo*, no. 414 （4 February 2004 ）. Available at：http://www. heritage. org/Research/ NationalSecurity/wm414. cfm.

反恐战争

Arcos，Cresencio. "The Role of the Department of Homeland Security Overseas. " *Heritage Lecture*, no. 840 （7 June 2004）. Available at：http://www. heritage. org/Research/HomelandDefense/hl840. cfm.

Billingslea，Marshall. "Waging War on Terrorism. "*WebMemo*, no. 256 （11 April

2003）. Available at: http://www. heritage. org/Research/NationalSecurity/
wm256. cfm.

Bolton, John R. "Beyond the Axis of Evil: Additional Threats from Weapons of
Mass Destruction. " *Heritage Lecture*, no. 743 (6 May 2002). Available at:
http://www. heritage. org/Research/NationalSecurity/HL743. cfm.

Bush, George W. "Turning Back the Terrorist Threat: America's Unbreakable
Commitment. " *Heritage Lecture*, no. 809 (19 November 2003). Available at:
http://www. heritage. org/Research/MiddleEast/HL809. cfm.

Carafano, James Jay. "The Army Goes Rolling Along: New Service Transformation
Agenda Suggests Promise and Problems. " *Backgrounder*, no. 1729 (23
February 2004). Available at: http://www. heritage. org/Research/
HomelandDefense/bg1729. cfm.

—"Missions, Responsibilities, and Geography: Rethinking How the Pentagon
Commands the World. " *Backgrounder*, no. 1792 (26 August 2004). Available
at: http://www. heritage. org/Research/NationalSecurity/bg1792. cfm.

—"Strategy and Security in the Information Age: Grading Progress in America's War
on Terrorism. " *Heritage Lecture*, no. 824 (17 March 2004). Available at:
http://www. heritage. org/Research/HomelandDefense/hl824. cfm.

Carafano, James Jay, and Stephen Johnson. "Strengthening America's Southern
Flank Requires a Better Effort. " *Backgrounder*, no. 1727 (20 February 2004).
Available at: http://www. heritage. org/Research/NationalSecurity/
bg1727. cfm.

Dillon, Dana R. "The War on Terrorism in Southeast Asia: Developing Law
Enforcement. " *Backgrounder*, no. 1720 (22 January 2004). Available at:
http://www. heritage. org/Research/AsiaandthePacific/BG1720. cfm.

Gardiner, Nile. "The Myth of U. S. Isolation: Why America Is Not Alone in the War on Terror. " *WebMemo*, no. 558 (7 September 2004). Available at: http:// www. heritage. org/Research/Europe/wm558. cfm.

Gardiner, Nile, and John Hulsman. "After Madrid: Preserving the Alliance against Terrorism. " *Backgrounder*, no. 1743 (9 April 2004). Available at: http:// www. heritage. org/Research/NationalSecurity/1743. cfm.

Habeck, Mary R. "Jihadist Strategies in the War on Terrorism. "*Heritage Lecture*, no. 855 (8 November 2004). Available at: http://www. heritage. org/ Research/NationalSecurity/hl855. cfm.

Harmon, Christopher C. "How al-Qaeda May End. "*Backgrounder*, no. 1760 (19 May 2004). Available at: http://www. heritage. org/Research/NationalSecurity/ bg1760. cfm.

Holmes, Kim R. "Threats and Opportunities in the World. "*Heritage Lecture*, no. 833 (4 May 2004). Available at: http://www. heritage. org/Research/ NationalSecurity/hl833. cfm.

Pasicolan, Paolo, and Balbina Y. Hwang. "The Vital Role of Alliances in the Global War on Terrorism. " *Backgrounder*, no. 1607 (24 October 2002). Available at: http://www. heritage. org/Research/NationalSecurity/bg1607. cfm.

Phillips, James A. "Bin Laden's October Surmise. "*WebMemo*, no. 602 (4 November 2004). Available at: http://www. heritage. org/Research/MiddleEast/ wm602. cfm.

—"National Security Isn't Just about Terrorism. "*WebMemo*, no. 472 (9 April 2004). Available at: http://www. heritage. org/Research/NationalSecurity/ wm472. cfm.

—"Somalia and al-Qaeda: Implications for the War on Terrorism. " *Backgrounder*, no. 1526 (5 April 2002). Available at: http://www. heritage. org/Research/ HomelandDefense/BG1526. cfm.

—"Undue Criticism for September11." *WebMemo*, no. 100 (20 May 2002). Available at: http://www. heritage. org/Research/HomelandDefense/ WM100. cfm.

Rosenzweig, Paul, and James Jay Carafano. "Preventive Detention and Actionable Intelligence." *Legal Memorandum*, no. 13 (16 September 2004). Available at: http://www. heritage. org/Research/HomelandDefense/lm13. cfm.

Spencer, Jack. "Before the Overseas Basing Commission." Testimony, 1 September 2004. Available at: http://www. heritage. org/Research/NationalSecurity/ tst090104a. cfm.

—"Focusing Defense Resources to Meet National Security Requirements." *Backgrounder*, no. 1638 (21 March 2003). Available at: http://www. heritage. org/Research/NationalSecurity/bg1638. cfm.

—"The New National Security Strategy: An Effective Blueprint for the War on Terror." *WebMemo*, no. 149 (25 September 2002). Available at: http:// www. heritage. org/Research/HomelandDefense/WM149. cfm.

—"Presidential Authority in the War on Terrorism: Iraq and Beyond." *Backgrounder*, no. 1600 (2 October 2002). Available at: http://www. heritage. org/Research/MiddleEast/bg1600. cfm.

—"The War on Terrorism and Beyond: Principles and Issues for the Quadrennial Defense Review." *WebMemo*, no. 619 (10 December 2004). Available at: http://www. heritage. org/Research/NationalSecurity/wm619. cfm.

Spencer, Jack, and Ha Nguyen. "Are We Safer Today than before9/11?" *WebMemo*, no. 335 (10 September 2003). Available at: http://www. heritage. org/

Research/HomelandDefense/wm335. cfm.

Spring, Baker, and Jack Spencer. "In Post-War Iraq, Use Military Forces to Secure Vital U. S. Interests, Not for Nation-Building." *Backgrounder*, no. 1589 (25 September 2002). Available at: http://www. heritage. org/Research/ MiddleEast/bg1589. cfm.

Thawley, Michael. "Australia's Continuing Role in the War on Terrorism." *Heritage Lecture*, no. 830 (31 March 2004). Available at: http://www. heritage. org/Research/NationalSecurity/hl830. cfm.

Wortzel, Larry M. "Conservative Principles, Political Reality, and the War on Terrorism." *Heritage Lecture*, no. 847 (2 August 2004). Available at: http:// www. heritage. org/Research/NationalSecurity/HL-847. cfm.

国际政策研究所

反恐战争

Borgu, Aldo. "Combating Terrorism in East Asia—a Framework for Regional Cooperation." *Asia Pacific Review* 11, no. 2 (November 2004): 48 - 59.

Campbell, Kurt M. , and Yuki Tatsumi. "In the Aftermath of the Storm: US Foreign Policy in the Wake of 9/11 and Its Implications for the Asia-Pacific region." *Asia Pacific Review* 9, no. 2 (1 November 2002): 31 - 44.

Desker, Barry, and Arabinda Acharya. "Targeting Islamist Terrorism in Asia Pacific: An Unending War." *Asia Pacific Review* 11, no. 2 (November 2004): 60 - 80.

Imai, Ryukichi. "Weapons of Mass Destruction: Major Wars, Regional Conflicts, and Terrorism." *Asia Pacific Review* 9, no. 1 (1 May 2002): 88 - 99.

兰德公司

导弹防御

Larson, Eric V. , and Glenn A. Kent. *A New Methodology for Assessing Multilayer Missile Defence Options*. Santa Monica, ca: rand, 1994.

Lussier, Frances M. , et al. *Army Air and Missile Defence: Future Challenges*. Santa Monica, ca: rand, 2002.

Mosher, David E. , and Lowell H. Schwartz. "Excessive Force: Why Russian and U. S. Nuclear Postures Perpetuate Cold War Risks. " *RAND Review* 27, no. 3 (fall 2003). Available at: http://www. rand. org/publications/randreview/issues/fall2003/force. html.

Preston, Bob, et al. *Space Weapons: Earth Wars*. Santa Monica, ca: rand, 2002.

Swaine, Michael D. , Rachael M. Swanger, and Takashi Kawakami. *Japan and Ballistic Missile Defence: The Case of Japan*. Santa Monica, ca: rand, 2001.

反恐战争

Benard, Cheryl. *Civil Democratic Islam: Partners, Resources, and Strategies*. Santa Monica, ca: rand, 2003. Available at: http://www. rand. org/publications/MR/MR1716/MR1716. pdf.

—"Five Pillars of Democracy: How the West Can Promote an Islamic Reformation. " *RAND Review* 28, no. 1 (spring 2004). Available at: http:// www. rand. org/publications/randreview/issues/spring2004/pillars. html.

Dobbins, James. "Nation-Building: The Inescapable Responsibility of the World's Only Superpower. " *RAND Review* 27, no. 2 (summer 2003). Available at: http://www. rand. org/publications/randreview/issues/summer2003/.

Fair, C. Christine. *The Counterterror Coalitions: Cooperation with Pakistan and India*. Santa Monica, ca: rand, 2004. Available at: http://www. rand. org/

pubs/monographs/2004/RAND_MG141. pdf.

Hoffman, Bruce. *Insurgency and Counterinsurgency in Iraq*. Santa Monica, ca:
rand, 2004. Available at: http://www. rand. org/publications/OP/OP127/
OP127. pdf.

—"Redefining Counterterrorism: The Terrorist Leader asceo. " *RAND Review* 28,
no. 1 (spring 2004). Available at: http://www. rand. org/publications/
randreview/issues/spring2004/ceo. html.

Jenkins, Brian Michael. "Redefining the Enemy: The World Has Changed, but Our
Mindset Has Not. " *RAND Review* 28, no. 1 (spring 2004). Available at:
http://www.   rand.   org/publications/randreview/issues/spring2004/enemy.
html.

Khalizad, ZalMay, and Daniel Byman. "Afghanistan: The Consolidation of a Rogue
State. " *Washington Quarterly* 23, no. 1 (winter 2000): 65 – 78. Available at:
http://www. twq. com/winter00/231Byman. pdf.

Larrabee, F. Stephen. *The Middle East in the Shadow of Afghanistan and Iraq*.
Santa Monica,ca: rand, 2003. Available at: http://www. rand. org/ publications
/CF/CF191/.

Quinlivan, James T. "Selective Service: Bring Back the Draft in Iraq, Not Here. "
RAND Review 28, no. 2 (summer 2004). Available at: http://www. rand.
org/ publications/randreview/issues/summer2004/service. html.

Rabasa, Angel, et al. *The Muslim World after* 9/11. Santa Monica, ca: rand,
2004. Available at: http://www. rand. org/pubs/monographs/2004/RAND_
MG246. pdf.

关于导弹防御和反恐战争的更多文章

导弹防御

Baucom, Donald. *The Origins of SDI*, 1944 - 1983. Lawerence: University of Kansas Press, 1992.

Brennan, D. G. "The Case for Missile Defense. "*Foreign Affairs* 47 (April 1969): 433 - 448.

Brown, Harold, ed. *The Strategic Defense Initiative: Shield or Snare?* Boulder: Westview Press, 1987.

Brzezinski, Zbigniew, ed. *Promise or Peril*, *the Strategic Defense Initiative: Thirty-Five Essays by Statesman, Scholars, and Strategic Analysts*. Washington, dc: Ethics and Public Policy Center, 1986.

Cirinione, Joseph. "Why the Right Lost the Missile Defense Debate. " *Foreign Policy*, no. 106 (spring 1997): 38 - 55.

Coffey, J. I. "The Anti-Ballistic Missile Debate. "*Foreign Affairs* 45 (April 1967): 403 - 413.

Cordesman, Anthony H. *Strategic Threats and National Missile Defenses: Defending the U. S. Homeland*. Westport, ct: Praeger, 2002.

FitzGerald, Francis. *Way Out There in the Blue: Reagan, Star Wars, and the End of the Cold War*. New York: Simon & Schuster, 2000.

Gormley, Dennis M. "Enriching Expectations: 11 September's Lessons for Missile Defense. " *Survival* 44, no. 2 (summer 2002): 19 - 45.

—"Missile Defense Myopia: Lessons from the Iraq War. "*Survival* 45, no. 4(winter 2003): 61 - 86.

Lewis, George, and Lisbeth Gronlund. "An Assessment of the Missile Defense 'Endgame Success' Argument. " *Union of Concerned Scientists Working Paper*,

2 December 2002. Available at: www. ucsusa. org/global _ security/missile _ defense/page. cfm? pageID=1066.

Lindsay, James M. *Defending America: The Case for Limited National Missile Defense*. Washington, dc: Brookings Institution Press, 2001.

Lord, Carnes. "A Strategic Defense Initiative: Building a Better Shield. "*National Interest*, no. 76 (summer 2004): 84 - 92.

Matlock, Jack F. , Jr. *Reagan and Gorbachev: How the Cold War Ended*. New York: Random House, 2004.

Payne, Keith B. "The Case for National Missile Defense. "*Orbis* 44, no. 2 (spring, 2000): 187 - 196.

Sessler, Andrew, et al. "Countermeasures: A Technical Evaluation of the Operational Effectiveness of the Planned US National Missile Defense System. " *Union of Concerned Scientists Working Paper*, April 2000. Available at: www. ucsusa. org/publications/report. cfm? publicationID=132.

Teller, Edward. *Better a Shield than a Sword: Perspectives on Defense Technology*. New York: Free Press, 1987.

Wirtz, James J. , and Jeffery A. Larsen, eds. *Rockets' Red Glare: Missile Defenses and the Future of World Politics*. Boulder, co: Westview Press, 2001.

Yanarella, Ernest J. *The Missile Defenses Controversy: Strategy, Technology, and Politics*, 1955 - 1972. Lexington: University Press of Kentucky, 1977.

反恐战争

Allison, Graham. "How to Stop Nuclear Terror. " *Foreign Affairs* 83, no. 1 (January/February 2004): 64.

Andreas, Peter. "Redrawing the Line: Borders and Security in the Twenty-First Century. " *International Security* 28, no. 2 (2003): 78 - 111.

Anonymous. *Imperial Hubris: Why the West Is Losing the War on Terror*. Washington, dc: Brassey's, 2004.

Baker, Nancy V. "National Security versus Civil Liberties." *Presidential Studies Quarterly* 33, no. 3 (September 2003): 547 - 567.

Barton, Frederick D., and Bathsheba Crocker. "Winning the Peace in Iraq." *Washington Quarterly* 26, no. 2 (15 September 2003): 7 - 22.

Bowden, Mark. "The Dark Art of Interrogation." *Atlantic Monthly* 292, no. 3 (October 2003): 51 - 76.

Cirincione, Joseph. "Can Preventive War Cure Proliferation?" *Foreign Policy*, no. 137 (July/August 2003): 66 - 69.

Clarke, Richard. "Ten Years Later." *Atlantic Monthly* 295, no. 1 (January/February 2005): 61 - 77.

Coll, Steve. *Ghost Wars: The Secret History of the CIA, Afghanistan, and Bin Laden, from the Soviet Invasion to September 10, 2001*. New York: The Penguin Press, 2004.

Dawisha, Adeed, and Karen Dawisha. "How to Build a Democratic Iraq." *Foreign Affairs* 82, no. 3 (May/June 2003): 36.

Debat, Alexis. "Vivisecting Jihad." *National Interest*, no. 76, (summer 2004): 18 - 23.

Delong, Mike. *Inside CENTCOM: The Unvarnished Truth about the War in Afghanistan and Iraq*. Washington, dc: Regnery Publishing, 2004.

Diamond, Larry. "What Went Wrong in Iraq." *Foreign Affairs* 83, no. 5 (September/October 2004): 34.

Dobbins, James. "Iraq: Winning the Unwinnable War." *Foreign Affairs* 84, no. 1 (January/February 2005): 16 - 25.

Falkenrath, Richard A. "Problems of Preparedness: U. S. Readiness for a Domestic Terrorist Attack. " *International Security* 25, no. 4 (March 2001): 147 – 186.

Fallows, James. "The Fifty-First State?" *Atlantic Monthly* 290, no. 4 (November 2002): 53 – 64.

Feinstein, Lee, and Anne-Marie Slaughter. "A Duty to Prevent. " *Foreign Affairs* 83, no. 1 (January/February 2004): 136.

Gannon, Kathy. "Afghanistan Unbound. " *Foreign Affairs* 83, no. 3 (May/June 2004): 35.

Glennon, Michael J. "Why the Security Council Failed. " *Foreign Affairs* 82, no. 3 (May/June 2003): 16.

Ignatieff, Michael. *Empire Lite: Nation Building in Bosnia, Kosovo, and Afghanistan.* Toronto: Penguin Canada, 2003.

—*The Lesser Evil: Political Ethics in an Age of Terror.* Toronto: Penguin Books, 2004.

—"Why Are We in Iraq? (and Liberia? and Afghanistan?)" *New York Times Magazine*, 7 September 2003, 38.

Kaplan, Robert D. *Soldiers of God: With Islamic Warriors in Afghanistan and Pakistan.* New York: Vintage Books, 2001.

—"Supremacy by Stealth: Ten Rules for Managing the World. " *Atlantic Monthly* 292, no. 1 (July/August 2003): 61 – 83.

Keegan, John. *The Iraq War.* New York: A. A. Knopf, 2004.

Leiken, Robert S. "Europe's Angry Muslims. " *Foreign Affairs* 84, no. 4 (July/ August 2005): 120 – 135.

Lewis, Bernard. "Freedom and Justice in the Middle East. " *Foreign Affairs* 84, no. 3 (May/June 2005): 36 – 51.

Lindsay, James M. "Deference and Defiance: The Shifting Rhythms of Executive-Legislative Relations in Foreign Policy. " *Presidential Studies Quarterly* 33, no. 3 (September 2003): 530 – 546.

Margolis, Eric. *War at the Top of the World: The Struggle for Afghanistan, Kashmir and Tibet*. New York: Routledge, 2002.

Metz, Steven. "Insurgency and Counterinsurgency in Iraq. "*Washington Quarterly* 27, no. 1 (25 November 2003): 25 – 36.

O'Toole, Tara, and Donald A. Henderson. "A Clearly Present Danger. "*Harvard International Review* 23, no. 3 (fall 2001): 49 – 53.

Ottaway, Marina, and Anatol Lieven. "Rebuilding Afghanistan. "*Current History* 101, no. 653 (March 2002): 133 – 138.

Relyea, Harold C. "Organizing for Homeland Security. " *Presidential Studies Quarterly* 33, no. 3 (September 2003): 602 – 624.

Ross, Dennis. "The Middle East Predicament. " *Foreign Affairs* 84, no. 1 (January/February 2005): 61 – 74.

Rubin, Barnett R. "Afghanistan under the Taliban. "*Current History* 98, no. 625 (February 1999): 79 – 91.

Schlesinger, Arthur, Jr. *War and the American Presidency*. New York: W. W. Norton, 2004.

Snyder, Robert S. "The Myth of Preemption: More than a War against Iraq. " *Orbis* 47, no. 4 (autumn 2003): 653 – 660.

Starr, Frederick S. "Silk Road to Success. "*National Interest*, no. 78 (winter 2004/ 2005): 65 – 72.

Taft, William H. , iv, and Todd F. Buchwals. "Preemption, Iraq, and International Law. " *American Journal of International Law* 97, no. 3 (July 2003): 557 – 563.

引用文献

ABC News. Transcript from *Nightline*, 5 March 2003.

Abelson, Donald E. *American Think Tanks and Their Role in US Foreign Policy*. London and New York: Macmillan and St. Martin's Press, 1996.

—*Do Think Tanks Matter? Assessing the Impact of Public Policy Institutes*. Kingston and Montreal: McGill-Queen's University Press, 2002.

—"Policy Experts and Political Pundits: American Think Tanks and the News Media." *NIRA Review*, spring 1998, 28 – 32.

Abelson, Donald E. , and Christine M. Carberry. "Following Suit or Falling Behind? A Comparative Analysis of Think Tanks in Canada and the United States." *Canadian Journal of Political Science* 31, no. 3(1998): 525 – 555.

—"Policy Experts in Presidential Campaigns: A Model of Think Tank Recruitment." *Presidential Studies Quarterly* 27, no. 4(fall 1997): 679 – 697.

Abouzeid, Pamela. "Hoover Institute: Stanford's Deep, Dark Secret?" *Oakland Tribune*, 18 July 1983.

Achenbach, Joel. "Wonk If You Love Clinton: Kennedy's They're Not: The Torch Has Been Passed to a Nerd Frontier." Washington Post, 8 November 1992.

Allen, Charles F. , and Jonathan Portis. *The Comeback Kid: The Life and Career of Bill Clinton*. New York: Birch Lane Press, 1992.

Allison, Graham T. *The Essence of Decision: Explaining the Cuban Missile Crisis*. Boston: Little Brown, 1971.

Alterman, Eric. *Sound and Fury: They Washington Punditocracy and the Collapse of American Politics*. New York: Harper Collins, 1992.

Alterman, Eric, and Mark J. Green. *The Book on Bush: How George W. Bush (Mis) Leads America*. New York: Viking, 2004.

American Enterprise Institute. *Annual Report*, 2003. Washington, DC: American Enterprise Institute, 2003.

"America Withdraws from ABM Treaty. "*BBC News*, 13 December 2001. Available at: WWW. news. bbc. co. uk/I/hi/world/americas/1707812. stm.

Anderson, Martin. *Impostors in the Temple*. New York: Sim on and schuster, 1992.

—*Revolution*. New York: Harcourt Brace Jovanovich, 1988.

—*Stanford and Hoover and Academic Freedom: A Collection of Published Reports on the Relationship between Stanford University and the Hoover Institution*. Stanford: Hoover Institution, 1985.

Associated Press. "Bush Turns to Foreign Policy Experts. " 16 December 2000. Available at: http://quest. cjonline. com/stories/121600/gen _ 1216007443. shtml.

Babington, Charles. "Bush Names Zoellick as Trade Representative. " *Washington Post*, 10 January 2000.

Baer, Donald. "A Network for the Nineties. " *U. S. News and World Report*, 23 November 1992.

Balz, Dan, "Change Doesn't Come Cheap. " *Washington Post*, 18 February 1992, Aoi.

Balzano, Michael P. , Jr. "The Sacking of a Centrist. " *Washington Post*, 6 July 1986.

Bandow, Doug. "New Democrats Lose Think-Tank War," *Wall Street Journal*, 18 March 1993.

Barnes, James A. "Will DLC Be a Lobbying Heavyweight?" *National Journal*, 23 October 1993.

Beers, David. "Button-Downed Bohemians." *San Francisco Chronicle*, 3 August 1986.

Beland, D., and A. Waddan. "From Thatcher (and Pinochet) to Clinton? Conservative Think Tanks, Foreign Models and U. S. Pensions Reform." *Political Quarterly* 71, no. 2(April 2000): 202 – 210.

Bentley, Arthur F. *The Process of Government*. Chicago: University of Chicago Press, 1908.

Berman, Edward H. *The Influence of the Carnegie, Ford and Rockefeller Foundations on American Foreign Policy: The Ideology of Philanthropy*. New York: State University of New York Press, 1983.

Bernstein, Richard. *Out of the Bule: The Story of September 11th, 2001, from Jibad to Ground Zero*. New York: Times Books, 2002.

Bethell, Tom. "Liberalism, Stanford Style." *Commentary* 77, no. 1(January 1984): 42 – 47.

Bishop, Katherine. "Stanford and Hoover Institute at Odds." *New York Times*, 12 September 1985.

Blix, Hans. *Disarming Iraq*. New York: Pantheon Books, 2004.

Blumenthal, Sidney. *The Rise of the Counter-Establishment: From Conservative Ideology to Political Power*. New York: Harper and Row, 1988.

—"Think Tank Adrift in the Center." *Washington Post*, 26 June 1986.

Boese, Wade. "U. S. Withdraws from ABM Treaty; Global Response Muted. "

Arms Control Today, July/August 2002. Available at: www. armscontrol. org/ act/2002_07-08/abmjul_augo2. asp.

Boston, T. "American Right-Wing Libertarians: the Opponents of Democracy, Ecology and Ethics. " *Democracy and Nature* 6, no. 2 (July 2000): 199 - 210.

Bovard, James. *The Bush Betrayal*. New York: Palgrave Macmillan, 2004.

Bowman, Robert. *Star Wars: A Defense Insiders Case against the Strategic Defense Initiative*. Los Angeles: Tarcher; New York: Distributed by St. Martin's Press, 1986.

Brace, Paul, and Barbara Hinckley. *Follow the Leader: Opinion Polls and the Modern Presidents*. New York: Basic Books, 1992.

Braml, Joseph. *U. S. and German Policy Research Institutes' Coping with Influencing Their Environments*. Baden Baden: Nomos, 2004.

Brauer, Carl M. *Presidential Transitions: Eisenbower through Reagan*. New York: Oxford University Press, 1986.

Bremmer, L. Paul, III, and Edwin Meese III. *Defending the American Homeland*. Washington, DC: The Heritage Foundation, 2002.

Bremner, Robert H. *American Philanthropy*. Chicago: University of Chicago Press, 1998.

Breton, Albert, and Ronald Wintrobe. "An Economic Analysis of Bureaucratic Efficiency. " *Law and Economic Workshop Series*. Toronto: University of Toronto, 1981.

Broad, William J. *Teller's War: The Top Secret Story behind the Star Wars Deception*. New York: Simon & Schuster, 1992.

Brookings Institution. *Annual Report* 2003. Washington, DC: The Brookings Institution, 2003.

—*Protecting the American Homeland*: *A Preliminary Analysis*. Washington, DC:
  Brookings Institution Press, 2002.

—*Protecting the American Homeland*: *One Year On*. Washington, DC: Brookings
  Institution Press, 2003.

Brown, Harold. "Is SDI Technically Feasible?" *Foreign Affairs* 64, no. 3 (1985):
  435 – 454.

Brown, Seyom. *The Faces of Power*: *Constancy and Change in United States
  Foreign Policy from Truman to Clinton*. New York: Columbia University
  Press, 1994.

Brownlee, W. Elliot, and Hugh Davis Graham, eds. *The Reagan Presidency*:
  Pragmatic Conservatism and Its Legacies. Lawrence: University Press of
  Kansas, 2003.

Brownstein, Ronald and Nina Easton. *Reagan's Ruling Class*. Washington, DC:
  Presidential Accountability Group, 1982.

Brock, David. *The Republican Noise Machine*: *Right-Wing Media and How It
  Corrupts Democracy*. New York: Crown Publishers, 2004.

Brummett, John. *High Wire*: *From the Backroads to the Beltway-The Education of
  Bill Clinton*. New York: Hyperion Press, 1994.

Bryce, Robert. *Cronies*: *Oil, the Bushes, and the Rise of Texas, America's
  Superstate*. New York: Public Affairs, 2004.

Bundy, W. M. , ed. *The Nuclear Controversy*: *A Foreign Affairs Reader*. New
  York: Meridian, 1985.

Bush, George. *National Security Strategy of the United States*: 1991—1992.
  Washington: Brassey's (US), 1991.

Bush, George, and Brent Scowcroft. *A World Transformed*. New York: Knopf;

Distributed by Random House, 1998.

Bush, George W. "A Period of Consequences." Speech delivered at the Citadel, Charleston, sc, 23 September 1999. Available at citadel. edu/r3/pao/addresses/ pres_bush.

—Speech at the National defense University, Washington, DC, 1 May 2001. Available at whitehouse. gov.

"Bush Marks End of ABM Treaty, with Call for Anti-Missile Shield," *Space Daily*, 13 June 2002. Available at: www. spacedaily. com/news/bmdo-02m. html.

"Bush to withdraw from ABM Treaty." *Guardian Unlimited*, 24 August 2001. Available at: www. guardian. co. uk/bush/story/0,7369,541845,00. html.

Butler, Stuart M., et al. *Mandate for Leadership II: Continuing the Conservative Revolution*. Washington, DC: Heritage Foundation, 1984.

Caldicott, Helen. *The New Nuclear Danger: George W. Bush's Military Industrial Complex*. New York: The New Press, 2002.

Callinicos, Alex. *The New Mandarins of American Power: The Bush Administration's Plans for the World*. Cambridge, UK: Polity; Malden, MA: Distributed in the USA by Black well Publishing, 2003.

Campbell, Colin. *Managing the Presidency: Carter, Reagan and the Search for Executive Harmony*. Pittsburgh: University of Pittsburgh Press, 1986.

Campbell, Colin, and Bert A. Rockman, eds. *The Clinton Presidency: First Appraisals*. Chatham, NJ: Chatham House Publishers, 1996.

Cannon, Lou. *President Reagan: The Role of a Lifetime*. New York: Simon and Schuster, 1991.

Carnegie, Andrew. *Autobiography*. Boston: Houghton Mifflin Co. , 1920.

Carter, Jimmy. *Keeping Faith: Memoirs of a President*. Toronto, New York:

Bantam Books, 1982.

—*Why Not the best?* Nashville: Broadman Press, 1975.

Century Foundation. *Defeating the Jihadists: A Blueprint for Action.* New York: Century Foundation Press, 2004.

Chace, James. *Acheson: The Secretary of State Who Created the American World.* New York: Sim on and Schuster, 1998.

Checkel, Jeffery T. *Ideas and International Political Change.* New Haven: Yale University Press, 1997.

Chisolm, Laura Brown. "Sinking the Think Tanks Upstream: The Use and Misuse of Tax Exemption Law to Address the Use and Misuse of Tax-Exempt Organizations by Politicians." *University of Pittsburgh Law Review* 51, no. 3 (1990): 577 – 640.

Cigler, Allen J. , and burdett A. Loomis, eds. *Interest Group Politics.* Washington DC: CQ Press, 1995.

Clarke, Richard. *Against All Enemies: Inside America's War on Terror.* New York: The Free Press, 2004.

Clinton, William Jefferson. *My Life.* New York: Alfred A. Knopf, 2004.

—"Remarks by the president on National Missile Defense." Gaston Hall, Georgetown University, Washington, DC, 1 September 2000. Available at: www. useu. be/ISSUES/nmd0901. html.

Clinton, William Jefferson, and Al Gore. President Clinton's New Beginning: The Complete Text of the Historic Clinton-Gore Economic Conference in Little Rock Arkansas. East Rutherford, NJ: Donald I. Fine, 1993.

Cohen, William S. , and George J. Mitchell. *Men of Zeal: A Candid Inside Story of the Iran-Contra Hearings.* New York: Viking Press, 1988.

Coleman, William D. , and Grace Skogstad, eds. *Public Policy and Policy Communities in Canada*: *A Structural Approach*. Toronto: Copp Clark Pitman, 1990.

Corn, David. "Bush Gets and Fin Foreign Affairs. " *Salon News*, 5 November 1999. Available at: http://www. salon. com/news/feature/1999/11/05/bush/.

—*The Lies of george W. Bush*: *Mastering the Politics of Deception*. New York: Crown Publishers, 2003.

—"Who's on PFIAB-A Bush Secret . . . or Not?" *Nation*, 14 August 2002. Available at: http://www. thenation. com/blogs/capitalgames? bid=3&pid=97.

Council on Foreign Relations. *A Record of Fifteen Years*: *1921—1936*. New York: Council on Foreign Relations, 1937.

—*The Council on Foreign Relations*: *A Record of Twenty-Five Years*. New York: Council on Foreign Relations, 1947.

—*1989 Annual Report*. New York: Council on Foreign Relations, 1989.

Critchlow, Donald T. *The Brookings Institution*, *1916—1952*: *Expertise and the Public Interest in a Democratic Society*. DeKalb: Northern Illinois University Press, 1985.

Crotty, William J. , ed. *The Politics of Terror*: *The U. S Response to 9/11*. Boston: Northeastern University Press, 2004.

Crowley, Brian Lee. "How Can Think Tanks Win Friends and Influence People in the Media?" *Insider*, no. 264 (October 1999).

Daalder, Ivo H. , and James M. Lindsay. *America Unbound*: *The Bush Revolution in Foreign Policy*. Washington, DC: Brookings Institution Press, 2003.

—"Bush: Still Needs Work on Foreign Affairs. " *Newsday*, 8 December 1999.

Dahl, Robert A. *Who governs? Democracy and Power in an American City*. New

Haven: Yale University Press, 1961.

Dalby, Simon. *Creating the Second Cold War: The Discourse of Politics*. London: Pinter Publishers, 1990.

Dallek, Robert. *An Unfinished Life: John F. Kennedy, 1917—1963*. Boston: Little Brown and Company, 2003.

DeConde, Alexander. *Presidential Machismo: Executive Authority, Military Intervention, and Foreign Relations*. Boston: Northeastern University Press, 2000.

DeMuth, Christopher C. "President's Report: AEI's Mission." *Memorandum*, spring 1987.

Denham, Andrew. *Think-Tanks of the New Right*. Aldershot: Dartmouth, 1996.

Dickson, Paul. *Think Tanks*. New York: Atheneum, 1972.

Dolny, Michael. "What's in a Label? Right Wing Think Tanks Are Often Quoted, Rarely Labeled?" *Extra!* May/June 1998.

Domhoff, G. William. *The Bohemian Grave and Other Retreats: A Study in Ruling-Class Cohesiveness*. New York: Harper and Row, 1974.

—*The Higher Circles: THe Governing Class in America*. New York: Vintage Books, 1970.

—*The Power Elite and the State: How Policy is Made in America*. New York: Aldine de Gruyter, 1990.

—*THe Powers That Be: Processes of Ruling Class Domination in America*. New York: Vintage Books, 1978.

—*Who Rules America?* New Jersey: Prentice Hall, 1967.

—*Who Rules America Now? A View For the '80s*. New York: Sim on and Schuster, 1986.

Domhoff, G. William, and Thomas R. Dye. *Power Elites and Organizations*. London: Sage, 1987.

Duignan, Peter. *The Hoover Institution on War, Revolution and Peace: Seventy-Five Years on its History*. Stanford: Hoover Institution Press, 1989.

Duignan, Peter, and Alvin Rabushka, eds. *The United States in the 1980s*. Stanford: Hoover Institution Press, 1980.

Draper, Theodore. *A Very Thin Line: The Iran-Contra Affairs*. New York: Hill and Wnag, 1991.

Dye, Thomas R. "Oligarchic Tendencies in National Policy Making: The Role of Private Policy Planning Organizations." *Journal of Politics* 40 (1978): 309–331.

—*Who's Running America? The Conservative Years*. New Jersey: Prentice-Hall, 1986.

Easterbrook, Gregg. "Ideas Move Nations." *Atlantic Monthly* 257, no. 1 (January 1986): 66–80.

Edwards, Lee. *The Power of Ideas: The Heritage Foundation at 25 Years*. Ottawa, IL: Jameson Books, 1997.

Eisenstadt, Michael, and Eric Mathewson, eds. *U. S. Policy in Post-Saddam Iraq: Lessons from the British Experience*. Washington, DC: Washington Institute for Near East Policy, 2003.

Emery, Glenn, "New Troubles for an Old Think Tank." *Nation*, 7 April 1986, 26–27.

Evans, Peter B. , Dietrich Rueschemeyer, and Theda Skocpol. *Bringing the State Back In*. Cambridge; New York: Cambridge University Press, 1985.

Everest, Larry. *Oil, Power and Empire: Iraq and the U. S. Global Agenda*. Monroe, ME: Common Courage Press, 2004.

Faupin, Alain. "How Thought Serves Action: The American Think Tanks. " *Revue internationale et strategique* 52 winter 2003 – 2004: 97 – 105.

Feinsilber, Mike. "The Hoover-Reagan Campaign Resource: Stanford's Think Tank of the Right May Lead with Ideas in '80s. " *Los Angeles Times*, 8 June 1980.

Feldman, Noah. *What We Owe Iraq: War and the Ethics of Nation-Building.* Princeton: Princeton University Press, 2004.

Feulner, Edwin J. "Ideas, Think tanks and government. " *The Heritage Lectures*, 51. Washington, DC: The Heritage Foundation, 1985.

Fineman, Howard. "Clinton's Team: The Inner Circles." *Newsweek*, 26 October 1992.

Fischer, Frank. "Country Report: American Think tanks: Policy Elites and the Politicization of Expertise. " *Governance: An International Journal of Policy and administration* 4, no. 3(1991): 343.

Flynn, Stephen E. *America the Vulnerable: How Our Government Is Failing to Protect Us From Terrorism.* New York: Harper Collins, 2004.

Ford, Patrick. "American Enterprise Institute for Public Policy Research. " In Carol H. Weiss. *Organizations for Policy Analysis: Helping Government Think.* Newbury Park, CA: Sage Publications, 1992.

Friedman, Murray. *The Neoconservative Revolution: Jewish Intellectuals and the Shaping of Public Policy.* New York: Cambridge University Press, 2005.

Frost, Robert. *New Hampshire: A Poem with Notes and Grace Notes.* New York: Henry Holt and Co. , 1923.

Frum, David. *The Right Man: The Surprise Presidency of George W. Bush.* New York: Random House, 2003.

Frum, David, and Richard Perle. *An End to Evil: How to Win the War on Terror.*

New York: Random House, 2004.

Gardner, Lloyd C. , and Marilyn B. Young, eds. *The New American Empire: A 21st Century Teach-In on U. S. Foreign Policy.* New York: The New Press, 2005.

Ghamari-Tabrizi, Sharon. *The Worlds of Herman Khan: The Intuitive Science of Thermonuclear War.* Cambridge: Harvard University Press, 2005.

Gedmin, Jeffrey. Presentation at the conference "*Think Tanks in the USA and Germany: Democracy at Work; How and Where Do Public Decision-Makers Obtain Their Knowledge?*" University of Pennsylvania, Philadelphia, 18 – 20 November 1993.

Germond, Jack W. , and Jules Witcover. *Mad as Hell: Revolt at the Ballot Box, 1992.* New York: Warner Books, 1993.

Gill, Stephen. *American Hegemony and the Trilateral Commission.* New York: Cambridge University Press, 1990.

Glenn, John M. , Lillian Brandt, and F. Emerson Andrews. *The Russell Sage Foundation, 1907—1946.* New York: Russell Sage Foundation, 1947.

Golding, Sue. *Gramsci's Democratic theory.* Toronto: University of Toronto Press, 1992.

Goldman, Peter, Thomas M. De Frank, Mark Miller, Andrew Murr, and Tom Matthews. *Quest for the presidency, 1992.* College Station: Texas A &. M University Press, 1994.

Goldwin, Robert A. , and Robert A. Licht, eds. *Foreign Policy and the Constitution.* Washington, DC: The American Enterprise Institute, 1990.

Goode, Stephen, and Ralph Z. Hallow, "Struggling Institute Fights to Survive." *Nation*, 21 July 1986.

Gordon, Phillip H. , and Jeremy Shapiro. *Allies at War: America Europe, and the Crisis over Iraq*. New York: McGraw-Hill, 2004.

Gorman, Siobhan. "Bush's Lesson Plan." *National Journal* 31, no. 32 (7 August 1999): 2230 – 2232.

Graham, Daniel O. *We Must Defend America and Save the World form Madness*. Washington, DC: Regnery, 1983.

Greene, John Robert. *The Presidency of George Bush*. Lawrence: University Press of Kansas, 2000.

Grove, Lloyd. "Steering His Party toward the Center." *Washington Post*, 24 July 1992.

Guttman, Daniel, and Barry Willner. *The Shadow Government: The Government's Multi-billion-Dollar Giveaway of Its Decision-making Powers to Private Management Consultants, "Experts," Think Tanks*. New York: Pantheon, 1976.

Haas, Peter M. , ed. *Knowledge, Power, and International Policy Coordination*. Columbia: University of South Carolina Press, 1997.

Hager, George. "Bush Shops for Advice at California Think Tank: Ex-White House Stars Fill." *Washington Post*, 8 June 1999.

Hallow, Ralph Z. "Pines Quits as Heritage Senior VP." *Washington Times*, 14 April 1992.

Halper, Stefan A. , and Jonathan Clarke. *America Alone: The Neo-Conservatives and the Global Order*. Cambridge; New York: Cambridge University Press, 2004.

Halperin, Morton H. *Bureaucratic Politics and Foreign Policy*. Washington, DC: Brookings Institution, 1974.

Hamm, Bernd, ed. *Devastating Society: The Neo-Conservative Assault on Democracy and Justice.* London: Pluto Press, 2005.

Harris, Michael. "Stanford-Hoover 'Divorce' Suggested." *San Francisco Chronicle,* 29 May 1985.

Harris, Roy J., Jr. "Peace Games: After the Cold War, Rand Remakes Itself as a Civilian Expert." *Wall Street Journal,* 18 June 1993.

Harrison, Kathryn, and George Hoberg. "Setting the Environmental Agenda in Canada and the United States: The Cases of Dioxin and Radon." *Canadian Journal of Political Science* 24, no. 1(1991): 3 – 27.

Hart, John. *The Presidential Branch: From Washington to Clinton.* 2nd ed. Chatham, NJ: Chatham House Publishers, 1995.

Hartung, William D., and Michelle Ciarrocca. "Star Wars: The Next Generation." *Mother Jones Wire,* 31 January 2001. Available at: www. motherjones. com/ reality_check/rumsfeld. html.

Hayward, Steven F. *The Real Jimmy Carter: How Our Worst Ex-President Undermines American Foreign Policy, Coddles Dictators and Created the Party of Clinton and Kerry.* Washington, DC: Regnery Publishing, 2004.

Healy, Patrick, and Sara Hebel. "Academics Start to Line Up behind Presidential Candidates." *Chronicle of Higher Education,* 28 May 1999.

Heatherly, Charles L., ed. *Mandate for Leadership: Policy Management in a Conservative Administration.* Washington, DC: Heritage Foundation, 1981.

—*Mandate for Leadership III: Policy Strategies for the 1990's.* Washington, DC: The Heritage Foundation, 1989.

Heclo, Hugh. "Issue Networks and the Executive Establishment." In Anthony King, ed., *The New American Political System.* Washington, DC: The

American Enterprise Institute, 1978.

Hellebust, Lynn, ed. *Think Tank Directory: A Guide to Independent Nonprofit Public Policy Research Organizations*. Topeka, KS: Government Research Service, 1994.

Henri-Levi, Bernard. "In the Footsteps of Tocqueville." *Atlantic Monthly* 295, no. 4 (May 2005): 54 - 90.

Heritage Foundation. *1990 Annual Report*. Washington, DC: Heritage Foundation, 1990.

—*1998 Annual Report*. Washington, DC: Heritage Foundation, 1998.

—*2002 Annual Report*. Washington, DC: Heritage Foundation, 2002.

—*2003 Annual Report*. Washington, DC: Heritage Foundation, 2003.

—*Defending the American Homeland: A Report of the Heritage Foundation Homeland security Task Force*. Washington, DC: Heritage Foundation, 2002.

Hess, Stephen. *Organizing the Presidency*. Washington, DC: Brookings Institution, 1988.

Hilsman, Roger. *The Politics of Policy-Making in Defense and Foreign Affairs: Conceptual Models and Bureaucratic Politics*. 3rd ed. Englewood Cliffs, NJ: Prentice-Hall, 1993.

Hinckley, Barbara. *Less than Meets the Eye: Foreign Policy Making and the Myth of the Assertive Congress*. Chicago: University of Chicago Press, 1994.

Hodgson, Godfrey. "The Establishment." *Foreign Policy* 10 (spring 1973): 3 - 40.

Hohenberg, John. *The Bill Clinton Story: Winning the Presidency*. Syracuse: Syracuse University Press, 1994.

Hollander, Paul. *Understanding Anti-Americanism: Its Origins and impact at Home and Abroad*. Chicago: Ivan R. Dee, 2004.

Holsti, K. J. *International Politics: A Framework for Analysis*. Englewood Cliffs, NJ: Prentice-Hall, 1988.

Holwill, Richard N. *Agenda '83: A Mandate for Leadership Report*. Washington, DC: Heritage Foundation, 1983.

Hughes, Karen. *The Minutes from Normal*. New York: Viking, 2004.

Institute for Policy Studies. *Annual Report 2002*. Washington, DC: The Institute for Policy Studies, 2002.

Irving, Carl. "Stanford Faculty to Challenge Hoover Institution: Richly Funded Think Tank, Accused of Partisan Politics, Blames Criticism on Envy, Liberal Bias." *San Francisco Examiner*, 8 May 1983.

Ivins, Molly, and Lou Dubose. *Shrub: The Short but Happy Political Life of George W. Bush*. New York: Random House, 2000.

Jackson, Richard. *Writing the War on Terrorism: Language, Politics and Counter-Terrorism*. Manchester: Manchester University Press, 2005.

Jehl, Douglas. "Clinton, Others Begin 5-Day 'Thinking Party?' Retreat: Renaissance Weekend Is Casual in Tone, Intense in Discussion from Spiritual to Political." *Los Angeles Times*, 30 December 1992.

Johnson, Dominic D. P. *Overconfidence and War: The Havoc and Glory of Positive Illusions*. Cambridge: Harvard University Press, 2004.

Judis, John B. "Taking Care of Business." *New Republic*, 19 August 1999, 24 – 31.

Kagan, Robert. *Of Paradise and Power: America and Europe in the New World Order*. New York: Knopf, 2003.

Kagan, Robert, and William Kristol. *Present Dangers: Crisis and Opportunity in American Foreign and Defense Policy*. San Francisco: Encounter Books, 2000.

Kaplan, David A. *The Accidental President: How 413 Lawyers, 9 Supreme Court*

Justices, and 5, 963, 110 (Give or Take a Few) Floridians Landed George W.
Bush in the White House. New York: Morrow, 2001.

Kaplan, Lawrence, and William Kristol. The War over Iraq: Saddam's Tyranny
and America's Missions. San Francisco: Encounter Books, 2003.

Kennan, George F. At a Century's Ending: Reflections 1982—1995. New York:
Norton, 1996.

Kessler, Glenn. "Economic Advisor Has Knack for Translating Tough Issues."
Washington Post, 4 January 2001.

Kingdon, John W. Agendas, Alternatives, and Public Policies. New York: Harper
Collins, 1984.

Kissinger, Henry A. Diplomacy. New York: Simon and Schuster, 1994.

Kitfield, James. "Periphery Is Out, Russia and China, In." National Journal 31,
no. 32 (7 August 1999): 2293.

—War and Destiny: How the Bush Revolution in Foreign and Military Affairs
Redefined American Power. Washington, DC: Potomac Books, 2005.

Knickerbocker, Brad. "Heritage Foundation's Ideas Permeate Reagan
Administration." Christian Science Monitor, 7 December 1984.

Kolakowski, Leszek. Main Currents of Marxism. Oxford: Clarendon Press, 1978.

Kraft, Joseph. "School for Statesman." Harper's Magazine, July 1958, 64 - 68.

Kramer, Martin. Ivory Towers on Sand: The Failure of Middle Eastern Studies in
America. Washington, DC: The Washington Institute for Near East
Policy, 2001.

Krasner, Stephen D. "Are Bureaucracies Important? (or Allison and Wonderland)."
Foreign Policy 7 (summer 1972): 159 - 179.

—Defending the National Interest: Raw Material Investment and U. S. Foreign

Policy. Princeton: Princeton University Press, 1978.

Kristol, William, and Robert Kagan. "Toward a Neo-Reaganite Foreign Policy." *Foreign Affairs 75*, no. 4 (July/August 1996): 18 – 32.

Kurtz, Howard. "Meese Helps Group to Raise Funds." *Washington Post*, 20 January 1982.

Laurent, Eric. *Bush's Secret World: Religion, Big Business, and Hidden Networks*. Cambridge, UK; Malden, MA: Polity, 2004.

Lawyers' Committee on Nuclear Policy and Western States Legal Foundation. "Judge Allows Bush's Withdrawal from ABM Treaty to Stand." *News Release*, 1 January 2003. Available at: www. lcnp. org/disarmament/ABMlawsuit/ABMdecisionpr. htm.

Ledeen, Michael A. *Tocqueville on American Character*. New York: St. Martin's Press, 2000.

Lieberman, Trudy. *Slanting the Story: The Forces That Shape the News*. New York: The New Press, 2000.

Lind, Michael. *Made in Texas: George W. Bush and the Southern Takeover of American Politics*. New York: Basic Books, 2003.

Lindblom, Charles E. "The Science of Muddling Through." *Public Administration Review* 19 (1959): 79 – 88.

Linden, Patricia. "Powerhouses of Policy." *Town and Country*, January 1987, 99 – 179.

Lindquist, Evert A. "Behind the Myth of Think Tanks: The Organization and Relevance of Canadian Policy Institutes." PhD dissertation, University of California at Berkeley, 1989.

—"Public Managers and Policy Communities: Learning to Meet New Challenges. "

Canadian Public Administration 35, no. 2 (1992): 127 – 159.

—"A Quarter-Century of Think Tanks in Canada." In Diane Stone, Andrew Denham, and Mark Garnett, eds. , *Think Tanks across Nations: A Comparative Approach*. Manchester: Manchester University Press 1998.

—"Think Tanks or Policy Clubs? Assessing the Influence and Roles of Canadian Policy Institutes. " *Canadian Public Administration* 36, no. 4 (1993): 547 – 579.

Lipset, Seymour Martin. *Continental Divide*. New York: Routledge, 1990.

Lowi, Theodore J. *The End of Liberalism: Ideology, Policy, and the Crisis of Public Authority*. New York: Norton, 1969.

Lumpkin, John J. "Tests Put Off on Missile Defense Plan." *Associated Press*, 11 July 2005.

McCombs, Phil. "Building a Heritage in the War of Ideas." *Washington Post*, 3 October, 1983.

McFarlane, Robert C. , and Zofia Smardz. *Special Trust*. New York: Cadell & Davies, 1994.

McGann, James G. "Academics to Ideologues: A Brief History of the Public Policy Research Industry. " *PS: Political Science and Politics* 24, no. 4 (December 1992): 739 – 740.

—*The Competition for Dollars, Scholars and Influence in the Public Policy Research Industry*. Lanham, MD: University Press of America, 1995.

—*Scholars, Dollars and Policy Advice*. Philadelphia: Foreign Policy Research Institute, 2004.

—*Think Tanks, Catalysts for Ideas in Action: An International Survey*. Tokyo: National Institute for Research Advancement, 1999.

—"Why Political Science? Think Tanks in a North American Perspective. "

Presentation delivered at the University of Passau, Germany, 3 December 2003.

McGann, James G. , and Erik C. Johnson. *Comparative Think Tanks, Politics and Public Policy*. London: Edward Elgar Publishing, 2006.

McGann, James G. , and R. Kent Weaver, eds. *Think Tanks & Civil Societies: Catalysts for Ideas and Action*. New Brunswick, NJ: Transaction Publishers, 2000.

McPherson, James M. , ed. *To the Best of My Ability*. New York: DK Publishing, 2000.

Madison, James. "Federalist No. 10. " In Clinton Rossiter, ed. , *The Federalist Papers: Alexander Hamilton, James Madison, John Jay*. New York: New American Library, 1961.

Maggs, John. "Tax Cuts Big and Small. " *National Journal* 31, no. 32 (7 August 1999): 2236.

Mann, James. *Rise of the Vulcans: The History of Bush's War Cabinet*. New York: Viking, 2004.

Maraniss, David. "Letter from Never-Never Land: Epiphany and Elbow-Rubbing at the Renaissance Weekend. " *Washington Post*, 2 January 1993.

—"A Weekend with Bill & Friends Hilton Head's New Year's Tradition: Name Tags, Networking and Talk, Talk, Talk. " *Washington Post*, 28 December 1992.

March, James, and Herbert Simon. *Organizations*. New York: John Wiley and Sons, 1958.

Marshall, Will, and Martin Schram. *Mandate for Change*. New York: Berkeley Books in cooperation with the Progressive Policy Institute, 1992.

Matlack, Carol. "Marketing Ideas. " *National Journal*, 22 June 1991, 1552 – 1555.

Meacher, Michael. "This War on Terrorism Is Bogus." *Guardian*, 6 September 2003. Available at: http://politics. guardian. co. uk/iraq/comment/0,12956, 1036687,00. html.

Meese, Edwin, III. *The Transition to a New Administrations*. Stanford: Hoover Institution, 1981.

—*With Reagan: The Inside Story*. Washington, DC: Regnery Gateway, 1992.

Menges, Constantine C. *Inside the National Security Council: The True Story of the Making and Unmaking of Reagan's Foreign Policy*. New York: Simon and Schuster, 1988.

Micklethwait, John, and Adrian Wooldridge, "For Conservatives, Mission Accomplished." *The New York Times*, 18 May 2004 (op-ed).

—*The Right Nation: Conservative Power in America*. New York: Penguin Books, 2004.

Miller, Steven E. , and Stephan Van Evera. *Star Wars Controversy: An International Security Reader*. Princeton: Princeton University Press, 1986.

Mills, C. Wright. *The Power Elite*. New York: Oxford University Press, 1956.

Minutaglio, Bill. *First Son: George W. Bush and the Bush Family Dynasty*. New York: Three Rivers Press, 2001.

Mitchell, Elizabeth. *W: Revenge of the Bush Dynasty*. New York: Hyperion Press, 2000.

Mitrany, David. *A Working Peace System*. Chicago: Quadrangle Books, 1996.

Moore, James, and Wayne Slater. *Bush's Brain: How Karl Rove Made George W. Bush Presidential*. New York: Wiley, 2003.

Moore, Jim, and Rick Ihde. *Clinton: Young Man in a Hurry*. Fort Worth, Texas: The Summit Group, 1992.

Morgan, Dan. "Think Tank or Hired Gun?" *Sun Sentinel*, 13 February 2000.

Morin, Richard and Claudia Deane. "The Ideas Industry." *Washington Post*, 8 June 1999.

Mufson, Steven. "For Rice, a Daunting Challenge Ahead." *Washington Post*, 18 December 2000.

Muravchik, Joshua. "The Think Tank of the Left." *New York Times Magazine*, 27 April 1987.

Nash, George H. *Herbert Hoover and Stanford University*. Stanford: Hoover Institution Press, 1988.

National Commission on Terrorist Attacks upon the United States. *The 9/11 Commission Report*. New York: Norton, 2004.

Nelson, Craig. *The First Heroes: The Extraordinary Story of the Doolittle Raid-America's First World War II Victory*. New York: Viking Press, 2002.

Neustadt, Richard E. *Presidential Power*. New York: John Wiley & Sons, 1960.

Newsom, David D. *The Public Dimension of Foreign Policy*. Bloomington: Indiana University Press, 1996.

Nossal, Kim Richard. "Opening Up the Black Box." In David G. Haglund and Michael K. Hawes, eds., *World Politics: Power, Interdependence & Dependence*. Toronto: Harcourt Brace Jovanovich. Canada, 1990.

Nye, Joseph S. *The Paradox of American Power: Why the World's Only Superpower Can't Go It Alone*. Oxford and New York: Oxford University Press, 2002.

Oakland Tribune. "Reagan Team Consults Heritage Foundation Think-Tank." *Oakland Tribune*, 13 November 1980.

O'Connell, Brian, ed. *America's Voluntary Spirit*. New York: The Foundation

Center, 1983.

Omang, Joanne. "The Heritage Report: Getting the Government Right with Reagan." *Washington Post*, 16 November 1980.

Orlans, Harold. *The Nonprofit Research Institute: Its Origin, Operation, Problems, and Prospects*. New York: McGraw Hill, 1972.

Osbournce, David E., and Ted Gaebler. *Reinventing Government: How the Entrepreneurial Spirit Is Transforming the Public Sector*. Reading, MA: Addison Wesley Publishers, 1992.

Otten, Allen L. "Campbell Comments on Hoover-Stanford Ties." *Stanford News*, 22 April 1988.

—"Faculty Senate Postpones New Study of Stanford-Hoover Ties." *Stanford News*, 17 November 1988.

—"On Stanford's Campus, a Partisan Think Tank Has Political Problems." *Wall Street Journal*, 15 June 1984.

—"Ronald Reagan's Presidential Papers May Come to the Hoover Institution at Stanford University." *Stanford News*, 7 November 1981.

Pal, Leslie A., and R. Kent Weaver, eds. *The Government Taketh Away: The Politics of Pain in the United States and Canada*. Washington, DC: Georgetown University Press, 2003.

Parmar, Inderjeet. *Think Tanks and Power in Foreign Policy*. London: Palgrave, 2004.

Parmet, Herbert S. *George Bush: The Life of a Lone Star Yankee*. New York: Scribner, 1997.

Pastor, Robert A. "The Carter Administration and Latin America: A Test Principle." In John D. Martz, ed., *United States Policy in Latin America: A*

Quarter Century of Crisis and Challenge. Lincoln: University of Nebraska Press, 1988.

Pechman, Joseph A. *Setting National Priorities: Agenda for the 1980's.* Washington, DC: Brookings Institution, 1980.

Perloff, James. *The Shadows of Power: The Council on Foreign Relations and the American Decline.* Appleton, WI: Western Islands, 1988.

Peschek, Joseph G. "Free the Fortune 500! The American Enterprise Institute and the Politics of the Capitalist Class in the 1970s." *Critical Sociology*, summer-fall 1989, 165 – 180.

—*Policy Planning Organizations: Elite Agendas and America's Rightward Turn.* Philadelphia: Temple University Press, 1987.

Pfiffner, James P. *The Strategic Presidency: Hitting the Ground Running.* 2d ed, rev. Lawrence KS: University Press of Kansas, 1996.

Pillar, Paul. *Terrorism and U. S. Foreign Policy.* Washington, DC: Brookings Institution Press, 2001.

Piven, Frances Fox. *The War at Home: The Domestic Costs of Bush's Militarism.* New York: New Press; Distributed by W. W. Norton, 2004.

Pollack, Kenneth M. *The Threatening Strom: The Case for Invading Iraq.* New York: Random House, 2002.

Powell, S. Steven. *Covert Cadre: Inside the Institute for Policy Studies.* Ottaw, ILL: Green Hill, 1988.

Prados, John. *Hoodwinked: The Documents That Reveal How Bush Sold Us a War.* New York: The New Press, 2004.

Preble, Christopher. *Exiting Iraq: Why the U. S. Must End the Military Occupation and Renew the War against Al Qaeda.* Washington, DC: Cato

Institute, 2004.

Pressler, Larry. *Star Wars: The Strategic Defense Initiative Debates in Congress*. New York: Praeger, 1986.

Project for the New American Century. "Letter from the Project for the New American Century to the Honorable William J. Clinton, President of the United States." *Indy Voice*, 26 January 1998. Available at: http://www. theindyvoice. com/index. blog? entry_id=417960.

—*Rebuilding America's Defenses: Strategy, Forces and Resources for a New Century*. Washington, DC: The Project for the New American Century, 2000.

Pross, A. Paul. *Group Politics and Public Policy*. Toronto: Oxford University Press, 1992.

Putnam, Robert. *Bowling Alone: The Collapse and Revival of American Community*. New York: Simon & Schuster, 2000.

Rampton, Sheldon, and John Stauber. *Weapons of Mass Deception: The Uses of Propaganda in Bush's War on Iraq*. New York: Jeremy P. Tarcher/ Penguin, 2003.

RAND. *An Introduction to RAND: The Reach of Reason*. Santa Monica: RAND, 1999.

Raucher, Alan. "The First Foreign Affairs Think Tanks." *American Quarterly* 30, no. 4 (1978): 493 – 513.

Reagan, Ronald W. "Address to the Nation on Defense and National Security." 23 March 1983. Available at http://www. learnworld. com/org/TX. 002=1983. 03. 23. Reagan. html.

—*An American Life*. New York: Simon and Schuster, 1990.

—"Letter from President Reagan to General Daniel Graham." 25 November 1985.

Available on High Frontier's Web site: www. highfrontier. org.

—"President Reagan's telephoned remarks on High Frontier's Tenth Anniversary. " September 1991. Available on High Frontier's Web site: www. highfrontier. org.

Renshon, Stanley Allen. *In His Father's Shadow: The Transformations of George W. Bush*. New York: Palgrave Macmillan, 2004.

Ricci, David M. *The Transformation of American Politics: The New Washington and the Rise of Think Tanks*. New Haven: Yale University Press, 1993.

Rich, Andrew. "Think Tanks as Sources of Expertise for Congress and the Media. " Paper presented at the annual meetings of the American Political Science Association, Boston, September 1998.

—*Think Tanks, Public Policy, and the Politics of Expertise*. New York: Cambridge University Press, 2004.

Rich, Andrew, and R. Kent Weaver. "Think Tanks, the Media and the Policy Process. " Paper presented at the annual meetings of the American Political Science Association, Washington, DC, August 1997.

Robinson, William H. "Public Think Tanks in the United States: The Special Case of Legislative Support Agencies. " Paper presented at the Conference "Think Tanks in the USA and Germany," University of Pennsylvania, Philadelphia, 1993.

Rockefeller, David. *Memoirs*. New York: Random House, 2002.

Rosenau, James N. *The Scientific Study of Foreign Policy*. New York: The Free Press, 1971.

Rosenbaum, David E. "Torrent of Free Advice Flows into Little Rock. " *New York Times*, 15 November 1992.

Ross, Andrew, and Kristin Ross, eds. *Anti-Americanism*. New York; London: New York University Press, 2004.

Russo, Robert. "Bush Battling Questions of Brain Power." *London Free Press*, 13 December 1999.

Saloma, John S. *Ominous Politics: The New Conservative Labyrinth*. New York: Hill and Wang, 1984.

Sammon, Bill. *Fighting Back: The War on Terrorism from Inside the Bush White House*. Washington, DC: Regenry Publishing, 2002.

Sanders, Jerry Wayne. *Peddlers of Crisis: The Committee on the Present Danger and the Politics of Containment*. Boston: South End Press, 1983.

Santoro, Carlo Maria. *Diffidence and Ambition: The Intellectual Sources of U.S. Foreign Policy*. Boulder: Westview Press, 1992.

Sarder, Ziauddin, and Merryl Wyn Davies. *Why Do People Hate America?* Cambridge: Icon, 2002.

Satloff, Robert. *The Battle of Ideas in the War on Terror: Essays on U.S. Public Diplomacy in the Middle East*. Washington, DC: The Washington Institute for Near East Policy, 2004.

Saunders, Charles B. *The Brookings Institution: A Fifty-Year History*. Washington, DC: The Brooking Institution, 1966.

Savoie, Donald J. *Breaking the Bargain: Public Servants, Ministers, and Parliament*. Toronto: University of Toronto Press, 2003.

—*Thatcher, Reagan, Mulroney: In Search of a New Bureaucracy*. Toronto: University of Toronto Press, 1994.

Schlesinger, Arthur Meier. *The Imperial Presidency*. Boston: Houghton Mifflin, 1989.

Schneider, Mark, and Paul Teske. "Toward a theory of the Political Entrepreneur: Evidence from Local Government. " *American Political Science Review* 86 (1992): 737 - 747.

Schulzinger, Robert D. *The Wise Men of Foreign Affairs: The History of the Council on Foreign Relations*. New York: Columbia University Press, 1984.

Schweizer, Peter. *Reagan's War: The Epic Story of His Forty-Year Struggle and Final Triumph over Communism*. New York: Doubleday, 2002.

 Victory: The Reagan Administration's Secret Strategy That Hastened the Collapse of the Soviet Union. New York: Atlantic Monthly Press, 1994.

Seabrook, John. "Capital Gain. " *Manhattan, Inc. ,* March 1987, 71 - 79.

Sealander, Judith. *Private Wealth and Public Life: Foundation Philanthropy and the Reshaping of American Social Policy from the Progressive Era to the New Deal*. Baltimore, MD: Johns Hopkins University Press, 1997.

Seifert, Charlene S. , and Molly Sturges Tuthill. "Scholarship and Public Policy: Ronald W. Reagan and the Hoover Institution. " *Hoover Institution Internal Report* , September 1982.

Shoup, Laurence H. *The Carter Presidency and Beyond: Power and Politics in the 1980s*. California: Ramparts Press, 1980.

Shoup, Laurence H. , and William Minter. *Imperial Brain Trust: The Council on Foreign Relations and United States Foreign Policy*. New York: Monthly Review Press, 1977.

Shultz, George Pratt. *Turmoil and Triumph: My Years as Secretary of State*. New York: Scribner's, 1993.

Simon, Herbert. *Administrative Behavior: A Study of Decision-Making Processes in Administrative Organization*. New York: The Free Press, 1965.

382

—*Models of Man：Social and Rational*. New York：John Wiley and Sons, 1957.

—*Models of My Life*. New York：Basic Books, 1991.

Simon, Steven, and Jonathan Stevenson. "Thinking outside the Tank." *National Interest* 78 (winter 2004 – 05)：90 – 98.

Sklar, Holley , ed. *Trilateralism：The Trilateral Commission and Elite Planning for World Management*. Boston：South End Press, 1980.

Smith, Burce L. R. *The Rand Corporation：Case Study of a Non-profit Advisory Corporation*. Cambridge：Harvard University Press, 1966.

Smith, Hedrick. *The Power Game：How Washington Works*. New York：Random House, 1988.

Smith, James A. *Brookings at Seventy-Five*. Washington, DC：Brookings Institution, 1991.

—*The Idea Brokers：Think Tanks and the Rise of the New Policy Elite*. New York：The Free Press, 1991.

—*Strategic Calling：The Center for Strategic and International Studies*；1962 – 1992. Washington, DC：Center for Strategic and International Studies, 1993.

Smith, Jean Edward. *George Bush's War*. New York：H. Holt, 1992.

Stairs, Dennis. "Public Opinion and External Affairs：Reflections on the Domestication of Canadian Foreign Policy." *International Journal* 33, no. 1 (winter 1977 – 78)：128 – 149.

Steelman, Aaron. Review of *Do Think Tanks Matter? Assessing the Impact of Public Policy Institutes*. *Cato Journal* 23, no. 1 (spring/summer 2003).

Stefancic, Jean, and Richard Delgado. *No Mercy：How Conservative Think Tanks Changed America's Social Agenda*. Philadelphia：Temple University Press, 1996.

Stein, Hanice Gross, and Raymond Tanter. *Rational Decision-Making: Israel's Security Choices*, 1967. Columbus: Ohio State University Press, 1980.

Steinbruner, John D. *The Cybernetic Theory of Decision: New Dimensions of Political Analysis*. Princeton: Princeton University Press, 1974.

Stelzer, Irwin, ed. *Neoconservatism*. London: Atlantic Books, 2004.

Stern, Sheldon M. *Averting "the Final Failure": John F. Kennedy and the Secret Cuban Missile Crisis Meetings*. Stanford: Stanford University Press, 2003.

Stone, Diaae. *Capturing the Political Imagination: Think Tanks and the Policy Process. London:* Frank Cass, 1996.

—"Recycling Bins, Garbage Cans or Think Tanks? Three Myths Regarding Policy Analysis Institutes. " *Public Administration*, forthcoming.

Stone, Diane, and Andrew Denham, eds. *Think Tank Traditions: Policy Research and the Politics of Ideas*. Manchester: Manchester University Press, 2004.

Stone, Diane, Andrew Denham, and Mark Garnett. *Think Tanks across Nations: A Comparative Approach*. Manchester: Manchester University Press, 1998.

Struyk, Raymond J. *Reconstructive Critics: Think Tanks in Post-Soviet Bloc Democracies*. Washington, DC: Urban Institute Press, 1999.

Sussman, Edward. "Conservative Think Tank Comes Back form Brink of Financial Disaster, Leaning More to the Right. " *Wall Street Journal*, 3 September 1987.

Swanson, J. "Brain Power: Bush Aligns with Hoover Think Tank. " *Dallas Morning News*, 11 August 1999.

Tanner, Stephen. *The Wars of the Bushes: A Father and Son as Military Leaders*. Philadelphia: Casemate, 2004.

Tapper, Jake. *Down & Dirty: The Plot to Steal the Presidency*. Boston and London: Little, Brown, 2001.

Telgarsky, Jeffrey, and Makiko Ueno, eds., *Think Tanks in a Democratic Society*: *An Alternative Voice*. Washington: The Urban Institute, 1996.

Thomas, John N. *The Institute of Pacific Relations*: *Asian Scholars and American Politics*. Seattle: University of Washington Press, 1984.

Thunert, Martin. "Think Tanks in Germany." In Diane Stone and Andrew Denham, eds., *Think Tank Traditions*: *Policy Research and the Politics of Ideas*. Manchester: Manchester University Press, 2004.

Tocqueville, Alexis de, *Democracy in America*. Indianapolis, IN: Hackett Publishing, 2000.

Towell, Pat. "DLC Moves into Driver's Seat." *National Convention News*: *The Daily Newspaper for the* 1992 *Democratic National Campaign*, 13 July 1992.

Transparency. "War of the Worlds, Orson Wells, and the Invasion from Mars." Available at: www. transparencynow. com/welles. htm.

Truman, David B. *The Governmental Process*: *Political Interests and Public Opinion*. New York: Alfred A. Knopf, 1951.

Turner, Wallace. "Liberals at Stanford Protest Ties to Hoover Institute." *New York Times*, 24 May 1983.

Twentieth Century Fund. *Obstacle Course*: *The Report of the Twentieth Century Fund Task Force on the Presidential Appointment Process*. New York: The Twentieth Century Fund Press, 1996.

Tyman, Kathleen. "A Decade-Long Heritage of Conservative Thought." *Washington Times*, 4 October 1983.

Uhlmann, Michale M. "Reflections on the Role of the Judiciary in Foreign Policy." In Robert A. Goldwin and Robert A. Licht, eds., *Foreign Policy and the Constitution*. Washington, DC: The American Enterprise Institute, 1990.

Unger, Craig. *House of Bush, House of Saud: The Secret Relationship between the World's Tow Most Powerful Dynasties*. New York: Scribner, 2004.

Union of Concerned Scientists. *Empty Promise: the Growing Case against Star Wars*. Boston: Beacon Press, 1986.

—*The Fallacy of Star Wars*. New York: Vintage Books, 1984.

Urban Institute. *30: The Urban Institute, 1968—1998*. Washington, DC: The Urban Institute, 1998.

"US House Democrats Sue Bush over ABM Treaty Withdrawl. " *People's Daily*, 12 June, 2002. Available at: www. english. peopledaily. com. cn/200206/12/ eng20020612_97666. shtml.

Van Slambrouck, Paul. "California Think Tank Acts as Bush 'Brain Trust. '" *Christian Science Monitor*, 2 July 1999.

Wall, Joseph Frazier. *Andrew Carnegie*. Pittsburgh: University of Pittsburgh Press, 1989.

Wallace, William. "Between Two Worlds: Think-Tanks and Foreign Policy. " In Christopher Hill and Pamela Beshoff, eds. , *Two Worlds of International Relations: Academics, Practitioners and the Trade in Ideas*, London: Routledge, 1994.

Wallison, Peter. J. *Ronald Reagan: The Power of Conviction and the Success of His Presidency*. Bouder, CO: Westview Press, 2003.

Waltz, Kenneth N. *Theory of International Politics*. New York: Random House, 1979.

Weaver, R. Kent. "The Changing World of Think Tanks. " *PS: Political Science and Politics* 22, no. 2 (September 1989): 563 – 578.

Weinberger, Caspar W. *Fighting for Peace: Seven Critical Years in the Pentagon*.

New York: Warner Books, 1990.

Weinraub, Bernard. "Conservative Group's Blueprint for Reagan." *San Francisco Chronicle*, 11 December 1980.

Weisberg, Jacob. "Clincest: Washington's New Ruling Class." *New Republic*, 26 April 1993, 22 – 27.

Weko, Thomas J. *the Politicizing Presidency: The White House Personnel Office*, 1948—1994. Lawrence: University Press of Kansas, 1995.

Wheeler, Charles. "Heritage Chiefs Recall Decade of Growth, Power." *Washington Times*, 29 April 1987.

Whitaker, Ben. *The Foundations: An Anatomy of Philanthropy and Society*. London: Eyre Methuen, 1974.

Wolin, Sheldon S. *Tocqueville between Two Worlds: The Making of a Political and Theoretical Life*. Princeton: Princeton University Press, 2001.

Wood, Robert C. *Whatever Possessed the President? Academic Experts and Presidential Policy, 1960—1988*. Amherst: University of Massachusetts Press, 1993.

Woodward, Bod. *Bush at War*. New York: Simon & Schuster, 2002.

—*Plan of Attack*. New York: Simon & Schuster, 2003.

Workman, Bill. "Stanford Faculty Wants Review of Hoover Institute." *San Francisco Chronicle*, 27 May 1983.

Yoffe, Emily. "IPS Faces Life." *New Republic*, August 1977, 16 – 18.

Young, Lisa, and Joanna Marie Everitt. *Advocacy Groups*. Vancouver: UBC Press, 2004.

附表 1——中英文人名对照表①

英文名	中文名	页码
Aaron，D.	D. 阿伦	28
Aaron，Henry	亨利·阿伦	28
Abelson，Donald E.	唐纳德·E. 埃布尔森	122,123
Abrams，Elliot	埃利奥特·艾布拉姆斯	334
Abshire，David	戴维·阿布希尔	92
Achenbach，Joel	乔尔·阿肯巴克	38
Acheson，Dean	迪安·艾奇逊	78,229,326
Adams，Tim	蒂姆·亚当斯	41
Alchon，Guy	盖伊·奥尔康	66
Allen，Richard V.	理查德·V. 艾伦	31－33,185,194,308,309
Allison，Graham	格雷厄姆·艾利森	133,136－139
Anderson，Annelise	安纳莉丝·安德森	36
Anderson，Martin	马丁·安德森	19,30－33,70,119,185,186,194,306
Armacost，Michael	迈克尔·阿马科斯特	201,205
Armitage，Richard	理查德·阿米蒂奇	41,334
Arnold，Henry H. ("Hap")	亨利·H. 阿诺德(快乐的阿诺德)	75,157
Austin，Andrew	安德鲁·奥斯汀	213
Babbitt，Bruce	布鲁斯·巴比特	317

---

① 附表 1 中的页码为原著页码,检索时请参见本书边码。

（续表）

（续表）

英文名	中文名	页码
Perot, Ross	罗斯·佩罗	48
Peschek, Joseph	约瑟夫·佩谢克	14,98,127,136,166
Pillar, Paul	保罗·皮勒	201
Pines, Burton Yale	伯顿·耶尔.派因斯	84
Pipes, Sally	萨莉·派普斯	124
Pitfield, Michael	迈克尔·皮特菲尔德	124
Podesta, John	约翰·波德斯塔	88
Podhoretz, Norman	诺曼·波德霍雷茨	36
Pollack, Kenneth	肯尼思·波拉克	211
Powell, Colin	科林·鲍威尔	41,202
Pritchett, Henry	亨利·普里切特	57
Putin, Vladimir	弗拉基米尔·普京	192
Quayle, Dan	丹·奎尔	334
Raskin, Marcus	马库斯·拉斯金	95
Ravitch, Diane	戴安娜·拉维奇	40
Raymond, Arthur	阿瑟·雷蒙德	75
Reagan, Ronald	罗纳德·里根	4,18,21-23,28-36,,37,39-41,64,69,70,71,82-84,86,93,117,120,135,143,152,160,180,183-189,193,194,196,198-200,204,210,215,218,220,222,223,227,228,306-309,315,319,327,330
Reed, Bruce	布鲁斯·里德	310
Reinsch, Paul S.	保罗·S.赖因施	57,58
Ricci, David	戴维·里奇	x
Rice, Condoleezza	康多莉扎·赖斯	40,41,191,202,219,220,224,335
Rich, Andrew	安德鲁·里奇	111,115,176

（续表）

英文名	中文名	页码
Richards，Anne	安妮·理查兹	17
Roberts，Paul Craig	保罗·克雷格·罗伯茨	32
Robertson，Pat	帕特·罗伯逊	317,318
Rockefeller，David	戴维·洛克菲勒	25,26,28
Roosevelt，Franklin Delano	富兰克林·德拉诺·罗斯福	4,28,67,75,220
Roosevelt，Theodore	西奥多·罗斯福	220,313
Root，Elihu	伊莱休·鲁特	57,71,72,313
Rosenthal，James	詹姆斯·罗森塔尔	35
Rove，Karl	卡尔·罗大	17,219
Rudman，Warren	沃伦·拉德曼	328
Rumsfeld，Donald	唐纳德·拉姆斯菲尔德	15,16,41,93,94,150,182,192,196,202,212,213,217,218,220,223,331,334,335
Rusk，Dean	迪安·腊斯克	25,76,326
Sage，Margaret Olivia	玛格丽特·奥利维娅·赛奇	55,64
Saloma，John	约翰·萨洛马	98,
Scaife，Richard	理查德·斯凯夫	35
Scalia，Antonin	安东宁·斯卡利亚	32
Schlesinger，Arthur	阿瑟·施莱辛格	4
Schlesinger，James	詹姆斯·施莱辛格	92
Schmidlapp，J. G.	J. G. 施米德拉普	57,58
Schmitt，Gary	加里·施米特	94,214－218,223
Schultze，Charles L.	查尔斯·L. 舒尔茨	28
Scott，James Brown	詹姆斯·布朗·斯科特	57
Scowcroft，Brent	布伦特·斯考克罗夫特	191,219,327,328
Shapiro，Robert	罗伯特·夏皮罗	310

（续表）

英文名	中文名	页码
Shepardson，Whitney H.	惠特尼·H.谢泼德森	72
Shoup，Lawrence	劳伦斯·舒普	25,26
Shultz，George	乔治·舒尔茨	18,32,40,187
Simes，Dimitri	迪米特里·西美斯	89
Simon，Herbert	赫伯特·西蒙	134,141
Simon，Steven	史蒂文·西蒙	113,114
Simon，William E.	威廉·E.西蒙	307
Skocpol，Theda	西达·斯考切波	103
Smith，Alfred E.	艾尔弗雷德·E.史密斯	66
Smith，Gerard C.	杰勒德·C.史密斯	29
Smith，James	詹姆斯·史密斯	ix-x,14,51-53,55,56
Sorenson，Ted	特德·索伦森	326
Spring，Baker	贝克·斯普林	193-195
Sprinkel，Beryl	贝丽尔·斯普林克尔	32
Stairs，Dennis	丹尼斯·斯泰尔斯	107
Steelman，Aaron	阿伦·斯蒂尔曼	103,230
Stein，Herbert	赫伯特·斯坦	81
Steinbruner，John	约翰·斯坦布鲁纳	139-140
Sterling，Wallace	华莱士·斯特林	69
Stevenson，Adlai	阿德莱·史蒂文森	326
Stevenson，Jonathan	乔纳森·史蒂文森	113,114
Stone，Diane	戴安娜·斯通	5,11,106,111
Straus，Oscar S.	奥斯卡·斯特劳斯	57
Sunley，Emil，Jr	小埃米尔·森利	28
Swope，Gerard	杰勒德·斯沃普	52
Taft，William Howard	威廉·霍华德.塔夫脱	57

（续表）

附表 2——中英文机构对照表[①]

英文机构名	英文简称	中文机构名	国别	页码
American Association of Labor Legislation		美国劳工立法协会	美国	53
American Economics Association		美国经济学会	美国	53
American Enterprise Association	AEA	美国企业协会	美国	69, 80, 81
American Enterprise Institute	AEI	美国企业研究所	美国	xi, xiv, 17, 35, 40, 45, 69, 91, 93, 100, 125, 138, 143, 147, 149, 151, 155, 158, 159, 186, 195, 206 - 208, 210, 212, 222, 223
American Historical Association		美国历史学会	美国	53
American International Group	AIG	美国国际集团	美国	149
American Political Science Association		美国政治学会	美国	59, 60
American Social Science Association	ASSA	美国社会科学协会	美国	51
Atlantic Institute for Market Studies	AIMS	大西洋市场研究所	加拿大	157
Better America Foundation		改进美国基金会	美国	90, 91

---

① 附表 2 中的页码为原著页码,检索时请参见本书边码。

（续表）

英文机构名	英文简称	中文机构名	国别	页码
Brookings Institution		布鲁金斯学会	美国	x, xiv, 6, 7, 9 - 12, 14, 28, 29, 40, 41, 44, 46, 48, 51, 58, 60, 62 - 64, 78, 79, 80, 90, 99, 100, 105, 112, 124, 128, 144, 147, 149, 150, 151, 157 - 159, 160, 172 - 178, 183, 197, 199 - 201, 206, 208, 222, 312 - 314
Bureau of Industrial Research		工业研究局	美国	53
Canadian Institute for International Peace and Security	CIIPS	加拿大国际和平与安全研究所	加拿大	124
Carnegie Corporation		卡内基公司	美国	54, 62, 66, 124
Carnegie Endowment for International Peace		卡内基国际和平基金会	美国	xiv, 12, 44, 51, 54, 58, 59, 71 , 89, 91, 99, 112, 124, 149, 150, 151 - 152, 155, 172, 173, 183, 197, 200, 206, 207, 222, 312, 313
Carter Center		卡特中心	美国	48, 89, 90
Cato Institute		卡托研究所	美国	xiv, 44, 79, 87, 100, 138, 147, 151, 172, 173, 176, 177, 183, 195, 206, 305
Center for American Progress	CAP	美国进步中心	美国	88
Center for National Policy	CNP	国家政策中心	美国	10, 305
Center for Responsive Politics	CRP	政策响应中心	美国	90

（续表）

英文机构名	英文简称	中文机构名	国别	页码
Center for Security Policy	CSP	安全政策中心	美国	8,22,44,90,92,93, 109,144,152,155, 156,172,173,176, 177,182,195 - 197 - 199,222,223,228
Center for Strategic and International Studies	CSIS	战略与国际问题研究中心	美国	18,35,40,44,91, 92,144,149,151, 158,206,208,222
Chicago Civic Federation	CCF	芝加哥公民联盟	美国	52 - 54
Citizens for a Sound Economy	CSE	健全经济公民组织	美国	125
Commission for Relief in Belgium	CRB	比利时救济委员会	美国	64 - 66
Commission on US - Latin American Relations	CPD	美国-拉丁美洲关系委员会	美国	306
Committee on the Present Danger	CPD	美国当前危机委员会	美国	33,35,307,308,335
Congressional Policy Advisory Board		国会政策咨询委员会	美国	119
Congressional Research Service		国会研究局	美国	119
Council on Foreign Relations	CFR	外交关系协会	美国	14,23,28,51,54,71 - 74,78,91,105, 144,149,150,151, 155,167,172 - 174, 183,206,222, 223,316
Democratic Leadership Council	DLC	民主党领袖委员会	美国	37,38,64,310
Department of Homeland Security		国土安全部	美国	182,211
Department of Housing and Urban Development	HUD	住房和城市发展部	美国	28

（续表）

英文机构名	英文简称	中文机构名	国别	页码
Douglas Aircraft Company		道格拉斯飞行器公司	美国	75
Economic Council of Canada		加拿大经济委员会	加拿大	124
Economic Policy Institute		经济政策研究所	美国	4,10
Empower America		"赋权美国"组织	美国	87
Executive Committee	ExCOM	执行委员会	美国	136,137,328
Federal Election Commission	FEC	联邦选举委员会	美国	91
Ford Foundation		福特基金会	美国	124
Foreign Policy Association		外交政策协会	美国	315
Foreign Policy Research Institute	FPRI	外国政策研究所	美国	xv
Franklin Institute		富兰克林研究所	美国	50
Fraser Institute		弗雷泽研究所	加拿大	124
General Accounting Office	GAO	美国审计总署	美国	119
General Dynamics		通用动力公司	美国	158
"Grand Old Party" Action Committee	GOPAC	共和党行动委员会	美国	91

（续表）

英文机构名	英文简称	中文机构名	国别	页码
Heritage Foundation		传统基金会	美国	4,7,10,11,22,33 - 36,37,44,48,63, 79,80,84 - 88,91, 93,100,105,109, 117,118,123,124, 138,141,143,147, 149,151 - 153,155 - 159,160,172 - 174,176,177,180, 183,186,193 - 195, 197 - 199,206,208, 212,222,228,309, 318,319
High Frontier		高边疆	美国	22,186,229,193, 1994,199,228
Hoover Institution on War, Revolution and Peace(Hoover Institution)		胡佛研究所	美国	xiv,10,12,18,19, 24,29,32 - 35,44, 46,54,64 - 71,78, 91,99,119,124, 143,150,154,155, 172,173,176,177, 312,313,315, 319,328
Hoover War Library		胡佛战争图 书馆	美国	65 - 67
Hudson Institute		哈德逊研究所	美国	75,138,144,151, 172 - 174,176,177
Institute for Contemporary Studies		当代研究学会	美国	79,307
Institute for Defense Analyses		国防分析研 究所	美国	33
Institute for Government Research		政府研究所	美国	54,59 - 62,313,314
Institute for Naval Analysis		海军分析研 究所	美国	144

（续表）

英文机构名	英文简称	中文机构名	国别	页码
Institute for Policy Studies		政策研究所	美国	7,44,79,91,95,100,105
Institute for Research on Public Policy		公共政策研究所	加拿大	124
Institute for Research on the German Revolution		德国革命研究所	美国	66
Institute of Economics		经济学研究所	美国	62,313
Institute of Pacific Relations		太平洋国际学会	美国	315
Intercollegiate Studies Institute		校际研究学会	美国	308
James Baker Ⅲ Institute for Public Policy		詹姆斯·贝克三世公共政策研究所	美国	48
Laura Spelman Rockefeller Memorial Fund		洛克菲勒·劳拉·斯贝尔曼纪念基金	美国	66
Manhattan Institute for Policy Research		曼哈顿政策研究所	美国	40
Middle East Forum		中东论坛	美国	91
National Academy of Public Administration		美国国家公共行政学会	美国	308
National Bureau of Economic Research		国家经济研究局	美国	66
National Civic Federation	NCF	全国公民联盟	美国	52 - 54
Nixon Center for Peace and Freedom		尼克松和平自由中心	美国	48,89,90
North American Air Defense	NORAD	北美空防联合司令部	美国	185,198
Olin Foundation		奥林基金会	美国	83,125

英文机构名	英文简称	中文机构名	国别	页码
Progressive Policy Institute	PPI	进步政策研究所	美国	4,37,38,87,149,310
Project for the New American Century	PANC	新美国世纪计划	美国	10,14-16,41,88,91,93-95,,155,173,180,203,204,212-219,221-224,228,229,333,334
RAND Corporation	RAND	兰德公司	美国	xiii,xiv,9,10,44,46,47,50,75,76,78,91,100,105,115,138,143,144,149,155,172-174,176,177,183,206,208,222,317
Reader's Digest Foundation		读者文摘基金会	美国	83
Robert Brookings Graduate School of Economics and Government		罗伯特·布鲁金斯经济政治学院	美国	62,313
Rockefeller Foundation		洛克菲勒基金会	美国	54,60,66,124
Rockwell		罗克韦尔公司	美国	158
Russell Sage Foundation (Sage Foundation)		拉塞尔·赛奇基金会(赛奇基金会)	美国	12,54-56,112,124,312,313
Russian Revolution Institute		俄国革命研究所	美国	66
Science Council of Canada		加拿大科学委员会	加拿大	124
Security Council		联合国安全理事会		169
Taft Commission		塔夫脱委员会	美国	60
Tax Foundation		税务基金会	美国	40

（续表）

英文机构名	英文简称	中文机构名	国别	页码
Trilateral Commission		三边委员会		25 – 28,305
Union of Concerned Scientists	UCS	忧思科学家联盟	美国	188,197,200
United Nations	UN	联合国		169,202,211
United States Institute for Peace		美国和平研究所	美国	149
Urban Institute	UI	城市研究所	美国	46,47,50,76,77,115,138
Washington Institute for Near East Policy	WINEP	华盛顿近东政策研究所	美国	91

图书在版编目(CIP)数据

国会的理念：智库和美国外交政策／(加)唐纳德·
E. 埃布尔森著；李刚等译. — 南京：南京大学出版
社，2017.1(2018.9 重印)
　(南大智库文丛／李刚主编)
　书名原文：A Capitol Idea：Think Tanks and US
Foreign Policy
　ISBN 978-7-305-17891-7

　Ⅰ. ①国… Ⅱ. ①唐… ②李… Ⅲ. ①美国对外政策
—研究 Ⅳ. ①D871.20

中国版本图书馆 CIP 数据核字(2016)第 272461 号

A Capitol Idea：Think Tanks and US Foreign Policy
By Donald E. Abelson
@McGill-Queen's University Press，2006
Simplified Chinese translation copyright © 2017
By Nanjing University Press
All rights reserved

江苏省版权局著作权合同登记 图字:10—2016—091 号

出版发行　南京大学出版社
社　　址　南京市汉口路 22 号　　　　邮　编　210093
出 版 人　金鑫荣
丛 书 名　南大智库文丛
主　　编　李　刚
书　　名　**国会的理念:智库和美国外交政策**
著　　者　[加]唐纳德·E. 埃布尔森
译　　者　李　刚　黄松菲　丁炫凯　马逸凡　等
校　　译　马逸凡　黄松菲
责任编辑　芮逸敏
照　　排　南京南琳图文制作有限公司
印　　刷　江苏凤凰通达印刷有限公司
开　　本　718×1000　1/16　印张 27.25　字数 396 千
版　　次　2017 年 1 月第 1 版　2018 年 9 月第 2 次印刷
ISBN 978-7-305-17891-7
定　　价　79.80 元

网　　址：http://www.njupco.com
官方微博：http://weibo.com/njupco
官方微信：njupress
销售咨询：(025) 83594756